
国家社科基金重大招标课题

“《汉学大系》编纂及海外传播研究（14ZDB029）”成果

汉学大系

朱存明 主编

方花与翼兽

汉画像的奇幻世界

朱存明 主编

文化艺术出版社
Culture and Art Publishing House

图书在版编目（CIP）数据

方花与翼兽：汉画像的奇幻世界 / 朱存明主编. — 北京：
文化艺术出版社，2020.12
（汉学大系 / 朱存明主编）
ISBN 978-7-5039-7003-0

Ⅰ. ① 方… Ⅱ. ① 朱… Ⅲ. ① 画像石—研究—中国—汉代
Ⅳ. ① K879.424

中国版本图书馆CIP数据核字（2020）第220323号

方花与翼兽
汉画像的奇幻世界

主　　编　朱存明
责任编辑　董良敏　李岩松
书籍设计　楚燕平
出版发行　文化艺术出版社
地　　址　北京市东城区东四八条52号（100700）
网　　址　www.caaph.com
电子邮箱　s@caaph.com
电　　话　（010）84057666（总编室）　84057667（办公室）
　　　　　84057696—84057699（发行部）
传　　真　（010）84057660（总编室）　84057670（办公室）
　　　　　84057690（发行部）
经　　销　新华书店
印　　刷　国英印务有限公司
版　　次　2020 年 12 月第 1 版
印　　次　2020 年 12 月第 1 次印刷
开　　本　710 毫米 × 1000 毫米　1/16
印　　张　26.5
字　　数　380千字
书　　号　ISBN 978-7-5039-7003-0
定　　价　88.00 元

《汉学大系》总序

世界总是在不断地变化。历史上，有些文明消失了，有些文明则不断壮大，以至于形成现代世界的格局。进入21世纪，世界格局面临一个新的调整，美国人塞缪尔·亨廷顿写了《文明的冲突与世界秩序的重建》，认为不同文明的冲突将导致未来社会的对抗。这个观点值得警惕，也值得研究。做好中国自己的事，勇敢面临挑战是我们面临的任务。

中国文明发展了几千年，历史上曾经有过自己的辉煌，但是清朝后期，由于没有科学民主的现代理念，曾经落后挨打，令多少志士仁人痛心疾首。中华人民共和国成立后，经过一个甲子年的现代发展，中国又迎来了一个快速崛起的历史新时期。

中国文化现代性的发展，一方面要学习国外的先进经验，促进科学技术的发展与社会的进步；另一方面要不断回溯历史，在历史的记忆中寻求民族之根。当今世界的寻根与怀旧实际上都有现实的基础，它是民族凝聚力的根源。在回溯历史的新的阐释中，一个新的历史轴心期即将来临。

我们编纂《汉学大系》丛书就是为了探求中华文化的历史起源、学术源流、基因谱系、思维模式、道德价值等，为实现中华文化的历史复兴奠定基础。

“汉学”，是一个历史的概念，因时间与空间的不同而发生变化。究其变化之因，皆因对“汉”字的理解与运用不同所致。“汉”字既可指汉代，也可指汉族，还可以作为中华民族的代称。“汉文化”可以指两汉文化，也可以指代中国传统文化。所以“汉学”一词在不同的语境中有不同的内涵：可以指两汉的学术文化，可以指清代的汉学流派，也可以指中国及海外关于中国文化的研究。具体来看，汉学研究范围以经学为中心，而衍及小学、音韵、史学、天算、水地、典章制度、金石、校勘、辑佚等，引证取材多集于两汉。“汉学”一词在南宋就已出现，专指两汉时期的学术思想。清朝汉学有复兴之势，江藩著《汉学师承记》，自居为汉学宗传。汉学又称“朴学”，意为朴质之学。“朴学”重考据，推崇汉儒朴实学风，反对宋儒空谈义理。现代“汉学”或称作“中国学”，自20世纪80年代以来或称“海外汉学”，是国外的学者对有关中国方方面面进行研究的一门学科。

梁启超在《清代学术概论》中提出清代汉学的复兴是对当时理学思潮的反动，其学术动力就是来源于复汉学之古；钱穆在《清儒学案》中认为，汉学的兴起是继承与发展传统的结果；侯外庐在《中国思想通史》等著作中认为，清代汉学思想的发展动力是“早期启蒙思想”。

在国外，汉学的经典名称为“汉学”（Sinology），有的称为“中国学”（Chinese Studies）。“汉学”（Sinology）或“中国学”（Chinese Studies）是国外研究中国的学术总称，具有跨学科、跨文化的特征，反映着世界范围内的学术变化及学术发展趋势。

在西方，主要是欧洲，严格意义上的汉学研究已经有四百多年的历史。这一学科的形成，表明了中国文化所具有的世界历史性意义。从汉学发展的历史和研究成果看，其研究对象不仅仅是中国汉民族的历史和文化，更是包括中国少数民族历史和文化的整个中国的学问。由于汉民族是中国的主体，而且汉学最初发轫于汉语言领域，因而学术界一直将汉学的名称沿用下来。汉学只是一个命名方式，丝毫没有轻视中国其他民族的意思。经过几百年的发展，西方汉学已经形成三大地域：美国汉学、欧洲汉学、东亚汉学。

21世纪以来，随着全球一体化的进程，国内外汉学的研究又形成了一个热潮。在新的历史条件下，中国学术界需要发出自己的呼声。海外汉学与中国本土学术进行跨文化对话，才能洞悉中国文化的深层奥秘；中国学人向世界敞开自己，才能进一步激活古老的传统和思想的底蕴。

因此，汉学是继承先秦诸子文化在汉代统一性国家建立基础上形成的中华民族的学术。“汉学”的研究重心是以中华民族统一性的价值观为主体，以汉语言为基础，以汉字为符号载体的文化共同体。汉文化是在融合了不同民族、不同区域文化而形成的一个文化统一体。从人类文明发展史来看，这个文化与西方基督教文化、印度佛教文化、阿拉伯伊斯兰文化有着不同的发展模式与价值体系。“汉学”作为中国传统学术流派的称谓，常常与“国学”“经学”相混，也有人赋予“汉学”以新内涵，将国内的中国学研究也称为“汉学”，这可以称之为“新汉学”。汉民族是历史上多民族长期交流融合的结果，历史上形成的汉语、汉字及其独特的汉文化对中国文明以至世界文明都产生了巨大影响。汉学就是对建立在汉语、汉字、汉文化基础之上的中华民族的学术传统的学理性探讨。

中华文化在历史上就对世界产生过影响，中外文化交流一直是世界历史的一部分。16 世纪以来，中华文化进一步引起西方的注意，西方汉学研究也随之兴起。西方人对于汉学的研究是基于他们的文化立场的，虽然取得了一些成果，但是也有一些误读。目前，时代赋予了我们新的历史使命，本课题就是基于目前中国的现实需要对中国“汉学”学术内涵进行的基础研究。

由于历史原因，一段时间内中国的汉学在国外得到研究，国内研究反而滞后，国内外有些研究机构把汉学的概念仅仅看成外国人对中国学的研究，这无疑缩小了汉学的视域。西方有些国家从自身战略利益出发，正在通过各种渠道争夺中国的学术资源。今天我们有责任对民族文化进行深入系统的研究，为中华民族的现代复兴打下深厚的话语基础。文化是一个民族生存的基础，保护民族文化基因就是我们面临的一个重要的历史任务。

《汉学大系》的编纂旨在促进汉学的历史回归，既是对汉学内涵的理论建构，也是对汉文化研究成果的学术汇编；既是对“国学”基因谱系的深度描述与重新阐释，也是对国外汉学研究历史的重新定位，更是在新的历史形势下对中国传统文化价值进行的一次新的发掘。

目前中国的发展到了一个历史的转折点，过去我们大量翻译了西方的学术著作，促进了中国对国外的了解，也给新中国的建设奠定了基础。但是长期以来，由于革命的需要，我们对传统文化否定、破坏的多，肯定、继承的少，中国传统学术在西学的影响下逐渐式微。现在中国面临一个新的发展机遇，就像西方的文艺复兴时代回归古希腊罗马文明一样，中国新的历史复兴将在恢复传统文化的基础上，指向科学民主繁荣昌盛的未来。

《汉学大系》是汉文化的学术成果的集约创新，既是对“汉学”内容的研究，又是对“汉学”内容的确定。既有深入的学术探讨，又有普泛性的知识体系；既有现代性的学科划分与学术视野，又有现代性的学术理念与学术规范。编者希冀恢复汉代经学的原典传统，并对经典进行现代性的阐释，从经学原著中深入挖掘对现代社会普遍有效的思想资源，明确中国汉学的智慧传统，为中国文化的复兴寻找历史的深度。以汉代汉学为正统，以清代朴学与海外汉学为两翼，深入探讨汉文化之源。

丛书对汉学的内涵进行发掘、整理、探讨。力求做到汉学历史的考据与研究同步进行，经典阐释与主题研究并重，历史的考据与新出土文物的互证，古典文献与出土简牍对读。以汉代的现实生活与原典为基础，兼及汉代以后的发展，参以国外汉学的不同阐释，通过比较来探讨汉学的真正内涵，寻求中华文化的话语模式，进而形成自己的话语权。发掘中国的智慧，促进新观念的变革，促进社会进步，实现大同世界的美梦。

朱存明

2014 年 7 月 8 日

目　录

前　言

汉民族是一个伟大的民族。其肇兴于炎黄，雄起于高祖，奠基在两汉，流播于华夏，影响至寰宇。汉文化既博大精深，又神秘莫测。汉代人既重视现实生活，又重视生命的超越。研究汉文化，可以从汉字入手，其字体、字形都包含天地，指称万物。每一个汉字就是一部文化史。研究汉文化，也可以从汉画入手。天象之文，地理之势，远古图物，意匠独运，都表现为一种图像的奥妙。“汉画”一下子把汉代的天与地、神与鬼、人与兽、美与丑、善与恶、吉与凶、灾与异等展现在了人们面前。“汉画像”是汉文化的表征，承载着汉文化的基因谱系。我们了解汉文化，可以读《史记》、《汉书》、《后汉书》、汉赋、汉乐府等。我们可以观汉画、赏故事、诵汉韵、习汉学。

《方花与翼兽——汉画像的奇幻世界》从汉画像中撷取图像题材，将我们带入一个汉代人营造的奇幻的神秘世界。全书共分六章，各有奇趣。

你没有见过方形的花吧，汉画像中却处处有方形的花出现。汉画像中的方花纹可以上溯到原始社会的植物崇拜。漫长的农业社会，植物的死而复生影响到中国人的生命观念。花熟蒂落，结成果实，果中有种，孕育生命，永恒轮回，生命不息。中华民族的“华”就是“花”。古人说，“方华蔓长，名此曰昌”。方花是宇宙中展示生命永恒回归的神话原型。方花就是中国人的上帝。中国汉之前的“上帝”不是一个人格化的神，而是鲜花盛开、结蒂后的那个“结蒂”象征的理念。

“芝草延年，仙者所食。”灵芝就是人们发现的一种仙草，吃了可以轻身、飞升、祛病、除疫。所以西王母旁边玉兔捣的“不死药”，必然有灵芝一味。传说中灵芝乃巫山神女所化，服之美媚于人。今天科学研究证明灵芝是一种菌类，可以提高人体免疫力。

“天马行云汉，昆仑登天门。”作为旅游商标的“马踏飞燕”是云化鸟的典型作品。不去争论马踏的是燕子还是龙雀。那在马蹄下飞翔的鸟儿，其实只是云的化身。那匹马必然是一匹天马，引导着墓主人升天。天马不会踏着燕子、雀鸟在飞。天马是一种翱翔在太空乘云气飞入仙界的象征表现。古人说，“有气则生，无气则死”，死后升天，是乘着云气飞升的，所以汉画像石中有“画云气”之说。鸟儿在天上飞，凤鸟也就成了风神。云鸟互化就成了一种典型装饰的图像。

雨后出现的彩虹是最神奇的自然现象之一，它弯弯的像一座桥，给古人无限的遐想。古人想象为双首一身的龙，以龙致雨，配以风师、雨伯、雷公、电母，中国人对天的想象充满了浪漫主义的神奇，虹也就成了古人在天上架起的升仙之桥。虹的怪诞之形，合乎天道；威严之姿，合乎人伦；和谐姿态，呈瑞之美。

人生存的世界，不仅仅与植物花草相关，人还必须与动物为伍。当野兽长出了羽翼，它就转化成了神兽。因为它已经不是地上的生物了，而成了天上的神灵。翼兽飞翔在宇宙太空，云行于昆仑仙境，成为祥瑞的化身。鸟在天上飞是人企图超越自身局限的愿景。给动物加上羽翼，是神圣升仙信仰的一部分。在中外文化交流中，翼兽都是一种重要的象征符号。人要升天成为神仙，驾驭龙车、虎车、鹿车、羊车、鱼车就是一个不错的选择。

中国人自古崇拜现实中美好的生活，渴望永远生活在现实的世界。昆仑神话与蓬莱神话在秦汉时盛行起来。汉文化的核心观念就是“孝”。以孝治天下，是汉代人的追求，孝要求家国一体，以孝为忠就成为伦理的规范。孝要求女性守德为范，《列女传》就是对这种行为的表彰，以此来实现对女性的规训。渴望个体飞升与种族绵延，就幻想了一个神奇的神仙世界，把那些人文始祖，修道成仙的人列为典范以供效仿。

神仙是人追求生命质量的标榜，这是后来道教信仰的基础，是养生祛病的修炼。其操作方式可以称为“仙学”。黄帝是汉民族信仰中的祖先神，本是人祖，《列仙传》中已把它列为“仙登于天”的神仙。《史记·太史公自序》曰：“维昔黄帝，法天则地，四圣遵序，各成法度。”怪不得汉初崇拜黄老之学。

汉画像石中又有左右有首的容成公，类似于交尾的“伏羲女娲”。其象征阴阳两元对立，相互交通又互为表里，天地交泰，万物化生，男女交媾，生儿育女，终成孝行。容成氏是修“房中术”而得道成仙的，后人为之避讳，遂使文献失传，汉画像图像中还残存着蛛丝马迹，可观其当时的情景之一斑。

汉初推行黄老之学，汉武帝以后把儒学升为经学，汉代形成大一统的文化精神，对中国文化影响深远。道家的创始人是老子，他的《道德经》就成了中国哲学和中国本土宗教——道教中最重要的经典。在汉画像石中，有孔子见老子的画像，表现了在汉代人心目中，道家和儒家的密切关系。《道德经》本是一本哲学著作，但是在道教中作为道教尊崇的经书，它不仅仅包含宇宙生成的自然哲学，也包含人生修道的修行哲学。所以在汉画中，老子就成了审查人死后是否能进入仙班的审判者。

孔子曾率领他的弟子去拜谒老子。从汉画像石中也可以看到，孔子的弟子也都根据他生前的德行，而升入仙界列入仙班了。

总之，汉画像图绘了一个汉代人营造的奇幻世界，表现了汉民族既扎根于现实生活，又有一种超越精神的文化本源。

朱存明

2020年8月20日

第一章

方花吐艳——汉画像中的方花纹图像

“方花纹”是汉画像中常见的植物图像。花朵图像在原始彩陶上已大量出现。花朵是植物的重要组成部分，植物强大的生命力与花朵密不可分。古时候的人们还不能够科学地认识自然，他们认为万物有灵，崇拜植物，认为花朵是孕育生命的场所，于是把花当作上帝进行崇拜。在殷商时期就有非兽形的上帝——以花之形存在的上帝。蒂为植物的根本，宗族有嫡庶之分，嫡系是宗族的根本，于是可以用植物的根本象征宗族之根本。此时，花蒂就有了上帝与宗祖神的双重身份。时间与空间联系紧密，人们在建立空间体系的基础上拥有空间观念，方花纹便体现了时间观念与空间观念。这种特殊属性，使得方花有时空转换的作用，连接生命的过去与未来。两汉时期，传统的生死观念发生巨大转变，人们由畏惧死亡逐渐走向直面死亡，珍惜生命，渴望长生，他们逐渐认识到死亡的真谛——死亡也是一种新生。在汉代天人关系、尸解信仰、植物型世界观的影响下，汉代人结合方花纹的特点，认为人在花下不仅可以孕育植物生命，也可以孕育人类的生命，逝者可以在方花纹中实现再生。既然方花纹可以孕育生命，它所在之处就如同一个大花苞，呈现为一个花苞宇宙。人们在方花中得到永恒的生命。

第一节　汉画像方花纹图像分析

汉画像中常见一种花朵图像，花朵分四瓣或八瓣，图像分布范围较广，出现的位置比较固定。对于这种花的命名，学者有不同的观点：有的因“四瓣花”似柿蒂之形，由此称之为“柿蒂纹”；有的认为“四瓣花”或“八瓣花”似莲花之态，且有的花朵旁边常有游鱼，因此称之为“莲花纹”；刘道广把“四瓣花”与战国时期天子射侯的“侯纹”进行比较，认为它整体呈现为“X”形，所以应更正为“侯纹”；李零从战国铜镜上的“四瓣花”入手，对“四瓣花”旁的铭文进行考证，认为应该称之为“方花纹”。综合考古材料、铭文、花本身的特点等，笔者把“四瓣花”或“八瓣花”统一命名为“方花纹”。不同的命名方式直接决定了对四瓣花或八瓣花美学意义的解读。方花就是一种具有指示作用的花。汉画像中的柿蒂纹、莲花纹也有指示方位的作用，因此从广义上讲，柿蒂纹、莲花纹也属于方花纹。方花纹并不是在汉代才开始出现的，其图像最早可追溯到原始社会时期大量出现的花朵图像。

一、汉画像方花纹名实之辨

（一）“四瓣花”与“柿蒂纹”

汉代铜镜镜钮上有一种较为典型的图像，日本学者将之称为“四叶纹”，国内学者通常称之为“柿蒂纹”。（图1－1）“柿蒂纹”肇始于春秋战国时期，流行于两汉时期。把“四瓣花”称为“柿蒂纹”主要有两方面原因：一是它的形状与柿子背后的花蒂相似；二是“柿”与“事”谐音，寄托了人们希望用“柿蒂纹”表达“事事”称心如意的美好愿望，因此柿蒂纹成为吉祥文化的载体。

从文献资料来看，白居易的诗“红袖织绫夸柿蒂，青旗沽酒趁梨花”中最早出现“柿蒂”一词。相传，唐代杭州织绫上出现过类似于柿蒂纹的

图1－1　铜镜上的典型“柿蒂纹”

图案，但无法证明它们就是汉画像中的“四瓣花”。考古学界虽然也沿用“柿蒂纹”这一名称，但其中有许多不确定性。孙机在《汉代物质文化资料图说》中指出：

> 安徽阜阳西汉汝阴侯墓的银扣漆盘、银扣三足漆卮、安徽天长西汉墓的银扣五子奁、江苏海州西汉墓的银扣漆盒等。它们有的还贴上用金薄（似应为箔之误）剪出的图形，在器盖上镶嵌柿蒂状金属饰片……
>
> 西汉前期……草叶纹镜也很常见……同时钮座上也增益柿蒂等花纹。
>
> 烧沟这面镜子的编号为 M1023：1。钮为大圆顶形，柿蒂形钮座……①

① 孙机:《汉代物质文化资料图说》，上海古籍出版社2011年版，第91、307、310页。

该材料中多次出现“柿蒂”字样，但是并没有指出四瓣花就是柿蒂纹。学者不但没有对这一名称进行质疑，反而认定这些图案就是柿蒂纹，在缺乏对名称进行严谨论证的前提下，不断对其进行演绎、发挥，进而得出结论。

张朋川在《宇宙图式中的天穹之花——柿蒂纹辨》中认为，不应把“四瓣花”称为“柿蒂纹”，而应称为“莲花”或者“天穹之花”，但文章并没有对“莲花”或“天穹之花”的命名原因进行说明。[①] 李零认为，四瓣花不应该称作“柿蒂纹”，他在《“方华蔓长，名此曰昌”——为“柿蒂纹”正名》中，将“四瓣花”正名为“方花”。[②]

无论是文献资料还是出土文物中，都没有将汉画像中的“四瓣花”命名为“柿蒂纹”的直接或者间接资料。因此，只依“四瓣花”的形态便将其称为“柿蒂纹”，并认为它承载“柿蒂”的吉祥寓意是不可取的，“四瓣花”并不能等同于“柿蒂纹”。

（二）“四瓣花”与“莲花纹”之辨

有学者认为汉画像中“四瓣花”应为“莲花纹”，由此认为它是多子的象征，且与佛教在中国的传播有关。在汉画像中，的确有一些四瓣花是莲花纹，因为其花蕊部分可以看到莲子形状，但不能把所有的四瓣花都视为莲花纹。张同标《汉晋柿蒂纹不是莲花的辨析》一文已经详细阐释了汉晋柿蒂纹不是莲花纹的种种原因。[③]

如将四瓣花视为莲花纹与汉画像结合，就会看到其中的不足。图1-2为山东沂南汉墓前室西间藻井画像石，浅浮雕，主画面为一朵八瓣花。东汉王延寿《鲁灵光殿赋》写道：“圆渊方井，反植荷蕖。发秀吐荣，菡萏披

---

① 参见张朋川《宇宙图式中的天穹之花——柿蒂纹辨》，《装饰》2002年第12期。

② 参见李零《“方华蔓长，名此曰昌”——为“柿蒂纹”正名》，《中国国家博物馆馆刊》2012年第7期。

③ 参见张同标《汉晋柿蒂纹不是莲花的辨析》，《中国美术研究》2014年第4期。

图1-2　沂南汉墓前室西间藻井画像

敷。”[①] 其中的“荷蕖”就是莲花。《风俗通义》将天井、东井八星联系在一起是为了强调天井与水有关，水可以防火。《鲁灵光殿赋》《西京赋》将藻井描述为方形，方井里面有荷花，也是为了说明井与水的关系，突出藻井的防火作用。由此推知，文献描述的是方井，方井有藻，所以称“藻井”。藻井中反植的花为荷花。

如果仅从文字角度看，图1-2中有方井、八瓣花，花朵反植，据此把八瓣花看作莲花，似乎合情合理。但若仔细观察，图像中的八瓣花与现实生活中的荷花的形态有很大差异。再者，以图1-3为例，此图为沂南汉墓中室东间藻井画像，浅浮雕，全图共分为上下两个部分，上边方形内刻四

① （梁）萧统编，（唐）李善注：《文选》，中华书局1977年版，第170页。

图1-3　沂南汉墓中室东间藻井画像

瓣花，下边方形内刻大小方形重叠的抹角结构，中心有圆饼。汉画像藻井图像中还有一些四瓣花，这朵四瓣花的确在方井之中，反植，也贴合文献资料中的论述，再仔细观察图1-2、图1-3，只有“方井”“反植”之花，缺少“圆渊”。倘若方井中的四瓣花、八瓣花实为莲花，这体现的是汉代人心中莲花图像的程式化。那么，它被置于墓室藻井之上又有什么作用呢？仅仅是有莲花的地方就有水，从而体现它的防火功能吗？如果藻井中反植之花只具有防火功能，似乎又与它所处的墓顶这一重要位置有些不符。

作为一种丧葬艺术，汉画像反映了汉代人的生死观念。汉墓中的画像石一般分为“天、地、人、神”几个部分，墓室顶一般描绘的是天界或神界的内容，是人们对神仙世界的描绘。依据已经发掘的墓葬来看，两汉直到唐宋时期的墓室顶部大多是日月星辰等天象图，这说明古人把墓室当作一个模拟的宇宙来看待。图1-4为东汉时期的画像石，1954年出土于山东省济南市大观园。画面四周绘有垂帐纹，画面的中央为一朵八瓣的莲花，旁边分别为日月，日中有一只金乌，月中有一只蟾蜍，日月的两边都

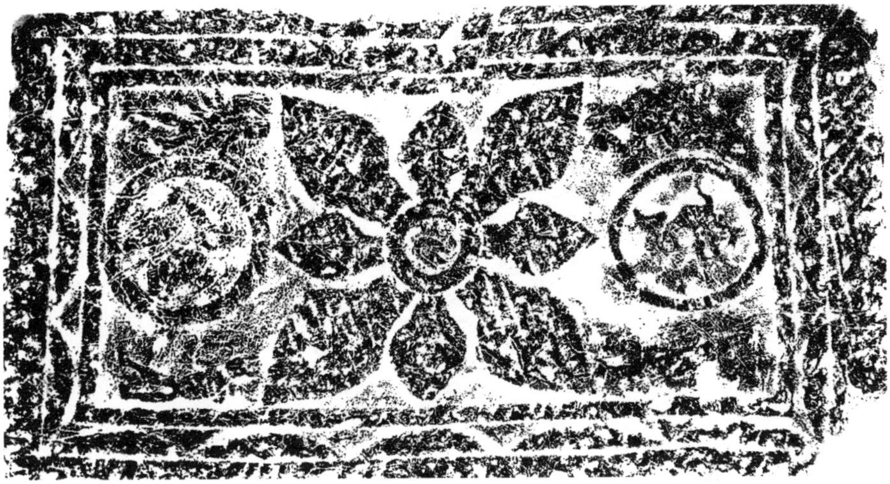

图1-4　莲花、日月画像（采自《中国画像石全集》第3卷）

有翩翩起舞的仙人。这里的八瓣花被认为是莲花，但它在外形上与莲花并不相似。花朵占据的面积远远比日月、仙人要大，再加上莲花主要象征生殖崇拜，而这一朵八瓣花又缺少丰满的莲子，显然，我们不能把它等同于莲花。因此，把汉画像中的四瓣花、八瓣花都视为莲花是行不通的。

（三）“四瓣花”与“侯纹”之辨

学术界还有关于“四瓣花”命名的其他观点。刘道广在《所谓“柿蒂纹”应为“侯纹”论辨》一文中认为，汉画像中的“四瓣花”应为“侯纹”。[①]

刘道广首先在文章提及从“侯”到“爵”的变化。他从2009年发表的一篇论文《“侯”形制考》[②] 中所引用的战国时期出土的漆、铜器为出发点，指出这些器物上都有一个类似的“X”形纹饰，并认为这是“侯纹”，提出制作这一纹饰的工匠在当时应当了解它的真正含义。其次，刘道广根据文

① 参见刘道广《所谓“柿蒂纹”应为“侯纹”论辨》，《考古与文物》2011年第3期。

② 参见刘道广《“侯”形制考》，《考古与文物》2009年第3期。

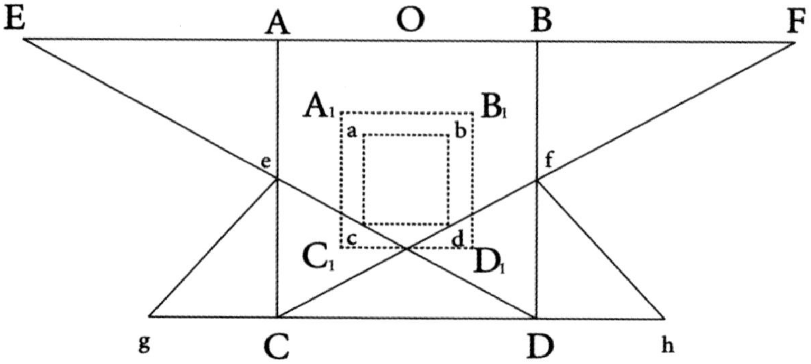

图1-5 “侯”形（采自刘道广《“侯”形制考》）

献资料和图像资料，推测“侯纹”大致如图1-5所示。他解释说，“侯”实际上就是箭靶，“射侯”是“六艺”之一，是一种天子行宗法时的大礼，在周朝礼制中有着特殊意义与地位。因为“射侯”礼有着特殊的意义与地位，所以从战国到东汉末年，“侯纹”被普遍应用于日常器物及画像石、画像砖中。

在文章后半部分，刘道广还提供了一些考古文物，指出其中的“X”形纹饰都是“侯纹”，如上海博物馆藏的战国椭圆杯上的纹饰。此外，文中列举了一些铜镜、画像砖上的柿蒂纹，他认为这也是“侯纹”。他以一件战国夔凤镜为例，该镜镜钮处有四瓣花，周围有凤鸟，他把这一组合形象解释为“侯爵”。四瓣花即“侯纹”，凤鸟为“雀”，“雀”是“爵”的谐音，因此这个组合可以称为“侯爵”。如果将四瓣花、凤鸟组合图解释为“侯爵”，就与铜镜铭文“君宜高官”相符合。但是，刻“四瓣花”“君宜高官”铭文的铜镜只是战国、两汉铜镜中的一部分，还有一些铭文内容与神仙信仰、“长宜子孙”相关，这类铜镜上的“X”形纹饰又该做何解释呢？若把这里的“X”形纹饰同样解释为“侯纹”，认为它同样具有“射侯”之义就显得有些牵强。

汉代的“四瓣花”有的与“X”形纹饰近似，尽管有的大相径庭，但刘道广依然把它们看作“侯纹”。他对此解释为：“工匠不明其制，工艺制作中仿效已有的纹饰本是手工艺传承的主要方法，于是只能依葫芦画瓢，描画其形五花八门，其上乘，整饬其轮廓，遂有如花似瓣的变化，也有迁想妙得，把中心画成莲蓬，显出莲花的形式。”① 从文中列举的图像来看，扁长形的“X”纹饰与四瓣花有很大差异。文章以《考工记》中的文献资料为例证进行论证。《考工记》是春秋时期的重要典籍，“梓人为侯”所体现的事件应该也发生在春秋时期。战国中期，铜镜四瓣花开始批量出现。东汉时期，“射侯”之礼逐渐被停用，广大民间工匠没有资格参与这种大型的宗法礼仪活动，所以他们无法得知“侯纹”的真实形状，因此工匠们也只能按照想象制作，刻画出的“侯形”自然也就五花八门了。有的把轮廓改成花瓣造型，使“侯纹”呈现四瓣花之状；有的在“侯纹”中心添加莲蓬，使之呈现莲花之状。

（四）“四瓣花”与“方花纹”

李零在《“方华蔓长，名此曰昌”——为“柿蒂纹”正名》中从王趁意收藏的两件战国铜镜铭文出发，并依据铜镜上的铭文指出这种四瓣花应为方花，如图1－6所示。这件铜器上的八字铭文足以证明，从战国到西汉的

图1－6 “此曰昌方”花叶纹镜及局部（采自李零《万变》）

① 刘道广：《所谓“柿蒂纹”应为“侯纹”论辨》，《考古与文物》2011年第3期。

这类纹饰的本来名称叫“方华”（即“方花”）是一种具有指示方向作用的花。由此，我们可以把从战国到汉代各类器物上的四瓣花统称为“方花纹”。

四瓣花的每个花瓣一般是“一尖两弯”，战国秦汉流行以四瓣花标志四方，从这个意义上讲，把四瓣花称为“方花”更为贴切。通常所谓的“柿蒂纹”，只是这种四瓣花①的一种。一般情况下，四瓣花有四个大花瓣，有的大花瓣中间还生出四个小花瓣形成八瓣花，小花瓣用以指示四方，大花瓣用以指示四隅。李零指出，汉代流行的云纹瓦当，其实也是四瓣花的变形。②过去，许多学者认为铭文镜出现在汉代，战国时期的铜镜并没有铭文，但是王趁意收藏的两件战国铜镜上却有铭文，这就否定了铭文镜出现在汉代的观点。这两件战国铜镜比较大，直径为208毫米，厚5毫米，圆形，三弦钮，无钮座。弦钮环置阳文铭文八字，金石韵味颇浓。李零把铭文解释为“方华蔓长，名此曰昌”。在古代，“花”与“华”通用，“方花”又可以写作“方华”，亦作“芳华”，是一种有标志方向作用的花。

古代文献中常常出现“芳华”二字。屈原《楚辞·九章·思美人》曰：“芳与泽其杂糅兮，羌芳华自中出。”宋玉《登徒子好色赋》曰：“臣观其丽者，因称诗曰：‘遵大路兮揽子袪，赠以芳华辞甚妙。’”陶渊明《桃花源记》中有“芳华鲜美，落英缤纷”的语句。梁武帝《芳树》曰：“绿树始摇芳，芳生非一叶。一叶度春风，芳华自相接。”从以上文献资料来看，“芳华”中的“华”可以指草本或者木本植物所开之花。

铜镜上的“蔓”字，李零认为：“此字上从艸，下从嫚，应是蔓的异体。它所从的曼，上部似‘憲’。这种写法的曼，汉代仍流行。蔓有蔓延

① 唐代把丝织品上的四瓣花叫“四出花”。
② 参见李零《说云纹瓦当——兼论战国秦汉铜镜上的四瓣花》，《上海文博论丛》2004年第4期。

义。”[①]《诗·大雅·绵》中有“绵绵瓜瓞”一词，多用来描写后代子孙的连续不断，代代绵延。

在古代，“昌”字用来表示吉祥，玺印、镜鉴、砖铭上多刻该字，“昌”还经常与富、贵等连用，常用来指多子多孙。汉铜镜铭文上的“子孙蕃昌”就是多子多孙的意思。“方华蔓长，名此曰昌”可以解释为：方花的藤蔓长，接连不断，它象征子孙后代绵延不绝，代代为继。[②]

据此可知，把古代铜镜上的四瓣花称为“方花”更为妥帖。有学者质疑，如果称之为“昌花”则肯定了此花含有繁盛之意，而忽略了它指示方位的作用。古代人常以自己为中心向四周观察四方，方位对人们来说十分重要，因此，综合“方位”与“昌盛”之意，把四瓣花命名为“方花纹”更为恰当。

通过以上分析可以看出，在汉画像中，无论是四瓣花还是八瓣花，它们都与方位联系密切，因此可以把汉画像中频繁出现的四瓣花或八瓣花命名为“方花”。莲花纹、柿蒂纹、侯纹都可以看作“方花纹”的某一形态。研究者需要不断探讨方花纹暗含的文化意义，解读在“万物有灵”观念弱化、在“植物崇拜”观念日益淡化的两汉时期，汉画像的关键位置为什么会出现如此众多的方花纹？将原始先民观物取象、依类象形、植物崇拜的观念与花作为生殖繁衍、孕育种子、实现植物的永恒回归的特点相结合，参照汉代铜镜铭文（如“子孙蕃昌”等）可以看到两汉时期人们畏死、赏生、达生，以及祈求生生不息的思想观念。这便是汉画像方花纹所蕴含的文化意义。方花纹与两汉人希望生生不息的美好愿望有千丝万缕的联系。

---

① 李零：《“方华蔓长，名此曰昌”——为“柿蒂纹”正名》，载《万变：李零考古艺术史文集》，生活·读书·新知三联书店2016年版，第171页。

② 参见李零《“方华蔓长，名此曰昌”——为“柿蒂纹”正名》，载《万变：李零考古艺术史文集》，生活·读书·新知三联书店2016年版，第171页。

图1-7　安丘汉墓后室西间封顶石画像（采自《中国画像石全集》第1卷）

二、汉画像方花纹的图像分类

方花纹频繁出现在两汉时期，图像分布范围较广，在江苏、山西、山东等地的汉画像上均能找到四瓣花、八瓣花的踪影。它们出现的位置比较固定，即汉代墓室顶盖、祠堂顶盖、棺椁棺盖、铜镜镜钮。若从方花纹所在图像的整体位置来看，方花纹基本处于图像的顶端或中央，预示着方花纹指示方位的作用。汉画像中的柿蒂纹、莲花纹也有指示方位的作用。从广义上讲，柿蒂纹、莲花纹也属于方花纹一类。探讨方花纹的文化意义首先需要对其进行图像分类。

（一）汉代墓室、祠堂中的方花纹

1. 墓室顶部的方花纹

汉代墓室中的方花纹，如图1-7安丘汉墓后室西间封顶石上的八瓣花。该墓为东汉晚期墓，1959年11月至次年3月发掘于山东省安丘市董家庄，现被收藏于安丘市博物馆。该石画面四周边饰垂幛纹、锯齿纹。画像中部刻有二龙互相交缠，其上下刻卷云纹。画面左侧刻有一朵巨大的方

图1-8　藻井莲花（作者拍摄）

花，花瓣上饰井络纹。画面右侧绘有伏羲女娲，伏羲女娲皆人首蛇身，蛇尾相交，二神周围绘有卷云纹。画面右下角还有一只昂首向左方前行的翼虎。

墓室的方花纹除了出现在墓室封顶石上，还经常出现于墓室藻井，如图1-8为墓室藻井莲花。藻井中央有一朵八瓣莲花，其中有两个花瓣呈水滴形，两个呈菱形，其他四个呈三角形。莲花三周有三块石头，一块石头上刻有翼虎，一块石头上刻有翼龙戏“珠”（这里的“珠”应为五铢钱），另一石头上刻有三角纹饰，此石应放错了位置。根据汉代的四神图像，藻井莲花四周应为四神，即青龙、白虎、朱雀、玄武，北方之神玄武的位置有时被其他神兽所代替。四神环绕在藻井莲花周围，可以看出藻井莲花的重要作用。藻井一般位于墓室中央，它的外形四四方方，类似于方形的井，所以被称为“藻井”。汉代建筑的顶部一般都会有藻井图案，莲花图案常出现在藻井中。汉代典籍也有许多相关记载，其中以《鲁灵光殿赋》中的描写最为典型。此外，敦煌石窟中的藻井也可以说是汉代藻井的继承与发展。

2. 祠堂顶部的方花纹

如图1-9原石在邳州占城出土，是祠堂顶盖画像石。图像中间部

图1-9　雨过天晴（采自张道一《徐州画像石》）

图1-10　二人博戏（采自张道一《徐州画像石》）

图1-11　莲纹、鱼画像
（采自《中国画像石全集》第2卷）

图1-12　拥彗门吏（作者摄）

分有两道彩虹，彩虹两端各有一个龙头，彩虹上还刻有凤鸟，彩虹下面是正在出行的雨师。雨师出行图部分，三条大鱼在前面驾车，雨师驾着蟠蛇车外出巡查。画像的两端中央各有一朵八瓣花朵，正方形围在花朵之外，四条游鱼以逆时针方向围绕着八瓣花游动。

3.其他方花纹

图1-10为东汉时期徐州凤凰山汉墓祠堂左壁画像石，原石现藏徐州汉画像石艺术馆。画像石中央雕刻一座楼阁，楼阁内有二人正在聚精会神地进行六博游戏，两边各有一位侍者，亭子的两扇窗户上均刻有一个方花纹。

图1-11为东汉永寿三年“莲纹、鱼”画像石，1980年出土于山东嘉祥满硐乡宋山，现藏于山东石刻艺术博物馆。山东石刻艺术博物馆内还有两块类似的石头，上面皆刻有八瓣花，并且花瓣饰以井络纹。其中一块石头空隙处刻有八尾鱼，另一块石头绘有六尾鱼及两个人首蛇身、肩生双翼的神兽。

图1-12为东汉时期的拥彗门吏画像石。值得关注的是，图中门吏的头顶上刻有一个方花纹。

图1-13为“楼阁、凤鸟、莲花”画

图1－13
楼阁、凤鸟、莲花
（作者摄）

像石。该图虽然不是特别清晰，但是图中八瓣花、阁楼、二凤鸟对鸣依稀可见，八瓣花与凤鸟处于同一层，占据此层的一半空间。

（二）汉代棺椁上的方花纹

汉代棺椁上的方花纹有时是单个巨幅画像，有时带有仙人、异兽等配饰。棺椁盖上的方花纹如图1－14所示，“仙人・联璧”原石为长亭一号石棺，画面中间有两个肩生双翼的仙人，仙人旁边为十字穿璧。十字穿璧应该是天门的象征。此棺盖画面的左右两端均有一朵一尖两弯的四瓣花，花瓣上带有纹路。图1－15比图1－14更为典型，原石为四川泸州九号石棺棺盖。一个大大的四瓣花占据整个棺盖，花瓣一尖两弯，每个小花瓣上刻有一个相同的纹饰。棺椁画像中巨幅的方花纹还有很多，频繁出现在棺椁画像上，蕴含着某种特殊的含义。

图1－14 仙人·联璧（采自《中国画像石全集》第7卷）

图1－15 柿蒂纹（采自《中国画像石全集》第7卷）

（三）汉代铜镜上的方花纹

在汉代，从王公贵族到平民百姓，人们在日常生活中都需要用铜镜进行梳妆照容，正冠整装。铜镜背面的精美纹饰除了能够让人赏心悦目之外，图像所蕴藏的文化内涵也被后人逐步解读。铜镜画像可以反映当时人们的宗教思想、审美观念及世俗生活。除了墓室、祠堂、棺椁上有大量的方花纹，汉代铜镜镜钮上也有方花纹。刻在铜镜镜钮上的方花纹似乎起到了很重要的作用，郭沫若先生曾推断：

古人以水为鉴，即以盆盛水而照容，此种水盆即为监，以铜为之则作鉴，鉴字即像一人立于水盆旁俯视之形……普通人用陶器盛水，贵族用铜器盛水，铜器如此打磨得很洁净，既无水也可以鉴容。故进一步讲，即由铜水盆扁平化而成镜。铜镜背面有花纹，背心有钮乳，即是盛水铜器扁平化的遗痕。盛水铜镜的花纹是在表面的，扁平化后则变成背面了。钮乳是器足的根蒂。①

由此可见，镜钮是铜镜上至关重要的一个部分。汉代铜镜镜钮上的方花纹同样具有不可忽视的作用。

从图1－16中的8个汉代铜镜上可以看到，镜钮上的方花纹大多呈一尖两弯形态，花瓣硕大，有的方花纹旁边还刻有铭文。图1－16－1上的铭文为："湅冶铅华清而明，以之为镜宜文章，延年益寿去不羊（祥），与天无极如日月光，千秋万岁而兮。"图1－16－3上的铭文为："日有熹，月有富，乐毋事，宜酒食，居必安，毋忧患，竽瑟侍兮心志欢。乐已茂兮固常然。"图1－16－4外圈上的铭文为："黄帝冶竟（镜）四夷服，多贺新家人民息，官位尊显天下复，幸逢时年五谷，上有龙虎四时宜，长保二亲子孙力，传告后世乐无极兮。"图1－16－6钮座有四字"长宜子孙"，外圈配以铭文一周，共38字："湅冶铅华清而明，以之为镜宜文章，延年益寿去不羊（祥），与天无极如日月光，千秋万岁长乐未中央。"②在这8个铜镜中，第2、3、4、7、8的画面组合都是方花纹置于铜镜中央，旁边有青龙、白虎、朱雀、玄武四神环绕，这种图像配置也显示了方花纹的重要地位。

在汉画像中，花瓣纹、花叶纹是西汉时期最难破解的纹饰之一，它们的命名只表形而不表意。花叶、花瓣都是描述植物时常用的术语，但是这种纹饰依托于自然界的植物。虽然战国两汉时期的先民仍有"万物有灵"

① 郭沫若：《三门峡出土铜器二、三事》，《文物》1959年第1期。

② 浙江省博物馆编：《古镜今照》，文物出版社2012年版，第121、137、145、123页。

图1－16　汉代铜镜上的“方花纹”
（采自浙江省博物馆编《古镜今照：中国铜镜研究会成员藏镜精粹》）

的观念，但是这一时期植物崇拜并不盛行。因此，在两汉以前的铜镜纹饰中，植物纹饰出现极少。但在汉画像石中，方花纹、花叶纹却在一些固定的位置常常出现。

三、汉画像方花纹图像探源

方花纹以花的形状出现在汉画像中，既保留了花的基本形态，又有自身特点，这其中应有历史的渊源。由此，研究汉画像方花纹中蕴含的文化意义需要对它的图像进行溯源。

（一）史前的花朵图像

方花纹不仅出现在汉画像中，两汉以前的铜镜、漆器上也有发现。至于方花纹确切的出现时间及它的具体流变已不易探究，但在原始彩陶上可以找到类似图像。

史前时期的彩陶上多绘有蛙纹、鱼纹、云雷纹，花瓣纹也是其中常见的图像。

马家窑文化、大汶口文化等史前文化遗址出土的陶罐上可以看到彩陶图案母题的花瓣纹。如图1-17所示，马家窑文化遗址出土的一些陶豆上绘有荷叶图案，河姆渡文化遗址出土的陶盖有的绘有莲瓣纹图案……图1-17所示的新石器时期的彩陶盆、钵、壶、豆等器皿上的花朵，有的有四瓣、五瓣、六瓣的花朵，其中以四瓣花居多。将原始彩陶上的花朵图案与汉画像上的方花纹进行比较，可以发现二者的造型有许多相似之处，二者都不是以某种花朵的具体形态呈现的。原始彩陶上的花朵图像似乎与汉

图1-17　花纹彩陶（采自《中国陶瓷全集》《甘肃彩陶》）

画像上的方花纹有着千丝万缕的联系。“史前陶器文化也是女人的领地，因为陶器制造是一种神圣的创造性活动，是‘女性的原始秘密’之一。”[1]女性、陶器、花朵三者之间有着密不可分的联系。因此，汉画像方花纹的出现绝不是偶然的，它是一种情感的表达，正如黑格尔说的“艺术的内容就是理念，艺术的形式就是诉诸感官的形象。艺术要把这两方面调和成为一种自由的统一的整体”[2]。从原始彩陶到汉画像上花朵图像，这些花朵包含着某种集体意识，而这正是探究汉画像方花纹文化意义的关键。

（二）春秋战国时期的花朵图像

我国在春秋战国时期已经进入农耕文明，各诸侯国重农抑商，鼓励生产。在农耕文明里，花朵、植物与人们生活之间的联系更加紧密。农业社会以种植为主，在通常意义上讲，农作物只有经过开花、授粉才能迎来最终的成熟，可以说开花是植物完成整个生长过程的重要阶段。这时一些花朵图案应运而生，出现在人们的日常生活器物中，方花纹就是这一时期图像的典型代表。柿蒂纹作为方花纹的一种，在春秋时期也广受欢迎。“柿盘”即“柿蒂”，就是柿子成熟后果实的花托。柿子树木质坚硬，且果实具有药用价值，《本草纲目》中记载了柿子的活血作用。从考古出土文物的柿蒂纹中我们也能看出花与人们生活的紧密联系。

战国时期，四瓣花多出现在青铜镜上，铜镜虽然是人们的一种生活用品，但是最初作为一种礼器，与当时的宗教思想联系密切，后来才逐渐被世俗化。铜镜上的四瓣花为方形，铜镜轮廓为圆形，方与圆的组合暗合古人“天圆地方”的理念。

---

① ［德］埃利希·诺伊曼：《大母神——原型分析》，李以洪译，东方出版社1998年版，第125页。

② ［德］黑格尔：《美学》（第一卷），朱光潜译，商务印书馆1979年版，第87页。

（三）秦汉以来的花朵图像

秦汉时期，“万物有灵”“植物崇拜”观念渐渐处于消亡状态，这时人们依据自己已掌握的知识对世界有了新的认识。汉初采用黄老思想进行休养生息，国力日益强盛。汉武帝时期，汉朝国力进入鼎盛时期。两汉时期，植物图像已经渐渐淡出人们的日常生活，动物图像占据主流，但是汉画像中的方花纹依旧在固定位置频繁出现，这说明其中蕴含的集体无意识具有至关重要的作用。在汉画像方花纹图像配置中，其图像内容更加丰富，它们不再是四瓣花的独立个体，而是常常饰以朱雀、青龙、白虎、玄武“四神”图像，以及仙人、仙草等植物图像。汉代铜镜上的四瓣花周围有的雕刻着铭文，以表达人们的美好祝愿。

从秦汉到元、明、清时期，花卉图案仍旧占据装饰图案的主流，此时的花卉图案不再是简单的花朵之形，而是整体的表现。秦汉之后，花朵图案成为人们日常生活中的装饰图像，逐渐丧失了蕴含的集体无意识观念。不同种类的花被赋予不同内涵，人们常常用花比德。例如周敦颐的《爱莲说》，将菊花比作花中隐士，将牡丹比作花中的富贵者，将莲花比作花中的君子。陶渊明过着“采菊东篱下，悠然见南山”的惬意生活，而菊花成了他的代名词；世人追求富贵，用牡丹来比喻；周敦颐以莲花自喻，他想像莲花一样“出淤泥而不染，濯清涟而不妖”。

花朵是植物走向成熟的重要标志，又是植物孕育种子的重要器官，它为植物随着四季更替、实现永恒回归提供希望。同时，自古以来，花朵与女性、生殖有着密不可分的联系。探索汉画像中方花纹背后的文化内涵，就需要把方花纹与植物的永恒回归联系在一起，把它与两汉时期人们的追求长生，希望像植物一样实现生命的永恒回归联系在一起。植物通过花朵实现生命永恒回归的背后暗藏着一个植物型的世界观，也揭示了两汉时期方花在人们心中的重要地位。

第二节　方花纹中的世界观

史前时期，人们对自然还没有科学的认识，他们认为万物有灵，崇拜植物，对自然界的认识是观物取象的结果。植物对于原始社会时期的人们来说具有重要意义，他们依赖植物而生存。花是植物生殖繁衍的重要器官，花蒂是植物的根本。殷商时期，人们有感于花蒂对植物的重要作用，于是把花当作上帝崇拜，出现了植物型上帝——花。花不仅是植物型上帝，而且是宗祖神，具有上帝与宗祖神双重身份。花作为植物的一部分，与天文历法也有着密切联系，因此，它又具有时间特征。方花纹连接“过去”“现在”与“未来”。方花纹具有指示方向作用，因而它还具有空间特征，体现“四方八位”与“中”的思想。方花纹具有时间与空间双重特征，它可以连通时间，打通空间，进而起到时空转换的作用。因此，汉画像方花纹中的世界观包括三个方面：植物型的世界观、殷商时期的至上神及时空观。

一、方花纹与植物型的世界观

植物在古代作为一种神祇而存在，夏人把苇索作为先妣神和门神，门神神荼的原型就是苇索；周人把桃视为先妣神和门神，赋予“桃”“桃木”神奇的力量；不知何族以荷花、白茅花作为先妣神和门神，但根据文字学的解释，门神郁垒的“垒”为花之蓓蕾，“郁垒”最初的形态就是白茅花。《淮南子·地形训》也有“若木端有十日，状如莲珠”的记载。“人类的植物崇拜，是和人类的生存繁衍对于植物的依赖密切关联的。”[①] 在一系列关于植物与人类关系的记载中，我们可以看出植物在人们心目中占有不可替代的地位，在中国文化的大传统中存在一个植物型的世界观，这一观念对人

① 靳之林：《生命之树与中国民间民俗艺术》，广西师范大学出版社2002年版，第13页。

们的生活有着潜移默化的影响。

（一）观物取象，依类象形

在文字未出现前，人与自然关系密切，人对事物的认识主要来自自然。《周易·系辞下》："古者包牺氏之王天下也，仰则观象于天，俯则观法于地，观鸟兽之文与地之宜，近取诸身，远取诸物，于是始作八卦，以通神明之德，以类万物之情。"[①]《说文解字·序》也有此类记载："古者庖牺氏之王天下也，仰则观象于天，俯则观法于地，视鸟兽之文与地之宜，近取诸身，远取诸物，于是始作《易》八卦，以垂宪象。及神农氏结绳为治而统其事，庶业其繁，饰伪萌生。黄帝之史仓颉见鸟兽蹏迒之迹，知分理之可相别异也，初造书契，百工以乂，万品以察。……仓颉之初作书，盖依类象形，故谓之文。其后形声相益，即谓之字。"[②]

《易·系辞下》看似在讨论八卦的产生，但是《易》作为对原理的认识，所涉及的问题应该不仅仅只是卦象问题，也应该涉及其他内容。再者，许慎的《说文解字·序》中所提及"神农氏结绳""饰伪萌生""初造书契"等一系列大事件，这些事件的产生原因都是观察天象，细查地理，感悟身边实物形象，从身边、自然生活中获得认识，并将认识指导实践。文字的产生是这样，那么，图像的产生是不是也有同样的原因，即观物取象、依类象形。对于纹饰的产生，邓白先生曾经说："这虽然是创作八卦的过程，但其基本精神，例如对大地规律，鸟兽自然生态的观察，以及近取诸身，远取诸物的主客观实践过程，都包括了原始艺术生产的实质，可以作为探讨陶瓷装饰历史渊源的借鉴。"[③]纹饰的产生是近取诸身、远取诸物的结果，那么，图像的产生也应该遵循这一原则，也是观物取象、依类象形的结果。

---

① （清）阮元校刻：《十三经注疏》，中华书局2009年版，第179页。

② （汉）许慎撰，（宋）徐铉等校：《说文解字》，上海古籍出版社2012年版，第753页。

③ 邓白主编：《中国历代陶瓷饰纹》，上海科学技术出版社1989年版，第8页。

从《易》的内容来看，人们创造图像主要是通过“仰则观象于天，俯则观法于地，观鸟兽之文与地之宜”[①]。从具体的分类来说，“天”即天象，属于天文的范畴，“地”指的是地理，属于地物范畴。在古代，无论是天文或地理，都与古人的生活息息相关。古人常常看天吃饭，靠地吃饭，观天文、察地理二者都是古人生产生活的重要组成部分。由此，天与地对古人有着重要意义，在古人对自然科学知识掌握较少，不能正确认识自然的情况下，人们敬畏自然，崇拜天神、地神，定期祭祀。而“鸟兽之文”与古代的物候历法关系密切，人们常常根据动物的活动情况判断季节的变化，从而指导生产生活。无论是“天文”“地理”还是“鸟兽之文”，对于古人认识自然，从事生产来说都具有重要意义。人们对“天文”“地理”“鸟兽之文”作用的认识，则源于新石器时期的农业活动。

新石器时期先民的定居生活和农耕生产最根本的问题就是农作物的生长。在那个以“轮种休耕”和“刀耕火种”为主要生产方式的时代里，先民们除了结合“天时”来密切关注植物的生长情况外，还可以通过主动观察和选择农作物的种子作为观察的对象。通常情况下，开花就预示农作物即将结果，人们即将迎来收获的季节，而开花结果，种子蕴藏在花朵中，有了花朵与种子，农作物的生命就可以生生不息，人们就获得了稳定的农作物来源。可见，人们对蕴含生命力的形象感知深刻，他们创造出的多彩的花卉图案，就是他们长期观物取象、依类象形的结果。

（二）万物有灵，植物崇拜

进入原始氏族时期以后，人们认为万物有灵，树木花草也和人类一样具有灵魂。他们相信图腾崇拜：“一个氏族集团的一切成员都是源于某种动物与植物，或其他物体与现象，这种动物与植物，其他物体与现象就成为

---

① （清）阮元校刻:《十三经注疏》，中华书局2009年版，第179页。

他们的图腾。”[①] 万物有灵、图腾崇拜、植物崇拜的观念影响着原始人的思维与生活。面对恶劣的自然环境，人的存活率比较低，他们感知到植物随四季轮回而彰显出永恒的生命力，于是他们把植物当作神灵，幻想着自己也能够像植物一样具有长久的生命力。原始人崇拜植物不仅因为它具有顽强的生命力，还因为植物具有药用价值，以及植物具有“宇宙之轴”的作用。

我国古史传说中，中央黄帝所建造的天柱建木是中央砥柱，处于天地之正中。而不死之树、寿木、若木出自天地西极，与昆仑山联系在一起。不死之山、不死之树、不死之药与西王母合一；而生命之树扶桑出自天地东方，与太阳合一，与大海、汤谷联系在一起。太阳由东方出，东方是大海，太阳出于东方大海犹如扶桑出于大海，太阳与生命之树出于东方。宇宙之树被认为生长在世界的中心，并联结着宇宙的三个部分，因为它将根深入地府，而枝叶则直达天界。[②] 生命之树体现了人类“生者长寿、死者永生”的生命意识。农耕文化发展出所谓的宇宙论的宗教，因为宗教活动是围绕着一个核心的奥秘进行的：世界周期性的更新。与人类的存在一样，宇宙的节律也是通过植物的生命得以表达的。宇宙神性的奥秘以“世界之树”来象征。宇宙被看作一个有机体，它必须周期性地更替，即每年一次。通过蕴藏在某种果实或树旁泉水中的力量，某些特权人物可以获得“终极存在”，实现返老还童及身体不朽。

在以植物采集和狩猎为主的采猎阶段，人类的植物崇拜已经萌芽，人们把大地、森林当作自己的母亲。人们的衣食住行基本上取材于森林大地，吃着大地、森林提供的乳汁——果实、根茎。大地、森林可以说是人类生活的依靠，离开了森林、大地人类将难以繁衍。农耕文明逐渐发展，植物的花开花落影响着农作物的成熟时间，决定着农作物收成的多

---

① ［苏］柯斯文:《原始文化史纲》，张锡彤译，人民出版社1955年版，第171页。

② 宇宙之树是世界之轴的最普遍的说法，但是宇宙之轴的象征也可能先于或独立于农业文明，因为它也见于某些古老的文化之中。

少。植物开花成为新生命的象征，花与新生命诞生的密切联系使花在人们心中的地位越来越重要，人们的日常生活器皿上逐渐出现了花朵图案。如浙江余姚河姆渡文化陶器上的双鱼禾稻纹、四叶花实纹、花瓣纹、花叶纹。新石器时期，人们大多有着宗教信仰，他们认为有植物神存在。植物神有着死而复生的“生殖神力”，花落了可以再开，果落了可以再结。他们对自然的认识有着一种简单朴素的思维，在他们的观念中植物可以死而复生，那么，人同样可以像植物一样拥有再生的机会。他们认为人的生存和死亡可以循环，就像植物一样，新生命出生的希望孕育在残旧的生命体之中，人可以在逐渐衰老的身体中蕴藏新生命的种子，等到旧生命垂危，新生命的种子发芽、长大、开花，逐渐长成新的生命个体，在这样的过程中，人就会实现再生，生命也会得以延续，绵延不断。人对生命的追求、对繁衍的期待是人类最基本的意识，生命与繁衍意识是各民族本源的哲学基石。如果我们联想到后世一些未开化或半开化民族用动物或人的血液来搅拌植物的种子，以激活植物的生命力，为部落提供更多的食物，或用以复活的葬礼，以此就能够体会这种带有蒙昧色彩的对新生命的渴求。

二、方花纹与殷商时期的至上神

汉画像中，以青龙、白虎、朱雀、玄武等动物形象出现的神灵随处可见，它们具有的特殊职能使它们成为人们崇拜的对象。青龙可司雨，充当雨神之职。白虎可避邪，《风俗通义・祀典》载：“虎者，阳物，百兽之长也，能执搏挫锐，噬食鬼魅。今人卒得恶悟，烧虎皮饮之。击其爪，亦能辟恶，此其验也。”[①] 古人还认为白虎是一种祥瑞，因此有“德至鸟兽”之说。朱雀即凤鸟，相传是天帝的使者。玄武是龟、蛇的复合体，其本身就有玄冥的意义，它是掌管北方的水神。先秦时期玉兔、金蟾、三足乌、四

① （汉）应劭撰，王利器校注：《风俗通义校注》（下），中华书局2010年版，第368页。

神等都有具体的形态，雷公电母、风伯雨师等自然神也有具体的形态。如在汉画像中雷公有时为一只熊手拿双锤，风伯为一仙人手拿风口袋，雨师则为一仙人拿着喷壶，似乎在往下浇水等，这一系列形象大都是古人根据自己的生活经验想象而来的，这些神的形态基本上保持不变。他们大都以动物的形象出现，就连《山海经》中记载的西王母的最初形态也是动物之形，伏羲女娲的人首蛇身也有动物之态的体现。但是殷商时期有花之形的植物至上神存在。至上神“上帝”的具体形态从殷商到两汉时期发生了极大变化。

（一）非兽形的“上帝”

在汉画像中，至上神“上帝”为“太一神”，他是一位怀抱伏羲女娲的天神，呈人形。有时太一乘坐在“北斗帝车”之上，但是“北斗帝车”之上却看不到太一的具体形象，有时只用“太一座”来表现太一的存在。汉代的至上神太一有时有形有时无形，可以用“大象无形”来解释。在汉画像中，除了有汉代的至上神太一，也有殷商时期遗留下来的崇拜植物之神的踪迹，方花纹可以说就是当时至上神的具体形态。根据已经出土并被考证的殷商甲骨文来看，在商朝的文明信仰中，天上的众神，龙形、鸟形的异兽都是群体崇拜的对象，他们负责天地之间的交往和化生。“与此同时，天上还有一位非兽形的最高崇拜对象：上帝。”① 在殷商的文化信仰中，几乎所有自然神、祖先神等崇拜对象都是群体的众神、祖先神，但只有至上神“上帝”是天上独一无二的崇拜对象，这个对象并非兽形，而是花之形。

虽然在秦汉思想中有配合五行观念的五帝形象，但一直到西汉末东汉初，五帝的概念才算真正完备。对商周人来说，上帝是无所不及、无所不包的，它是一个独一无二的崇高对象。因此，我们不能用两汉时期的“五

---

① 郭静云：《天神与天地之道：巫觋信仰与传统思想渊源》，上海古籍出版社2016年版，第467页。

帝”概念来理解商周文明时期的上帝信仰，也不能否认在汉画像这部绣像史中以花之形存在的商周“上帝”观念。除此之外，流传下来的文献资料中因为常常用“帝”字描述帝喾、帝尧、帝舜等上古圣王，因此“帝”字常常被误解为崇高的始祖信仰，这一观点在20世纪前半叶的欧美学界的讨论中常常出现。但是，在甲骨文的解读中，头顶帝的形象才是崇高的祖先。只是从殷商末期开始，先王也被称为“帝”，用以强调他上帝代理者的身份，由此可见殷商末期的“帝”逐渐向人格神变化，但此时的“帝”的信仰并不具备人的形体，更加没有祖先的含义。在商周人的信仰中，“帝”不是祖先，而是崇高的自然神，它与“神”“云”“凤”等天神不同，上帝并没有神兽的形状。在商代信仰中，天上神兽的职能涵盖了升天、再生、羽化、授权、保佑王命等。但是，一切此类天神，他们的地位都低于上帝。掌握生死的神兽，都要听从上帝的命令，是“天帝之臣属”①。“上帝”既没有兽形又不是以人形出现，那“上帝”到底以什么形态出现在殷商的信仰中？据了解，商代信仰依旧属于形象文化体系，人们对天神的感知塑像仍来自对现实世界的朴素认识。因此，此时至上神“上帝”的具体形态可以认为还在未超出形象文化的体系之中，它是一个有形的崇拜对象，这个形态非兽形亦非人形，也绝非一个完全抽象的概念，而是一个可感知的具体的形象。

（二）殷商的花之形“上帝”

殷商时期人们的天文观建立在当时人们对“天”的最基本的认识基础之上。这里所说的“天”与我们今天所理解的“天”有所不同，它是一种有形的，甚至说是可以触摸的圆形天盖。古人认为天圆地方，在商代甲骨文、金文中，“天”字是一人正面站立，头是圆形的，这正是以圆形的人首象征圆形的天盖。“天圆”思想在《山海经》所记载的刑天神话中得到清晰

① 姚孝遂、肖丁：《小屯南地甲骨考释》，中华书局1985年版，第77—78页。

的反映，在两汉时期，人们依旧保持着这一理念。《淮南子·精神训》：“故头之圆也象天，足之方也象地。”[①]《大戴礼记·曾子天圆》引曾子的话说：“天之所生上首，地之所生下首。上首之谓圆，下首之谓方。”[②]这些认识显然比许慎所谓“天，颠也”的训释更为朴素、真实。殷商时期，人们既然已经用圆形的人首来象征圆形的天空，那么他们对纯自然属性的“天”的认识应该也已经不成问题。但是，由于甲骨文的“天”字除了与“大”字通用之外，似乎很少用于对自然属性的天空的描述，以至于学者普遍认为，天道的观念应晚至周人才最终提出，而殷人虽已认识了天，但尚不存在对天的崇拜，也就是说，当时还没有出现具有至上神神格的天。[③]

居住在天宇之上的至上神，确切地说是拥有主宰整个宇宙万物权力的至尊神，最迟到商代就被创造出来了，这就是甲骨文中常见的“帝”和“上帝”。关于“帝”字造字本义的争论，自从南宋郑樵提出了“帝象华（花）蒂（蒂）之形”[④]的说法以后，学术界对此的争议至今仍然没有休止。在汉字创造之初，象形字、形声字所占的比例比较多，一些汉字都是人们观察身边事物的结果，那么，我们可以分析一下“帝”的构形。

“帝”，象形字，像花蒂之形，上面像花的子房，中间为花萼，下面下垂的为雌雄花蕊，“帝”的本义为花蒂。甲骨文中的“帝”字大致有两种用法，一种用于禘祭祭名为“”，另一种用于“上帝”之“帝”常作“”。在这两种用法中，“帝”表现出两种不同的构形，但这两种字形又常常可以互相混用。具体地说，作为禘祭祭名使用的“帝”通常作“”，作为上帝的“帝”字则通常作“”。但不论是“”还是“”，它们的基础部分都是

① 陈广忠译注：《淮南子》，中华书局2012年版，第339页。

② （清）王聘珍撰，王文锦点校：《大戴礼记解诂》，中华书局1983年版，第98页。

③ 参见郭沫若《先秦天道观之进展》，载《青铜时代》，人民出版社1954年版，第3—16页。

④ （宋）郑樵：《通志二十略·六书略第一》，中华书局1995年版，第236页；刘复：《“帝”与“天”》，《北京大学研究所国学门月刊》1926年第1卷第3号，第1—2页；王国维：《释天》，载《观堂集林》（卷六），商务印书馆1940年版，第11页；郭沫若：《释祖妣》，载《甲骨文学研究》，人民出版社1952年版，第17—18页。

一样的。该字的基础部分，上面类似花苞、茎共连于蒂，所以它应该就是花蒂之“蒂”的象形字，常写作“蔕”。《说文解字·艹部》释“蒂”为：“蔕，瓜当也。”[①] 段玉裁《说文解字注》：“《曲礼》：‘削瓜，士疐之。’《释木》：‘枣李曰疐之。’疐者，蒂之假借字。《声类》曰：‘蒂，果鼻也。’瓜当、果鼻正同类。《老子》：‘深根固柢。’柢亦作蒂。《西京赋》：‘蒂倒茄于藻井。’皆假借为柢字。”[②]《礼记·曲礼》曰：“为天子削瓜者副之，巾以絺；为国君者花之，巾以绤；为大夫累之，士疐之，庶人龁之。”[③] 孔颖达在《正义》中把“疐”解释为花托处，孙希旦在《集解》中把“疐”解释为瓜与瓜蔓的连接处。由此可知，花木、果鼻都是花果之祖。“蒂”字在《说文解字》中位于“荄”“菿”“茇”三字之上，这三个字都是草字头，因此“蒂”字也含有根本的意思。本、鼻意皆同祖，可以引申为万物的根本，由此古人把“帝”视为万物之祖。

（三）“上帝”崇拜与“人祖”崇拜

“帝”由原指花蒂而最终转变为代指天帝。刘复认为，因为天帝是万能的，无所不能。用花蒂来表示无所不能，正是一种象征观念。《吕氏春秋·下贤》载：“帝也者，天下之适也；王也者，天下之往也。”[④] 这似乎可以印证这种解释。殷商先民不仅已奉上帝为至上神，而且也同时尊其为宗祖神，这一现象对于我们探讨至上神的形成具有非常重要的意义。

虽然古人已经习惯用男根的象形文字来表示人祖的“祖”，但是由于子孙众多，为了区分血缘远近亲疏，他们就必须创造出一个字来表示嫡庶的“嫡”，这个字便是“帝”字。倘若古人最初选择他们生活中熟知的花蒂作为一种生命本源的象征，那么他们最有可能赋予它的含义是什么？显而

---

① （汉）许慎撰，（清）段玉裁注：《说文解字注》，上海古籍出版社1988年版，第38页。
② （汉）许慎撰，（清）段玉裁注：《说文解字注》，上海古籍出版社1988年版，第38页。
③ （清）阮元校刻：《十三经注疏》，中华书局2009年版，第2692页。
④ 陆玖译注：《吕氏春秋》，中华书局2011年版，第483页。

易见，人们只能从花、果由花蒂所生这一自然现象联想到花蒂是花、果的本祖，并逐渐以花蒂象征先祖，最终将花蒂引申为泛指万物之祖。因此，原始的“帝”字作为宗祖神的观念来源于古人把植物的干枝来比喻宗族繁衍。《诗·大雅·文王》：“文王孙子，本支百世。”[①]《毛传》：“本，本宗也。支，支子也。”《左传·庄公六年》引《诗》则作“本枝百世”。因此马瑞辰《毛诗传笺通释》曰：“本如本末之本，支即枝也。”[②]也就是说，《诗》用植物干枝比喻嫡庶，而花蒂连接本干，为生花生果的根本，所以“帝”有根本的意义。[③]

帝所具有的万物之祖与至上神的双重身份表明，其至上神的神格显然是其本为宗祖神神格的提升。很明显，随着至上神观念的创立，一旦古人产生了以花蒂之蒂由本来表示嫡庶的“嫡”转而象征万物始祖的天神上帝的思想的时候，他们就已经给人祖与天地建立起了牢固的血缘关系。不仅如此，由于一种以“蒂”与“花”为因果的现象可以巧妙地用来比喻尊奉“帝”为宗祖神的氏族集团，因此他们会自然而然地将自己比作花蒂所生的花，这便是华夏民族“华”的由来，“华”就是“花”的本字。现存记载华夏称谓的古代文献的成书年代显然都无法与殷商卜辞相比，这意味着“华”族之称实际上是后人把帝作为至上神、认祖归宗的结果。由于“华”作为帝的子民的观念，来源于“蒂”为花祖的朴素比喻，这表明当时的人们仍然存在天帝的“帝”来源于花蒂的古老观念。事实上，花与花蒂及由此引申出的华族与上帝，二者之间的因果关系甚为明显，这实则体现了古人对“上帝生民”这一思想的一种浪漫描述。

---

① （清）阮元校刻：《十三经注疏》，中华书局2009年版，第1084页。

② （清）马瑞辰撰，陈金生点校：《毛诗传笺通释》（上），中华书局1989年版，第797页。

③ 参见吕思勉《吕思勉读史札记》，上海古籍出版社1982年版，第506—507页。

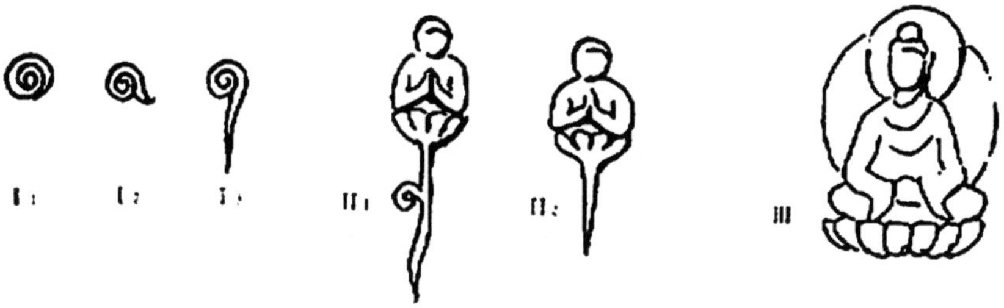

图1-18　莲华化生
（采自《天人诞生图研究：东亚佛教美术论文集》）

（四）花朵化生、孕育万物

植物图案是新石器时期农业文明的体现，它代表着先民们对农业的重视及对丰收的期盼。植物图像出现之处大都是模仿自然界植物的原始面貌。随着人类文明的发展，人们逐渐追求图案的形象美、符号美，植物图案逐渐向符号化、抽象化发展。抽象的植物图像也成了人们表情达意的载体，花朵成为人们追求永续生命的载体。

花朵是植物的一种特殊的存在，它具有绵延的生命力及药用价值。两汉之际印度佛教东渐，其莲花化生观念也对汉代人有所启迪。佛教中的天人诞生信仰认为天人即从莲花中孕育而出。如图1-18所示，Ⅰ1原始贴近佛肌内衣边饰上的涡纹带，Ⅰ1、Ⅰ2至Ⅰ3逐渐长大，Ⅰ向Ⅱ发展的变化，到Ⅱ已经变化成花的形象，花托着新生的人，人在胸前双手合十，蹲坐在花瓣上，由Ⅱ到Ⅲ，花茎逐渐缩短，最终消失，最后成为坐在莲华上的坐佛。如果说图1-18没有明显展示花生人的过程，那么图1-19更加生动形象，它描绘了一个从莲华中露出半身的圣者的图像，称之为“莲华化生像”或“化生像”。其依据是来自《法华经》《无量寿经》等经典经文：“若生人天中，受胜妙乐。若在佛前，莲华化生。”“此诸众生，于七宝华

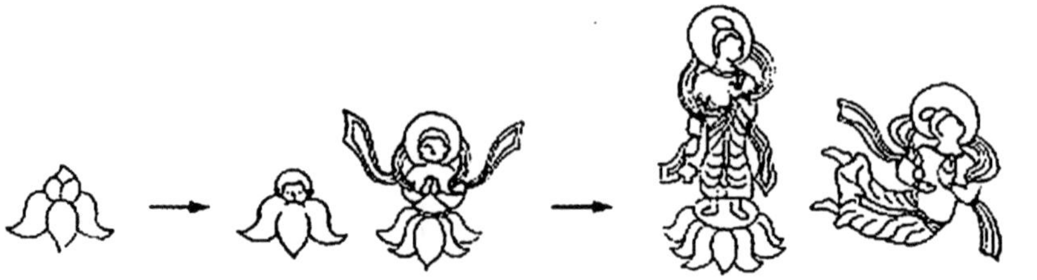

图1－19 莲华化生为菩萨、天人

（采自《天人诞生图研究：东亚佛教美术论文集》）

中，自然化生，跏趺而坐。”[①] 从莲花中化生圣者的图像，明显是由莲花盛开而联想出的。莲花从水中生长而出，当朝阳升起时莲花开始展开，当太阳升到天空正中时，莲花花瓣完全绽开，当夕阳西下时莲花花瓣合拢，如此循环数日最终凋落，但花瓣中蕴藏莲子，经过一个冬天的孕育，春天又会发芽，迎接新生命的到来。古代的印度人看到这样的情景，对生命的神秘有一种朴素的感动，幻想着圣者、佛从莲花中化生而出。

佛教的天人诞生是具体的花生人的过程，中国的花生人与此类似，但找不到具体的变化过程。但是，通过以上探讨可以确定，中国两汉时期仍残留着殷商时期“花蒂”为至上神的理念，在两汉画像以人物、动物为主的画面中，仍然可以看到花朵孕育万物的植物型的世界观。归根结底，以花为代表的植物型的世界观的存在，是当时人们认识世界的朴素的世界观，是由植物的生长性即植物出生、死亡及再生的奥秘所激发的。在当时人们的观念中，世界和人类的存在都是按照植物的生命来评价的，宇宙的

① 佛教经典中有许多关于莲华化生的记载。《法华经》“提婆达多品”载：“未来世中，若有善男子、善女人，闻妙法华经提婆达多品，净心信敬，不生疑惑者，不堕地狱饿鬼畜生。生十方佛前，所生之处，常闻此经。若生人天中，受胜妙乐。若在佛前，莲华化生。”《无量寿经》（卷下）载：“若有众生，明信佛智乃至胜智，作诸功德，信心回向，此诸众生，于七宝华中，自然化生，跏趺而坐。”

循环也被认为重复着同样的过程：出生、死亡、再生。

三、方花纹与时空观

在人类认识自然的过程中，当人类摆脱了原始的状态后，便开始自觉主动地规划自然，开始对时间、空间进行分辨，建立起了一套自己的时间与空间观念。尽管早期人类依据太阳日出而作、日落而息，根据季节的变化孕育后代，有时候根据天上的星象决定迁徙的时间，这些行为的背后无一不是早期人类对空间与时间的认识。方花随着四季的变化春荣冬枯、花开花落，这是在四季轮回中实现花的永恒回归。方花纹四出或八出，一般置于图像中央，由此可以看出其体现的“四方八位”与“中”的空间观念。方花纹集原始人类的朴素的时间观与空间观于一体，人们企图通过方花纹来实现生命的永恒回归。

（一）方花纹中的空间观

《易》曰：“河出图，洛出书，圣人则之。”[①] 方花纹与河图洛书有着密切的联系，河图洛书与“五行说”息息相关。五行说起源于西周末年的“五材说”，左丘明当时认为金、木、水、火、杂，这五种元素是万物的组成基础，缺一不可。《国语・郑语》有相关记载：“故先王以土与金木水火杂，以成百物。”[②]《左传》曰：“天生五材，民并用之，废一不可。”[③]《尚书・洪范》曰：“五行，一曰水，二曰火，三曰木，四曰金，五曰土。”[④] 五行中的各元素在文化积淀中形成固定相生相克的搭配用法，按照“水—木—火—土—金—水”的顺序循环相生，各元素又依据“火—金—木—土—

① （清）阮元校刻：《十三经注疏》，中华书局2009年版，第170页。
② （春秋）左丘明著，秦峰译注：《译注国语》，江西高校出版社1998年版，第609页。
③ （清）阮元校刻：《十三经注疏》，中华书局2009年版，第4336页。
④ （清）阮元校刻：《十三经注疏》，中华书局2009年版，第399页。

图1-20　四瓣花
（采自《山东沂南汉墓画像石》）

图1-21　八瓣花
（采自《山东沂南汉墓画像石》）

水一火”的顺序相克。“河图”是五行相生图，“洛书”则是五行相克图，相生、相克分别是“德”与“功”的表现，大自然在五行的相生相克、相反相成中有序运行。

汉画像方花纹中的四瓣花蕴含“四方”“五行”观念。如图1-20、图1-21所示，由花瓣与位于中间的圆组成的方花纹，四个花瓣分别指向东、南、西、北四方，中间的圆是四个方位的中心，四方以中间的圆作为基点，循环变化，但万变不离圆，形成一个相生相克的整体。从符号角度看，四瓣花与河图洛书表现的五行相生相克原理有共同之处。人们最早确定了东、南、西、北四个正方位，在四个正方位中，任意两个相对方位的确定都意味着另外两个方位可以同时得到建立。尽管一年中只有春分和秋分两个时间太阳出没的方向位于正东、正西，但测定东、西方位却并不一定要在这两日进行。相反，只有当四方的方位体系建立完备之后，人们才可能根据已经确定的方位标准确定春分、秋分、夏至和冬至四气。由此可见，方位体系是原始的计时体系基础这一点应该没有疑问。更加复杂的方位体系建立在四方基础之上，有学者认为：“人立足于大地之上，他会怎样看待宇宙呢？二元对应显然是不够的，因为东的出现则意味着有西，而东、西的建立又意味着有南、北，人只有立于环形的轴心，或者说是四个方向的中央，才容易获得和谐的感觉。”[①]于是，人类这种共有的心理感受成就了一系列相互关联的方位概念，如“四方”“八位”和“九宫”。

汉画像方花纹中的八瓣花与“八位”“九宫”对应，八瓣花由八个花瓣与中间的圆心组成，“十”字花瓣代表东南西北四个正方位，“X”形花瓣代表东南、西南、西北、东北四个方位，八个方位加在一起组成“八位”的特点，若加上中间的“圆”就是“九宫”。中间的“圆”在空间方位上又有“中”的含义。中间的“圆”的方位又与方花纹在图像中的位置相似。方花纹一般出现在墓室顶部中央、祠堂顶盖中央、棺椁顶盖的中央、铜镜镜钮处，汉代的墓室、祠堂顶是宇宙的苍穹图式，所以说方花纹处于汉代人心目中宇宙的中心位置。毋庸置疑，原始的时空观念不仅是构筑古代知识体系的基础，也是创造中华文明的基础。对于空间的测量具有决定时间的意义，传统的空间观念本身也蕴含着传统政治观、地理观，其中始终被强调的“中”的观念在后世逐渐发展为儒家的“中庸”思想。

（二）方花纹中的时间观

如果原始人类不能规划及分辨时间、季节，不能准确观象授时，那么，作为人类生存基础的原始农业就不可能出现，进入农耕文明更是遥遥无期，因此，对时间的精确掌控是原始农业出现的前提条件。植物的花开花合、花开花落是原始人类认识世界、划分季节的重要依据之一。有的植物清晨花开傍晚花合，人们据此可以将一天粗略地划分为昼夜。在原始社会，人们还没有明确的四季观念，依据植物的生长周期将季节大致划分为春、冬两季。万物生长、植物开花为春季，植物花谢、凋零则为冬季。人们把植物的一个生长周期视为一个时间周期，就这样根据植物的生长变化

---

① ［美］艾兰：《“亚”形与殷人的宇宙观》，《中国文化》1991年第1期。

来了解季节的更替。除此之外，人们发现日月的升落同样具有周期性，还可以根据日月升降情况观察昼夜变化。古时，人们的方位与时间观念是同时产生的，当人们建立了东、南、西、北四个正方位之后，通过长期的实践懂得一年之中只有春分与秋分这两天太阳东升西落的方向为正东、正西。夏至，太阳的视位置很高，正午日影最短；冬至，太阳的视位置很低，正午日影最长。人们逐渐习惯了东、西、南、北四个正方位指春分、秋分、夏至和冬至，于是可以认为精确的方位是时间精确化的基础。“四方”兼具方位与四气含义，反之亦然。时间与方位的概念再次得到统一。

汉画像方花纹这一图像集中体现方位、时间的统一关系，方位具有对称性，在“四方”系统中东西就是对称的一组方位，在“八方”系统中，东北、西北同样是对称的一组方位。方位精确化是时间精确化的前提，方位、时间同时产生，那么方位具有对称性也意味着时间同样具有对称性。早晨与傍晚、正午与夜半、春分与秋分……都是具有对称性的时间组合，古时的一个时辰是现在的两个小时，他们用偶数划分时辰，也能体现时间的对称性。人们从有限到无限来建构时间的对称性。空间方位的对称性决定时间的对称性；同样，空间的有限性决定时间具有有限性，时间的对称性只是在有限时间范围内的对称，这是一种相对原始的对称形式。古代人在对有限时间具有对称性理解之时，“过去”“未来”这一组对称概念才被创立出来。商代人通常使用“来”表示“未来”这一概念，“来”是麦类植物的象形字，用体现农作物名字的字表示“未来”，可以看出人们期盼农作物生长、成熟，而农作物的开花、授粉情况是决定农作物的生长、成熟的关键。因此，植物开花对时间具有重要意义，对“来”十分重要。

植物生长需要时间，在植物的成长过程中，古人创立了“过去”“未来”具有对称性的一组时间概念，同时也创立了“今”“昔”具有对称性的时间概念。“过去”“昔”都是以“今”为基点，在“今”的基础上，向发生过的时间上延伸称为“过去”“昔”。人们根据时间的对称性，继续延伸以

“今”为基点的有限时间，把与“过去”“昔”相对的时间称为“未来”“将来”。在古人的心中，如果说播种的时间是现在时间范围之内的“今”，那么，种子以后的发芽、生长就是未来的时间，于是商代人用“生”即“出生”（表示禾苗的发芽、成长）表示“将来”。农业在古人心中的至高地位不可撼动，他们重视农业，期盼农作物的发芽、收获，他们认为表示“未来”“将来”“生”的时间概念优于表示“过去”“昔”的时间概念。

时间有非固定性，“昔”“今”“来”三者之间可以相互转化。“今”具有流动性、一维性，可以使“今”成为“昔”，“来”变为“今”。因此，如果假设相对于“今”的“昔”“来”两个时间点固定不变，那么随着“今”的流动，“来”“今”的距离会越来越近，这个特点使表示的“来”的义训符合归来的“来”，因为与归来的“来”表示的距离的渐近趋势相同。当然，“来”字本身就是“麦”的象形字，麦是外传的谷物，这就意味着这一特点似乎已经使“来”字具有“归来”的意思，而这一点又与作为未来的时间具有相对于“今”的渐近特点相一致。《说文·来部》：“来，周所受瑞麦来麰也……天所来也，故为行来之来。”段玉裁注：“自天而降之麦谓之来麰，亦单谓之来，因而凡物之至者皆谓之来。”[①] 正是因为未来的时间“来”具有与“今”逐渐接近的特点，从而使古人有理由唯独选择象征麦子的“来”字用以表示“未来”之意。事实上，因为“今”“昔”“来”三者之间可以互相转化，“今”的时间概念具有非固定性，“昔”作为过去时间的范围会不断扩大。它们三者之间的转化不仅有利于古人认识未来时间的无限性，同样也可以使过去时间的无限性自然地表现出来。这些思想虽然比表示“一天”“一年”“四季”等的时间更为复杂，出现更晚，但是时间具有对称性[②]、无限性、非固定性等观念在殷商人思想中早已根深蒂固。

---

① （汉）许慎撰，（清）段玉裁注：《说文解字注》，上海古籍出版社1988年版，第231页。

② 时间对称性的具体阐释可参见冯时《中国古代的天文与人文》（修订版），中国社会科学出版社2006年版，第61—63页。

到了春秋战国时期，人们已经开始将时间具象化，楚帛书就是其中的典型代表。楚帛书最早出现在春秋时期，现存最早的楚帛书出土于长沙子弹库楚墓，成书年代可以推测为战国中期晚段。在楚帛书中，人们用十二棵颜色不同的树木来表示不同的月份，十二棵树就是十二月神，图像四周配有概括说明十二月神职责的文字。图中将十二个月神分成春、夏、秋、冬四季神，每一季最后一个月的月神又是每个季节的当季之神，这四个当季神分别以“青、朱、黄、墨”四种颜色的树木表示，而这四个树木所处的方位又是四方，这样，楚帛书就将时间、空间、植物三者有机地融合在一起。由此可见，在战国时期古人已经具有了相对完整的时间观念，并把植物与四季紧密相连。观念已有，但是他们对四季的划分还处在“观物取象”阶段，他们认为物质有具体形象，有明确的对应物，一年十二个月都有相应的月神。

综上所述，在汉代人的观念中，方花纹是具象的，具有时间与空间特征，方花纹的每个组成部分都具有实际意义。方花纹具有空间特征，其出现的位置多为图像中央上空，按照古人对方位的认识，方花纹四个大花瓣指示四方，八瓣则指示更为具体的八隅，中间的花蕊则是“中”。方花纹具有时间特征，它的四个大花瓣将季节分为春、夏、秋、冬四季，四季在花心圆的统一规划下周期运转，花开花落又预示着时间的“昔”“今”“来”。人们期盼农作物的成长丰稔，在四季的作用下，植物也随着花开花落呈现周期性。方花纹有具象性，人们用花之形来表示抽象意义具有特殊含义。方花纹除了具有空间特征、时间特征外，还暗含着人们对植物的崇拜。弗雷泽《金枝》中记载着诸多西方巫术仪式，在这些仪式中，植物扮演着重要角色。人们将谷物拟人化，通过简单的巫术仪式来表现对谷物的崇拜，甚至有的西方之神最初就是植物之形，到了动物时代之后才从植物之形演变为动物之形。

图1－22　六博图（采自《中国画像石全集》第4卷）

（三）方花纹的"时空转换器"作用

在汉墓场域里，"汉墓中每一方画像的边框纹饰规定着该区域的空间属性，所有画像区域叠加起来共同界定了墓室的时空特性"，而"时空结构是界定终极死亡、仙鬼特性、因而直接关乎信仰和意义的前提"。[①] 汉墓中常常用六博图（图1－22）、"不死国"等图像，以象征的方式来界定墓室的超凡时空特性。汉画像中的方花纹具有时空特征，可以用来界定墓室的时空特性，充当"时空转换器"，死者进入方花架构的宇宙中，在某种观念的作用下，即可实现再生。

时间具有对称性、非固定性，有一个从有限时间到无限时间的发展过程，"今""昔""来"三者之间的互相转换扩大了时间的有限性，使时间向无限延展。方花纹既具有空间属性又有时间属性，正是由于方花纹的双重特征，才使其在汉画像这样的墓葬艺术中具有突出地位。在认识方花纹的

① 姜生：《汉帝国的遗产：汉鬼考》，科学出版社2016年版，第6页。

时空属性的基础上，可以进一步探究发生在其中的场域仪式过程、意义象征，知晓死者进入方花纹这个特殊空间所经历的生命转换过程。在时间与空间双重特征的作用下，方花纹担任起“时空转换器”的角色，也就意味着死者在方花纹作用下可以实现生命的延续或再生。

战国两汉盛行的尸解信仰，把人转变成仙的可能放在了死后的过程中，为此需要一种类似于“转换器”的特殊空间，如烧陶之窑、冶铸之炉，亦如母体之子宫，在这种特殊空间中人可以炼形成仙。汉墓正是这样的一个空间，而其“生命转换器”的功能，则是靠墓内的文化要素——最重要的就是墓葬中的画像系统——来进行空间和功能的界定。汉墓中的墓室、石棺就是一种神圣空间，只有在死后借助一些特定的仪式，死者才能进入这一神圣空间，开始炼形，从而开启生命新的运转。汉画像中描绘了诸多鬼神仙怪，这本身就表明墓室具有非凡属性。方花纹是墓葬仪式时的一种时空界定符号，因为花的世俗性妨碍了后人对其在汉墓中的神秘角色和功能的认识，汉画像方花纹具有的神圣性往往被后人忽视，后人多认为花在汉画像体系中只是一种简单的装饰图像，并无特殊意义。汉画像中的方花纹是界定墓室为仙窟的标志，喻其为“练（炼）形之宫”。因此，方花纹出现在哪里，那里的炼仙时空就会被加速运转，死者将很快进入绝妙的仙域，得以长生或再生。汉画像石所承载的宗教思想，赋予汉墓更多的美学意义。墓室不再仅仅是死者归入地下享受的空间，更是用以修炼成仙之地。通过对汉晋时期大量的墓葬出土物（包括随葬品及其布设，墓葬中的帛画、壁画及画像石、画像砖等）的综合分析，可以发现汉晋时期墓葬具有独特的时空结构，尤其是两汉时期对崖墓、石棺的崇尚，表明这个时期的墓葬实质上乃源于对山石、洞穴之时空转换功能的信仰。

第三节　汉画像方花纹的美学阐释

汉画像方花纹蕴含丰富的美学意义，体现了汉代人的生命意识。它具有“时空转换器”的作用，可以打通时间与空间的屏障，让死者在方花纹创设的神圣空间下实现生命的再生。方花纹不仅可以孕育新的生命，还具有宇宙象征意义，可以架构新的宇宙模式。汉代墓室、棺椁、祠堂等就可以视为方花纹创设的花苞型宇宙，人在这一神圣空间下实现再生。两汉时期，人们渴望长生，追求永生。

一、方花纹暗含的汉代生死观

在现代，随着科技的发展，死亡已经被“去魅”，我们早已揭开了死亡的神秘面纱。死亡是人生老病死的自然进程，但是，对原始人或我们的先辈来说，死亡却是一个无法猜透的谜。人死后会到哪里去的问题同人从哪里来一样让千百年前的人们去思考。对死亡问题的思考在汉代尤其值得关注。两汉时期，传统的生死观发生了巨大的变化，汉代人珍惜生命，留恋现实生活，他们渴望生命得到延续。从对死亡的畏惧到赏生达生，这一生死观念的变化不仅促进了神仙方术、阴阳五行、谶纬等思想的流行，也推动了道教的形成。汉代人的生死观成为推动汉文化发展的一股强大动力。儒家从“孝”的角度把生命的延续理解为生殖繁衍，道家则认为是人生命质量的提高，二者虽认识不同，实则殊途同归。这种追求子孙繁衍、生命永恒的意识在汉画像中形成了固定的图式，如伏羲女娲交尾、交颈鸟、野合等。汉画像中的方花纹就是用抽象简洁的符号来表达汉代人对生命永恒的追求。

（一）汉代人的畏惧死亡

翻开汉代典籍，我们可以从中看到汉代人对生死观念的看法，汉画像及其题记也可以帮助我们窥探他们对生死问题的理解。亲人的离世、人的寿命不可争展现了世人的悲痛。山东嘉祥县满硐乡有一块汉画像石，上面雕刻了精美的“莲纹、鱼、羽人”图案（图1－23）。一朵八瓣花置于图像中央，花瓣四大四小，每个花瓣上刻有类似井络的符号，花朵三周绘两条相向而游的鱼，花朵另一边饰二羽人。整幅图像展现了对“生”的强烈渴望，然而其旁的题记抒发了生者在亲人离世之后的悲痛之情：

图1－23　莲纹、鱼、羽人
（采自《中国画像石全集》第2卷）

> 永寿三年十二月戊寅朔，廿六日癸巳，惟许卒史安国，礼性方直，廉言敦笃，慈仁多恩，注所不可。禀寿卅四年遭祸。泰山有剧贼，宦土（士）被病，佪气来西上。正月上旬，被病在床，卜问医药，不为知闻，暗忽离世，下归黄泉，古（故）取（聚）所不勉（免），寿命不可争。呜呼哀载（哉）。[1]

（二）汉代人的赏生达生

对汉代人来说，起初他们对死亡是畏惧的，无论是天上还是地下，在

① 《中国画像石全集》（第2卷），山东美术出版社2000年版，图版说明。

图1－24　建鼓、乐舞、杂技图像（采自《中国画像石全集》第2卷）

人们的观念中，死亡的去处都是令人害怕的。到了东汉中晚期之后，人们对死亡的态度发生了明显的转变，由经受现实的苦难畏死转变到赏生达生。

在此时的墓葬艺术中，人们对死亡不可把捉而产生的恐惧已经得到了很好的解决。一方面，此时的人们认为死亡是可以控制的，人们可以通过特定的方式重获新生，甚至可以实现生命的永恒，如在汉画像的方花纹中实现生命的永恒，用鸟啄鱼图像暗示生命的绵延不绝。另一方面，人们认为死后的归所也不再是恐怖的，在归于黄泉之后，人们同样可以享受世间的繁华与幸福。在死后的世界中，甚至可以体验到在世间不曾拥有的幸福生活。如汉画像中的庖厨图，人们幻想在死后的世界中依旧可以杀鸡宰羊，饮酒作乐，甚至可以到野外烧烤，品尝野味。再如汉画像中出现的大量乐舞百戏图，人们幻想着可以愉快地欣赏乐舞，用“舞”来通神，也可欣赏杂技如走钢丝、跳火圈、玩弹丸、投壶等（图1－24）。

余英时先生曾通过分析大量的传世文献指出，汉代的生死观念有着明显的“此世性”特征。他说：

那时人们对人世具有强烈的依恋感，他们渴望长寿而害怕死亡。……其次，其来生观念是这个时代此世精神的最好反映。这个时代的来生观念有两种主要形式：一种是成仙而升至天堂，在那里人欲不再遭受压制；另一种是人性化了的死后世界概念。……无论哪种情况，时人执着于依恋此世的强烈感受的程度显现得非常明显。①

这里的来生观念是人们对现世生活的依恋，也是人们走出死亡恐慌的第一步。“人是有自觉能动性的，思考人生的生与死问题在人的思考中占有极大比重。人虽然不知道自己什么时间会死，人却能确信自己会死。别人的死是可以看见的一个时间，它只确定了人自己也会死的信念。但人又有生的本能来排斥死亡。”② 于是，人类形成了种种丧葬习俗、灵魂信仰、祖先崇拜及对永生的追求。但在民族的信仰中死亡则转化为一种文化，通过仪式的象征符号来表现人的宇宙观念。③ 人的生命并不是永恒不灭的，在死神的威胁面前，为了摆脱对死亡的恐惧，汉代人勾勒出了一个可能存在的永恒信仰和生命轮回再生的假说。“但人的死亡却是一个真实可观察和体验到的事实，这是所有神话的象征、宗教的象征、仪式的象征的根源，不仅汉画像中的象征模式要如此理解，实际上这是人类文化的宿命的表现。”④ 道家死后升仙、神仙修炼的思想又促进了汉代人对生命的认识，生命是天地万物的本质，对生命永恒的追求是道家思想的关键点，而对生命永恒的追求则来源于原始社会的生殖崇拜。“天地之大德曰生”“天地之所贵曰生”可以视为对生命精神的高度总结。天地把孕育生命、繁衍新生命作为根本，创造新生命就是天地最大的美德，最崇高的事业。

---

① ［美］余英时著，何俊编：《东汉生死观》，侯旭东等译，上海古籍出版社2005年版，第9页。

② ［美］诺尔曼·布朗：《生与死的对抗》，冯川、伍厚恺译，贵州人民出版社1994年版，第8页。

③ 参见朱存明《汉画像的象征世界》，人民文学出版社2005年版，第97页。

④ 参见朱存明《汉画像的象征世界》，人民文学出版社2005年版，第103页。

从汉画像的大量图像中，我们可以看到此时的人们在探索生死问题时是持积极乐观态度的。人们渴望得到长久的生命，怨恨即将到来的死亡，但是无论对死亡持何态度，死亡终将来临。为了消除对死亡的恐惧，汉代人幻想着通过死后升仙、吞噬仙草延续生命。于是，人们通过某种途径实现不死的心愿表现在汉画像中，这种画像多出现于汉代石棺、墓室、帛画、画像砖中。不但人死之后的空间位置变得可以把控，而且人死之后的生活状态也可以控制。这些都可以看作人们在解除对死亡恐惧后，勇敢面对现实生活，赏生达生的一种表现，这也是汉代人在汉画像石中构建宇宙图式的根本原因。

（三）汉代人的向死而生

汉代人由最初对死亡的畏惧心理，开始逐渐解除对死亡的畏惧，认为死后的空间还是可以被人们掌控的。他们幻想出一个由天、地、人、神构成的世界，这个世界在汉画像中得以展现。死亡并不意味着生命的结束，死者只是转移到了其他空间继续生活，他同样可以凭借交通工具来到别的空间，这就是汉代人的"向死而生"。

徐吉军、贺云翱认为："中国墓室形制虽然随时代的发展而有多方面的变化，但它皆体现'事死如生'的丧葬原则，从这个方面说，墓室形制的发展实际也是中国宫殿建筑和居民建筑形制大战的投影。"①《列子·天瑞》曰："死之与生，一往一反。故死于是者，安知不生于彼？"② 从"两元对立"的观点出发，人们相信生前有一个世界，死后同样也有一个世界，"生界"和"死界"构成一个完整的宇宙。

起初，人们相信死者的灵魂需要有一个寄居的处所。《礼记·祭义》曰："众生必死，死必归土，此之谓鬼。骨肉毙于下，阴为野土，其气发扬

① 徐吉军、贺云翱：《中国丧葬礼俗》，浙江人民出版社1991年版，第250页。
② 张湛注：《列子注》，中华书局1954年版，第7页。

于上为昭明。”《韩诗外传》曰：“人死曰鬼，鬼者归也。精气归于天，肉归于土。”这都说明人死之后只有被埋入土中，灵魂才能升天。中国千百年来的土葬风俗已经在人们的心理上形成定式，人们也始终相信阴间就在地下，死者在那里以另一种方式获得新生。那么，死者以什么方式获得新生？在汉画像中我们可以找到答案。

汉画像除了存在一个关于“死亡”的主题，还存在着另一个关于“重生”的主题。在汉代人的思维世界里，人们对于“死”的思考始终伴随着对于“生”的追求。作为一种图像艺术，汉画像石所反映的“重生”观念主要是通过大量的生殖崇拜图像展现，汉画像中大量出现的植物图像也是死后人们实现再生的重要因素，人们最终在方花中实现生命的永恒回归。方花作为墓葬文化的一部分，它是一种符号，其背后蕴含着一个再生观念。古人所说的“事死如生”，就是生死转换信仰的直观写照。因此，汉画像中的方花纹是一个永恒再生的符号，是再生场所的物化呈现。

对于古代哲学家来说，生、死是一对问题。不了解死亡的意义就不会了解生的重要性，没有死亡就不会有再生，反之亦然，死与生是相存相依的。于是，对能够领悟人生生死真谛的哲学家来说，生是死亡的前提条件，死亡是生的终极归宿。死亡又暗含着新生命的诞生，死亡实际上是另一种意义上的生命的延续。人生活在世界上，时常会有残酷的境遇，有时会过着提心吊胆的生活，总会面对死亡。若从生命有限的角度看，人们无法坦然面对终会死亡的事实，无法将生与死的关系运用于生活实践。死亡时刻存在于我们的意识之中，如果从生命意志的角度看问题，则永远无法领悟到死亡的真谛，因为死同生是矛盾的。然而，对人来说，真谛就在于：在正反事例的衔接处，会亲历和认识到一种有益于生命的联系。

二、方花纹的宇宙象征

东汉中后期，人们认为可以控制死后的空间，死后可以以某种特定的方式实现重生。于是，人们幻想出一个死后的世界，墓葬艺术集中展示了人们的这一想法。在汉代，人们不停地探讨人与宇宙的关系，因为人与宇宙的关系是理解汉代墓葬艺术的关键。

（一）日月上的方花纹

我们不能明确两汉时期佛教传入中国的准确时间，那么借用佛教莲花化生来阐释汉代的方花孕育万物的世界观有些牵强。如果我们还是无法确定植物尤其是花在汉代对人们生死观、世界观的影响，那么，以安徽萧县出土的汉画像石为研究对象，就可以探究汉画像中“花蒂”孕育万物的作用。

2013年朱存明在《中国国家博物馆馆刊》发表《徐州新发现汉画像石的考察与研究》[①] 一文，对徐州地区新发现的一座汉墓里的20块汉画像石进行考察与研究。根据实地调查与走访，文章介绍了这些画像石的发现经过，并对其图像进行了详细描述。在对画像内容与艺术技法的比较研究中，作者认为这批画像石的发现地应为萧县（现属安徽省宿州市）龙城镇陈沟村。作者把这些新发现的画像石与萧县近年发现的汉画像石内容与形式进行对比研究，认为此批画像石与萧县博物馆中龙城镇陈沟村出土的画像石属于同一时代，有相同的图像内容与雕刻技法。此批画像石对徐州地区的画像石研究具有重要价值，是汉画像石中的精品之作，有鲜明的地域特色与艺术风格。这篇文章中图九的三块画像石为汉画像方花纹研究提供了考古素材。（图1-25）这幅画像根据内容被命名为“日月·熊·翼龙·翼虎画像石”，石长206 厘米，宽 46 厘米，高 30 厘米，画面中央有一只熊，熊的两侧分别是白虎、青龙。画像石的右端刻有一个方框，方框中绘有一个太阳，太阳中的三足乌清晰可见。画像石的左端同样刻画一个方框，方框内雕刻一圆月，月亮中有蟾蜍、玉兔。

再仔细观察图1-25-2中的4个小图，第一排第一个小图中有一只清

① 朱存明:《徐州新发现汉画像石的考察与研究》,《中国国家博物馆馆刊》2013年第7期。

图1－25　徐州新发现的日、月
（采自朱存明《徐州新发现汉画像石的考察与研究》）

晰的三足乌，可见，此为太阳，太阳周围有四个小花瓣形的装饰。第一排第二个图中有捣药的玉兔、蟾蜍，代表月亮，月亮的外圈也有四个类似花瓣的装饰物。第二排的图像同样如此。大家就会发现一个令人费解的问题：为什么太阳、月亮外轮廓会刻有类似花瓣的纹饰？这样的纹饰在这里有什么特殊的象征意义？根据已经出土的文物图像来看，同样的花瓣纹或草叶纹在战国、两汉铜镜上频繁出现。在汉画像图像内容中，除了西王母、东王公、羽人等神人图像高频出现，凤鸟、龙、熊、天马等动物图像也大量出现，还有众多如方花纹、灵芝、嘉禾等植物图像。依据文字的创造离不开一个“观”字，观象于天，观法于地，观鸟兽之文等，花蒂的“蒂”与“上帝”的“帝”二者之间应该存在某种联系，因此笔者推测在汉及汉以前存在一个植物型的上帝观念。

（二）汉代的“天人合一”观念

汉代思想家关注的重点问题是天与人的关系，天人关系是汉代审美意识的一个关键问题。人们认为，只有让浩瀚的宇宙成为人们生产生活的场所，人们能够根据已经掌握的自然规律有效利用自然为人类造福时，才能发挥宇宙对人的积极意义。

原始社会，人们知识贫乏，认为宇宙间的一切事物都有灵性，天地中的一切事物是靠灵的交感而产生的。他们有感于植物的再生能力，感叹花对植物生长、孕育种子的重要意义，便从花蒂出发构想出一个植物型的上帝。此时的天地万物都是由“花之上帝”演化而来的，“上帝”在人类的信仰中受到祭祀。列维－斯特劳斯和道格拉斯认为：“古代人生活在一个活的宇宙中，人是活的宇宙的一部分，人与宇宙是一体的，不是分裂的、分化的和异化的。在资本主义产生以前，世界还没有被‘去魅’，世界的结构就是一个巨大的象征体，是有生命的、有神性的存在物。”[①]

① 朱存明：《汉画像的象征世界》，人民文学出版社2005年版，第78页。

两汉时期，人在宇宙中处于何种地位，人与宇宙的关系到底是怎样的？这些问题一直是学术讨论的重要问题。天人关系的研究成果对治国理念起到了重要支撑作用。汉武帝采纳董仲舒建议，罢黜百家，独尊儒术，提倡“君权神授”“天人感应”。那时自然科学知识比较匮乏，人们利用已有的经验无法彻底洞悉宇宙的奥秘。因此，汉代人对宇宙的认识与理解离不开他们原已积淀下来的信仰，这给他们已经认识的宇宙增加了些许神话色彩。民俗信仰充分体现了宇宙象征主义观点。于是，汉代人的宇宙观在画像石、画像砖等载体上得到充分显现。作为一种死亡艺术的祠堂画像形象地展现了汉代宇宙观，墓穴造型本身也是宇宙观的具体表现。而汉画像上频繁出现的天文图、祥瑞图、升仙图等都是在宇宙象征主义的模式中加以图示化的。

（三）花的宇宙象征

在中国民间，有一则传说认为天地宇宙是由花朵孕育而成的，结合汉画像中日月图上的四瓣花，再观察汉代墓室、棺椁、铜镜上的方花造型及其处于中央的特殊位置，可以认为汉代人心中存在一个花朵化生的宇宙。宇宙象征以方花纹为载体，使抽象的宇宙象征得以具体化。汉画像以其图像表现的世界，用它的象征性向我们展现了汉代人创设的花苞宇宙。

要从整体上分析汉画像图像的宇宙象征，只有将墓穴、祠堂、石棺、石阙等放在宇宙象征主义的视角中探索，才能得到合理的解释。如果离开了宇宙象征主义这一整体性，就会失去对汉画像审美意义的真正理解。对方花纹这一特殊图像的研究要借助符号理论。

汉代人面对死亡的威胁，感慨在自然面前人的生命的弱小，他们追求养生、长生，渴望生命延续，他们幻想人是否能像植物一样随着四季的更替死而复生。自然界的植物大多春天发芽、开花，秋天结出果实，冬天枯萎，开花结出的果实又是第二年的种子，种子延续了新的生命。年复一年，周而复始，植物就这样发芽、开花、结果、留有种子，种子在来年春天继

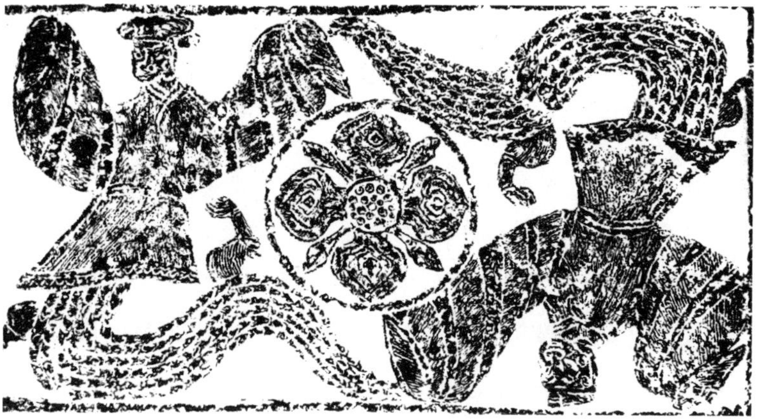

图1－26　伏羲、女娲、莲花画像（采自《中国画像石全集》第4卷）

续繁殖新的生命。种子虽是植物生命力的延续，但它是在花中孕育的。汉代人将花朵的繁殖能力与印度佛教莲花化生的观念相结合，模拟了一个花苞宇宙。

1956年，安徽宿县褚兰镇墓山孜出土了一块墓顶盖画像石（图1－26），此石中间有一朵盛开的八瓣莲花，莲子全部突出，在莲花的周围，伏羲、女娲围绕着莲花翩翩起舞。图中的伏羲、女娲代表阴阳结合，多子的莲花代表着生殖。此图与墓顶盖联系在一起代表着生命的轮回与再生。“据林河对《九歌》的发源地湖南南郢沅湘之间民俗的考察研究发现，在沅湘间的一些少数民族心目中，‘花’就是人的生命来源，是人的灵魂之寄托，‘花是婴儿的灵魂和生命’。”[①] 再联系这块画像石的位置及图像内容，可以把墓室当作一个大花苞，墓室的形状是半球形的，内部是宇宙象征主义的模式。从外部来看汉代墓室，整个形状像一个柿子，柿蒂纹安放在墓顶位置。这样看来，墓室模拟的形状又是一个植物的果实。那么，墓室就是方花结出的果实，伏羲女娲围绕莲花翩翩起舞，在欢庆一个由花构成的植物世界。同

① 龙宝章:《中国莲花图案》，中国轻工业出版社1993年版，第4页。

样，我们常常可以在棺椁的棺盖上看到一个巨大的方花纹，它同样象征花苞宇宙。整个棺椁就是由方花纹创设的一个神圣空间，人在这一神圣空间中实现生命转化。

在墓葬艺术中，墓室顶盖、祠堂顶盖等具有宇宙象征意义，它们是天穹的象征。若把方花纹抽象出来就是“十字纹”，它为四个部分，每个部分代表四方中的一个方位，每个花瓣都指向远方，代表着空间的无限延伸，因此方花纹支撑起整个神圣空间。方花纹的四角也代表中国古代人所谓的“宇之表无极，宙之端无穷”① 的观念。伊利亚德给予我们理解宇宙象征主义的一些启示：“当一棵树成为一种崇拜物时，它就不再是一棵受崇拜的树了，而是一个圣物，是神性的一种体现。”② 他认为宗教是一种象征文化，世界上有世俗的、神圣的两种存在物，两者相对立，宗教崇拜与神圣联系在一起。我们在汉画像中看到了这种神圣性，此时的方花纹隐喻着超验的价值观念，墓室、棺椁就是由方花所创生的新世界。方花即“芳华”，花是植物的典型代表，汉代的墓室、棺椁演绎着植物永恒回归的神话。

三、方花纹实现人永恒回归的神话

汉代人心中存在一个植物型的世界观，宇宙也是由方花化生而来的，墓室、棺椁这些由方花纹架构的神圣空间（即花苞宇宙）成为人最后获得再生的神圣场所。在花苞宇宙中，死亡不再是对人类生命及其价值的否定，而是回归生命本体，以及对自我生命的擢升。在方花纹之下，人仿佛回到了母亲的子宫之中，新生命就在这里孕育而出。人在方花纹架设的神圣空间中实现永恒回归。

---

① 董治安主编：《两汉全书》，山东大学出版社2009年版，第10956页。

② ［英］布赖恩·莫里斯：《宗教人类学》，周国黎译，姜建国校，今日中国出版社1992年版，第246页。

汉墓的相关信仰、宇宙象征主义决定着墓葬内每一个部分的属性和功能特征。方花纹所架构的宇宙空间可以被视为使死者成仙的“炼形之宫”，死者居于宇宙的中央，在方花宇宙中实现永生。这是一个复杂的过程，受多种观念的影响，并非仅仅受到人们设想能够像花朵一样随着四季轮回实现再生的观念的影响。死者居于宇宙的中央是汉画像宇宙象征主义作用下的结果，此外，汉代的尸解信仰、“炼形之宫”也是人能够实现永恒回归的重要因素。下面将重点阐释汉代的尸解信仰及花苞宇宙的“炼形之宫”作用对死者实现再生的影响。

（一）汉代的尸解信仰

先秦以来流行神仙信仰，其“仙”之所指，经历了从神话之人向现实之人的转变；昔日超越时空的仙人，在战国秦汉时期，伴随医学与文明的进步，在体面而优越的生活方式中，逐渐获得人间的“落实”。战国至西汉，“道者”的种种修炼方术越发成熟，但是人们仍旧无法避免死亡，通过死后尸解成仙成为人们实现再生的终极理想。西汉末年至东汉，儒生与方士、仙术深度融合，仙化不死的理想充分体现在尸解信仰上。总之，人实现永生要从死后尸解化仙开始。

汉代人认为，人死后在某种特定的神圣空间中进行尸解，经过漫长的时间就可以转化成仙。根据出土资料，最迟到战国时期就已经有了关于死后再生、尸体发生变化的思想。李学勤的《简帛佚籍与学术史》中曾提到相关材料：1986年，在甘肃天水放马滩一号秦墓中出土的竹简记载了一个叫丹的人，在死后数年，经过司命允许，死而复生。[①]这则故事中，丹在死后并没有直接转变成仙人，而是在被埋葬三年后，又再生为人。他的肉体在地下有一定程度的损坏，出墓满四年后，他才逐渐恢复身体的原有机能。这则故事的真伪不是我们要研究的问题，它为人死后肉体不腐烂，继而实

---

① 参见李学勤《简帛佚籍与学术史》，江西教育出版社2001年版，第167—168页。

现再生的观念提供了依据。历史上，人们面对自己有限的生命，想要追求死后再生，这种死后复生、转化成仙的信仰在人们心中日益坚定。

“太阴炼形”是汉代尸解信仰的深化结构，在西汉晚期以后，“死后世界的核心问题，不再简单停留于墓葬本身及为死者提供的冥界享受，而是要通过墓葬，使鬼能在其中‘培胎炼形’转变为仙；于是墓葬的文化结构被赋予新的思想要素，具备新的功能，成为‘炼形之宫’”①。这正是驱使汉代人们“竭财以事神，空家以送终”②，替死者建造墓室与祠堂的真正原因，而不应把两汉时期的厚葬风俗仅仅归于孝道。孝道是厚葬之风的表现，其实质还是为了死后能够在墓葬中实现尸解成仙的终极追求。

（二）花苞宇宙的“炼形之宫”作用

花苞宇宙具有炼形之宫的作用，《老子想尔注》曰：

> 太阴道积，炼形之宫也。世有不可处，贤者避去，托死过太阴中，而复一边生像，没而不殆也。俗人不能积善行，死便真死，属地官去也。
>
> 道人行备，道神归之，避世托死过太阴中，复生去为不亡，故寿也。俗人无善功，死者属地官，便为亡矣。③

《周易参同契》也有“化迹隐论……变形而仙，沦迹无声”④之说。汉墓、棺椁、铜镜上各种图像、抽象符号都表达着“太阴炼形”的作用——花苞宇宙为死者尸解成仙提供了保证。上文已经论述方花纹具有生命转换器的作用，其所架构的“花苞宇宙”同样具有这一功能，生命转换器实为“炼

① 姜生：《汉帝国的遗产：汉鬼考》，科学出版社2016年版，第22—23页。
② 黄晖：《论衡校释》，中华书局1990年版，第962页。
③ 饶宗颐：《老子想尔注校证》，上海古籍出版社1991年版，第21、43页。
④ 孟乃昌：《周易参同契考辩》，上海古籍出版社1993年版，第93页。

形之宫”。方花纹具有神圣的空间、时间属性，它可以铸炼新生命，人一旦进入花苞宇宙的神圣空间，就暗示着人已经进入了生命转换器之中，可以挣脱尘世的时间、空间的束缚，实现生命的转化，在这里进行新生命的铸炼。汉代人“就是生活在一种神圣化的宇宙之中”[①]，他们对世界有一种基本的态度：给世界一个基本的结构，并在生活的实践中再造一个类似的结构，把它作为安身立命的根本。

（三）植物型世界观的影响

自古以来人类对植物怀有敬畏之心，因为植物给人类提供了食物。在靠天吃饭的时代，人们认为植物与人一样是有灵性的，当今的人们也在不断开发植物的价值。《金枝》对原始社会中人们的植物观念有一定描述，弗雷泽认为原始人将植物看作神灵，认为植物是有生命的：“整个世界都是有生命的，花草树木也不例外。它们跟人们一样都有灵魂，从而也像对待人一样对待它们。”[②]

在创世神话中，原始初民的创世神都是他们的始祖神（即先妣神），后来才变为先祖神、神话英雄、抽象神，等等。原始的创世神的特点是：原始创世神既是母亲、先妣，又是自然物（动物、植物或无生物），兼有女神和自然神的特点。按照原始先民的观念，我们是花的孩子，死后再回归到花的怀抱里。这里反映着原始先民关于生命循环的宗教神话观念。花自古以来就是女性的象征，人在其中实现生命的延续也不足为奇了。对人类文化而言，时间是循环往复的，生与死同样是循环的，死亡之后紧接着就是新生。在自然灾害频发、人类生存能力比较低的时期，古人联想到自己的生存状态，往往会羡慕植物的生命力。植物型世界观的本质就在于植物具有生长性。在大自然面前，人类感觉自己无能为力，出于对生命的敬畏，

① ［英］布赖恩·莫里斯：《宗教人类学》，周国黎译，姜建国校，今日中国出版社1992年版，第248页。

② ［英］J.G. 弗雷泽：《金枝》，徐育新等译，新世界出版社2006年版，第169页。

希望像植物一样能够开花结果，拥有永恒的生命。植物型的世界观是相对于动物型的世界观而言的，植物随着四季轮回可以实现再生，让植物本体获得永恒的生命，而动物只有延续后代才能实现种群的繁衍，无法实现已经消亡个体的再生。

花是植物的生殖器官，在人死后，将人的尸体放在花下，人就会进入花苞之中，象征性地等待生命的再生。汉画像中，人是方花这个“炼形之宫”孕育的产物，人在花朵中实现生命的永恒回归。方花纹还是“天脐”所在。原始居民创造出来的神大多是动物、植物、矿物、天象、山川等，具有自然神的品格。对花的崇拜，归根结底就是对植物的崇拜，尤其是“树”的崇拜。生命树是“宇宙之轴”“天脐”“天下之齐（脐）”，“脐”指肚子，即腹部。同一部落或氏族的死者都要到“脐”里复活新生。由此，所谓“天下之脐”，还含有“天下人复活之所”的意思。也就是说，“天下之脐”指天下人的灵魂都要回归母腹。此外，汉代出土的棺盖正中央，一般都有一个大大的方花纹，此时的棺椁就类似于一个花苞，人躺在棺椁里祈求新生，可视为“花”结出的果实，而方花纹位于棺的正中央，又可以视为“天脐”的象征。

小　结

通过汉画像方花纹图像的研究，可以看出图像中蕴含着汉代人希望实现生命循环的永生观念。方花纹不是某一种花的具体形态，而是一种泛化的花之形态，早在原始社会时期的器物上就有诸多花朵图案出现。

从方花纹的植物特征来看，自然界中的大部分植物的生长周期中绝大多数都会经历开花的过程，植物通过开花留下种子，从而实现新生。花中的子房是孕育新生命的重要场所，对植物的循环再生有着重要意义。古人认为万物有灵，崇拜植物，他们有感于植物的生生不息，希望人类同植物一样能够在花朵中实现新生。于是在花朵与再生之间建立起了紧密联系，花朵象征着繁荣昌盛，后代绵延不绝。从方花纹具有的符号性来看，方花纹蕴含时空特征，具有空间性。“方”即方向，方花纹具有指示方向的作用，四瓣花指示四方，八瓣花指示八隅，四瓣花与花蕊联系在一起体现“五行”观念，八瓣花与花蕊联系在一起体现“九宫”观念；方花纹也具有时间性，是“今”“昔”“来”三者之间的转化。方花纹在墓室中充当生命转化器。由此，方花纹中蕴含一个植物型的世界观。

从美学的角度对方花纹进行分析，汉代人对死亡的态度经历了从畏死、赏生达生，到向死而生的转变。于是，人们积极寻找再生之法。人们认为人的新生与死亡的规律与植物的生死轮回有着相通之处，植物的生命从种子开始，到花苞结束，新生命的孕育又是从花结出的果实——种子开始的。人类死亡后回到墓穴之中，可以在“子宫”里孕育新生命，方花则为实现再生的子宫。花可以生人，那么，花朵也可以创生宇宙，它是一个微观宇宙，宇宙是一个大花苞，是孕育万物的重要场所。由此，方花纹中蕴含着植物型的世界观，是创生宇宙的重要场所，人在方花中实现了生命的循环。

（本章作者　李臣）

第二章

天降芝草——汉画像中的灵芝草图像

第一节 汉画像灵芝草图像的判定及认识

灵芝草图像是汉画像艺术中常见的植物图像，这类图像的出现最早可追溯到西汉。因为在不同墓葬中或艺术载体上它的造型存在种种差异，所以进行命名和辨识时存在诸多歧义，阻碍了对画像的释读。本章先从有榜题的灵芝草图像出发，结合文献资料和图像资料，对汉画像灵芝草图像进行辨识，理清其在汉画像中的表现方式。同时，对灵芝草的“芝”字进行辨析，了解古人对灵芝草的认识，从而明确灵芝草及其图像在汉代的具体形象。

一、汉画像灵芝草的图像判定

从相关资料可知，对汉画像灵芝草图像的研究仍然处于初始阶段。不仅在图像辨识上存在问题，而且关于其图像内容的研究多数也是浅尝辄止。故而，我们需要先对汉画像灵芝草图像做出辨识，再进一步分析。

目前发现的汉画像中带有榜题的灵芝草图像共两例。第一例出现于山

图2-1　河北省望都县一号汉墓前室东壁壁画
（采自徐光翼主编《中国出土壁画全集》第1卷）

东嘉祥武梁祠屋顶画像石，也就是被称作“祥瑞石一”的画像石上。在此画像石的第二行，刻有榜题“□英□”，朱存明根据《宋书·符瑞志》“芝英者，王者亲近耆老，养有道，则生”[①] 认为，该榜题可能是“芝英”二字。[②] “芝英”，通常被认为有灵芝之花的意思，但是由于画像石遭到了严重的损坏，图像的榜题已经模糊不清，无法确认“芝英”的形状特征。所以，此图像虽然与灵芝草存在一定的联系，但是并不具备可辨识的条件，无法作为判定灵芝草图像的依据。

另一例图像位于河北省望都县一号汉墓前室东壁（图2-1）。该壁画由上下两部分组成，上部绘人物11人，由北向南，第一人呈跪状，旁题“门下小吏”，随后依次为“辟车五佰（伯）八人”；下部为鸟兽，从左向右依次为“鸳鸯”“白兔游南山”“鸳鸟”“芝草”。可以发现该壁画设计得相当有规则，与内蒙古和林格尔汉墓壁画有着相同的结构方式。整幅构图由

① （梁）沈约:《宋书》，中华书局2000年版，第578页。
② 参见朱存明《汉画像的象征世界》，人民文学出版社2005年版，第213页。

图2-2　前室东壁壁画局部

若干单元组成，每一单元包含一个图像和一段相应的文字。每个形象都相当的规范，自成一体，并且没有任何背景和环境的表现。巫鸿称这种形式为“图录式”，认为这种样式事实上在汉代以前就出现了，并且发现现存于美国华盛顿弗利尔美术馆的著名的“楚帛书”显示出类似的样式与风格特征。[①]

作为唯一一幅图像与文字兼具的灵芝草图像（图2-2），为与它具有相同或相似特征的图像提供了参考。图中，灵芝草的形象是上部有好似两片叶子的大伞盖，下部有一短柄，整体呈“T”形结构，看上去与现在的菌类植物在形态上是比较接近的。旁边的“芝草”二字则明确了这类植物图像的所指。根据台湾学者邢义田的“格套”理论，“依据有榜题的画像，去推断那些属于同一格套却无榜题的图像”[②]，可以发现在陕西西安交通大学出土的壁画、河南南阳邓州长冢店出土的画像石，以及四川成都新都区新繁镇清白乡出土的画像砖中，仙人、伏羲女娲、玉兔手持之物与此图像中的灵芝草在形象上具有一致性。所以，可以推断这些具有菌类植物形态的图像是灵芝草图像。

值得注意的是，同样出土于河南南阳的伏羲女娲画像石上装饰着另外一种植物图像（图2-3）。画面上伏羲女娲皆是人首蛇身，头梳发髻，身着儒袍，合抱一株枝干状植物，相向交尾而立。河南淅川发掘出土的羽人画像砖刻有相同的植物图像（图2-4）。发掘者做了如下描述：“羽人面向

① 参见［美］巫鸿《武梁祠——中国古代画像艺术的思想性》，柳扬、岑河译，生活·读书·新知三联书店2015年版，第96页。

② 邢义田：《画为心声——画像石、画像砖与壁画》，中华书局2011年版，第452页。

图2-3 伏羲女娲交尾图
（采自《南阳汉代画像石图像资料集锦》）

图2-4 羽人图
（采自《河南淅川汉画像砖墓发掘报告》,《华夏考古》1994年第4期）

图2-5 羽人持芝图
（采自《中国画像石全集》第5卷）

右方，侧身而立，长发飘于脑后，浓眉大眼，高鼻尖颌，脚踏云气，双手执仙草做奔腾状。”[①]有学者指出这种枝干状的植物当是无菌盖的灵芝草，称它为鹿角形“灵芝草”[②]。根据《埤雅广要》言，（“灵芝草”）“或如鹿角，如伞如盖，皆坚实芳香，叩之有声”，那么这样的判断当是较为准确的。事实上，现在所说的芝类药材中确实存在鹿角灵芝，在生长过程中不形成菌盖，只有长短不一的菌柄，与上述植物图像在形象上具有一致性。

陕西出土的画像石上亦有被称为“灵芝草”或者“芝草”的植物图像（图2-5）。这一类图像与其他两种图像又完全不同，它如草似花，有两

① 南阳地区文物研究所、淅川县博物馆:《河南淅川汉画像砖墓发掘报告》,《华夏考古》1994年第4期。

② 王仁湘:《汉画芝草小识》，载《半窗意象：图像与考古研究自选集》，文物出版社2016年版，第232页。

图2-6 “尚方御镜”铭七乳瑞兽纹镜局部图像（采自《古镜今照》）

图2-7 新莽尚方四灵博局镜局部图像（采自《古文字研究》第14辑）

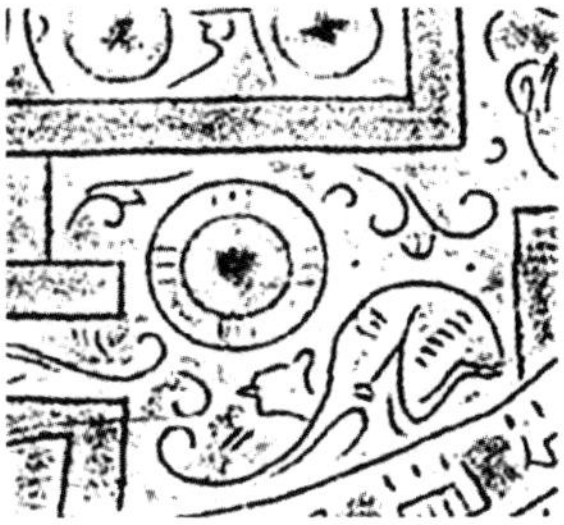

图2-8 尚方作镜局部图像（采自何林《故宫藏镜》）

片向下弯曲的叶子，中间有一似未开的花苞，一般为羽人所持。这是否是灵芝草在汉画像中的另一种表现方式？这或许从汉代的铜镜中可以找到一些线索。汉代的“尚方御镜”铭七乳瑞兽纹镜有这样一条铭文：“尚方御镜真大好，上有仙人不知老，渴饮玉泉饥食枣，浮游天下遨四海，徘徊名山采芝草，寿如金石为国保，乐未央宜侯王兮。”[①] 铭文描述了仙人自由自在，遨游四海的生活状态，并且指出了灵芝草与仙人的关系。它为仙人所采，为仙人所食，与仙人关系密切。据笔者整理，刻有相同意思铭文的铜镜有五面，其中三面图像清晰。观察这三面铜镜，在仙人旁都出现了同样的植物图像（图2-6、图2-7、图2-8）。这些图像与陕西画像石上的灵芝草图像一样，都有两片叶子，中间似有一未开的花苞，只不过铜镜上的图像更加简洁，更加图案化。《说文解字》云：“芝，神草也。从草从之，止而切。”[②] 葛洪《抱朴子·仙药》云：“芝者，有石芝，有木芝，有草芝，有肉芝，有菌芝，名有百许种也。”[③]“及夫木芝者，松柏脂沦入地千岁，化为

① 浙江省博物馆编：《古镜今照》，文物出版社2012年版，第204页。

② （汉）许慎撰，（清）段玉裁注：《说文解字注》，上海古籍出版社1988年版，第22页。

③ 张松辉译注：《抱朴子内篇》，中华书局2011年版，第343页。

茯苓。茯苓万岁，其上生小木，状似莲花，名曰‘木威喜芝’。”[①]“木渠芝，寄生大木上，如莲花，九茎一丛，其味甘而辛。”[②]从葛洪的描述中看，芝是有花的形状的。李时珍论及灵芝草的药效时同样认为：“芝类甚多，亦有花实者。”据此，这类如草似花的植物形态也可以被推测是灵芝草图像的一种表现方式。

综合以上内容，汉画像中灵芝草图像存在三种表现方式：一是与人们普遍认为的接近菌状植物的形态，二是枝干状植物形态，三是花草状植物形态。这三种类型或许可以理解为汉代人对灵芝草认识的一种表达和想象。这种图像的多种表达可以参考贡布里希在《艺术与幻觉》中提出的“预成图式——修正”的公式来理解，即预成图式对知觉的支配作用是通过心理定向做桥梁的。它首先形成知觉的期待，然后以此指导知觉的定向选择。因此，画者总是倾向于看他所画的东西，而不是画他所看的东西。汉画像灵芝草图像在形态上的多变可能也基于此。汉代的工匠并不完全基于客观的现实事物，而是在一定的程度上以自我的认识为出发点，进行艺术的创造。也就是说，任何图像的创造首先来自创造者内在心灵的需要，这种内在需要总是预先于胸中形成一种预成的图像，艺术家以这种预成的图像为规范，进行筛选、提炼、修正，直至最终使之合于自己的理想图像。

二、灵芝草的认识

灵芝草又称“芝”，现代多称为“灵芝”，而在古代关于它的认识则略显复杂。古代的“芝”，名称繁多，或称“三秀”，或称“芝草”。从文献角度看，“芝”大抵有以下的含义。

---

① 张松辉译注：《抱朴子内篇》，中华书局2011年版，第349页。

② 张松辉译注：《抱朴子内篇》，中华书局2011年版，第350页。

首先，“芝”是草。“芝”较早出现在战国的玺印中，刻作“”。东汉许慎《说文解字》云：“芝，神草也。从草从之，止而切。”[①]从“芝”字看，其为上下结构，是一个形声字：上部为“艸”，表明其被纳入草的范畴，下部从“之”，出也，可见草从地出，为“芝”，“芝”有草的意思。又郭璞注《尔雅》曰：“芝，一岁三华，瑞草。”这里指出“芝”被认为是一种“祥瑞之草”，而且有一年开三次花的特点。古代文学作品中也有相似的表述。屈原在《楚辞·山鬼》中描写道：“采三秀兮于山间，石磊磊兮葛蔓蔓。”王逸注：“三秀，谓芝草也。”[②]《文选》载嵇康《幽愤诗》曰：“煌煌灵芝，一年三秀。”又载张衡《西京赋》曰：“神木灵草，朱实离离。”[③]“灵草”即红色的芝草之花。

秦汉之前，芝常常与兰并提，被视为品德高洁的象征，有香草之意。《荀子·王制》曰：“其民之亲我，欢若父母，好我芳若芝兰。”《孔子家语·在厄》曰：“且芝兰生于深林，不以无人而不芳；君子修道立德，不谓穷困而改节。”[④]《孔子家语·六本》又曰：“与善人居，如入芝兰之室，久而不闻其香，即与之化矣。与不善人居，如入鲍鱼之肆，久而不闻其臭，亦与之化矣。丹之所藏者赤，漆之所藏者黑。是以君子必慎其所与处者焉。”[⑤]以芝兰之室比喻有助人为善的美好环境。后晋时，“芝兰”则引申开来，用以比作优秀子弟以称颂他人子孙昌盛，或作“芝兰玉树”。《世说新语·言语》载：“谢太傅问诸子侄：‘子弟亦何预人事，而正欲使其佳？’诸人莫有人言者。车骑答曰：‘譬如芝兰玉树，欲使其生于庭阶耳。’”[⑥]谢安子侄皆贤，乃比作芝兰玉树生于庭阶。可见，作为香草，“芝兰”已经成为

① （汉）许慎撰，（清）段玉裁注：《说文解字注》，上海古籍出版社1988年版，第22页。

② 王泗原：《楚辞校释》，中华书局2015年版，第249页。

③ （梁）萧统编，（唐）李善注：《文选》，中华书局1977年版，第48页。

④ 王国轩、王秀梅译注：《孔子家语》，中华书局2009年版，第166页。

⑤ 王国轩、王秀梅译注：《孔子家语》，中华书局2009年版，第136—137页。

⑥ （南朝宋）刘义庆：《世说新语》，载国学整理社编《诸子集成》（第八卷），中华书局2010年版，第35页。

一个典故，根植于古人的词汇系统，与优秀贤德等美好的寓意联系。比如东汉著名的诗篇《孔雀东南飞》中的女主角刘兰芝就是一个很好的例证。

其次，“芝”为菌。《尔雅》中“芝”“菌”互释，说明“芝”即是菌的一种。《列子·汤问》曰：“朽壤之上有菌芝者，生于朝，死于晦。”[①]“菌芝”可以理解为一类生活史短暂的菌类。《尔雅·释草》云：“中馗，菌，小者菌。”郭璞注：“地蕈也，似盖，今江东名为‘土菌’，亦曰‘馗厨’。可啖之。”[②]《说文解字》云：“菌，地蕈也。”“菌”字的下半部“囷”，意为圆形的粮仓，而从一朵伞菌的形态来看，在外观上确实较像堆满了谷物的圆形粮仓。

事实上，“芝菌”在我国古代便与人们的饮食息息相关。汉初的《礼记·内则》在介绍周人日常的饮食，有“芝栭蔆椇枣栗榛柿，瓜桃李梅杏楂，梨姜桂”的记载。郑玄注：“皆人君燕食所加庶羞也。”[③]也是说“芝菌”在汉以前已经成为帝王平时食用之物，“芝栭”其实是指现代的菌类食品木耳。《吕氏春秋·本味》所记“和之美者”包括了“阳朴之姜，招摇之桂，越骆之菌，鳣鲔之醢，大夏之盐，宰揭之露，其色如玉，长泽之卵”[④]，这里“和之美者”的“和”是指调和诸味之意。如此“菌”在这里应如同姜、桂、盐一样用以调味，而可食用的菌类因富含呈味的氨基酸、核苷酸及一些挥发性物质，在现代的烹饪中用于提鲜。

“芝”作为“菌”，与其被认为是瑞草不同，往往被很多人当作一种不祥之物。之所以出现这种情况，与古人对菌类的认识有关。其一是由于某些菌类的生命周期短暂，给人以负面的寓意。其二是因为菌类属于异养生物，以腐生或者寄生为主要生存方式，这在古人看来是生命破败凋敝的不

---

① （晋）张湛注:《列子注》，载国学整理社编《诸子集成》（第三卷），中华书局2010年版，第54页。

② （清）阮元校刻:《十三经注疏》，中华书局2009年版，第5718页。

③ （清）阮元校刻:《十三经注疏》，中华书局2009年版，第3171页。

④ （汉）高诱注:《吕氏春秋》，载国学整理社编《诸子集成》（第六卷），中华书局2010年版，第142页。

祥之兆。庄子在他的名篇《逍遥游》中有“朝菌不知晦朔，蟪蛄不知春秋”一语，以“朝菌”“蟪蛄”指代那些短暂的生命。南北朝文学家谢灵运在他的诗中也以脆弱易逝的菌类来比喻自己多舛而又短暂的一生。他在《临终》诗中感叹：“凄凄后霜柏，纳纳冲风菌。邂逅竟几时，修短非所愍。恨我君子志，不获岩下泯。送心正觉前，斯痛久已忍。”[①] 北魏时期，大臣崔光更是言明菌乃是帝王败亡的象征。他认为菌“柔脆之质，凋殒速易，不延旬月，无拟斧斤。又多生墟落秽湿之地，罕起殿堂高华之所。今极宇崇丽，墙筑工密，粪朽弗加，沾濡不及，而兹菌欻构，厥状扶疏，诚足异也。夫野木生朝，野鸟入庙，古人以为败亡之象”[②]。以此来暗喻王朝的衰败。

综观中国古代对芝的看法可以发现，人们出于自己的思考和认识产生了两种截然不同的观念。一种以芝为草，“芝兰”并提，以喻人的品德高尚，而与美好的寓意联系；另一种以芝为菌，因菌类的生命短暂且多生于墟落秽湿之地，视它为破败的凶兆。而这种对芝的认识存在分歧的现象本身是一个很值得思考的问题。芝本身的存在不因人们的观察而有所变化，但是由于人们从自身的角度出发，而对芝进行主观的解释，并赋予它不同的意义。汉画像中灵芝草呈现不同的形象，除了有上述汉代工匠的艺术创作外，或许也正是出于汉代人对灵芝草的认识的差异。

第二节　汉画像灵芝草图像的分析

前文已明确了汉画像灵芝草图像的表现形式，认为对灵芝草的多种表现是汉代工匠以自我的认识为出发点而进行的艺术创造。同时，论述了古人对灵芝草存在双重认识。本节将依据上文内容的结论，对汉画像灵芝草

---

① 李运富编注：《谢灵运集》，岳麓书社1999年版，第113页。

② （北齐）魏收：《魏书》，中华书局2000年版，第1005页。

图像进行全面而系统的整理，总结其图像的区域分布和配置，阐述这一图像与配置图像的文化意义。

一、汉画像灵芝草图像的区域分布

汉画像亦称汉画，包括汉画像石、画像砖、壁画、帛画、漆画、玉器装饰、铜镜纹饰等图像资料。[①]一般而言，对于汉画像灵芝草图像的研究，都聚焦在画像石、画像砖上，忽视了其他的艺术形式。因此，我们将根据考古报告、出版图集等目前可见的文献资料与图像资料，按照已推断出的灵芝草形象进行全面的搜集和整理，以地区为横轴、时间为纵轴，按照帛画、壁画、画像石、画像砖等艺术形式做出区分。

目前，一些学者对汉画像的地区分类已经进行了详细的探讨。如信立祥把汉画像分为五大分布区：一是由山东省全境、江苏省中部、河南省东部和河北省东南部组成的广大区域，二是以南阳市为中心的河南省西南部和湖北省北部地区，三是陕西省北部和山西省西部地区，四是四川省和云南省北部地区，五是河南省洛阳市周围地区。[②]在此，笔者依据上述分区，结合搜集的汉画像灵芝草图像，将其分为河南地区、四川地区、陕西地区及其他地区四个区域。

（一）河南地区

河南是中华文明重要的发源地。历史上，河南是中国政治、经济和文化的中心，先后有20多个朝代建都或迁都于此。西汉时期富可敌国的梁王在此割据，东汉时期光武帝刘秀于南阳起兵，后定都于洛阳，开创了“风化最美、儒学最盛”的光武中兴时代。至此，河南地区的繁华达到了可

① 参见朱存明《汉画像之美：汉画像与中国传统审美观念研究》，商务印书馆2011年版，第3页。

② 参见信立祥《汉代画像石综合研究》，文物出版社2000年版，第13—15页。

与文艺复兴时期的罗马相媲美的程度。壁画、画像石等艺术精品更是层出不穷，堪称汉画艺术的瑰宝。

在河南地区，灵芝草图像的艺术载体主要有壁画、画像石和画像砖。据统计共有21幅图像，其中壁画图像1幅，画像砖图像1幅，画像石图像19幅。时间上，出现最早的是出土于河南永城芒砀山沛园汉墓的四方神兽壁画（图2-9）。该壁画位于主墓室顶部，高3.27米，宽5.14米，所处时代被认定为西汉前期。[①] 如图所示，画面中灵芝草以朱砂衬底，呈褐红色，处于四只神兽之间，旁边饰满条状的云气纹。中部有好似5米长的巨龙，两侧分别为朱雀和白虎，三只神兽身上长有花蕾。一鸭嘴怪兽被巨龙所衔处于画面的左侧。画像四周边框内更绘有璧纹、菱格纹与火焰纹。从整个壁画的配

图2-9　四方神兽壁画
（采自《中国墓室壁画全集》第1卷）

① 河南省商丘市文物管理委员会等编著:《芒砀山西汉梁王墓地》，文物出版社2001年版，第115页。

图2-10　神兽图
（采自《中国画像石全集》第6卷）

置看，寄托着墓主升仙、永生、吉祥的美好愿望。

河南地区的画像石图像和画像砖图像主要分布于密县、南阳等地。可确定时代的有12幅，主要为新莽至东汉中期的作品。例如南阳英庄汉画像石墓出土的伏羲执灵芝画像石、南阳草店墓出土的女娲执灵芝画像石及南阳麒麟岗墓出土的神兽画像石等。这一地区的灵芝草图像往往由伏羲、女娲、神兽、羽人所持，如南阳麒麟岗墓出土的神兽图像（图2-10），图中灵芝草为一身生毛羽、蓬尾的神兽所衔。《山海经·海内经》载："北海之内，有山，名曰幽都之山，黑水出焉。其上有玄鸟、玄蛇、玄豹、玄虎、玄狐蓬尾。"[1] 所以此神兽当是玄狐，与灵芝草同为祥瑞。

（二）四川地区

四川，简称"蜀"或者"川"，四川盆地以"天府之国"闻名于世，一直是中国西南地区的经济、政治和文化中心。在新石器时期，四川就形成了以三星堆遗址和金沙遗址为代表的高度发达的古蜀文明。秦时得益于都江

① 袁珂校注：《山海经校注》，北京联合出版公司2014年版，第388页。

堰的修建，成都平原变得日益富饶。汉时，作为“民食稻鱼，亡凶年忧，俗不愁苦”①的天下粮仓，在发展经济的同时，四川的文化也更加繁荣，出现了司马相如、扬雄等文学大家。汉末中原战乱，四川因地处偏远较少波及，故而画像石、画像砖等艺术在这一地区至三国初期仍有发展。

画像石、画像砖和摇钱树是这一地区灵芝草图像的主要艺术载体。四川地区画像石灵芝草图像据统计有13幅。其中，有5幅图像的时间可明确是东汉中晚期至蜀汉时期的作品，分别是玄武·灵芝·朱雀·青龙画像石、升鼎·栈车出行·夫妻宴饮画像石、西王母画像石及2幅西王母仙境画像石。这一区域的画像石灵芝草图像常与仙人、鹿、龙、朱雀、凤凰、连理树及扶桑树等寓意升仙吉祥的图像组合。如古河长宁二号石棺左壁的迎谒·六博画像(图2-11)。该画像分为两部分，其画面左半部分刻有两株交缠在一起的连理树，树下一人身着儒袍执礼迎客，其左边有一人正朝他走去，似为宾客。右半部，右边刻有一悬圃，上有二人做博弈状，其中左者举手投棋，右者跪立弓腰，二人头上似有一方花纹，一羽人一凤鸟向二人飞来，下有天禄欲仰头观望。左侧有一羽人手持一株大灵芝草，旁

图2-11 迎谒·六博图

(采自《中国画像石全集》第7卷)

① (汉)班固撰，(唐)颜师古注:《汉书》，中华书局2000年版，第1313页。

图2-12　四川绵阳涪城区石塘镇汉墓摇钱树
（采自何志国《汉魏摇钱树初步研究》）

一羽人也手持一株灵芝草，二人似在交谈。羽人右侧一人持杖，上有一猴。画面上刻有菱形圆环纹，下刻三角纹；两边饰以方胜。在此，灵芝草应处于仙界，是仙草。四川地区画像砖灵芝草图像共有8幅，时期都为东汉，主要分布于成都、彭州、什邡和新津四个地区，画面内容与画像石基本一致。

四川地区出土的摇钱树上亦有灵芝草图像存在。所谓摇钱树，主要指“发现于中国西南地区东汉六朝时期一种墓葬中的树形器物。因树体通常挂饰钱币状物，而部分树座上又有摇钱场景的图像，故而得名”[①]。作为典型的商品化葬具，它出现于东汉初期，盛行于东汉中期，蜀汉时期开始衰退。笔者收集到的摇钱树图像共有10幅，其中9幅的时代是东汉中期至东汉晚期，主要分布在绵阳市和三台县等地区。灵芝草图像在摇钱树的树座、树顶及叶片上都有出现。如图2-12所示四川绵阳涪城区石塘镇汉墓摇钱树，由铜树体和陶树座组成。灵芝草图像位于此树座的第三层。画面中间立有一株灵芝草，旁边一人正手执工具做培土状，左侧一人注视着灵芝草，此图应是灵芝草种植图。除了灵芝草图像之外，树座上还有龙图像、二鹿交配图像、凤鸟图像等。这件摇钱树与四川安县文管所藏摇钱树属于同一格套，而这类相同格套的树座迄今至少已发现9件。[②]

① 周克林：《东汉六朝钱树研究》，巴蜀书社2012年版，第1页。
② 参见何志国《汉魏摇钱树初步研究》，科学出版社2007年版，第123页。

（三）陕西地区

陕西，简称“秦”或“陕”，历史悠久，同样是中国文明的重要发祥地之一。这里有最能代表原始社会氏族文化的西安半坡遗址，也有中国较早的城市西安杨寨村的遗址。秦汉时期，陕西是重要的政治经济和文化中心，这种统一的光辉形象可以在诸如秦始皇陵兵马俑、未央宫等现存的古代遗址中得到证实。

据笔者整理，陕西地区的灵芝草图像共有25幅，主要出现在墓室壁画、画像石和画像砖上。其中出现最早的灵芝草图像是出土于陕西省西安交通大学西汉晚期墓的壁画（图2-13）。此画位于主墓室后壁上部，画面中灵芝草被饰以绿色，由一个四足、长卷尾的神人所持。旁边各有一只白鹤向上展翅飞翔，中间一只卧鹿位于下方，向左注视，画面布满云气。此神人持灵芝草当是表达引导墓主升仙之意。

据笔者统计，画像石灵芝草图像与画像砖灵芝草图像共23幅，主要集中分布在陕北榆林地区的绥德、米脂等地。其中，有明确年代的图像为7幅，分别位于东汉永元八年（96）绥德杨孟元墓和东汉永元十二年（100）绥德王得元墓的横额、立柱及门楣处。这一区域的灵芝草图像基本保持

图2-13　西安交通大学汉墓主墓室后壁上部全景图及局部图像

（采自《中国出土壁画全集》第6卷）

着稳定不变的程式，具有同样的造型和同一种分布规律。如图2－14绥德杨孟元墓门楣画像，画面分为两层，上层刻羽人、灵芝草、仙禽神兽等图像，中间布满云气纹；下层刻车骑出行、乐舞、翼兽等图像。再如图2－15绥德王得元墓室横额画像，画面亦分为两层，上层遍布云气纹，刻有羽人、灵芝草、鸟、嘉禾等图像；下层刻有车骑出行、狩猎场景等图像；图像中间有一楼阁，贯穿上下两层，内有二人相对而坐，似在交谈。两幅图像的内容多表现的是“神仙世界”的场景，反映出汉人对神仙灵异、长生升仙的向往。

（四）其他地区

除上述三个地区外，灵芝草图像还出现在河北、辽宁、浙江、山东等地区，笔者共统计到12幅。图像的艺术载体主要为帛画、壁画、画像石、画像砖、漆盘和铜镜。时间最早的是出土于长沙马王堆一号汉墓的西汉前期的“T”形帛画（图2－16），该帛画上宽92厘米，下宽47.7厘米，画幅共长205厘米。[①] 帛画画面大体分为两个部分：上部绘有日、月、升龙及蛇身神人等图像，可视为天上的象征；下部最显著的是绘有两条青色和赤色的龙，其分列左右，而交互穿过画面中部的谷纹巨璧，龙首张口吐舌，龙尾自垂至画面下方。二龙穿璧使得下半部分的画面又呈现出两个段落：一是表现了墓主生前的形象立于一平台之上，二是描绘出宴饮或准备祭祀的场面。在一巨人托举的平板上，七人拱手对坐，前侧陈设三鼎两壶，而灵芝草被两龟所衔分列于巨人两侧，其意义有待进一步解读。

据笔者统计，壁画灵芝草图像共两幅。其中一幅是1931年发掘于辽宁金县营城子壁画墓的主室北壁画像（图2－17），其创作时间为东汉前期。画面分为两部分。上部有一羽人脚踏流云手持灵芝草飞驰，一仙鹤迎

① 参见湖南省博物馆、中国科学院考古研究所编《长沙马王堆一号汉墓》，文物出版社1973年版，第49页。

图2-14　绥德杨孟元墓门楣画像
（采自《中国画像石全集》第5卷）

图2-15　绥德王得元墓室横额画像
（《中国画像石全集》第5卷）

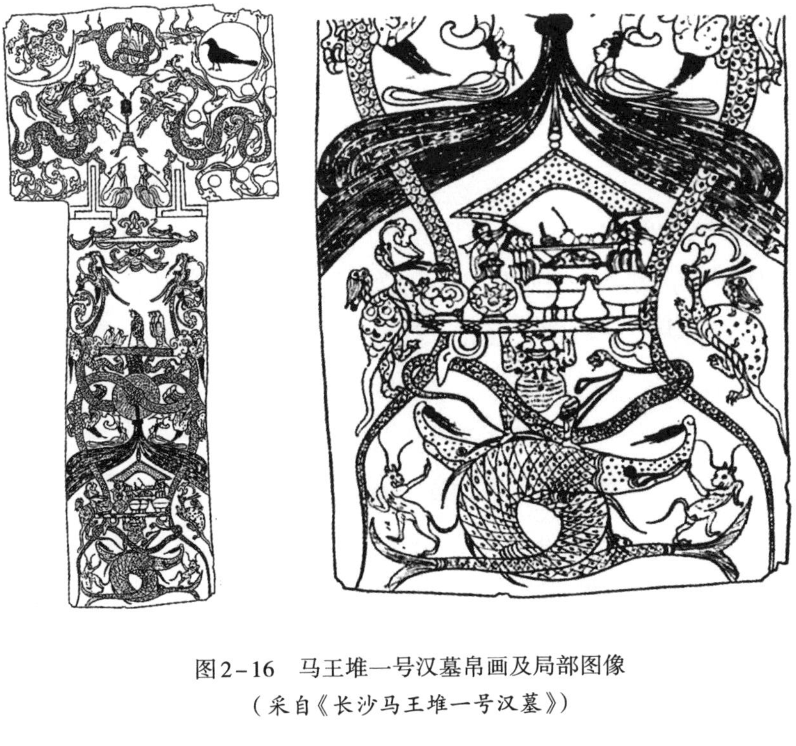

图2-16　马王堆一号汉墓帛画及局部图像
（采自《长沙马王堆一号汉墓》）

图2-17　升仙图
（采自《中国墓室壁画全集》第1卷）

面而来。中间一人与方士似在交谈，旁有一侍者手捧一物静候，后有一青龙，昂首呼啸奔来；下部有三人，他们身着儒袍，均持一物，依次做叩拜状。图像以墨线单钩为主，风格朴拙粗犷。从整个画面看，画像主要表现的是升仙场景。另一幅壁画是1952年发掘的河北望都一号汉墓的前室东壁壁画，时间为东汉后期。画面分为两层，上层绘有人物，下层绘有祥瑞图，并附题记。图像主要是芝草、鸳鸯、白兔等，前文已有论及，不再赘述。

据笔者统计，刻有灵芝草图像的画像石共有3幅，分别是1937年出土于山东曲阜韩家铺村的"东安汉里"石椁墓北壁椁面画像、1954年出土于山东沂南北寨村的汉墓中室八角立柱画像及1973年出土于海宁长安镇海宁中学的祥瑞画像。除了前一块画像石为西汉末至东汉初期的作品外，其余二者皆为东汉晚期的作品。

据笔者统计，带有灵芝草图像并附有铭文的铜镜共有5面。其中有

图2-18　新莽尚方四灵博局镜
（采自王纲怀编著《三槐堂藏镜》）

图2-19　尚方作镜
（采自《古文字研究》第14辑）

两面的时间比较明确，为新莽时期的作品。一是新莽尚方四灵博局镜（图2-18），直径是18.6厘米，重791克，缘厚0.55厘米。[①] 其为官方制镜，呈圆形，圆钮，大四叶纹钮座。座外为细线方格状，凹面方框间布有十二乳钉和十二地支。主纹饰区以8枚小乳钉、细线“T”状、细线“L”状和细线三角状将此区等分为8个部分，分别以线雕铸就青龙、玄武、朱雀、白虎、仙人骑鹿、灵芝草、蟾蜍等神仙瑞兽等仙界图像。主纹饰区外沿顺时针方向均布铭文：“尚方作镜真大好，上有仙人不知老，渴饮玉泉饥食枣，浮游天下遨四海，徘徊名山采芝草，寿如金石为国保，大富昌，子孙备，具中央。”该铜镜外缘饰锯齿纹和云气纹。二是尚方作镜（图2-19）。该镜具体规格不清，但是基本造型与上述的新莽尚方四灵博局镜一致。同样是官方制镜，呈圆形，圆钮，大四叶纹钮座。座外以细线雕铸方格，凹面方框间饰以十二乳钉和十二地支。主纹饰区同样以8枚小乳钉、细线“T”状、细线“L”状和细线三角状将该区等分为8个部分，外缘饰锯齿纹和云气纹。但是主纹饰区的图像和铭文在内容上略有不同。从这两面铜镜看，

① 参见王纲怀编著《三槐堂藏镜》，文物出版社2004年版，第107页。

灵芝草图像在造型上保持着一致，都是两片叶子，中间似有一花苞的造型。这是前文所述的花草形灵芝草。

综合上述图像的出土、著录情况，结合图像志的整理，我们可以发现以下几点。首先，从分布的地域看，灵芝草图像集中出现在河南、四川、陕西地区，少数出现在浙江、山东、辽宁、河北等地区，且同一地区的图像仅为一至两幅。所以浙江等地区的图像可能受到河南等地区的影响。其次，从时间上看，上述图像除了两至三幅的帛画和壁画为西汉时期的作品，以及少数新莽时期的图像外，其他图像基本集中出现在东汉时期，且从东汉早期至东汉晚期都有出现。这说明灵芝草文化在两汉时期一直有所延续，尤其是东汉时期更受推崇。最后，从图像的艺术载体看，灵芝草图像不仅出现在帛画、壁画、画像石、画像砖上，还出现于摇钱树、铜镜上，这种载体形式的广泛性也证明了灵芝草文化在汉代具有相当的普遍性。同时，所有的灵芝草图像均来自墓葬之内，未曾发现墓上祠堂和汉阙上有此画像，这一现象值得注意。

二、汉画像灵芝草图像的配置

通过上文对汉画像灵芝草图像的梳理，可以发现灵芝草图像除了少数以其自身形象单独出现，构成具有独立意义的单位图像外，更多的是与其他图像相配置被绘制于某一图像或某一场景之中。按照图像学的原理，图像可以通过与其他图像构成新的组合方式而获得另一种意义。故而，我们需要对灵芝草的图像配置进行研究，从而对其图像意义有进一步的理解。

（一）灵芝草与西王母图像

西王母是我国古代神话体系中一位重要的女性神祇。从战国时期就开始出现对西王母的崇拜，而两汉时期这种崇拜更加狂热，其间西王母形象的转变也可以证实这一点。在战国时期，西王母的形象被界定为半人半兽的神怪，西汉后期则化为老妪，东汉时期又成为美丽高贵的妇人。其形象经历了由原始到完善、简单至复杂的演变过程，从最初怪诞丑陋的凶恶之神逐渐成为动人可爱的长生之神。

图2-20　西王母图像
（采自《中国墓室壁画全集》第1卷）

汉画像中西王母图像的构图方式比对她形象的转变，也存在从情节式到偶像式的发展趋势。“情节式是东周以来早期中国人物画的法则，相对而言，偶像式构图是一种新方式，并且仅仅在公元一世纪开始流行。”[①] 受巫鸿理论的影响，李凇进一步将西王母图像的构图方式划分为两个阶段，第一阶段是从西汉后期至东汉初期，西王母为四分之三的侧面角度，即情节式构图；第二阶段是从东汉初期至中期，西王母为正面角度。

灵芝草与西王母图像的配置是这种演变的体现。最早出现灵芝草与西王母一同表现的画像是新莽至东汉时期的陕西定边郝滩墓室壁画（图2-20）。这时的西王母呈现的是“蓬发戴胜”，侧面端坐，身着红色衣缘长袍的老妇形象。观看整个画面，西王母居于灵芝草之上，且与画像之中的神仙异兽呈现互动之态，画面“描述”了一个神仙世界的场景。而纵观

① [美]巫鸿：《论西王母图像及其与印度艺术的关系（续）》，李凇译，《艺苑（南京艺术学院学报美术版）》1997年第4期。

图2-21　西王母图
（采自李凇《论汉代艺术的西王母图像》）

图2-22　西王母仙境图
（采自罗二虎《汉代画像石棺》）

灵芝草与西王母相配置出现的画像，可以发现两个特点。其一，灵芝草处于西王母下方，西王母端坐于上，灵芝草在此可视为昆仑悬圃，如图2-21西王母头戴白色玉胜和红色之帼，正面端坐，拱手笼袖，身下铺有一杂色花垫，坐于灵芝草之上。其二，灵芝草处于西王母上部，以“华盖”的形式伴于其旁。如图2-22，西王母头梳高髻，端坐于龙虎座上，位于正中，三株灵芝草处于上方，位于其后。画面右边是九尾狐与三足乌。中间下方有一鼎和一案几。两边各有一人，左边一人面朝西王母呈跪拜状，有求仙之意。

从上述图像的表现形式上不难发现，灵芝草图像与西王母图像的配置结构已经呈现相对固定化和程式化的特点。同时，灵芝草与九尾狐、三足乌等构成了独具特色的西王母神话系统。它们围绕在西王母周围，由这个共同的纽带结合在一起，一同反映了西王母保佑人们长寿长生、多子多福的神格功能。汉代人认为灵芝草可以令人长生不死，《海内十洲记》曰：“元洲在北海中，地方三千里，去南岸十万里。上有五芝玄涧，涧水如蜜

图2-23　米脂党家汉墓门左、右立柱图像（局部）
（采自《中国画像石全集》第5卷）

浆，饮之长生，与天地相毕。服此五芝，亦得长生不死，亦多仙家。”[①]它与昆仑山“登之不死”的神异特性相一致，昆仑“实惟帝之下都”是神圣的所在。而关于“华盖”，本是车盖，最初的功能是用以遮风避雨，汉人以车盖的装饰和颜色划分使用者的等级和地位。《古今注·舆服》云：“华盖，黄帝所作也。与蚩尤战于涿鹿之野，常有五色云气，金枝玉叶，止于帝上，有花葩之象，故因而作华盖也。”[②]华盖又附会于黄帝所作，被赋予了神圣地位的象征意义。灵芝草象征昆仑，以“华盖”的形式出现在西王母旁，也就不仅仅是长生的寓意，而且还是西王母具有神圣地位的象征了。

自东汉中期，由于东王公的出现，西王母信仰发生了质的改变。她从兼具阴阳的两性大神蜕变成了仅管理西方阴性空间的一位女神，阳性的东方空间则由男性神东王公所代表。在陕西的汉画像中，二者往往以东西对

① 上海古籍出版社编，王根林等校点：《汉魏六朝笔记小说大观·海内十洲记》，上海古籍出版社1999年版，第66页。

② （晋）崔豹：《古今注》，中华书局1985年版，第3页。

应的方式与灵芝草共同出现。如图2－23，西王母东王公侧面端坐，分列而立，旁边各有羽人相侍，灵芝草长于二者下方的仙山之上，仙禽瑞兽跃于其间，呈现一片生机勃勃的仙境场景。对比其中西王母与东王公的画像，可以发现东王公的塑造以西王母为原型，是她的形象的变体，或者说是她的变性。所以灵芝草与东王公一同出现实际上是西王母神话系统在阴阳哲学的影响下进一步发展的结果，也是西王母长生长寿神职功能的延续。

（二）灵芝草与羽人图像

死亡本是生命的结束，是人类恐惧和排斥的不变主题，然而汉代人却认为生命并没有因死亡而终结，而是以升仙的方式在另一个世界得以延续。灵芝草与羽人图像相配置正指向了这种升仙思想。

羽人，即肩背生羽毛或双翼之人，是汉代人理想中的仙人形象。仙，老而不死。《说文解字》曰："仙，长生仙去。"[①]《论衡·道虚篇》云："世见长寿之人，学道为仙，逾百不死，共谓之仙矣。"[②] 从"仙"字来看，"仙"又作"屳"，《说文解字》曰："屳，人在山上貌。从人山。"[③]《释名·释长幼》曰："仙，迁也，迁入山也，故其制字人旁作山也。"[④] 所以，汉代人心中所谓的仙人即生活于仙山之中，具有不老不死神性的永恒存在。灵芝草是仙草，是长生不老的象征。《论衡·验符篇》云："芝草延年，仙者所食。"[⑤] 所以二者被置于同一画像之上，起到引导墓主升仙的作用。如图2－24所示，画面中羽人双翼飘浮，长尾漫卷，伸头张口，目视手中之灵芝草，做惊喜状，似有墓主在二者的引导下已顺利升仙之意。整幅图像造

① （汉）许慎撰，（清）段玉裁注：《说文解字注》，上海古籍出版社1988年版，第383页。
② （汉）王充：《论衡》，载国学整理社编《诸子集成》（第七卷），中华书局2010年版，第71页。
③ （汉）许慎撰，（清）段玉裁注：《说文解字注》，上海古籍出版社1988年版，第383页。
④ （汉）刘熙：《释名》，中华书局1985年版，第43页。
⑤ （汉）王充：《论衡》，载国学整理社编《诸子集成》（第七卷），中华书局2010年版，第196页。

图2-24　羽人图
（采自《中国画像石全集》第6卷）

型精炼、线条连绵，富有韵律，既有朴拙的韵致，又有灵动的美感。

再如图2-25，画面中一头鹿颈部生羽，四蹄伸展，向右奔跑，后有一仙人，身生羽毛，一手持一株灵芝草，一手上举，朝仙鹿做飞奔状。鹿，在汉代文化中是仙人的坐骑，后成是升仙的工具，遇鹿便可以获取灵芝草。《道藏·太上登真三蹻灵应经》载：

夫三蹻经者，上则龙蹻，中则虎蹻，下则鹿蹻。……夫鹿蹻者，常也。能助奉道之士，日行千里。遇鹿者，能采灵芝，自知其方位远近。鹿到有灵芝处地上，其鹿自经三遭，其芝草自不能走之。而依法采食，其灵芝自得，长生不死。[①]

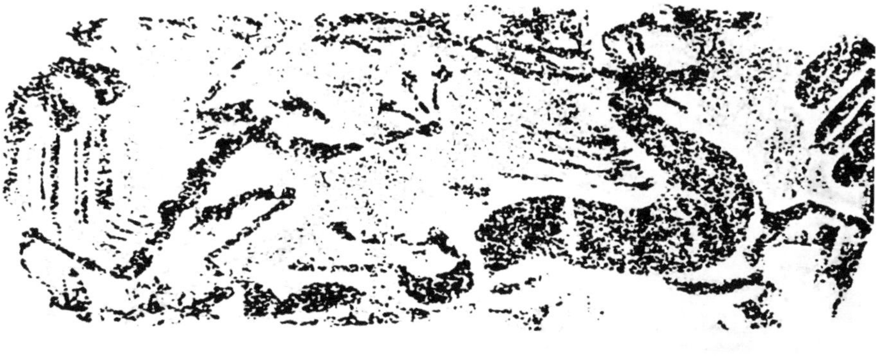

图2-25　仙人逐鹿画像（采自《中国画像砖全集》第1卷）

① 张继禹主编：《中华道藏》（第三十二册），华夏出版社2004年版，第483页。

在此，画面刻画灵芝草是对升仙意图的强调，仙人与鹿都呈现出急速的奔跑状态，体现升仙速度之快。“因为跑得快就可以跨越空间，可以缩短时间，也可以改变空间位置，由此人们设想骑乘速度比较快的动物或交通工具，可以转换生活环境，甚至可以进入另一个社会，如神仙世界。”①灵芝草、仙人与鹿并置于同一画面之上是汉代人希望寿同金石、永世不老意图的展现，所以，灵芝草、仙人和鹿也成为汉代乐府的重要题材之一，如《长歌行》云：“仙人骑白鹿，发短耳何长。导我上太华，揽芝获赤幢。来到主人门，奉药一玉箱。主人服此药，身体日康强。发白复更黑。延年寿命长。”②

灵芝草与仙人配置以示升仙之意，还会借助六博这一元素。六博，又称“六薄”，是秦汉时期最受人们喜爱的文娱活动。六博图的出现来源于古人对时空观念、宇宙模式的模仿和再现。同时，它也是人试图于宇宙中了解命运，与神相搏意图的体现。所以，博局实际上是汉代人宇宙时空的模型，置于墓室是象征着可以缩短时间，自我掌控生命，墓主置身其中会顺利地羽化成仙之意。如图2-26，两位头绾发髻，身形消瘦的裸身仙人正在作博戏，右边一仙人扬手张臂似做惊呼之态，左侧仙人仰身伸手直指棋盘，好像棋局已到关键或要分出胜负的瞬间。灵芝草被刻于一侧，身姿挺拔，摇曳动人，生机勃勃，是仙境的象征。整幅图像营造出一种自由洒脱、轻松快活的仙人生活场景，好像仙人在对弈之间，世间已过百年，而观棋者已察觉不到时间的流逝，已然置身于仙境，成为悠然自得的仙人了。

（三）灵芝草与四神图像

灵芝草与四神相配置的图像仅有一幅（参见图2-9）。它位于西汉梁

① 张从军：《黄河下游的汉画像石艺术》，齐鲁书社2004年版，第224页。
② 彭黎明、彭勃主编：《全乐府》，上海交通大学出版社2011年版，第12页。

图2-26　六博图（采自《中国画像石全集》第7卷）

王墓主室顶部，画面主要内容有青龙、白虎、朱雀、怪兽、灵芝草及云气等，整体展现的是宇宙仙境的场景。这里，灵芝草通体赤色，当是仙草，与四神相配置应指向了更为深刻的意义。

首先，二者的结合反映了汉代人对宇宙生命的认识。青龙、白虎、朱雀、玄武，又称四象，是星象的象征。人们依据日月五星经行的轨道，把它们视为四方星宿的神性代表，是古人对星空分区观念的反映。画像之中的怪兽，头做鸭嘴形，长颈，长羽，身似鱼鳞纹，背长长刺，尾形似鱼。贺西林认为此怪兽为“鱼妇”[①]，《山海经·大荒西经》云：“有鱼偏枯，名曰鱼妇。颛顼死即复苏。”[②] 墓室中鱼妇的出现象征生命转化、灵魂复苏。在此，它应是早期玄武的形象，在四神没有正式形成之前，玄武就以它和鹿及麒麟等形象表现。星象的出没是由于日出日落。在古人的观念中，天

① 贺西林：《古墓丹青——汉代墓室壁画的发现与研究》，陕西人民美术出版社2001年版，第16页。

② 袁珂校注：《山海经校注》，北京联合出版公司2014年版，第351页。

圆，地方，四周环水，太阳经过天空而进入水中，夜晚又从水中经过，第二天从东方升起，这样一个运动的过程不仅是由阳至阴、由阴至阳的循环，而且是生命转化、灵魂再生的体现。灵芝草作为一种植物，通过四季的变换也向人们展现了由生到死、由死至生的生命过程。同时，四神与灵芝草的结合也表现出把自然以神灵化，是“万物有灵”观的直观体现。所以，二者合一,一同铸就了汉代人对生命永恒的礼赞。

其次，灵芝草与四神的配置表现了阴阳五行的哲学思想。“阴阳”本意指阳光照射不到与照射到的地方，后来演变为明和暗、动和静等相互补充与对立的实体。“五行”与“阴阳”一样，原指万物的基本属性，最早见于《尚书·洪范》：

> 五行。一曰水，二曰火，三曰木，四曰金，五曰土。水曰润下，火曰炎上，木曰曲直，金曰从革，土爰稼穑。润下作咸，炎上作苦，曲直作酸，从革作辛，稼穑作甘。[①]

可见，五行之中各个元素具有不同的特点。水寒凉，火温热，木生发，金坚燥，土养长。画像上灵芝草位于四神之间，其本属植物，根植源于土地，王充有言：“芝生于土。土气和，故芝生土。”[②] 植物长养万物，化育生命，具有土的特性，故而灵芝草在此应属五行中的土。青龙，代表东方，象征春天和青色，五行属木；白虎代表西方，象征秋天和白色，五行属金；朱雀代表南方，象征夏天和赤色，五行属火；玄武代表北方，象征冬天和黑色，五行属水。根据古人的观念，气是天地万物的本原，阴阳由气而生五行则是气运动变化的结果。气生阴阳，阴阳生五行。自然的运动即阴阳二气在五行中的此消彼长。“首先，阳气生长起来；其次，它达到

---

① （清）阮元校刻：《十三经注疏》，中华书局2009年版，第4336页。

② （汉）王充：《论衡》，载国学整理社编《诸子集成》（第七卷），中华书局2010年版，第196页。

了它的成熟状态；在第三阶段，当阳气耗尽而阴气尚未动作时，事物处于动态的均衡之中；然后就发生了第四和第五阶段，即阴气开始生长、成熟继而耗尽的过程。此后是这个周期的重复。”[①] 显然这是五行“相生”的过程，即木生火，火生土，土生金，金生水，水生木。画像中，凤鸟喙夹龙角，青龙口衔鱼妇，身姿蜿蜒，涡旋回环，灵芝草下，白虎脚蹬云气，抬头欲衔，云气蔓延，隐喻了五行周而复始的运动状态。青龙、凤鸟是阳气的象征，鱼妇、白虎是阴气的代表，灵芝草为土，又有调和阴阳、化生万物，以获自然福佑之意。

（四）灵芝草与玉璧、龙图像

灵芝草、玉璧和龙的组合方式出现在陕西的一块空心画像砖上（图2－27）。玉璧被装饰在砖体正面居中的位置，下方置有一株三茎相连的灵芝草，姿态生动，与上方的仙草相对而立。玉璧两边各有一体态修长、张牙舞爪、脚下踏叶形仙草的龙。它们躯体弯曲呈回环状，张口欲衔其旁的灵芝草，二者似有互动之势。画面在静态之中寓于动态的对称美，给人以舒适美好的感受。

图2－27　龙纹空心画像砖

（采自《中国画像砖全集》第3卷）

---

① ［英］鲁惟一：《汉代的信仰、神话和理性》，王浩译，北京大学出版社2009年版，第46页。

灵芝草在此应是仙草的象征，前已论及，不再赘述。

璧，是古代祭天的一种礼器。《周礼·春官·大宗伯》载："以玉作六器，以礼天地四方。以苍璧礼天，以黄琮礼地，以青圭礼东方，以赤璋礼南方，以白琥礼西方，以玄璜礼北方。"[①] 可见，璧在古代又是礼天祭地的玉器之首，被古人所尊崇。古代之所以以璧礼天乃是受到古代"盖天说"的影响。《晋书·天文志》载："其言天似盖笠，地法覆盘，天地各中高外下。"[②] 古人认为天形似一个半球形的大罩子，扣在平坦的方形大地上，即"天圆地方"。以璧礼天就是这种宇宙论的直观象征：天是圆的，璧也是圆的。同时，中国自古就有对灵石的崇拜，且又以玉类崇拜最为突出。"玉石艳丽晶莹的光泽、流动如云的彩纹及滑腻如脂的质地，都可能使古人把它和彩霞般璀璨变化无穷的天联系起来。"[③] 因此，璧有天的象征意义。但是以璧象征浩渺无边的天还是太过抽象，所以璧的象征意义在汉代变得更加具体。《汉书·律历志》曰："宦者淳于陵渠复覆《太初历》晦朔弦望，皆最密，日月如合璧，五星如连珠。"[④]《开元占经》卷五引《尚书考灵曜》曰："天地开辟，曜满舒光……日月若悬璧，五星若编珠。"[⑤] 可见，汉代人以璧来象征日月。又《山海经·大荒西经》曰："大荒之中，有山名曰日月山，天枢也。吴姖天门，日月所入。"[⑥] 表明地处西方的"天门"为日月的归宿之地。由此璧在某种意义上又可以说是"天门"的标识物。

龙有载人成仙的寓意。《庄子·逍遥游》就言神人"乘云气，御飞龙，游于四海之外"。《易·乾卦》云："六位时成，时乘六龙以御天。"[⑦] 而古

---

① （清）阮元校刻：《十三经注疏》，中华书局2009年版，第1644页。
② （唐）房玄龄等撰：《晋书》，中华书局2000年版，第178页。
③ 吕品：《"盖天说"与汉画中的悬璧图》，《中原文物》1993年第2期。
④ （汉）班固撰，（唐）颜师古注：《汉书》，中华书局2000年版，第845页。
⑤ ［日］安居香山、［日］中村璋八辑：《纬书集成》，河北人民出版社1994年版，第343页。
⑥ 袁珂校注：《山海经校注》，北京联合出版公司2014年版，第339页。
⑦ （清）阮元校刻：《十三经注疏》，中华书局2009年版，第23页。

代也有众多帝王乘龙或者乘龙飞天的传说。《山海经》中记载，西方蓐收、南方祝融、北方禺疆、东方句芒皆乘两龙。黄帝有乘龙飞天的传说，《汉书·郊祀志》详细记录其飞天过程："黄帝采首山铜，铸鼎于荆山下。鼎既成，有龙垂胡髯下迎黄帝。黄帝上骑，群臣后宫从上龙七十余人，龙乃（上）去。"[①]

至此，我们可以做出如下解读：玉璧在画像出现以示地处西方的天门，而非日月。因为在古人的观念中，大地是西高东低的，西方天与地距离最近，所以这里以璧象征天门不仅标识出这是升仙的通道，还表示了升仙路程的距离之短。而载着墓主灵魂的龙则通过这条升仙捷径以最短的时间来到"天国"的入口处，墓主服用灵芝草，以飞天成仙。这里，灵芝草、玉璧和龙的组合出现仍是汉代升仙思想固化的表现。

（五）灵芝草与祥瑞图像

汉画像中灵芝草外形端雅，它的多数形态犹如卷云，有吉祥雅美之趣，故而往往被赋予吉祥的寓意。它与祥瑞图像一同出现，明显地反映出汉代天降祥瑞的吉祥观念。"吉祥"可解释为吉庆祥和，是吉利美好的征兆，喻示着人们良好的祈求、美好的憧憬和善良的祝福。

汉画像祥瑞图的刻画直接展现了汉代吉祥观念的核心——趋吉避凶的心理。这种心理一直在古代先民对生活和生存的热切渴望中孕育着。在不断的社会实践中，他们发现了有些事物可以带来好运，有些事物会造成苦难，所以趋吉避凶的吉祥观念也应运而生。趋吉避凶是以吉祥之物来驱鬼辟邪。中国自古就有鬼的信仰，认为人死后为鬼。《说文解字》曰："人所归为鬼。"《礼记·祭义》曰："众生必死，死必归土，此之为鬼。"驱鬼，是人们担心鬼会带来不祥与灾异，因而驱之。汉画像会刻画灵芝草、凤鸟、羊和熊等祥瑞图像就是借它们吉祥止止的寓意来驱除恶鬼等凶物，以

① （汉）班固撰，（唐）颜师古注：《汉书》，中华书局2000年版，第1020页。

图2-28　芝草·瑞兽图

（采自《中国画像石全集》第6卷）

达到保护墓主灵魂的目的。如图2-28，该画像位于后室门楣，灵芝草枝叶肥茂，形似蘑菇，上有八个类似花蕊的孢子，姿态生动，处于画面的中间位置。其左边刻有一麒麟，昂首翘尾，目视灵芝草，其右边有一高冠凤鸟，展翅开屏，欲飞翔。麒麟是古代一种想象与现实相结合的动物，它的身体像鹿，尾巴像牛，角端有肉，是神兽与仁兽的象征。《大戴礼记·易本命》有云："有毛之虫三百六十，而麒麟为之长。"[①]《公羊传·哀公十四年》曰："麟者，仁兽也。"[②]作为百毛之长、万物之圣，麒麟具有神圣而特殊的能力，可以抵御凶恶，保护墓主。而凤鸟同样可以驱鬼辟邪。凤鸟被置于墓门之处，应称为朱雀。"汉代'雀'与'却'相通，'却'的本义为'退'，有使退走、退避、除去、避免、拒绝等意。"[③]因此，这里的凤鸟与龙虎、铺首一样具有使凶恶退避的功能。灵芝草处于二者之间，地位理应更加崇高。同时，以灵芝草所处门楣这一独特的位置来看，它又和麒麟凤鸟共筑除凶御恶之意，从而达到抵御凶恶，护卫墓主的目的。

灵芝草与祥瑞图像相配置还有长寿成仙的吉祥寓意。图2-29是山东

---

① （清）王聘珍撰，王文锦点校：《大戴礼记解诂》，中华书局1983年版，第259页。

② （汉）何休注，（唐）徐彦疏：《春秋公羊传注疏》，上海古籍出版社1990年版，第353页。

③ 周保平：《汉代吉祥画像研究》，天津人民出版社2012年版，第369页。

图2-29　仙人神龟图
（采自《中国画像石全集》第1卷）

曲阜韩家铺出土的一块石椁画像石，画面中一羽人右手持灵芝草前伸，立于大龟之上，龟回首向后欲食灵芝草。龟是长寿的象征。《淮南子·诠言训》曰："龟三千岁。"《述异记》曰："龟千年生毛，龟寿五千年谓之神龟，万年曰灵龟。"以龟为药亦可长寿，《抱朴子》曰："千岁灵龟，五色具焉，其雄额上两骨起似角，以羊血浴之，乃剔取其甲，火炙捣服方寸匕，日三，尽一具，寿千岁。"[①] 灵芝草与龟有同样的功效，《太平御览》引《瑞令记》曰："食芝延年不终，与真人同。"[②] 葛洪《抱朴子》云："龙仙芝，状如升龙之相负也，以叶为鳞，其根则如蟠龙，服一枚则得千岁矣。"[③] 故而，灵芝草与龟在此同为长寿之意，包含着希冀墓主长寿升仙的意图。

（六）灵芝草与伏羲女娲图像

灵芝草与伏羲女娲图像相配置出现的频率较高，且较为集中出现在河

---

① 张松辉译注：《抱朴子内篇》，中华书局2011年版，第354页。
② （宋）李昉等：《太平御览》，中华书局1960年版，第3874页。
③ 张松辉译注：《抱朴子内篇》，中华书局2011年版，第352页。

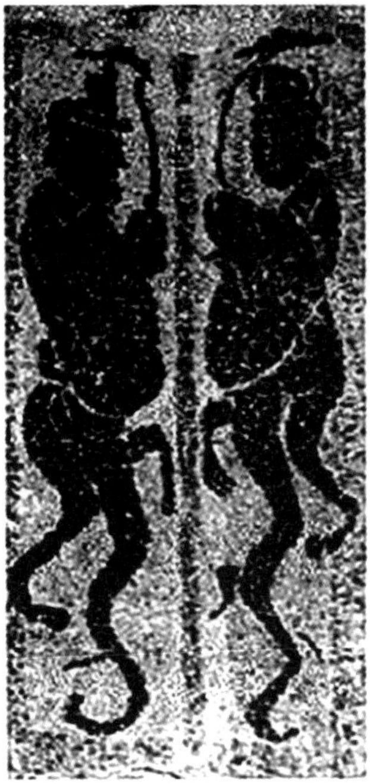

图2-30　伏羲女娲执灵芝
（采自《南阳汉代画像石图像资料集锦》）

南南阳地区。这一区域的伏羲、女娲均人首蛇身，手持灵芝草，分列而立，呈对偶形式。如图2-30，伏羲头戴冠冕，女娲头梳高髻，宛如优雅的妇人，二者皆为人首蛇身，身着儒服，宽衣长袖，手持灵芝草，相向而立。灵芝草上有圆形菌盖，其表面有凸起，边缘有波浪状瓣裂。众所周知，最早伏羲与女娲是分别作为古史神话中的文化英雄而存在的，到了后来才逐渐融合在一起，成为夫妻或兄妹的关系。尤其在汉代，“由于社会的要求，人们为了追求心理平衡，也希望神和人一样具有夫妻关系，同时为了附会阴阳学说，从而支配和管理人间的这种关系”[①]，伏羲与女娲才形成了对偶关系，这是神圣向世俗转变的结果。从图像的表现形式看，灵芝草是二者在汉画像中构成对偶性的基本元素之一。从图像的表现内容看，伏羲作为“三皇五帝”之首，被认为是创生万物的始祖，是至高无上的祖先神，拥有“至虚无纯一”的“至德”，与灵芝草作为瑞草以示品德高洁的象征之意相符。同时，河南南阳位于南楚故地，受道家思想与楚文化的影响极为深远，伏羲女娲手持灵芝草图像彰显了此地人们追求个人享乐、洒脱与浪漫的心态。所以，灵芝草与伏羲女娲相配置也不足为奇。

从灵芝草与伏羲女娲出现的位置来看，大都出现在墓室门柱处，其图像配置意义还需要依靠整个墓门的图像布局来确定。墓门，一般分为门楣、门扉和门柱几个部分，就所搜集的考古资料，其图像的分布举例列表

① 陈履生:《神画主神研究》，紫禁城出版社1987年版，第19页。

如下（表2-1）：

表2-1　南阳汉墓墓门图像一览表

出处	门楣	门扉	门柱
河南南阳辛店熊营画像石墓[①]	异兽、麒麟	—	伏羲女娲持灵芝草、执盾门吏、持剑举铙神人、持械神人
河南南阳英庄汉画像石墓[②]	麒麟、应龙	—	伏羲持灵芝草、女娲持灵芝草、执笏门吏、持节门卒
河南南阳邓县长冢店汉画像石墓[③]	驱魔逐疫、乐舞百戏、狩猎	铺首衔环、执笏门吏	伏羲持灵芝草、女娲持灵芝草

综上所述，墓室中墓门画像以辟邪、护卫为主要表达内容。首先，门楣刻画方相氏、异兽、麒麟、龙虎以示逐疫驱魔。其次，门扉附以铺首衔环和白虎等以示辟邪。最后，门柱以伏羲持灵芝草、女娲持灵芝草、执笏门吏、持节门卒等以示护卫之意。

作为吉祥物，灵芝草具有吉祥和正义的正面属性，可以辟邪除疫。从祖先崇拜看，伏羲女娲也被汉代人寄予护佑他们的意图。在灵魂观念的影响下，汉代人坚信祖先神灵对自身有着重要的支配与影响，伏羲女娲不仅受到敬畏，而且也被崇拜，他们祈求二神保佑自己死后可以在地下世界安享快乐。因此，伏羲女娲在墓室之中具有保护墓主的职能，与灵芝草作为吉祥物的功能也相吻合。所以，无论是从文化观念来看，还是对整个墓门画像的配置而言，灵芝草与伏羲女娲所指向的意义都是可以确定的，即镇魔驱邪、保护墓主升仙。

① 南阳市文物研究所：《河南省南阳县辛店乡熊营画像石墓》，《中原文物》1996年第3期。

② 南阳地区文物工作队、南阳县文化馆：《河南南阳县英庄汉画像石墓》，《文物》1984年第3期。

③ 《南阳汉画像石》编委会：《邓县长冢店汉画像石墓》，《中原文物》1982年第1期。

由此看出，汉画像中灵芝草与其他图像共有六种组合方式。这些组合在图像配置上具有确定性，但是从意义上讲，它们彼此在不同的“语境”中指向了不同或相同的意思，有一定的模糊性，需要从画面的整体内容或者图像的分布位置来分析。同时，仔细观察灵芝草在这些配置图像中扮演的“角色”，可以发现一个规律：灵芝草与西王母、羽人、玉璧、龙等仙界或有升仙意义的图像一同出现时，它是仙草的形象；灵芝草与表达吉祥寓意的图像一同出现时，它是祥瑞的形象。那么这两种形象又分别进一步指向了何种象征意义，这是下文需要解决的问题。

第三节　汉画像灵芝草图像的象征意义

汉画像灵芝草图像承载了汉代人对生的渴望，具有重要的象征意义。通过对其图像的概述和配置的分析，可以发现虽然灵芝草图像在创作中融入了汉代画工和石匠的主观想象，但是仍然有一定的规律可循。为了对灵芝草图像有更深入的理解，需要对其图像进行深入性的解读，探寻其内在的象征意义。汉画像灵芝草图像象征着不死仙药和有德瑞应，是墓主升仙的工具和凭证。它的出现暗示了汉代道教文化“神药”与“道德”两个系统，是汉代社会意识转向问题的反映。而这一切都是汉代人通过艺术创造出来的汉画像才达到的。作为典型的汉代艺术样式，汉画像本就具有了一种普遍的审美倾向。灵芝草图像作为其中个别的图像符号也具有自身独特的审美价值。通过对其审美意蕴进行研究，我们也可以更好地理解汉代人的宗教文化和审美观念，从而进一步领略汉代艺术精神之美。

一、不死仙药

在汉画像艺术中，灵芝草与西王母、羽人等神仙相配置的图像很多，这明显表明了它的仙草属性，象征不死仙药。这体现了汉代人希望长生不死的心理倾向。它的出现来源于中国更早时期的巫术信仰，是古人通神的工具，在汉代神仙思想影响下转变为成仙之药。故而汉画像中的灵芝草图像体现了其转换生命和得药成仙的双重作用。

（一）灵芝草与不死药

汉画像中有一个符号象征的世界，有着宇宙象征主义的模式。汉代人希望通过一些方法来表达人们对宇宙的认识，以此确定自身在宇宙中的位置，并且在死后有一个归宿，从而摆脱死亡的恐怖，使有限的生命在无限的宇宙中得以解脱，灵芝草图像便是最佳的体现。它大都与西王母、羽人等神仙相配置，这明显表明了它具有不死药的象征意义，但是无人解释其原因。不死药重点在“不死”二字之意，所以在研究汉画像里灵芝草的图像为何是不死药的象征之前，有必要先对不死观念有所了解。

不死观念可以追溯至原始先民对宇宙万物的认识。远古人们认为万物有灵，认为自然与社会的一切都是充满灵性的，他们将自己与自身之外的事物联系在一起，把外物转化为自己所熟知的事物，以此做出合理的解释。所以，原始先民把自己的生命归结于日月星辰、山川河流，认为生命是周而复始、生生不息的运动，从出生开始便有着像耀眼的太阳一般的生命轨迹，永生不灭。故而，在原始社会早期阶段，不死观念指向的是生命循环往复的永恒回归。

换言之，关于对死亡的认识还未如阴影一样出现在原始人们的脑海里。生与死这种二元对立的观念是原始社会发展到一定阶段的历史产物。在这个阶段中，人们才开始意识到自身与宇宙万物的不同之处，较之星辰日月，万事万物的永恒复现、时间的回环流逝带来的是生命的消散——死亡，因此他们体验到死亡的恐惧。而愈加对死产生畏惧之心，就会愈加对生命存有珍惜之情。“凡与生活很亲而且享受圆满生活的人，更不能不怕生活的尽头。于是同死打了照面的人，乃设法寻求生命的期许，死与永生，那就是不死的欲求。”[①] 不死于此体现为对生的渴望。

死亡的体验是真实存在的，生命便不再是永恒的存在，不死至此也就成为伪命题。人们不得不面对并且接受这一事实，由此对死亡的规避心理以及对生的追求导向了推迟死亡，或者说希望长寿。寿，关于它的观念始于远古，非常古老。“寿”字见于周代金文最为流行的嘏辞，向祖先或者天祈求长寿是周人固有的习俗。所以，长寿也可以说是最古老和最普遍的世俗欲望。人们追求世俗长寿、延缓死亡的诉求可以在《诗经》中得到证明。《诗经·小雅·南山有台》：

> 南山有台，北山有莱。乐只君子，邦家之基。乐只君子，万寿无期。
> 南山有桑，北山有杨。乐只君子，邦家之光。乐只君子，万寿无疆。
> 南山有杞，北山有李。乐只君子，民之父母。乐只君子，德音不已。
> 南山有栲，北山有杻。乐只君子，遐不眉寿。乐只君子，德音是茂。
> 南山有枸，北山有楰。乐只君子，遐不黄耇。乐只君子，保艾尔后。[②]

黄耇，这里是指黄发。《论衡·无形篇》载：“人少则发黑，老则发白，白久则黄。…… 人少则肤白，老则肤黑，黑久则黯，若有垢矣。发黄而肤为垢，故《礼》曰‘黄耇无疆。’”[③] 因此，所谓“遐不黄耇”的意思是指不长黄发，永葆青春。而“黄耇无疆”隐晦地暗示出即便有了黄发，头发也不会停止生长，意在表达人们对于永远不老有着强烈的渴望。从这里可以看出关于不死的观念停留在等同于延缓生命、长寿不老的层面。

如果从这个角度出发，那么汉画像中灵芝草图像有不死药的意义就得

---

① ［英］马林诺夫斯基：《巫术科学宗教与神话》，李安宅译，上海文艺出版社1987年版，第41页。

② （清）阮元校刻：《十三经注疏》，中华书局2009年版，第897页。

③ （汉）王充：《论衡》，载国学整理社编《诸子集成》（第七卷），中华书局2010年版，第14页。

到了合理的解释，这里可以说它是长寿药。首先，灵芝草具有延年益寿的功效自古就为人所共识。《神农本草经》中药有“君、臣、佐、使”的说法，而“芝”被视为“帝”，足可见其地位尊崇，是上药之选。又《神农本草经》载：

赤芝　味苦平。主胸中结，益心气，补中，增智慧，不忘。久食，轻身不老，延年神仙。一名丹芝。黑芝，味咸平。主癃，利水道，益肾气，通九窍，聪察。久食，轻身不老，延年神仙。一名元芝。青芝，味酸平。主明目，补肝气，安精魂，仁恕，久食，轻身不老延年神仙。一名龙芝。白芝，味辛平。主咳逆上气，益肺气，通利口鼻，强志意，勇悍，安魂。久食，轻身不老延年神仙。一名玉芝。黄芝，味甘平。主心腹五邪，益脾气，安神，忠信和乐。久食，轻身不老延年神仙。[①]

因而可知，汉代人对灵芝草可以延寿的认识是建立在五行哲学思想之上的。秦汉时期，思想家以人体为一个和谐的整体，各种机能按照阴阳五行分以不同的特性。五行以相生相克来取得身体各个机能的相互联系、相互协调。同样，宇宙也被视为一个和谐的整体，自然万物依照阴阳五行的消长和转换来显现，以“取象类比”的方法把万物置于五行系统之中。在五行系统的基础上，用“天人感应”的思想，从更高的层次把握天、地、人三者之间的内在联系，从而使之贯通成为一体，以达到人与天地万物同寿的境界。如《素问·六节藏象论》载：

天至广不可度，地至大不可量，大神灵问，请陈其方。草生五色，

① （魏）吴普等述，（清）孙星衍、孙冯翼辑：《神农本草经》，科学技术文献出版社1996年版，第21—22页。

五色之变，不可胜视；草生五味，五味之美，不可胜极。嗜欲不同，各有所通。天食人以五气，地食人以五味。五气入鼻，藏于心肺，上使五色修明，音声能彰；五味入口，藏于肠胃，味有所藏，以养五气，气和而生，津液相成，神乃自生。①

灵芝草按照五行分为“五芝”。青芝，属五行之木，补肝气；赤芝，属五行之火，益心气；黄芝，属五行之土，益脾气；白芝，属五行之金，益肺气；黑芝，属五行之水，益肾气。这里灵芝草分五芝，以苦、酸、辛、甘、咸五味调节调和身体“五行”，以补五脏之气，令五脏处于一个流通的运动体系之中，并且又处于一个“和”的状态之下，使人延寿。同时，来自自然界外物的灵芝草取其五色五味辅之五脏，又充分表明了世间外物与人体的相互统一性，是“天人合一”思想的具体体现。

其从药理学的角度看，灵芝草对人体健康也是极为有益的。现代研究发现，灵芝子实体内含有丰富的营养物质，不仅有钾、磷、钙、镁、铁、铜等，而且还包括诸如氨基酸、葡萄糖、亚麻酸、水溶性蛋白质等有机物质。灵芝中的高分子多糖可以延缓衰老及免疫力的衰退，有增强人体免疫力的重要作用。所以，古人认为灵芝草可以使人不老、延年的观点也可以从现代科学方面得到证实。

从以上内容看，不死观念由最初的永恒回归到求生之欲，再到现世不死意味着不老长寿，基于此，灵芝草图像作为不死药的象征可以明确，它指向了世俗性的长寿意义。汉画像中灵芝草出现的原因从现世人们求生恶死的心理层面也可以得到另外一个最基本的解释——长寿观念是汉代人的普遍认知和追求。

① 姚春鹏译注：《黄帝内经》，中华书局2010年版，第60页。

（二）灵芝草的实质

汉画像中灵芝草图像作为不死药是可以确定的，其最表层意义指向了世俗性的长寿，但是墓室作为人死后的生存空间，是神圣的所在。所以，汉画像灵芝草图像隐喻的不死药不仅仅有着简单的长寿寓意，更包含着极为深刻的内涵。究其根本，灵芝草作为不死药出现在汉画像里应该是沿袭自更古老的文化观念。

灵芝草作为不死药实际上源自萨满文化中萨满使用的昏迷药，有沟通神灵之效。所谓“萨满”是指中国古代的巫、觋，而萨满文化作为一种灵感文化，其最大的特征就是以萨满或者巫师来沟通天地。之所以出现这种情况，是因为在更为久远的历史时期，中国古代有一个重大的观念，那就是把世界分为不同的层次，彼此之间相互隔绝，不相往来，尤其是天、地之间，“绝天地通”使神人相隔。巫觋因此承担着帮助人们沟通天地神鬼的重要责任。这从《国语·楚语》楚昭王与观射父的对话中可以得到印证。

药物是巫师沟通天地的主要工具之一。上古时期巫医不分，巫师最重要的作用就是治疗，他们由此获得至上的权力。早期社会人们战胜疾病的手段显然是不多的，并且疾病被初民视为神鬼精怪作祟的结果，而药物可以杀死体内寄存的邪灵，达到攘除邪恶、禁御百毒的目的。所以《山海经·海内西经》中有“开明东有巫彭、巫抵、巫阳、巫履、巫凡、巫相，夹窫窳之尸，皆操不死之药以距之”[①]的说法。同时，巫术中的昏迷也和药物密切相关。昏迷是巫师和萨满展现他们神通能力的重要标志，它的形式也是多样的，如歌舞、招魂、冥想。但是由于萨满昏迷的能力不具有遗传性，所以需要借助可以致幻的药物来保证昏迷的随时出现。伊利亚德认为这是传统昏迷技术衰退后的“伪昏迷”，但是昏迷药因其起到的作用与社会权利和宗教体验有关，所以它具有神圣的属性。这种致幻性的药物或许是现在毒品的前身，例如楚克奇人就利用烟草作为麻醉剂来引发和展现通神的能

① 袁珂校注:《山海经校注》，北京联合出版公司2014年版，第263页。

力。我国的《神农本草经》中所记载的乌头、麻蕡（大麻），也同样具有引发“见鬼、狂走、久服轻身”的状态，它们所含有的生物碱，尤其是乌头含有的乌头碱，有剧毒，食用它的效果类似于兴奋剂。

灵芝草作为通神之药大抵也是因其具有可以使人进入迷幻状态的作用，它又有神圣蘑菇之称。从灵芝草的名称看，古人以文字的方式使其神圣的属性得以固定。“灵”的意思是“巫”，是“巫师祭神时的迷狂舞蹈，而且还有像下雨一样可以降神之意”[①]，本就带有“迷狂”的色彩，是巫与巫术的根底。古人认为灵芝草为巫山之女所化，具有媚药的性质，有致幻的作用。《山海经·中山经》云：“又东二百里，曰姑媱之山。帝女死焉，其名曰女尸，化为瑶草，其叶胥成，其华黄，其实如菟丘，服之媚于人。”[②]《太平御览》引《襄阳耆旧记》曰：“我帝季女，名曰瑶姬。未行而丧，封乎巫山之台。精魂为草，实为灵芝。”[③] 灵芝草又是“感天地氤氲之和，属精神不属形质”，可见神女之精魂化为灵芝草，媚美于人。灵芝草可以致幻的主要原因是部分菌类含有的裸盖菇素——赛洛西宾，人食用后如同醉酒一般，丧失对时空的把握，引发一种迷狂的愉悦感。

在某种意义上，食用灵芝草产生的愉悦感受不如说是一种宗教的体验。通神的感觉正是在这种体验下幻象交织并带有自我主观意识的内在体悟。正如德国宗教学家乌西诺关于“神”的观点，“神”乃是产生在自我身心内无法捕捉的瞬间的神秘感受，使之形象化、具体化进而实体化，形成神祇的形象。虽然它恍惚、朦胧、不可名状，但是它的存在在于功能、效用，是自我情感、思想和感受的实在显现。当人们一旦进入这种内在的体悟里，自我的精神也得以净化、升华和超脱，最终存留一片清明与澄净。

汉画像中灵芝草多是通过其独特的艺术造型来表现它这种通神的能力。汉画像中灵芝草图像多呈现的是“T”字形结构，而“T”字形构造与神灵和

---

① 朱存明：《灵感思维与原始文化》，首都师范大学出版社2016年版，第57页。

② 袁珂校注：《山海经校注》，北京联合出版公司2014年版，第132页。

③ （宋）李昉等：《太平御览》，中华书局1960年版，第1757页。

天地相关，是神话宇宙的象征表现。在甲骨文中，“T”是神示的“示”字，《说文解字》云：“天垂象，见吉凶，所以示人也。从上、三垂、日月星也。观乎天文以察时变，示神事也。凡示之属皆从示。”段玉裁注曰：“天悬象著明以示人，圣人因以神道设教。”[①] “示”是神圣之物，与它相关便和神有了关系。灵芝草图像这种“T”形的构造图式与昆仑山的描述也是相仿的，昆仑山是“形似堰盆，下狭上广”的，它也是萨满文化的宇宙之山。山的云烟缭绕、险峻挺拔，给原始先民增添了无数的奇异幻想，造就了它沟通天地的桥梁象征。巫鸿认为，汉画像昆仑山图像的形状取像于灵芝草，乃是因为灵芝草具有不死的属性。[②] 其实在更深的层次上二者所具有的沟通天地神灵的功能就已经是相同的了。

（三）从通神药到成仙药

人类意识中普遍存在着“天”和“神”的概念，天的永恒性、神圣性和绝对存在是人类宗教体验的最初来源。但是随着社会的分工，“夫人作享，家为巫史”的现象不复存在，人神相分，天地相隔。只有巫师这种专业的神职人员可以成为人和神的中介。灵芝草也被视为回到最神圣时刻的简便工具。而战国时期，方士倡导的求仙活动促使关于神仙的观念出现，两汉时期神仙观念被稳定下来，改变了灵芝草作为通神药的性质，而转变为一种成仙药。

神仙观念最早出现于战国时期。在庄子的《逍遥游》中可以看到对神仙的最早表述：“藐姑射之山，有神人居焉，肌肤若冰雪，绰约如处子。不食五谷，吸风饮露，乘云气，御飞龙，而游乎四海之外。其神凝，使物不疵

---

① （汉）许慎撰，（清）段玉裁注：《说文解字注》，上海古籍出版社1988年版，第2页。

② 参见［美］巫鸿《礼仪中的美术：巫鸿中国古代美术史文编》，郑岩等译，生活·读书·新知三联书店2005年版，第247—248页。

疠而年谷熟。”[1] 从庄子对“神人”的描述里不难发现，“神人”与凡人有别，不仅不食五谷，还可以游于四海之外，有明显的“彼世”色彩。卿希泰认为：“庄子塑造的神仙，是他追求精神绝对自由的产物，是在方内不能实现的愿望而寄托于方外现实的反映。”[2] 所以，神仙的一个基本性质就是精神绝对自由，这种自由表现为神仙具有可以飞升的能力。

汉代时，神仙观念有所变化。神仙观念把神仙的“彼世”性与现世人们希冀长寿的观念相结合，突出神仙的世俗化，使得缓死长寿转向无限的长生。从神仙的“仙”看，“仙”是“老而不死”、长寿无限的人，本质上是人的自然生命与身体的延续或延伸，是人的升华，也是超越常人的特殊存在。从《汉书·艺文志》对神仙的定义看：“神仙者，所以保性命之真，而游求于其外者也。聊以荡意平心，同死生之域，而无怵惕于胸中。”[3] 明显地强调了“神仙”作为“人”的一面，也就是说神仙有人的性质，是由人而仙，仙固然是超然的，但又是世俗的。神仙的存在消弭了“彼世”和“此世”的界限，是二者的融合，神仙观念也拉伸了长寿的时间维度，使长寿变为长生。所以神仙具有除精神自由外的另一个特征：生命永恒或长生不死。

由于神仙观念的影响，灵芝草在汉代被认为是成仙之药，它的功能也被加以改造和神仙化。灵芝草的功能之一是具有死而复生的作用，带有长生不死的色彩。《海内十洲记》载：

> 祖洲近在东海之中……上有不死之草，草形如菰苗，长三四尺，人已死三日者，以草覆之，皆当时活也。服之令人长生。……鬼谷先生云：“此草是东海祖洲上，有不死之草，生琼田中，或名为养神芝。其

---

① （清）王先谦：《庄子集解》，载国学整理社编《诸子集成》（第三卷），中华书局2010年版，第4页。

② 卿希泰：《中国道教史》，四川人民出版社1996年版，第62页。

③ （汉）班固撰，（唐）颜师古注：《汉书》，中华书局2000年版，第1397页。

叶似菰苗，丛生，一株可活一人。”[①]

灵芝草的另一个作用是具有使人飞行的能力，是羽化成仙观念的直观反映。这在《太平御览》中有记载。《太平御览》引《仙人采芝图》曰：“凤凰芝草，生于名山之上，金玉间。……食一年，令人羽翼皆生，寿千岁，能乘云，与凤凰俱。”[②] 汉画像里灵芝草周围就常常出现凤鸟的身影。

随着两汉神仙观念的传播和汉末道教的产生和发展，灵芝草的种类变得更加多样化、复杂化。葛洪在《抱朴子》里将“灵芝草”分为五类，总称“五芝”：石芝、木芝、草芝、肉芝和菌芝。这五芝每一类又各有百许种。其中石芝包括石象芝、石蜜芝、玉脂芝、石桂芝、石硫黄芝等，在葛洪对石芝的描述中可以看出石芝为石质或者矿物；木芝包括木威喜芝、飞节芝、参成芝、建木芝等，木芝多生长在树上，与树有“寄生”的关系，同时又含有一般植物有花叶、果实的特征；草芝包括独摇芝、牛角芝、龙仙芝、麻母芝、朱草芝等，草芝是植物类，其特点在根的不同；肉芝和菌芝包括万岁蟾蜍、千岁蝙蝠、千岁灵龟、小人乘车马、风生兽等，皆是奇异生物。

从葛洪对芝的分类上可以发现，道教服食修炼对于矿物丹药的重视。这大概是因为“草木之药，埋之即腐，煮之即烂，烧之即焦，不能自生”[③]，而服神丹矿物才能真正达到令人寿无穷、与天地相毕的境界。所以芝在后期的道教文化里被赋予集矿物精微于一体的神丹仙药，反映了道教的炼丹术意义。《种芝草法》载：

> 丹砂之上，黄金之上，曾青之上，雄黄之上，皆生芝……此芝之所以能使人立仙者，受此四物之至精，含天地阴阳之和气，药熏蒸之

① 上海古籍出版社编，王根林等校点：《汉魏六朝笔记小说大观·海内十洲记》，上海古籍出版社1999年版，第64—65页。

② （宋）李昉等：《太平御览》，中华书局1960年版，第4365页。

③ 张松辉译注：《抱朴子内篇》，中华书局2011年版，第121页。

津液，以符生成，其味乃神于此四物之本体。[1]

炼丹术的思维基础是“假求外物以自坚固”的灵感思维。矿物入水不腐、入火不焦、入地不朽的“灵异”特性，使得人们认为服食这些丹药，就可以产生一种巫术的效应，令物质中的精气为人所用，补充人体机能本身难以成仙的缺陷。芝取丹砂、黄金、曾青、雄黄四种矿物之精华，暗含天地之精气，使之具有不朽性和升华性，那么服用它自然可以真正成为超越时间的永恒存在。参照荣格对炼丹术的认识，也就是从心理学的角度理解，这个过程就是人们原本心灵的东西流到芝这种物质上，使灵芝草有了人们本身的心灵内涵。当我们与它相会，其实也就是与自我心灵的意志相会，浑然未分而时间历程则不再明显，从本质看是一种主客体同一性的展现。假如以汉代人的心理为出发点，那么这个心灵意志其实还是不死升仙的信念。

综观汉画像灵芝草图像，它除了以自身的形象象征不死仙药外，确实还会借用丹来表示。这可以视为汉代炼丹术与药食成仙思想的反映。关于灵芝草图像与丹的关系，可以借助图像予以说明。以1987年出土于泸州市市中区的十一号石棺画像为例。在石棺的左侧挡板（图2－31）可以看到画像被分为三格，从左至右依次为车马图、升鼎图和宴饮图。图像中间的鼎

图2－31　泸州十一号石棺左侧挡及尾挡（采自罗二虎《汉代画像石棺》）

① 张继禹主编：《中华道藏》（第十八册），华夏出版社2004年版，第240页。

上刻有一个类似树枝一样的东西，这应该是从俯视的角度刻画的灵芝草。鼎为炼丹使用的工具，灵芝草在此除了表示仙药，应该还有以之为材料炼取丹药的意思。再看石棺的尾侧挡板，其上刻画的是一只朱雀振翅起舞，表明此处是西王母仙界。其头部前方有一颗正在放光的圆珠，结合左侧挡板的鼎和灵芝草的刻画来看，这个圆珠应该就是以灵芝草为材料在鼎中炼出的仙丹。所以，灵芝草与丹药密切相关。基于此，汉画像中凤鸟所衔之丹、蟾蜍玉兔所捣之药及鼎本身都可以看作以灵芝草为中心的不死仙药的象征。

在历史上，灵芝草作为通神之药远比作为成仙之药更为悠久，它被崇拜和接受的原因就在于萨满所展现出的神通能力。有学者认为灵芝草这种致幻性植物是“传统社会中保持社会价值、信仰体系不可或缺的知识，是超自然的方便通道，也是文化进程中一种强有力的整合工具”[①]，所以它产生的通神效果具有宗教和集体精神的意义。而灵芝草作为成仙之药，主要强调的是服用者个人的长生不死、羽化成仙，并不具有集体性的特质。换言之，它更多地承担着个人追求一己幸福的愿望。因而灵芝草从通神药到成仙药的转变，显示的是社会意识的转向，那就是由集体的生命意识发展为重视个体的生命意识。这在汉代道教文化中体现为一种“贵生”思想。

（四）墓室仙药的作用

两汉时期，人们追求“长生不死，羽化成仙”，认为以此可以摆脱死亡，获得不死。但是这里仍存在的一个问题是现世成仙显然是不可得的，那只是人们一厢情愿的幻想。那么这就需要从生的角度后退一步，由死的角度出发，以死后转变为仙的方式获得不死。所以，汉代的墓室就是汉代人死后完成生命转换得以成仙的一个空间。汉画像灵芝草图像虽然有上述所说

① 杜正胜：《编户齐民：传统政治社会结构之形成》，联经出版事业股份有限公司1990年版，第187—228页。

图2-32　马王堆一号汉墓“T”形帛画局部图像
（采自《长沙马王堆一号汉墓》）

的长寿的基本寓意及通神药的内在特质，但是作为不死仙药的象征，灵芝草图像出现在墓室之内，其本质上是依附于墓室，并且是为死者服务的。它在这个空间内出现是为了达到令死者取得仙人之形，并且成仙的目的。在墓室中，灵芝草图像所象征的不死仙药有两方面的作用，一方面是促使死者完成生命转换“复形”，另一方面是得药成仙。

关于灵芝草图像作为不死仙药在墓主升仙时所起到的作用，可以马王堆一号汉墓“T”形帛画（图2-32）为例来解释。从马王堆一号汉墓“T”形帛画的下半部分可以看到死者通过灵芝草图像所象征的不死仙药完成生命转换的过程。首先，图像的主体部位有一力士，脚踏双鱼，双手举一带有菱形纹的案板，上置壶鼎。根据姜生的研究，这里暗示的是力士制服排除寻药的障碍（双鱼），从蓬莱仙岛获得仙药（双手高举的壶鼎），献给墓主。[①]其次，在图像的左右两旁各绘有一只大龟，其背上各立一只猫头鹰，并口衔一物。此物状如流云，但是却保持着“T”形的稳定结构，应是灵芝草的表现。它与图像主体部分的壶鼎一样是仙药的象征，在此强调墓主已获得仙药。需要注意一点，那就是墓主的形象并没有被绘制出来，也就是说墓主

① 参见姜生《汉帝国的遗产：汉鬼考》，科学出版社2016年版，第309—311页。

尚未“复形”，这主要是因为猫头鹰的出现规定了此空间的性质是幽冥地府，是墓主死后进行生命转化的初始空间，在这个空间里墓主仍然是以“灵魂”的状态存在。其内在的支撑理论是汉代有关灵魂的观念，即魂与魄是阴阳二气，天气为魂，地气为魄。人死，而灵魂不灭。所以，这里需要借助灵芝草等仙药，使阴阳二气再度结合，复现为有形之躯，完成生命转换的第一步。因此，我们可以在帛画的第二部分看见墓主的形象出现在画像的中间位置。

关于得药成仙，同样可以借助此图像来予以说明。在图像的第二部分，也就是墓主形象的复现位置，可以看到她所立的位置为一个呈“T”形构造的平台，结合之前所述，应是昆仑山的象征。昆仑山是西王母的所在之处，而西王母掌管不死药是汉人的普遍共识。《淮南子·览冥训》载：“羿请不死之药于西王母，姮娥窃以奔月。”[①]《文选·祭颜光禄文》注引《归藏》曰：“昔嫦娥以西王母不死药服之，遂奔月为月精。”[②]事实上，西王母所持的不死药实为灵芝草。张衡《思玄赋》云：“聘王母于银台兮，羞玉芝以疗饥。”[③]这里的“玉芝”所指的就是灵芝草的一种——白芝。墓主前有二位身着长袍、头戴长冠的使者，他们双手持一物、一书。服饰颜色为白色，按照五行理论，白色属金，代表西方。故而，他们应来自昆仑山，是西王母的使者，手中所持之物乃是由杯所盛的不死药（灵芝草）。所以，此幅图像的逻辑解释是，来自昆仑山的使者，为从幽冥“复形”的墓主献上西王母的不死仙药，令墓主成仙，而后墓主在双龙的引导下升天。

综上所述，灵芝草所象征的不死仙药在汉画像的出现是以两汉死后成仙的信仰为内在支撑的，其主要作用是在墓主死后的成仙之路上起到“复形”而后得药成仙。这也解释了为何灵芝草图像主要出现在墓室之中，而非祠堂之内，因为它是人死后转换生命的第一步——复现身躯的关键要素。

---

① （汉）刘安等著，（汉）高诱注：《淮南子》，载国学整理社编《诸子集成》（第七卷），中华书局2010年版，第98页。

② （梁）萧统编，（唐）李善注：《文选》，中华书局1977年版，第838页。

③ （梁）萧统编，（唐）李善注：《文选》，中华书局1977年版，第219页。

二、有德瑞应

汉画像是汉民族集体无意识的图像呈现，也是一种宇宙象征主义的图式。[①] 灵芝草与祥瑞图像的配置表明了它是瑞应的象征符号，在汉代符瑞思想的影响下，灵芝草成为帝王有德的象征，这种以灵芝草比喻“有德”的方式，也是汉代人“比德”审美观念的体现。汉画像灵芝草图像象征的有德瑞应在汉代神仙思想的观照下成为墓主升仙的推助力。

（一）符瑞思想

汉画像艺术的产生和发展离不开两汉文化的孕育和支撑，灵芝草图像也是如此。它和众多表现吉祥寓意的动植物一同出现，是瑞应的象征。灵芝草图像作为瑞应的象征符号离不开两汉符瑞思想的影响。

对于符瑞的解释历来是趋于多样化的。从汉画像的表现内容看，信立祥把符瑞概括为“从天上世界给人间降生各种表示祥瑞的神奇动物和植物”[②]。从吉祥文化的角度看，日本学者安居香山认为：“符瑞指‘吉庆的前兆’，它有各色各样的种类。罕见的天文自然现象，譬如美丽的祥云、瑞星以及珍稀的山川草木鸟兽的出现等等。”[③] 从符瑞所具有的本质性质看，它指的是上天对于帝王的一种褒奖，也是天与人之间进行意义传达的符号表现形式。对此李乃龙有更为严谨的定义：“符命，又称符瑞、符应、瑞应，是将奇异而美好的自然现象或物体附会成天赐帝王的吉祥物，是君主得到上天受命、统治天下的凭证和象征。”[④] 可见，实际上符瑞与古代政治文化关系密切，符瑞思想也是政治观念的一种体现。

两汉是符瑞思想流行的时代。符瑞思想在汉代历经了从初兴、成熟、

---

① 参见朱存明《汉画像的象征世界》，人民文学出版社2005年版，第76页。

② 信立祥：《汉代画像石综合研究》，文物出版社2000年版，第162页。

③ ［日］安居香山：《纬书与中国神秘思想》，田人隆译，河北人民出版社1991年版，第15页。

④ 李乃龙：《符命的文体渊源与〈文选〉的“符命”模式》，《学术论坛》2006年第12期。

完善的演进过程。具体而言，至汉初，符瑞思想承接邹衍的“五德终始”说，以“五德转移”“符命若兹”对应政权的更替。即金、木、水、火、土各有其德，并以五德与五行相对，五德以五行相胜原理相次转移。同时，五德的更替还伴有相应的符瑞，如《吕氏春秋·应同》载：

> 凡帝王者之将兴也，天必先见祥乎下民。黄帝之时，天先见大螾大蝼，黄帝曰：“土气胜。”土气胜，故其色尚黄，其事则土。及禹之时，天先见草木秋冬不杀，禹曰：“木气胜。”木气胜，故其色尚青，其事则木。及汤之时，天先见金刃生于水，汤曰：“金气胜。”金气胜，故其色尚白，其事则金。及文王之时，天先见火赤乌衔丹书集于周社，文王曰：“火气胜。”火气胜，故其色尚赤，其事则火。代火者必将水，天且先见水气胜。水气胜，故其色尚黑，其事则水。①

这样，符瑞便成为天命转移、阴阳消息的直接见证，使其在论证汉代政权合法性中起到了十分重要的作用。武帝时期，符瑞思想在董仲舒“天人感应”理论的影响下自身的理论体系得以更加成熟。董仲舒以“天人感应”为基础，提出了更加具体化和系统化的符瑞灾异理论。首先，他提出天具有绝对的权威性，如“天者，百神之君也，王者之所最尊也”②，以此强化君权的至尊性。其次，加深符瑞作为天降之物的观念。从理论上把符瑞与天命联系起来，凸显符瑞中天命的因素。如他所言：“帝王之将兴也，其美祥亦先见；其将亡也，妖孽亦先见。”③《春秋繁露·符瑞》曰：“天之所大奉使之王者，必有非人力所能致而自至者，此受命之符也。”最后，再借用五行之说，力倡符瑞思想中的德行因素。其言：“故天瑞应诚而至……皆积善累

---

① （汉）高诱注：《吕氏春秋》，载国学整理社编《诸子集成》（第六卷），中华书局2010年版，第127页。

② （清）苏舆撰，钟哲点校：《春秋繁露义证》，中华书局1992年版，第402页。

③ （清）苏舆撰，钟哲点校：《春秋繁露义证》，中华书局1992年版，第358页。

德之效也。”[①] 这里，符瑞成为通过人君积德行善感天而应之物，德行成为符瑞理论的重要因素。符瑞思想由此完成了系统的理论建构，趋于成熟。

东汉的符瑞思想在谶纬神学的泛滥中得到进一步完善。谶纬神学是一种神学迷信思想，“谶纬中包含之思想，自不止一事，然而符应思想，要为其骨干”[②]。东汉时期王莽改制、光武中兴均借谶纬以张目，把符瑞思想推向了极致，不仅使符瑞思想中的德行因素泛化，符瑞得到了补充与发展，而且符瑞思想也得以规范。班固的《封禅·符瑞之应》对此做了详尽的概述，他认为帝王实行圣德，元气充和，符瑞就会感至而来。太平盛世的瑞应之物有很多，灵芝草便是其一。

总而言之，符瑞思想初兴于汉初，成熟于武帝，至东汉达到极致。作为一种政治观念，不仅迎合了汉代统治者的政治需要，而且对汉代文化艺术产生了深远的影响。在汉代各式各样的艺术作品中符瑞无疑是重要的创作素材，我们可以想象如果缺少了形态各异、翩然灵动的符瑞的衬托，那么被鲁迅誉为“一代绣像史”的汉画像便不会呈现出瑰丽而灵动、迷人而动人的画面了。

（二）灵芝草与符瑞

灵芝草与符瑞相联系最早见于汉代。在早期，灵芝草因其生命短暂且生于秽湿之地被视为破败的凶兆，意味不祥。从汉代开始灵芝草才有“瑞草”之称，在符瑞思想的影响下成为帝王受命于天的瑞应，视其为吉兆，从而被纳入符命系统。众所周知，符瑞数量众多，灵芝草在其中占有独特的地位，其象征意义远超一般符瑞，是帝王之圣德、仁善和孝的象征符号。

那么灵芝草是如何进入符瑞系统的呢？我们需要以两汉的文献记载为线索来考察。关于灵芝草为符瑞最早出现在西汉。《汉书》载：“六月，诏曰：

---

① （汉）班固撰，（唐）颜师古注：《汉书》，中华书局2000年版，第1902页。

② 陈槃：《秦汉间之所谓“符应”论略》，载《历史语言研究所集刊》（第十六卷），中华书局1987年版，第55页。

‘甘泉宫内中产芝，九茎连叶。上帝博临，不异下房，赐朕弘休。其赦天下，赐云阳都百户牛酒。’”[①] 可见，以灵芝草为祥瑞的始作俑者是汉武帝，他视灵芝草为天降祥瑞，为此还作郊祀诗《齐房》：“其房产草，九茎连叶，宫童效异，披图案谍。玄气之精，回复此都，蔓蔓日茂，芝成灵华。”[②] 由此也可知，汉代人对灵芝草为瑞应所持的慎重态度。而后宣帝时期，灵芝草又复现，《汉书》载：“乃元康四年嘉谷玄稷降于郡国，神爵仍集，金芝九茎产于函德殿铜池中。”[③] 其后灵芝草为瑞应出现在汉代的史书典籍中更是屡见不鲜，尤其是汉章帝时期出现的次数达到极致。所以，灵芝草作为符瑞在汉代时期已经具有相当的普遍性。

从上述史书典籍对灵芝草的记载可以看出，作为瑞应其形象是具体的可描述的。它被赋予了独特的形态和色彩：九茎连叶、金色，带有明显的君王的色彩，有秩序性、暗示性和规范化的意味。首先，九茎连叶凸显的是“九”这个数字。“九”在我国的文化中是一个神秘数字。王逸在《九辩章句》里就有对“九”的论述：“九者，阳之数，道之纲纪也。故天有九星，以正机衡；地有九州，以成万邦；人有九窍，以通精明。”朱存明说：“天有九星，地有九州，人有九窍，九成了天地人伦的一条纲纪。……九指数之极数又指数之终数，可指天之极。”[④] 可见“九”包含天人感应思想，其中暗含“天之极”的意义，又显而易见地附和了汉代的符瑞思想。其次，从金色的象征意义看。《说文解字》曰：“金，五色金也。黄为之长。久埋不生衣，百炼不轻，从革不违。”[⑤] 金，为金属的总称，黄金为五金之首，有顺从变形而不背本性的特性。所以，金色也就是指黄金的色泽，更近似于我国古代的“正黄色”。我国以黄色代表土德，有孕育万物之功，是被推崇的色彩，

---

① （汉）班固撰，（唐）颜师古注：《汉书》，中华书局2000年版，第138页。
② 彭黎明、彭勃主编：《全乐府》，上海交通大学出版社2011年版，第147页。
③ （汉）班固撰，（唐）颜师古注：《汉书》，中华书局2000年版，第181页。
④ 朱存明：《灵感思维与原始文化》，首都师范大学出版社2016年版，第245—246页。
⑤ （汉）许慎撰，（清）段玉裁注：《说文解字注》，上海古籍出版社1988年版，第702页。

那么类似黄色的金色也同样被赋予了至高无上的地位。同时，金色又象征着高贵、光明、温暖，是太阳的颜色，体现出对太阳的至上崇拜，又是帝王的色彩。这在埃及的文化艺术里表现得淋漓尽致。或许不同民族是有着生理、心理与自然环境的差异，但是在历史、文化方面却存在着一致的审美倾向。汉画像中灵芝草常常以茎叶相连的表现形式出现，如四川地区的灵芝草图像就是以“三茎相连”的形态出现，至于为何不是“九茎连叶”？大抵在于“三”这个数字本身就有多的意思，象征无限之大，而三三得九，三为九的基数，与“九”的联系也更为密切。

深入探究灵芝草作为瑞应的象征，其本质仍然在于它有着隐喻仙药的意义。首先，从推崇灵芝草为祥瑞之人的汉武帝可以明显地发现端倪。汉武帝求仙问道，大炼仙丹，寻求不死仙药，以求长生，在史书典籍中多有记载，那么他把服之令人长生的“灵芝草”作为天降之瑞也是不足为怪的。而后期文献关于灵芝草为祥瑞的记载也佐证了这一点。《论衡·验符篇》曰：“孔子曰：‘知者乐，仁者寿。’皇帝圣人，故芝草寿征生。”[①] 又《太平御览》引《孙氏瑞应图》曰：“王者慈仁则芝草生，食之令人延年。”[②] 可见，符瑞思想中帝王的“德行”因素虽然是灵芝草出现的前提，但是“寿”“延年”的仙药特征仍然不失为灵芝草之本性。其次，从符瑞的特性看，符瑞可能是有形之物，也可能是某种现象，无论是有形无形，它都是有异于常态的：以实物为符瑞是奇异的、珍稀的；以现象为符瑞是罕见的、神奇的。正如王充言：“瑞物皆起和气而生，生于常类之中，而有诡异之性，则为瑞矣。”[③] 灵芝草为仙药，其神秘莫测的功效——起死回生、羽化长生，必然可以当作符瑞。汉画像中灵芝草图像作为祥瑞，或与祥瑞图像出现的次数远远少于

① （汉）王充：《论衡》，载国学整理社编《诸子集成》（第七卷），中华书局2010年版，第196页。

② （宋）李昉等：《太平御览》，中华书局1960年版，第3873页。

③ （汉）王充：《论衡》，载国学整理社编《诸子集成》（第七卷），中华书局2010年版，第165页。

与仙人、西王母等图像相配置出现的次数，也正基于此。

（三）灵芝草与“德”

“德”是我国的一个核心观念，其本义与行为及内心活动有关。从字形看，“德”从“彳”，有“行走”的意义；“直”义指“举目正规”，“直心”乃为“正视其心”的意思。合而言之，“德”可指内心的某种态度及这种态度下产生的某些相应的行为。关于“德”含义的变化，李泽厚曾指出：“‘德’是由巫的神奇魔力和循行‘巫术礼仪’规范等含义逐渐转化成君王行为、品格的含义，最终才变为个体心性道德的含义。”① 两汉时期，“德”在伦理方面进一步礼仪化和世俗化，从而分化为孝、悌、信、忠、谨、义、廉、耻等种种类型，渗透到人生的各个方面，这就是“德”转化为个人心性道德的表现。作为符瑞的灵芝草，是帝王圣德、仁善的象征，扩展到民众就体现为个人品德的高尚，进而它可以视为两汉时期个人有“德”的符号。

以灵芝草象征“德”不仅有符瑞思想的影响，而且也有汉代“比德”自然审美观念的渗透。“比德”是自春秋战国时期出现的一种自然美的观念，是以自然物象为审美客体来比拟或象征审美主体，自然物象之美美在从中可以体会到某种人格之美。这种人格美即“德”，它包括个人的伦理道德和精神品德两个方面。而自然物的美丑，取决的不是它自身的价值，而在于其比附的道德意义。诚如前文所言，在先秦时期，孔子就以“芝”和“兰”比拟君子之美德。唐代诗人李白也曾说过：“为草当为兰”，因为“兰香自幽远”，所以“芝”“兰”因其淡雅幽远的芳香成为道德化身的自然美意象。这种香草美人的典型莫过于屈原的《离骚》，他继承《诗经》的比兴传统，以配饰香草比喻个人的美德和才华，实则是他本人道德情感的对象化。有学者认为汉代“比德”的自然审美观是以人与自然的关系为轴心，以汉代“天人

① 李泽厚：《说巫史传统》，上海译文出版社2012年版，第27—29页。

合一”的哲学观念为纲领，是有实用范畴的道德与意志的合一。[①]在这种“合一”中，从表面看是人与天（自然）的合一，实质上，显示了人对天（自然）的看法无一不是从自身角度出发，立足于人的视野和人的认知图式，天（自然）也就成了人的折射。

汉画像作为汉人观察天地万物而创造的宇宙象征主义图式，是文化观念系统的再现。它承载了汉代人的集体生活态度、人生观念等相关的知识系统和意义系统，表述了汉代人的美学形构与观念体系，体现了汉代人集体的生活经验与特定的情感结构与心理样式。从汉画像灵芝草图像可以窥视出汉代人借这种自然的外在图式，寄托自身的道德情感，反映了汉代人对自身道德伦理的要求，显示出汉代人对理想的个人品德与崇高的道德精神的推崇。

（四）升仙的凭证

汉代人认为墓室是一个象征性的宇宙空间，墓主进入墓室，通过一系列的运作会被纳入仙界，升仙而不死。因此，在墓主升仙的过程中必然有其限制力和推助力，墓室画像的刻画和墓室随葬器物的放置模仿和象征了升仙的过程。受符瑞思想影响，灵芝草图像在汉画像里象征瑞应，亦是汉人有“德”的表现。那么作为有德瑞应出现在墓主的升仙之途，它便成为升仙的凭证，起到了有助于墓主升仙的作用。

这里不免还要提及汉代的神仙思想。汉人以羽化成仙为终极信仰，以“死”求“生”，人的肉体死亡不再是生命存在的终点，而是死而不亡，化而为仙的起点，是生命永恒的开始。所以，两汉时期出现了各种各样的升仙方式，服食、炼丹等手段应运而生。但是，无论何种升仙方式都包含了一个必要的前提条件：道德。如《抱朴子》载：“欲求仙者，要当以忠孝、

---

① 参见周均平《“比德”“比情”“畅神”——论汉代自然审美观的发展和突破》，《文艺研究》2003年第5期。

图2-33　米脂党家沟墓门左、右立柱画像
（采自《中国画像石全集》第5卷）

和顺、仁信为本。若德行不修，而但务方术，皆不得长生也。……人欲地仙，当立三百善；欲天仙，立千二百善”“积善事未满，虽服仙药，亦无益也。”[①] 故而，德的好坏成为是否能够升仙和神仙品级的决定性因素，品行不足，神仙方术亦无用处。同时，即使君王，如其品德不足，也不可得神仙不死，反而某些在伦理方面具有忠贞节孝之士，却可以得升仙界。这在汉画像里也多有体现，例如董永事父、丁兰事木人、邢渠哺父等表现的就是凡人以“孝悌之至，通于神明”而升仙的事迹。

关于“灵芝草”图像作为升仙的凭证，可以以具体图像给予分析。如米脂党家沟墓门左、右立柱画像（图2-33）。画像上部分别刻有西王母、东王公，旁有羽人相侍，居于仙山之上。山间长有灵芝草，仙禽神兽跃于其间，一片神仙场景跃然于前。下面分别刻有执戟、执彗的门吏及玄武，两边饰有芝草纹。这里，灵芝草出现多次，在对它进行解释之前，有必要先对整个画像的区域做出划分。根据李凇绘制的陕北汉代墓门画像石分区图（图2-34）可知，灵芝草出现的区域分别对应着1区、3区和4区，这里灵芝草有不同的意义。首先，1区是天上祥瑞，灵芝草出现应是天降之瑞应。

① 张松辉译注：《抱朴子内篇》，中华书局2011年版，第103—104页。

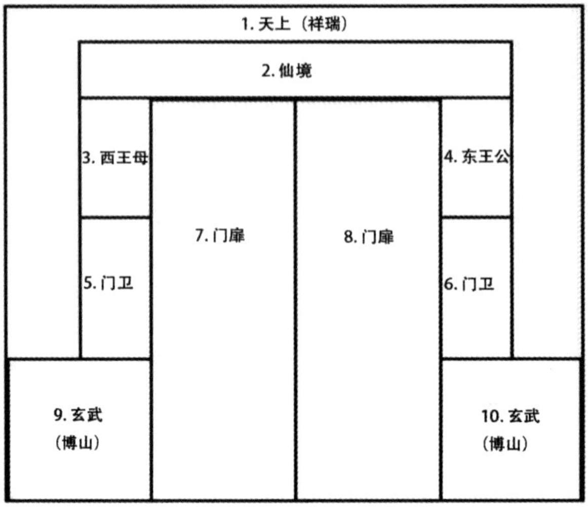

图2－34　陕北汉代墓门画像石分区图
（据李凇《论汉代艺术的西王母图像》图64制作）

《孝经援神契》曰："德至于草木，则芝草生。"[①] 灵芝草是有德的象征，升仙的凭证。依据前文论述汉代神仙思想中成仙对"德"的要求可知，有德是成仙的必要条件。这里灵芝草的刻画意在彰显墓主本人的道德精神，是他有德的象征和升仙的凭证，而灵芝草的反复出现可视为对墓主有德的强调，表明墓主德行至高。其次，从3区、4区看，灵芝草在这里与西王母、东王公相配置出现，表明了它是仙草——不死仙药的象征。故而，这幅画像说明了墓主的有德凭证，他得到不死仙药，在护卫（玄武、执戟、执彗的门吏）的保护下顺利升入仙界。

再如南阳墓室墓门立柱的伏羲、女娲执灵芝草图像。众所周知，门的基本功能是对两个不同的空间进行区隔。在我国的墓葬观念里，墓门起到

① ［日］安居香山、中村璋八辑：《纬书集成》（中），河北人民出版社1994年版，第975页。

了划分阴阳、生死的作用，死者经过墓门，便进入了一个中间地带达到“重生”的阶段——升仙。伏羲女娲是我国古史传说里的文化英雄，在神话传承的过程里又被视为人类的始祖神，有至高的“圣德”。“在两汉时期，经过诸多学者的努力，人们用德性的诸多内容彻底渗透、改造了原始宗教信仰的结构和内容——人死后向神仙转化的过程中必有‘道德检核’这一环节，以确定死者生前在德行方面具有过人之处，或者不存在道德瑕疵，只有通过检核关卡，他（她）才有资格由地下世界上升到神仙世界。”[①] 故而，伏羲女娲被刻画在墓门立柱上，代表了始祖神对死者进行道德检验，他们所持的灵芝草便是在考核死者生前之行为是否有违道德，之后给予死者的“有德”凭证，令死者得有德之“芝”，经墓门升仙。

根据上文论述，汉画像灵芝草图像隐喻了有德瑞应的象征意义。它在汉画像里出现表明其作为升仙的凭证，令死者在道德检验的过程中得凭证而升仙，在死者升仙之路上起到了助推的作用。

作为不死仙药，灵芝草图像常常与西王母、羽人等仙界图像相配置，其意义有三个层次：一是基于汉人对不死的理解——长寿而化为可以延寿之药；二是在萨满文化的背景下形成的可以通神之药；三是两汉神仙思想影响下转变为可以成仙之药。作为仙药，灵芝草在汉画像里的作用在于使墓主死后“复形”得仙药而仙。作为有德瑞应，它一般独立出现，或与祥瑞图像刻画在同一画像中。在符瑞思想影响下灵芝草成为瑞应，是汉代人有德的象征，显示了汉人“比德”的自然审美观。汉代神仙思想对“德”的要求使作为有德瑞应的灵芝草成为汉人升仙的凭证，是死者升仙道路上的助推力。

---

① 王怀义:《释“德”：对神人交流条件的分析——以“绝地天通”神话为中心》,《民族艺术》2017年第2期。

小 结

这里，汉画像灵芝草图像的象征意义暗含了汉代道教神仙思想的两个体系——神药和道德。这意味着汉代人为了获得不朽生命而关注自身的修炼——服食养生和道德自律，体现出汉代人对生的重视。从中可以窥视到两汉时期人们思想意识的转变，即汉代人生命意识的觉醒。

所谓生命意识，是指人类创造生命、孕育生命、延续生命、关注生命的思想意识。它也是人类最原始、最基本的意识之一。中国民间文化的主体精神实际上就是生命意识。作为汉代社会普遍存在的信仰意识，它注重对生命本体的关注，是一个具有普遍性且历史悠久的文化现象。自秦汉以来，国家得到统一，政权相对稳定，统治者开始对生命的永恒性高度重视。同时，汉代也是一个战争相对频繁的时代，人们寿命相对较低，普通大众也同样对自身生命繁衍和生命延续有着十分强烈的认知和渴求。

汉代的生命意识体现在生命永恒的热切期盼中。从儒家思想看，“事死如生”的观念深深根植于汉代人们心里。汉代官方独尊儒术，提倡孝道和厚葬风俗。上至帝王下到百姓，无不大兴土木，不惜钱财建造陵墓。应该说在汉代人的认识里，陵墓不仅仅是显示自身财富与权力的象征，也是死后进入神圣空间的出发点。死后渴望生前待遇的梦想通过汉画像等艺术形式得以实现。从道教思想看，长生不死、羽化成仙是汉代人们的一致追求。汉代人们通过各种升仙方式来达到长生的目的，如服饵、辟谷、房中、胎息等，其中以服饵为主要修炼方式。服饵即服食仙药、仙丹和金石，以求“服金者寿如金，服玉者寿如玉”。灵芝草图像便是这种观念的典型表征。

汉画像的世界是汉代生命力量弥漫的世界。它是一种特殊的审美对象，是由审美幻想出的神仙仙境，在这里我们可以看到汉代人对这一世界的狂热迷恋，对长生不死和现世享乐的不懈追求。同时又可以进一步体会人类潜意识里对生存的极度渴求。这种感受不再是恐惧和焦虑，而是积极和乐观的情感。汉画像灵芝草图像从根本上体现了这一主题。它是构建神仙仙境的重要元素之一，在成仙不死的观念中充当着联系生与死的媒介，有着生命意识的浓厚色彩。同时较之动物图像的力量感与粗犷感，作为典型的植物图像，植物的生生不息、柔和如水、滋润生命的特性，总让人联想到生的希望，因而灵芝草图像也包蕴了汉代人对生命永恒复归的向往。

艺术不单单是一种形式，它存在在想象的领域，追寻着美的原则。它可以“醉心”于怪异的、遥远的、不可达到的东西，也可以采取一种有力而固定的形式，或者超越自身的局限，但根本上是以无限的自由同宇宙精神和生命精神合而为一。以此观之，灵芝草图像便是汉代人用汉画像这种艺术形式对自我生命的咏叹和讴歌。在这种精心营构的艺术图式中，人们的视线不再注意生命的短促，而聚焦在浪漫的艺术世界，以及汉代人追求生命永恒的梦想中。这不仅仅是汉代人的梦想，也是汉代乃至中国传统艺术精神和美学精神的旨归。

（本章作者　史倩茹）

第三章

云化飞鸟——汉画像中的云化鸟图像

汉代距今已有2000多年的历史，其不仅有文字记载的史料流传于世，更有刻在石头上的“绣像”资料（即汉画像）闻名遐迩。汉画像艺术是我们了解汉代思想、政治、文化、生活等方面的重要载体。

云化鸟图像的形态表现为鸟头或鸟身从云气中幻化出来，在汉代应用较为广泛，汉画像、玉器、丝织品、漆器等器物上均有体现。这种程式化应用的原因以及背后的文化渊源颇为深刻，远可追溯至新石器时期，近可追及秦楚文化，为我们研究汉文化的发展演变提供了弥足珍贵的图像资料。

云化鸟图像在汉画像中最为丰富多姿。从图像的局部造型看，可分为卷云型、流云型、蔓草型。从单幅图像的类型看，可分为装饰性类型、功能性类型。从其在墓室中的配置看，这类图像分别位于门楣、屋顶、四壁，与其他图像配置在一起。从点到线再到面的研究线索和方法，对剖析汉画像中云化鸟图像的文化内涵给予重要的帮助。

精彩纷呈的云化鸟图像，“贮存”了汉代人的信仰和追求。造型多样的云化鸟图像是汉代“气论”思想的图像表征。在古人看来，气为生命本原，可以化生万事万物。而鸟自古以来就是神圣的象征物，被奉为图腾，古人相信人死后通过一定的方式在另一种形式下存在。不言而喻，汉画像中云化鸟图像是“气”与图腾化身观念的象征。而这一信仰背后的终极追求是死后不朽，羽化升仙。如此生动形象的云化鸟图像为我们研究汉代的思想文化打开了新的大门。

第一节　汉画像云化鸟图像的应用与演变

汉画像是汉代墓葬行为的产物，为我们呈现了一个异彩纷呈的“绣像”世界，它所描绘的神仙世界、历史故事、飞禽走兽、生活百态等，展现了汉代人思想、文化、生活等方方面面的情景。云化鸟图像是汉画像中的一种典型图式，其蕴含着丰富的文化内涵。

笔者将从云化鸟图像的图像形式入手，探寻云化鸟图像在汉代器物载体上的应用，以及这种程式化图式应用的原因，追溯这类图像是怎样形成的，有什么样的发展脉络，进而揭示其中的文化、艺术、审美的意义。

一、汉代云化鸟图像的运用

汉代是一个承前启后、气势恢宏、英雄辈出的时代，汉代器物上的纹饰气韵生动，展现了汉王朝的大美气象。翻开历史的画卷，不难发现汉代器物上的纹饰多以云纹为主，云纹中点缀飞禽走兽，而云化鸟图像无疑是这幅历史长卷中精妙的一笔。在汉代的许多器物上均发现了云化鸟的运用，如玉器、织锦、漆器、画像石等，其中汉画像上云化鸟纹饰最多。

（一）画像石

汉画像是为汉代丧葬礼俗服务的一种雕刻装饰，它并不是独立存在的，而是附属于墓室、地面祠堂、阙等建筑物上。汉画像的题材内容非常

图3-1　武氏祠前石室后壁小龛下供案石画像（采自《中国画像石全集》第1卷）

图3-2　武氏祠前石室后壁小龛西壁画像局部（采自《中国画像石全集》第1卷）

图3-3　绥德墓门楣画像（采自《中国画像石全集》第5卷）

广泛，包容万象。云化鸟图像在汉画像中也扮演了举足轻重的角色。笔者搜集到的汉画像云化鸟图像有55幅，分布于山东、江苏、陕西、山西等地区，其中山东地区最具有代表性。

云化鸟在汉画像中的运用有三种情况。一是单独成幅，整个画面均是由其组成。如图3-1所示，连续起伏的卷云纹构成了画面的整体，画面整体上云气缭绕，云中有一翼兽，有长尾，尾部有卷云；在画面左侧有一龙首从云中探出；另有三个羽人从勾连卷云层里探出半个身子；若干鸟首从云气中幻化出来，整体呈左向流动。二是作为边饰装饰于画像石的周边，有23幅，多分布在陕西地区。如图3-2和图3-3所示。图3-2发现于山

图3-4　宋山小石祠西壁画像局部（采自《中国画像石全集》第1卷）

东，原石共分为四层，“云化鸟”图像位于最顶层，象征天空或者天界，为连续卷云纹，云中有三个正在向左行进的羽人，在最左侧有一个鸟首从云气中化生出来。图3-3发现于陕西，其云纹较为特殊，为连续卷云蔓草纹，位于整幅图像的左、上、右三侧。左向涌动的卷云蔓草云层中绘有一只立鸟和从云气中变化出来的半个鸟身，皆向右观望。三是穿插于画面之中，有21幅，在山东地区的汉画像云化鸟图像中较为多见。如图3-4中的云化鸟纹，连续卷云纹中有一羽人和幻化出的三个鸟首，环绕在西王母和一些仙人的周围，仙气缭绕，生机勃勃。

（二）玉器、丝织品

通过搜集的材料可以发现，云纹在汉代的玉器和丝织品上应用较多，而云化鸟应用相对稀少。在史前时期，先人们就把玉器视为“灵物”，认为它可以沟通神仙，从而创造出造型、样式丰富多彩的玉器，体现了他们的审美意识和精神世界。玉器经历了一个由素面向纹饰发展，由简单纹饰向繁复纹饰发展，再向繁简交错、风格多样发展的阶段。新石器时代的玉器具有神秘感，可能受到生产力水平等的制约，仅在玉器的关键位置刻画了纹饰，或为素面。到了商代，随着青铜器的发展和制作水平的提高，玉器纹饰日渐丰富，多以双勾、单线阴纹作纹饰或者为仿生纹饰的适合纹样。西周至战国玉器以装饰为主，多以神秘色彩很浓的神灵为题材，尤其是大量

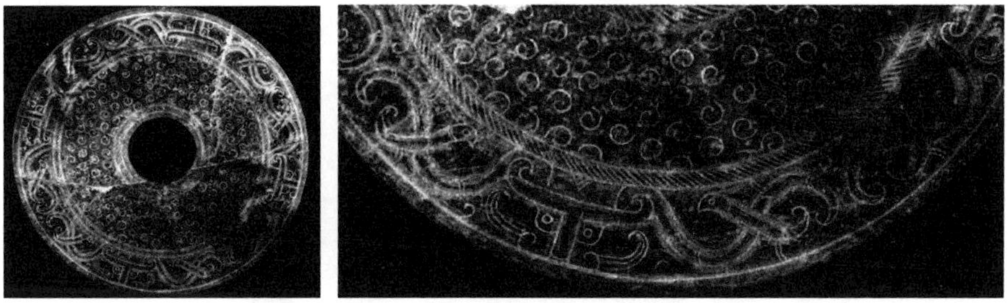

图3-5　云纹玉璧及局部

（采自《长江流域古代美术：史前至东汉　玉石器》）

的旋涡纹、云纹的应用，使其充满了律动感，线条细腻流畅。两汉的玉器则是上述玉器特征的继承与总结，不管是纹饰还是造型都更趋丰富。

图3-5是出土于湖南长沙的云纹玉璧。其纹饰强调动感，内纹饰均匀地布满“C”形卷云纹，各自成单位；外纹饰较为复杂，四方各刻画了类似龙首的纹饰，其余位置用相勾连的两个“S”形的鸟纹填饰，鸟首颇为具象，做引颈远观状，眼睛炯炯有神，鸟身和羽翼被简化，在尾部以单线涡形纹代替，流畅隽永。

在徐州出土的汉画像中有与这类云化鸟图像相似的内容。汉代服饰图像主要以变体云纹为主，形成夸张、流畅、动感的风格。柔软绚丽的布料具有灵活造型能力的表现方式，为云化鸟纹的发展提供了更加广阔的施展空间。在马王堆出土的西汉初年的帛画和织物上，大气、明快、简练、多变的彩绘云纹、印染云纹和刺绣云纹翻开了织物上以抽象的云纹、鸟纹饰为主题的华丽的篇章。

图3-6是湖南长沙马王堆一号汉墓出土的“乘云绣”绮，所谓“乘云”是指在翻转飞腾的云纹和云中露出鸟首，象征凤鸟乘云翼天之意。与云化鸟图像有异曲同工之妙。其构图以云纹为主要装饰图案，并在每个云纹单元的一端中，用朱红色绘出带眼状的花纹，似凤鸟的头部，颜色绚丽，舒展流畅，动感强烈。

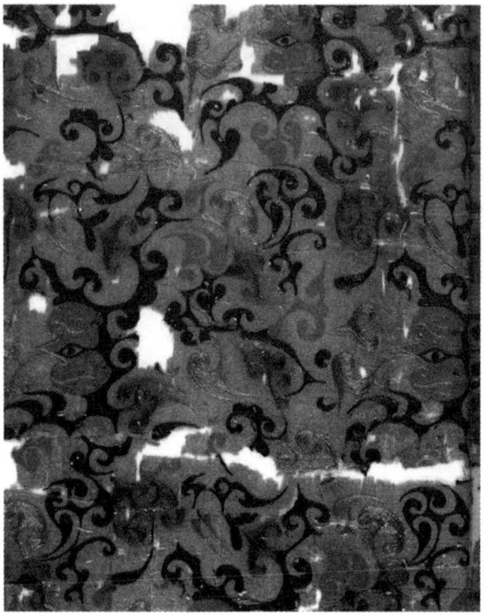

图3-6 “乘云绣”绮
（采自《长江流域古代美术：史前至东汉 绘画与雕刻》）

（三）漆器

汉代漆器的出土数量、类型、功能多样，云化鸟图像在汉代漆器中的运用也较为常见，呈现了一个比较持续而完整的发展面貌。不过，一般日常生活中使用的漆器上的云鸟纹相对于丧葬用具较少，这大概和云化鸟所蕴含的特殊含义有关，具体内容将在后文探讨。

图3-7为鸟云纹圆盒，出土于湖北云梦睡虎地。漆盒的表面底色为褐色，用红色绘制纹饰，有鸟纹、卷云纹、波折纹及云化鸟等。漆盒表面共分为五层，第一层为波折纹中填绘圆点纹；第二层较为丰富，为二方连续卷云纹与云化鸟的组合，夸张加长了鸟喙和鸟颈，并用卷云纹装饰鸟身和象征鸟翼；第三层、第四层与第一层一样；第五层也是卷云纹和云化鸟组成的图案，但是纹饰与纹饰之间断开，并没有相连，而是独自成为一个单位，共同组成第五层这个单元。图3-8所示的樽，由“S”形鸟纹构

图3-7　鸟云纹圆盒
（采自《长江流域古代美术：史前至东汉 漆木器》）

图3-8　樽
（采自《长江流域古代美术：史前至东汉 漆木器》）

图3-9　银扣贴金箔云虡纹方盒
（采自《长江流域古代美术：史前至东汉 漆木器》）

成，每一个“S”形鸟纹的四周用卷云纹装饰，象征鸟身与翅膀，似鸟在卷云层中飞翔。图3-9较为特殊，其形制为长方形，纹饰为金箔贴绘，富丽堂皇。其纹饰具有场景性，相互勾连的云纹有节奏地高低起伏，像连绵的山峦。在云纹的凹处既绘有正在奔跑的鸟兽、羽人，又有正在从云气中幻化出来的鸟头，整幅画面中有种左向行进的视觉感，充满了叙事性和韵律感。这类图像在汉画像中较为常见。

由此可知，云化鸟图像在汉代运用的范围较为广泛。其在造型样式上也趋于程式化，虽然每个地区略有不同，但总体上大同小异。从出土的文物来看，主要是作为丧葬用具的装饰图案，尤其是在汉画像中最为多见。那么，汉画像中云化鸟图像出现程式化的原因是什么呢？

二、汉画像中云化鸟图像运用的原因

汉画像作为墓葬建筑物的一部分，密切联系着并从属于这个人们死后之所与祭祀之处，不仅起到了一定的装饰作用，而且其题材内容的选择与汉代人们的思想和生死观念密切相关，当时的人们以为墓葬可以为死者提供墓室中所描绘的一切。他们认为在丧葬艺术中置入升仙的符号，人们死后灵魂就可以升仙，而不再仅限于在世时的长寿。因此，在汉画像上刻画图像也是为了汉代人们的“死后升仙”服务的。云化鸟图像在汉画像中程式化的运用，究其原因：一是装饰墓壁；二是分隔天地；三是象征仙界。

（一）装饰墓壁

汉画像普遍运用了秩序化和程式化的装饰法则，整个画面层次清晰，主题鲜明，使其视觉效果达到了前所未有的高度。上文提及云化鸟图像的运用有三种情况：一是单独成幅；二是作为边饰装饰于画像石的周边；三是穿插于画面之中。这三种运用方式皆起到了“满、动”的作用。

汉画像图式结构以“满”取胜，云化鸟图像起到的“满”的装饰作用主要体现在三个方面。第一，大量平列铺陈的构图。云化鸟图像在画面中一般不堆砌、重叠，多使用平行构图的方式布满画面。如图3-1，图式以云纹为主体，山丘连绵，云势向左涌动，蜿蜒盘旋，疏密有致。云气中的羽人异兽、幻化出的鸟首，与云一起跃动。第二，较多地使用重复。如图3-1、图3-2、图3-3所示，画面中的云化鸟纹相连，呈排山倒海之势，填满画面。其形式大体相似，大同之中求小异，紧凑而饱满，构成重复的视觉效果，从而达到“满”的装饰作用。第三，对空白的处理，大都

图3-10　孔子见老子（作者摄于徐州汉画像石艺术馆）

用填的方法。巧妙地利用单个云化鸟纹填满空白的地方，充分发挥空间的作用。如图3-4众仙人的头顶空白处，巧妙地利用云化鸟填充，既相得益彰，又达到了“满”的效果。

韵律是汉画像重要的特点，在画像石里很难看到追求静止和均衡的作品。云化鸟图像流畅的线条，犹如音乐的和弦，极富动感，动静有致中显出从容的气质与节奏的美感。如图3-10所示，画面中共有13人，形态各异。在众人上方有连续不断的、伸延有致的云化鸟图像，变化多样、有条不紊，生发出流动感和韵律感，于变化和重复中形成了画面上的节奏感，衬托出整个画面的气势。有了云纹的点缀，运动感在画像石中生发出来，原本单一的空间中增加了“虚灵”的梦幻境界。云化鸟图像的点缀增加了层次感，产生出运动感，创造出一个灵动的空间。

云化鸟图像“满、动”的装饰效果，使其在汉画像中不可缺少。乔治·卢卡契在《审美特性》中有言：“纹样本身可以做这样的界定，它是审美的、用于感情激发的、自身完整的形象，它的构成要素是由节奏、对称、比例等抽象的反映形式构成。”[①]云化鸟图像正是汉代人们审美情感的图像表征。

① ［匈］乔治·卢卡契：《审美特性》（第一卷），徐恒醇译，中国社会科学出版社1986年版，第257页。

（二）分隔天地

汉画像的构图，往往将多种内容、不同空间的物象配置在一个空间之中，并用水平隔离线将其按照宇宙空间层次分隔成若干不同的小画面。按照当时人们的观念，全部的宇宙世界从高到低分别是天上世界、仙人世界、人间世界、地下鬼魂世界。[①]但是，汉画像中的天、地除了用线进行划分外，常常还采用天的象征物进行表现。云化鸟图像正是表现天的最好载体。

云介于天地之间，是天的象征，更是天地之间的分界线。而鸟翱翔于天地之中，在人们的心目中鸟是天的使者，因此在绘画中常用云、鸟来指代天空。云化鸟这种纹饰在汉画像中具有宇宙不同层次分界线的意义。如图3-2和图3-4，在多层构图的画像石中，仙人皆位于画面的最上层，但是怎么确定最上层的就是仙人呢？云化鸟图像作为参照物解决了这个问题，高高在上的云、鸟纹环绕在画像石的上方，用来表征天空。在图3-10中，云化鸟图像位于画面人物的上方，既起到了装饰的作用，又可以使单调的画面有了层次感。它为一种画面的建构提供了分层的材料，把天和地从平行的二维画面布局中区分开来，使画像石中呈现的每个宇宙层次相得益彰。这种图像不只具有绘画或装饰价值，它是用来指示一个空间，“不是为了强调这两个世界的对立，而是为了表现这两个不同世界（天界、地界）之间的交流以及在同一界内不同人物之间的关系”[②]。

云化鸟利用人们类比联想的物象表现心理——云、鸟在人们的心中一直是天空的象征，在汉画像中表征天空和分隔天地，美观而又自然，贴切而又形象。它既保证了人间与仙界、地界之间的过渡，又直观清晰地把天地分隔开来，从而使观者一目了然地分辨出汉画像中的天与地。

---

① 参见信立祥《汉代画像石综合研究》，文物出版社2000年版，第60页。

② ［法］于贝尔·达米施：《云的理论——为了建立一种新的绘画史》，董强译，江苏美术出版社2014年版，第47页。

（三）象征仙界

“在秦汉时期，描绘云雾等现象特征的图像被认为具有原物的力量。”[①]即在日常用品和衣服上描画仙界等祥瑞的图像，可以引出真的祥瑞。据《史记·孝武本纪》载：“文成言曰：‘上即欲与神通，宫室被服不象神，神物不至。’乃作画云气车，及各以胜日驾车辟恶鬼。”[②]讲的是一位方士劝告汉武帝，如果想要见到神仙，就要在日常用品上描绘他们的形象，汉武帝听从了他的意见，造了“云气车”。故而云化鸟图像不仅是天地的界限，更是汉代人们梦寐以求的仙境的象征。

“云出现在绘画文本中，不光指示天与地之间的关系，而且还包括此岸与彼岸之间的关系，以及一个遵循它本身法则的空间跟一个任何科学都无法探秘的神圣空间之间的关系。”[③]云化鸟这类图像正是“此岸与彼岸”之间联系的纽带，是无法探秘的仙界在世俗世界的显现。它一般伴随神仙异兽等仙界物象出现，或者单独出现在画像石的最上层，又或者位于画面的上方，以此象征云雾缥缈、仙气弥漫的神仙住所。正如于贝尔·达米施所说：“云总是神痴以及各种形式的神离或升天的必然伴随出现的因素，有时甚至是主导因素。更普遍地说，它是跟另外一个世界的出现紧紧连结在一起的，是神圣事物的先导。……云具有神圣显现的价值，也就是说神圣通过它而得到显示，或者是为了它的显示而服务。”[④]云化鸟这种纹饰在汉画像中是与仙人世界的出现联系在一起的，是西王母等仙人们出现的伴随因素。汉画像中正是通过描绘云化鸟这类纹饰，表示神圣的显现，与世俗世界进行区分，象征神仙的世界。

---

① ［英］杰西卡·罗森：《祖先与永恒：杰西卡·罗森中国考古艺术文集》，邓菲、黄洋、吴晓筠等译，生活·读书·新知三联书店2011年版，第219页。

② （汉）司马迁：《史记·孝武本纪》，中华书局1959年版，第322页。

③ ［法］于贝尔·达米施：《云的理论——为了建立一种新的绘画史》，董强译，江苏美术出版社2014年版，第119页。

④ ［法］于贝尔·达米施：《云的理论——为了建立一种新的绘画史》，董强译，江苏美术出版社2014年版，第48—49页。

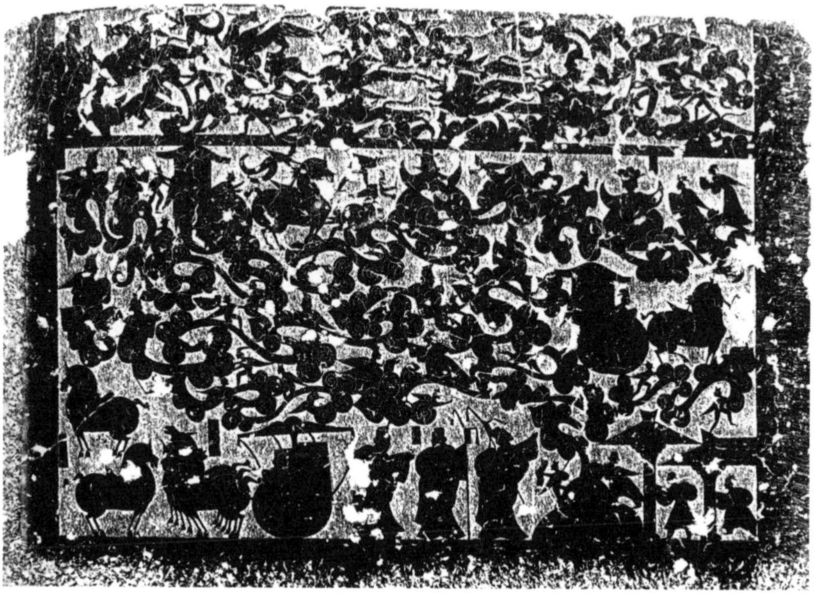

图3－11　武氏祠左石室屋顶前坡东段画像（采自《中国画像石全集》第1卷）

恰如葛兆光先生所言："古人相信，在象征符号与被象征的事实之间，有某种神秘的联系使它们彼此感应，象征就是通过这种感应，可以起到整理秩序的作用。"[①] 云化鸟图像这个仙界的象征符号，就是通过这种神秘的联系，在汉画像中规范了各个宇宙层次的秩序。首先把神圣的画像从各个宇宙层次的意象中凸显出来，再间接地把"地"上的表现图式孤立出来，然后形成一种连续的层层递进的叙事性的升仙过程。图3－11为武氏祠左石室屋顶前坡东段画像，分为上下两层，上层为羽人异兽等图像，下层表现的内容较为复杂，笔者认为它表现了两个不同世界，一个是鬼魂世界，一个是仙人世界。云化鸟图像在这里则是两个宇宙层次的联系和分割的"秩序线"，并以此线展现了一个升仙的叙事过程。云层下方的车马出行表明死后的墓主人在升仙的路途中经过层层考核，驾车登上了云层（右边

① 葛兆光：《中国思想史》（第一卷），复旦大学出版社2013年版，第53页。

应为入口）；继而驾着马车来到了西王母处，此时东王公等仙人端坐在云层之中进行考核；最后来到了画面的右上端，有略微缩小的众人拜谒西王母的形象，应是墓主人经过了考核，升仙成功。

鉴于上文，我们会发出这样的疑问：万事万物皆有其发生发展的根源，云化鸟在汉代运用如此广泛，已经具有了一种内在的思想内涵。那么，云化鸟的根在何处？其源头又是在哪里发生的呢？

三、汉画像云化鸟图像的溯源

通过上文可知，汉画像中刻画了不少云化鸟的图像，这类图像在不同地域的重复出现，说明它在汉代已经是刻绘汉画像时程式化的模板。正如阿洛瓦·里格尔所说："当一个母题因为与宗教意义有关而被频繁地在各种各样的材料上制作时，就会产生定型。这个定型愈来愈为人们所熟悉，以至人们觉得它在某种程度上是固有的。"[①] 那么，这种云气与鸟结合的图像是怎么定型的呢？通过追溯史料可以发现，汉代继承了秦、楚的政治文化等，而先秦文化又是对原始时期文化的发扬。

（一）新石器时期云纹、鸟纹的演化

新石器时期的云纹和鸟纹都经历了从具象的写实向抽象转变的过程。本部分将通过对几个有代表性的新石器文化类型云纹和鸟纹发展脉络的梳理，探讨云纹、鸟纹抽象化发展的过程。

1. 鸟纹的抽象化

新石器时期彩陶上的鸟纹饰经过长期的继承与发展，不同文化类型的彩陶纹饰逐渐形成了相互联系而又独具地域特色的彩陶纹饰。

---

① ［奥］阿洛瓦·里格尔：《风格问题——装饰艺术史的基础》，刘景联、李薇蔓译，湖南科学技术出版社1999年版，第28页。

（1）半坡—庙底沟类型

“我国新石器时代的彩绘鸟纹大都是在仰韶文化半坡期出现的。”[①] 半坡类型彩陶上的鸟纹具有写实的特征，而到了庙底沟期已经开始变形。石兴邦对庙底沟类型彩陶的鸟纹演变过程进行了推测，最初的鸟纹饰较为形象逼真，然后逐渐地简化为几何样式——鸟首变成了圆点，鸟身则由弧线表示，鸟纹由对自然物较为具象的模仿逐渐演变为抽象的纹饰。（图3-12）

由图3-12中的11号图可以看出，鸟的头部逐渐简化为圆点，鸟身由半月形弧线表示，而鸟翅也被几个排列整齐的半月形弧线代替。不过，依然可以看出鸟的形态。但演变至15号图—21号图时，鸟首由点代替，鸟身也消失，鸟翼被表现成了半月形右旋纹或勾旋纹。[②] 图3-13和图3-14

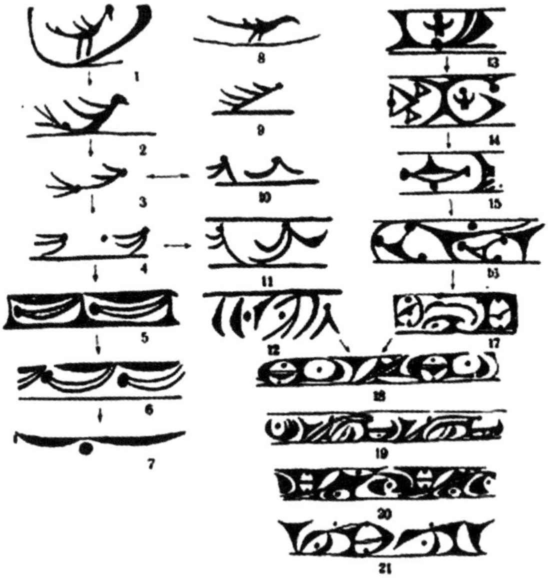

图3-12 庙底沟类型主要彩陶纹饰的演变（采自石兴邦《有关马家窑文化的一些问题》，《考古》1962年第6期）

① 钱志强：《新石器时代仰韶彩陶中的鸟纹》，《西北美术》1984年第2期。

② 参见朱乃诚《仰韶文化庙底沟类型彩陶鸟纹研究》，《南方文物》2016年第4期。

图3－13　河南省陕县庙底沟出土
（采自张朋川《中国彩陶图谱》）

图3－14　山西省夏县出土
（采自张朋川《中国彩陶图谱》）

彩陶图案充满了旋动的韵律感，生动地刻绘出鸟儿展翅飞翔的动态。此时，彩陶鸟纹已经高度抽象化。并且，豫、陕、晋交界处越往西，则仰韶文化彩陶上出现鸟纹的时间越晚，鸟纹也越抽象。庙底沟类型晚期的彩陶有多变而旋动的花纹，以点线面的交错、回旋、勾连，构成了奇妙的花纹和意趣横生的图案，达到仰韶文化彩陶的盛期。[①]

"庙底沟类型彩陶鸟纹装饰影响了同时期其他地域的鸟纹装饰。"[②]张朋川认为，同一时期不同类型文化的彩陶纹样的发展，尤其在相邻的地区会产生相互影响。如庙底沟类型的变体鸟纹对大汶口文化、大溪文化的彩陶产生影响；[③]又如，大地湾仰韶中期的鸟纹平底彩陶盆的出现，是受庙底沟类型强烈影响的结果。[④]程金城认为，半坡类型彩陶纹饰过渡到几何类型，经过了很长的一段时间，而庙底沟类型则是这个过渡时期的活跃分子。而这种几何纹饰是从模仿自然物象向展现心灵图式转变过程中的一个图像反映，这种转化的完成发生在马家窑文化时期。[⑤]也就是说，庙底沟

① 参见张朋川《中国彩陶图谱》，文物出版社2005年版，第86—88页。
② 王嫚：《新石器时代彩陶鸟纹装饰特征探究》，《中国陶瓷》2013年第3期。
③ 参见张朋川《中国彩陶图谱》，文物出版社2005年版，第184页。
④ 参见张朋川《中国彩陶图谱》，文物出版社2005年版，第49页。
⑤ 参见程金城《远古神韵——中国彩陶艺术论纲》，上海文化出版社2001年版，第202—203页。

类型的彩陶鸟纹的抽象几何化（心灵图式）——主要是向圆弧形转化，为后来的彩陶纹饰奠定了基础。

（2）马家窑文化类型

甘肃彩陶与仰韶文化存在着先后继承的密切联系。[①]严文明认为："马家窑期既有许多因素是继承庙底沟期的，又同半坡期和庙底沟期具有一脉相承的蛙纹和鸟纹传统，理应属于一个文化系统。""把半坡期到庙底沟期再到马家窑期的蛙纹和鸟纹联系起来看，很清楚地存在着因袭相承、依次演化的脉络。"[②]不过，马家窑期的彩陶鸟纹脱离了具象写实的描绘，图案已经高度抽象化。如图3－15所示，马家窑期陶罐上的飞鸟纹，鸟首依然由点和圆圈纹表示，但鸟的羽翼由庙底沟类型圆弧形，演变成了连续勾旋的旋涡形。图3－16所示的石岭下类型可以看作半坡、庙底沟与甘肃彩陶的过渡。[③]突出鸟的头部，加大眼睛，省略鸟身，夸张变形鸟的头部和颈部，使其呈现出旋涡状。有的彩陶（图3－16右侧类型）则以鸟首为涡心，几个鸟身共用一个鸟首，以旋形线代表鸟翼，已有旋涡纹的雏形。到了最发达的马家窑期，如图3－17，鸟纹通常画在瓶或盆的外壁，并同旋涡纹组成统一的画面。为了让两种纹饰取得协调，鸟纹本身也旋涡纹化，使多数只有头部，保持鸟的形状，身体有时变得难以辨认，给人天旋地转、纺轮飞转的感觉，令人目不暇接。

不过，马家窑期流行的鸟纹，到半山期以后就没有了。鸟纹经过一个时期的发展，到马家窑期即已开始旋涡纹化，而半山期的旋涡纹和马厂期的大圆圈纹……当是马家窑类型的旋涡纹的继续发展。[④]也就是说，马家窑期以后鸟纹已经逐渐消失，抽象为涡形纹。半山期和马厂期彩陶上的鸟纹也已经逐渐消失，多以"大圆圈"形式的几何纹出现。

---

① 参见钱志强《新石器时代仰韶彩陶中的鸟纹》，《西北美术》1984年第2期。

② 严文明：《甘肃彩陶的源流》，《文物》1978年第10期。

③ 参见钱志强《新石器时代仰韶彩陶中的鸟纹》，《西北美术》1984年第2期。

④ 参见严文明《甘肃彩陶的源流》，《文物》1978年第10期。

图3-15　马家窑类型彩陶中鸟形纹饰的演变
（采自石兴邦《有关马家窑文化的一些问题》,《考古》1962年第6期）

图3-16　石岭下类型彩陶（采自张朋川《中国彩陶图谱》）

图3－17　马家窑类型彩陶（采自张朋川《中国彩陶图谱》）

（3）大汶口文化类型

大汶口文化地处东方沿海及黄淮下游地区，是我国历史上东夷族的活动范围，有着鸟图腾崇拜的印迹。因此，其器物上的鸟类纹饰相当丰富。大汶口文化陶器上的象生性纹饰以鸟纹为主，图案花纹也是由鸟演变来的。[①]中期大汶口文化有两种花纹受到庙底沟和大河村类型的影响，一种是变体鸟纹复合组成的几何图案[②]，另一种以变体的勾羽圆点纹作图案。如图3－18左侧的彩陶纹饰，与图3－13和图3－14的庙底沟类型的彩陶纹饰有异曲同工之妙。并且，大汶口文化晚期的分布地区向西延伸，它影响了仰韶文化晚期的彩陶，在郑州大河村仰韶文化遗址中就出土了类似大汶口晚期的彩陶。大汶口文化和仰韶文化之间的交流和影响是相互的。一般地说，一种具有特色的花纹的分布范围往往大于该类型文化的分布范围，因为一个强大的部族会对周围的部族产生影响，彩陶上的纹样亦随之传播。[③]

① 参见田昌五、石兴邦主编《中国原始文化论集——纪念尹达八十诞辰》，文物出版社1989年版，第234页。

② 参见张朋川《中国彩陶图谱》，文物出版社2005年版，第115—117页。

③ 参见张朋川《中国彩陶图谱》，文物出版社2005年版，第149页。

图3－18　大汶口文化陶器纹样
（采自吴山编著《中国纹样全集：新石器时代和商·西周·春秋卷》）

根据石兴邦的研究，这种鸟纹的进一步演化有两种情况：一是早期陶器上的纹饰，排成一字纹的单行鸟纹，结果是演变成了单线旋纹或绞丝纹；二是晚期的彩陶纹饰，多鸟并列分排的纹饰，进而演化为旋涡纹或纽丝纹。因此，出现了图3－18中间和右侧类型的彩陶纹饰，组织严谨规整，流畅生动，委婉多姿，动感极强。如果不仔细了解鸟纹的演化过程，大汶口晚期彩陶上的几何花纹，很难认出是鸟纹的繁衍。是故，大汶口文化类型的彩陶鸟纹也是由具象逐渐抽象化为几何图案——旋涡纹。

综上所述，不管是仰韶文化的庙底沟类型彩陶鸟纹，还是马家窑文化、大汶口文化的彩陶鸟纹，都经历了从具象上对鸟的模仿，再逐步地简化、抽象化为几何旋涡纹的过程。它以变化多端的回旋流转，展现出旋风般的律动，具有奔放活泼的生命感。这大概是远古先民长期以来对生命的感悟——回环往复，生生不息。正如沃林格所言："在几何抽象所具有的必然规律和凝固性中，人们就获得了心灵的栖息。几何抽象就像涤除了观赏主体一样地涤除了一切对外物的依赖性，它就是人类唯一地可想象和可谋取的绝对形式。"[①] 鸟纹的抽象化演变对云纹及后来的器物纹饰等也产生了不小的影响。

---

① ［德］W. 沃林格：《抽象与移情》，王才勇译，辽宁人民出版社1987年版，第36页。

2. 云纹的旋涡化

从古至今，云纹在各种器物上扮演着举足轻重的装饰作用，其形式丰富多彩、绚丽多姿。那么，云纹是如何演化的呢？新石器时期彩陶上的旋涡纹，为我们研究云纹的演变提供了实物资料。

这种旋涡纹最早见于马家窑期，盛行于半山期，以衰退的形象继续存在于马厂期。而马家窑的旋涡纹不是偶然的产物，而是由庙底沟类型彩陶鸟纹演变而来。[①] 从上文图3-12、图3-15，以及图3-19可以看出鸟纹的演变脉络——抽象化为旋涡纹。图3-12中的鸟纹简化为圆点与弧形纹，初见旋纹的端倪；图3-15经过对庙底沟类型的继承与发展，鸟纹演化为同心圆与旋涡纹的组合；图3-19则是演变成了连续勾连的旋涡纹。因此，在几个文化类型的晚期，鸟纹已经衰微，几何纹饰成了主导的装饰纹饰。石兴邦认为，马家窑类型彩陶上主要的几何图案花纹可能是由动物图案演化而来的。有代表性的几何纹饰可分成两类：螺旋形和波浪形。石兴邦推论："螺旋形纹饰是由鸟纹变化而来的，波浪形的曲线纹和垂幛纹是由蛙纹演变而来的。"[②] 由此可知，螺旋纹（旋涡纹）是由鸟纹演化而来的。或者说，二者是共时存在的。

"旋涡纹饰是世界上最早产生的纹饰之一，在中国纹饰发展历程中扮演着重要的角色，在相同文化的宏观背景下，潜移默化地影响着云纹艺术的发展，随着朝代的更替，带有旋涡特征的云纹一直延续和变化。"[③] 有的学者认为半山—马厂文化彩陶上的旋涡纹应为风卷云旋之气象，而旋涡纹与大圆圈纹及锯齿纹等或并列或交织所构成的装饰图案，正是风云雷电的生动的图画。[④] 如图3-17和图3-18所示，旋涡形纹饰布满瓶身，就像云

---

① 参见蒋书庆《破译天书——远古彩陶花纹揭秘》，上海文化出版社2001年版，第40页。

② 石兴邦：《有关马家窑文化的一些问题》，《考古》1962年第6期。

③ 董锦、徐青青：《从史前旋涡纹饰的造型特征看中国先秦云纹图案》，《装饰》2006年第12期。

④ 参见倪志云《半山—马厂文化彩陶艺术的观念主题》，《美术研究》1989年第4期。

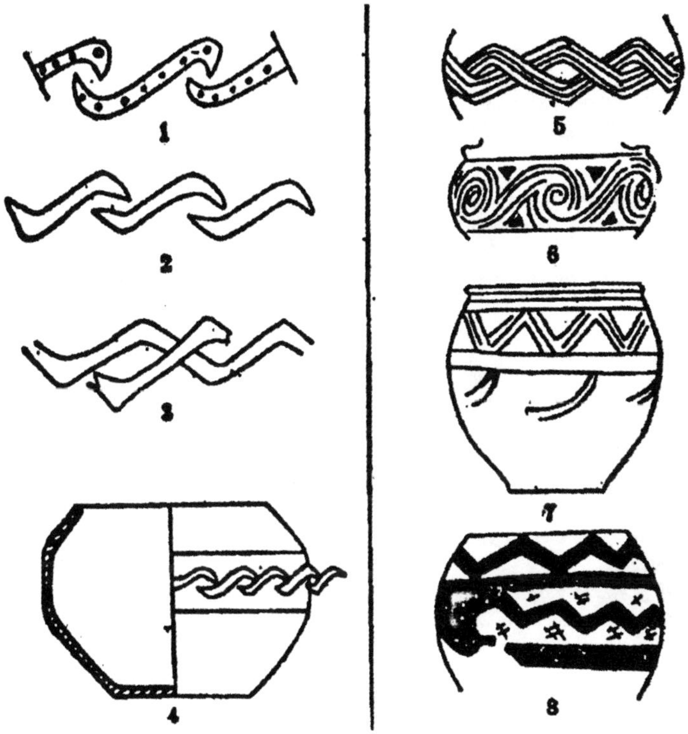

图3－19　大汶口文化陶器纹饰

（采自田昌五、石兴邦主编《中国原始文化论集——纪念尹达八十诞辰》）

在空中流动旋转。在甲骨文、金文中，“云”写作 、 、 ，《说文解字》中“云”字古文又作 ，显然“云”字初始的构形本义，正如《说文解字》所释：“云，象回转之形。”“《传》曰：‘云，旋也。’”[①] 云纹、雷纹均是由旋涡纹演变发展而来的。[②]

不过，新石器时期旋涡纹不仅仅是圆弧形，由图3－20马厂类型的雷纹的推测图可见，到了马厂晚期的彩陶纹饰逐渐由弧线变成了折线。张朋

① （汉）许慎撰，（清）段玉裁注：《说文解字注》，上海古籍出版社1988年版，第575页。

② 参见董锦、徐青青《从史前旋涡纹饰的造型特征看中国先秦云纹图案》，《装饰》2006年第12期。

图3-20　马厂类型彩陶方折纹、雷纹演变推测图
（采自张朋川《中国彩陶图谱》）

川认为这应该是先民对人或动物的肢节的折曲的模仿。可见，此时先民的审美已趋多元化。因此，往后在商、周时期的青铜器上出现了一种类似马厂类型晚期的纹饰——变体方折化的旋涡纹：云雷纹（大多为连续的回旋状线条，一般称圆形的是云纹，方形的是雷纹）应是对原始时期纹饰的继承与发展。也就是说，商周青铜器上的云雷纹早在新石器时期就已经出现。随着旋涡纹的发展，在殷周青铜器艺术中产生了云雷纹和龙、凤纹饰等不同花纹形态。①

① 参见蒋书庆《破译天书——远古彩陶花纹揭秘》，上海文化出版社2001年版，第242—243页。

综上所述，鸟纹、旋涡纹、云纹等之间是相互影响、渗透、融合的。先民出于某种或者说多种目的将具象的“鸟”刻画在陶瓶上，随着先人们审美意识的提升以及对世界认知的改变，具象的鸟纹逐渐被简化，但寓意反而越加深刻了。正如阿恩海姆所说：“结构特征是为了总体式样而确定的，局部成分的特征越是少，其总体结构的特征的数目反而会越多；换言之，局部越是简单，整体反而越复杂。”[①] 鸟身的几何旋涡化，鸟首的几何点或圆化，使鸟纹趋于抽象。因此，在新石器的中后期，陶瓶上装饰大量的旋涡纹。而形近的涡旋状的云纹也随着旋涡纹的发展而延续和变化，最终鸟纹、旋涡纹、云纹趋于“同”。它们是先民对世界认知的图像表征，是先民们审美变化的图像表现，是“潜在于民族文化深层意象中而难于用语言表达的心理活动”[②]，潜移默化地影响着后来的器物纹饰的发展，为先秦时期云、鸟纹的整合奠定了基础。

（二）先秦时期云纹、鸟纹的整合

马克思在《资本论》中谈道：“不同的公社在各自的自然环境中，找到不同的生产资料和不同的生活资料。因此，他们的生产方式、生活方式和产品，也就各不相同。”[③] 由此可知，商周时期的纹样是在其独特政治社会背景下发展演变出的。商周时期不仅是我国历史上的青铜时代，也是残酷的奴隶时代，是一个崇尚鬼神、充满神秘的历史阶段，其文化艺术里充斥着神秘可怖、威严狞厉的美感，到处弥漫着庄严、肃穆的气息。原始时期优美流动、圆润多姿的旋涡纹、圆圈纹、弧纹等纹饰，已经不能满足其审美需求，逐渐淡出人们的视野。因此，更符合时代审美特征的直线纹、方

---

① ［美］鲁道夫·阿恩海姆：《艺术与视知觉》，滕守尧、朱疆源译，中国社会科学出版社1984年版，第66—74页。

② ［日］杉浦康平：《造型的诞生——图像宇宙论》，李建华、杨晶译，中国青年出版社1999年版，第3页。

③ ［德］卡尔·马克思：《资本论》（第一卷），人民出版社1972年版，第390页。

图3-21　商周青铜器纹饰
（采自《中国纹样全集：新石器时代和商·西周·春秋卷》）

折纹、窃曲纹等取代了旋涡纹。如图3-21所示，青铜器上的纹饰以直线和转折为主，弧线为辅，就连鸟的羽翼也进行了直线和转折的处理，流畅自然，层次分明，整体上方阔规整、凝重封闭、富丽繁缛。不过，此时的鸟纹虽然进行了方折化，但是夸张变长的鸟尾，略含翻转旋化的意味，如图3-21右侧的五个小图，鸟纹或是向下方折90度，或是向上方折近360度。施慧认为："如果说，史前彩陶上富于动感的旋涡纹饰，其后在商、周青铜器上演变为以直线为主的规矩化的回纹、雷纹、窃曲纹和夔纹的话，那么，在南方的苗蛮部族里，仍然流行着原始型的旋涡纹，特别是既输入了中原文化又融合了南方文化的楚文化的兴起，使旋涡纹饰得到了新的发展。"①

在商周时期的西北和中原地区，优美流畅、生动活泼的旋涡纹饰在青铜器上演化为方折纹，虽然楚器上的纹饰也渊源于商周青铜器、玉器上的兽面纹、龙凤纹、云雷纹，却已摒弃了商周器物中以兽面纹、龙凤纹为主体，以细密规则的云雷回纹为底的威严狞厉的程式化风格，而代之以一种

① 施慧：《我国古代旋涡纹饰初探》，《新美术》1983年第1期。

活泼洒脱得多的新风格。[1] 这种新风格以鸟(凤)纹和云纹为主题，自由活泼地装饰在楚地器物上。沃林格说过："装饰艺术是一个可以见出民族独特和固有的艺术意志的图表。"[2] 那么，楚国的艺术意图大概与楚人崇拜祖先有关。楚人把凤设想成我们现在从楚国文物上所看到的模样，无非因为他们相信凤与他们祖先有某种亲缘关系，所以把自己认为的美好的特性和特征都给了凤。[3] 在古代楚人的心目中，他们的先祖祝融的形象除了与火、与光明联系在一起，也是与鸟或凤相关的。楚民族因此对凤鸟有特殊的感情，在楚人的艺术中，特别是后来战国楚艺术作品中凤是极为鲜明突出的母题。[4] 楚人认为"美好的特性和特征"在楚器上的表现，最明显的就是云气纹了。

皮道坚在研究中发现，"当阳'镇墓兽'与战国早期'镇墓兽'雕刻的装饰纹样都以卷云纹为主，这似乎又为这一楚文化特有器物代表了楚人对天空和自由的向往，增加了新的证据"[5]。也就是说，崇尚自由的楚人用云纹表明自己的独特的意志。进一步说，楚人所崇尚的凤鸟与表明他们自由意志与向往的云纹共同装饰在楚器上，是楚民族整体文化意识的外在表现。于是，位于长江中游地区的楚文化中出现了一种把云纹、鸟纹结合在一起的动律感很强的纹饰。这种纹饰巧妙地把鸟纹融入云纹(上文已述，云纹是旋涡纹发展演变过来的)，只留出鸟首表明鸟的形象，鸟身旋涡化变成了云纹，就好像有鸟从云气里幻化出来。如图3－22和图3－23所示，鸟首较为具象，鸟头上的羽毛卷曲成涡纹，鸟颈夸张变长略呈弧形，鸟身消失，刻画在夸张的鸟颈四周的旋涡纹象征着鸟翼，连续回荡、轻逸飞扬，给人一种鸟飞翔于云气之中的视觉感受。其花样秀美，内涵丰富，构

---

① 参见皮道坚《楚艺术史》，湖北美术出版社2012年版，第11页。
② [德]W. 沃林格:《抽象与移情》，王才勇译，辽宁人民出版社1987年版，第45页。
③ 参见张正明《楚文化史》，上海人民出版社1987年版，第7页。
④ 参见皮道坚《楚艺术史》，湖北美术出版社2012年版，第25页。
⑤ 皮道坚:《楚艺术史》，湖北美术出版社2012年版，第99页。

图3－22　彩绘凤纹盘
（采自《长江流域古代美术：史前至东汉 漆木器》）

图3－23　龙凤纹盾及战国楚漆器上的纹饰
（左图采自陈振裕《中国古代漆器造型纹饰》，右图采自皮道坚《楚艺术史》）

图新巧，与商周时期（见图3－21）雄浑凝重的纹样形成强烈的对比。它削弱了商周时期规矩理性的结构模式，倾向于具有动感的构图模式。这种把云鸟纹结合的纹饰，其原型在马家窑类型彩陶中就已经初见端倪（见图3－17）。正如学者所说："晚于仰韶的甘肃马家窑型的彩陶上，鸟的装饰题材较为普遍。从其造型特征来看，颇有商、周乃至春秋战国时期的凤鸟风味。”[①] 不过在楚国自由浪漫的文化熏陶下，楚人继承和吸收了各种文化因素，将云纹与鸟纹整合在一起，不仅促进了鸟纹的旋涡化，也推动了旋涡纹的云纹化，使其成为主流装饰纹饰。因此，在商周青铜器上鲜有踪迹的旋涡纹，到了春秋战国至秦汉时，随着楚文化的传播，云鸟纹结合的纹饰大量出现在漆器、铜镜、玉器、织锦等器物上，如图3-23（右）所示楚器物上的纹饰，用简化性的手法刻画鸟首，鸟身用大面积的旋涡纹表现。这种纹样开启了汉代奔放流畅的云鸟纹饰的先河。汉代艺术对战国楚艺术的继承，可以说更为明显。以漆器艺术为例，长沙马王堆西汉墓出土的各种漆器用品，以及漆棺上神秘谲诡、飞扬流动的漆绘，它们与战国漆器无论在造型样式还是在精神气质方面都有不少相似之处。[②]

因为汉初的政治制度是“承秦制”，并且在文化方面依然保持着楚文化的传统。李泽厚说：“其实，汉文化就是楚文化，楚汉不可分。……在意识形态的某些方面，又特别是在文学艺术领域，汉却依然保持了南楚故地的乡土本色。……楚汉浪漫主义是继先秦理性精神之后，并与它相辅相成的中国古代又一伟大艺术传统。”[③] 在楚文化中兴起的云化鸟图像，经过秦朝的发展与继承，于汉代呈现辉煌的状态，起到了承上启下的定型作用，它强调动态飘逸的线性美感和气象万千的嫁接组合。

通过对云化鸟图像的寻根溯源，其发展演化的脉络也终于“拨开云雾见青天”。毋庸讳言，汉画像中云化鸟图像程式化的运用以其背后所蕴含的象征意义不是一蹴而就的。它是古人精神文化发展的可见之物证。这一物证究竟有着怎样的精神面貌，还需进一步铢分毫析。

---

① 顾方松：《凤鸟图案研究》，浙江人民美术出版社1984年版，第15页。

② 参见皮道坚《楚艺术史》，湖北美术出版社2012年版，第153页。

③ 李泽厚：《美的历程》，生活·读书·新知三联书店2009年版，第72页。

第二节　汉画像云化鸟图像的分类与配置

汉画像中的图像内容丰富多彩，构成一幅绚丽奇特的象征世界，云化鸟图像在这个世界中是以怎样的姿态展现在人们眼前的呢？笔者将从这类图像的类型与其在墓室中的整体配置关系进行分析，以揭开此类图像的神秘面纱，进而揭示其蕴藏的深层意义。

一、汉画像云化鸟图像概述

随着考古学的发展，大量汉墓不断地被发现和发掘，越来越多的汉画像展现在了世人眼前。从目前出土的汉画像分布情况看，主要分为五个区域：第一分布区是由山东省全境、江苏省中北部、安徽省北部、河南省东部和河北省东南部组成的广大区域，第二分布区是以南阳市为中心的河南省西南部和湖北省北部地区，第三分布区是陕西省北部和山西省西部地区，第四分布区是四川省和云南省北部地区，第五分布区是河南省洛阳市周围地区。[①] 根据已经出版的汉画像图像资料和笔者的考察统计，云化鸟图像主要分布在上述第一区域和第三区域，笔者共收集到55幅。汉墓所在的区域不同，出土的汉画像也会略有地区差异，云化鸟图像也不例外，它们形态各异，异彩纷呈。

按照汉画像云化鸟图像特征的角度概述，这类图像分为独立纹样、伴随纹样、装饰纹样。独立纹样的图像一是作为边框的装饰，如《中国画像石全集》第一卷图六一武氏祠前石室后壁横额画像，画面分为两层，下层为连续性带状卷云化鸟纹，上层为车马出行图。二是单层图像，如第一卷图六七武氏祠前石室后壁小龛下供案石画像，只有一层，图绘连续性卷云化鸟纹，云中有翼兽、羽人。

① 参见信立祥《汉代画像石综合研究》，文物出版社2000年版，第13—15页。

伴随纹样是指云化鸟图像在画面中与其他图像配置在一起。这种特征的图像较多，大概有30幅。有的是伴随在场景的终点（多层画面中的最顶层），如《中国画像石全集》第一卷的图六五武氏祠前石室后壁小龛东壁画像，共有四层，从下往上依次是车马出行图、历史故事、羽人仙草、非连续性卷云化鸟纹。还有的是伴随在场景的全程，如第一卷图七二武氏祠前石室屋顶前坡东段画像，共有四层，皆绘神仙异兽的仙界情景，每一层都有卷云化鸟型纹样。

另一种为装饰纹样，多位于画面的边框、中间分割层，用于装饰和分隔画面。如《中国画像石全集》第三卷图二〇八龙、鸟、铺首衔环画像，画面从左往右分为三格，分别是异兽和鸟、铺首衔环、二龙绕璧。还有在最外层饰连续性卷云化鸟纹，如《中国画像石全集》第五卷图一二一绘有车马出行和狩猎的情景，在其左、右、上三周绘连续性蔓草卷云化鸟纹。

我们可以初步得出结论：云化鸟图像在东汉中晚期较为盛行，主要分布在山东、江苏徐州和陕西绥德等地。其中，有37幅画像出自山东，有11幅画像出自陕西，另有7幅画像出自江苏徐州。并且，山东地区的云化鸟图像最为多见，形态样式也较为生动活泼，这其中的深层原因值得深思。此外，云化鸟在画像中多位于画面中的最上层，或与仙人异兽相伴，或又独立成幅，此中的意义也值得探讨。汉代人将云化鸟图像较为程式化地配置在汉画像上，以凸显其特殊的含义。因此，我们应结合具体的图像，对其进行细致的分类，以便更好地研究云化鸟图像的象征寓意。

二、汉画像云化鸟图像的分类

不同地域的云化鸟图像形态各异，同一地域的不同地区的云化鸟图像略有差异；同一地区的不同墓葬的云化鸟图像也各有千秋，虽然各个地区的云化鸟图像形象迥异，但还是有规律可循的。如果按照云化鸟图像的造型样式，可分为卷云化鸟型、流云化鸟型及蔓草云化鸟型三大类；若按照云化鸟图像的功能类型则又可分为装饰性和场景性两大类。本部分力图比较清晰地呈现出云化鸟图像在汉画像中不同位置及其造型与功能上的异同，为后文探讨这种图像所蕴含的深层意味奠定基础。

（一）造型样式

汉画像中云化鸟图像的样式较为丰富，其变化主要是表现在云纹的形态上。云化鸟的云纹形态主要有卷云纹、蔓草云纹、流云纹。这三种形态的云纹分布也较为集中，卷云形态的云化鸟集中于山东地区，蔓草云形态的云化鸟集中在陕西地区，流云形态的云化鸟散见于江苏部分地区。这种分布情况，反映了不同区域的汉代人们的不同审美文化。

1. 卷云化鸟型

这类图像在汉画像艺术中出现得最多，主要分布在山东地区。根据其旋涡的形态和数量的不同，卷云化鸟型云化鸟图像可以分为以下三种类型。

第一，单旋。单旋是指云化鸟图像中，每个鸟头只配有一个旋涡。这种类型的卷云化鸟纹比较少见，笔者目前只在山东出土的汉画像中发现两幅。如图3-24是在山东安丘汉墓出土的画像，呈梯形状，画面四周有三层装饰纹样，分别为水波纹、垂幛纹、锯齿纹。画中的上方有两个异兽正在相对奔跑，似在争斗；下方刻有若干翼兽向左方奔跑嬉戏，翼兽中有四只飞鸟围绕着它们飞舞。在画面的左下方刻有一只独立单元的卷云化鸟型云化鸟，鸟身和羽翼为单旋的卷云状，只有鸟首相对具象。另一幅为连续性单旋卷云化鸟型（图3-25），原石出自山东省苍山县（现兰陵县）。画像的右侧有左向行进的车骑出行，分别为一辆羊车和一辆马车以及一个车骑。车队前有一人躬身相迎。画面左边有一座房屋，大门半启，有两人对谈，右边的侧门也是半开，有一人露出半个身子。屋上有一只立鸟，面朝右侧，仿佛在迎接贵人。立鸟的前方有连续单旋卷云化鸟型的云化鸟，卷云化的鸟身相互勾连在一起，鸟首从云头幻化出来。

图3－24　山东安丘汉墓后室东间北壁画像及局部（采自《中国画像石全集》第1卷）

图3－25　山东苍山城前村墓前室东壁门楣正面画像（采自《中国画像石全集》第3卷）

图3－26　东王公、六博游戏、宴饮画像（采自《中国画像石全集》第2卷）

第二，对旋。对旋指云化鸟图像中的云纹的涡旋相互对应。根据其涡旋呼应的数量不同，可以分为两类。

第一类是四个涡旋相对，有的作为独立单元的伴随纹样（图3－26）。独立单元指图像占有独立的空间，不与周围的图像连接在一起。该图画面为一层，右半部分是饮酒和进行六博的场景，形态各异，生动形象，上方的飞鸟翱翔于空中，六博游戏的角逐氛围扑面而来。左半部分，东王公正

图3-27　西王母、伏羲、女娲画像（采自《中国画像石全集》第2卷）

襟危坐，他的上、下方位各有一只脖子夸张变长的鸟探出来，东王公的右边有一虎和飞翔的羽人。在虎和羽人的下方有云化鸟纹，云的涡旋两两相对，向内卷曲，鸟首从中幻化出来。有的则是非独立单元的伴随纹样。如图3-27所示画像，画面也为单层，伏羲女娲的尾部相互交缠在一起，尾端各与两只鸟连接在一起。西王母端坐在伏羲女娲交缠的尾巴上，头顶有一立鸟，身后有四旋相对的卷云化鸟纹环绕，仙气弥漫，生机勃勃。还有一种连续性的装饰纹样，独立占据汉画像的一层空间，或位于画像中间，或位于画面的四周。如图3-28为出土于徐州的狩猎图，粗线边框内分为四层，由下往上第一层为四条鱼；第二层有一人正在狩猎，动物在急忙奔跑；第三层为连续性四旋相对的卷云化鸟纹；第四层是垂幛纹；在边框的上方有翱翔的瑞鸟。又如图3-29所示，边框内画面分为三格，分别有蟾蜍捣药的月轮、金乌所在的日轮、相对的二龙以及一条鱼。在边框的外围是连续四旋相对的卷云化鸟纹。

第二类是六个涡旋相互呼应。相较于涡旋紧连在一起的四旋相对的卷云化鸟纹，六旋相对的类型则是两边相互分开的。如图3-30武氏祠前石

图3－28　狩猎图（作者摄于徐州汉画像石艺术馆）

图3－29　日、月、龙画像局部（采自《中国画像石全集》第3卷）

室屋顶前坡东段画像，由下往上共刻画有四层画像。从下往上第一层为北斗星君出行的场面，星君坐在北斗星组成的魁状车上，星君的左后方有三人持笏恭立，星君的右前方有四人恭迎以及一队车马；第二层则是两行连续性的云化鸟图像，此类图像的卷云纹从鸟首的两侧分开，状似鸟的羽翼，两侧的羽翼各有三个涡旋相互呼应；第三层刻绘雷神出行图，龙首云车上有雷公执槌击鼓、雷母执鞭挥舞、神女抱瓿等仙人形象；最上层刻画仙人乘云车、骑异兽出行的场景。画像石的内容丰富有趣，引人入胜。

第三，多旋。多旋指卷云化鸟纹中的涡旋有两个以上，并且不像对旋两两对应，多旋中的涡旋的排序不规律。此类型在卷云形云化鸟图像中最为多见，其也可以分成两类。一类是独立单元的伴随纹样（图3－31），画面下方刻饰有水波纹、菱形纹、垂幛纹。主画面由下往上分为三层，第一

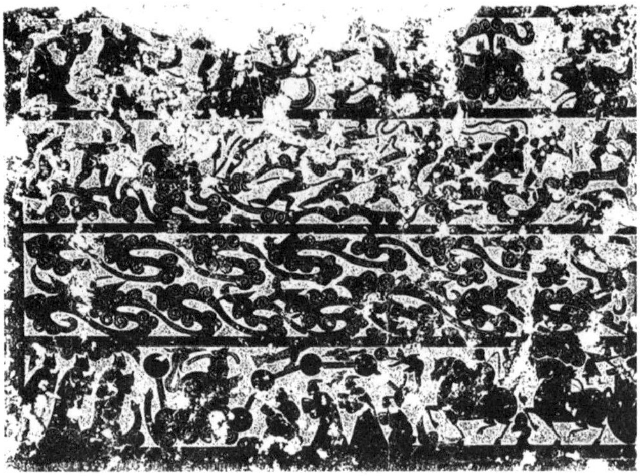

图3-30　武氏祠前石室屋顶前坡东段画像（采自《中国画像石全集》第1卷）

图3-31　武氏祠左石室后壁小龛西侧画像（采自《中国画像石全集》第1卷）

图3-32 武氏祠前石室后壁小龛西壁画像（采自《中国画像石全集》第1卷）

层绘有交尾相背、手持规矩的伏羲女娲，其中间刻有交尾牵手的两个小羽人。伏羲女娲的两侧还画有蛇身的羽人，在两个羽人的下方有卷云化鸟型的云化鸟图像，呈“S”状云纹，两头各幻化出一个鸟头；第二层表现的是荆轲刺秦王的故事；第三层刻管仲箭射公子小白的故事。另一类是独占一层的连续性纹样。如图3-32所示，由下往上分为四层，第一层和第二层为车马出行，第一层缀有一熊，第二层绘有一羽人和一独立单元的多旋云化鸟图像；第三层刻画了八个妇人对坐宴饮；第四层画有连续性的多旋云化鸟图像，独立位于画面的最上层。

2. 流云化鸟型

流云化鸟型指云化鸟图像中的云气纹是由流动性云气纹组成。流云纹多用于漆器的表面，汉画像中较为少见，流云化鸟型的汉画像云化鸟图像则少之又少。笔者目前只搜集到1幅，即藏于徐州汉画像石艺术馆的庖厨、

图3-33　庖厨、车马图局部（作者摄于徐州汉画像石艺术馆）

车马图局部（图3-33）。边栏四周绘有装饰纹样，上方为水波纹，左、右、下方为菱形纹。边框内刻绘了两乘马车，右边的马车上露出两人，车前有一人恭迎。在画面上方有流动的带状云气纹，连绵起伏，飘逸灵动，云气纹的两端有鸟头幻化出来。

3. 蔓草云化鸟型

目前搜集的材料中共发现12幅蔓草云化鸟型的云化鸟图像，其中有1幅藏于徐州汉画像石艺术馆，11幅出土于陕西省。蔓草云化鸟型的样式较为特殊，就像植物的主藤，在其四周生出许多类似藤叶的叶状云纹。此类型的云化鸟图像按照蔓草云的形态可以分为两种。

第一种是带状的蔓草云化鸟纹。如图3-34为出土于陕西绥德王得元墓室的横额画像，上下分为两层。下层共刻画了26个人物，场面宏大。中间有一座两层阁楼，有两人对坐于其中，两侧有数名女宾聚在一起，观看乐舞表演，各具情态，生动活泼。上层描绘的是蔓草云纹，两端的折角处绘有日、月。连绵起伏的蔓草云纹由一条状似藤蔓主干的宽带贯穿画面

图3-34　绥德王得元墓室横额画像（采自《中国画像石全集》第5卷）

图3-35　绥德墓门楣画像（采自《中国画像石全集》第5卷）

始终，呈现富有节奏的起伏变化，主干上生出旁枝散叶，就像波涛翻滚的海浪回环往复，构成画面的整体框架。蔓草化鸟纹中，有两只仙鹤伫立，一只小鹿在奔跑，在画面的左侧有一只鸟从云中幻化出半个身子。又如前文图3-10所示，人物上方为单旋卷云化鸟纹。画面的左侧描述的是周公辅成王的故事；右侧画有一人手持鸠杖，其前面有一人手推独轮车与之相对，传为孔子见老子的场面。画面的上方有连续性的带状蔓草云纹。如果说图3-34中的蔓草云化鸟纹的起伏较为规律，那么此图的蔓草云化鸟纹高低错落，显得较为随性。蔓草云层的右侧幻化出四个面朝左方的鸟头，云层的左侧则变化出两个与鸟相对的龙首。

第二种是线状的蔓草云化鸟纹。其样式特征为在块状的类叶云纹之间，有一根或数根弧形线条衔接，流畅婉转，形成两头偏大中间细长的形状，云气轻盈飘逸，整体感觉浪漫夺目。如图3-35下层画面中，右侧刻有三辆轺车和一辆辎车组成的车马出行的场景，左侧是两个骑马的猎手正在追射四处逃窜的猎物。画像的上层和两侧饰线状的蔓草云化鸟纹，云层

图3-36 武氏祠前石室后壁横额画像（采自《中国画像石全集》第1卷）

中有一只立鸟和一个从云气中化生出的鸟头。

（二）功能类型

上文根据云化鸟图像的造型样式对其进行了分类和分析。下面将从功能性的角度来观察云化鸟图像的类型。可以分为两大类，一是装饰性类型，二是场景性类型。

1. 装饰性类型

装饰性类型特指云化鸟图像与画面中的其他层次没有叙事时间上的联系，它在画像中是独自构成图像意义。此外，此处涉及的“装饰”与前文说的“装饰”所指的含义也不同。此处泛指云化鸟图像在汉画像中程式化应用的原因——可以使空白的石头上有装饰的色彩，更多的是从艺术视觉效果（或者说表面层次）上进行论述；而前者则特指从云化鸟图像的深层次的功能意义上进行阐述。

装饰性类型的云化鸟图像在汉画像中的运用有三种情况。一是作为边框外的纹饰，与主画面分开。如在一些孔子见老子图中，边框的上方绘有连续性单旋卷云化鸟型纹饰。这里的云化鸟图像不与边框里的内容产生叙事上的联系，独成体系，自含一定的象征意义。二是位于边框内的上层或下层，与主画面联系在一起。如图3-36所示，边框内的画面共分为两层，上层为左向行进的车马出行图，左侧有两导骑引导，后面分别是刻有“门下贼曹”“门下游徼”“门下功曹”榜题的轺车，其后是两个伍伯夹护的“令车”，紧跟其后的是六从骑引导的“主簿”轺车。车队前后各有一人恭迎和

图3－37 山东安丘汉墓后室东间北壁画像（采自《中国画像石全集》第1卷）

恭送。下层是连续性的卷云化鸟纹，云气中绘有飞禽异兽。三是位于边框内，作为图层之间的分界线。例如图3－37，画面内容较为丰富，四周边饰双菱纹、水波纹、垂幛纹、锯齿纹，在边饰外的上、下、右三周刻有异兽。画面中以对旋卷云化鸟纹为中间分隔段，上层绘有相对的两只朱雀，朱雀的中间和左侧各有一翼兽，右侧有一仙人戏虎。下层左边有一朱雀，四周环绕八只小鸟，在朱雀的后方有一异兽。下层中间是一手持长蛇并衔于口中的神怪。神怪右边绘有一神怪抱一人，其右是一人张弓搭箭射向神怪。在神怪的下方刻有一条鱼。画面层次分明。

2. 场景性类型

场景性类型是指汉画像中的云化鸟图像与画像中的其他图像有一定时间上和空间上的联系，共同构成一种相互关联的场景。相比装饰性类型的独立和单一性，场景性类型与图层中的每个单元都不可或缺，它们之间有直接或间接的情节发展关系。云化鸟图像伴随图层中的各个单元，共同叙述了一系列事件，并且确定安排了它们之间的逻辑关系。

如图3－38画面共分为四层，从下至上第一层刻车骑出行，两导骑引导一刻“贼曹车”榜题的轺车出行，左端有一小吏恭迎。第二层描绘了两个孝子故事：丁兰刻木和邢渠哺父，左侧有一株嘉禾。第三层绘有六羽人、嘉禾、蓂荚等祥瑞。上层描绘一羽人、飞鸟，以及多旋卷云化鸟型云化鸟图像。此图中云化鸟图像与羽人、嘉禾等祥瑞，共同象征了仙气弥漫的仙界，描述了一个“车马出行（升仙路上）—孝子故事（道德考核）—仙界祥瑞（到达仙界）”层层递进的场景。再如图3－39所示，画面分为两层，下层刻一辆羊车和一辆牛车，每辆车上各坐两人，牛车上方有一飞鸟。上层刻伏羲女娲交尾相对，西王母端坐在伏羲女娲相交的蛇尾上方，左侧有一蹲坐的九尾狐，在其下方有四旋卷云化鸟纹，右端是正在捣药的玉兔和两只蟾蜍。在它们的下方坐有六人，左边的三人相对右边三人较为高大，中间有两个壶。这是西王母等众仙人居住的仙界，生命气息浓郁，云气缭绕，珍禽异兽会聚，云化鸟的出现增添了仙界的“仙气”。

以上就是根据汉画像中云化鸟图像的造型和功能进行的简单分类，从中我们可以看出，云化鸟图像的造型多样，形态飘逸。这些分类，尤其是功能类型中的场景性类型，将为下文汉画像云化鸟图像的配置提供重要的铺垫。

三、汉画像云化鸟图像的配置

汉画像是汉民族精神的一个“镜像”阶段[①]，它像一面镜子一样，把汉代人们对死后世界的希冀和幻想映射出来。正如布克哈特所说：“只有通过视觉作品、某个时代隐秘的信仰和观念才能传诸后人，而这种传递方式是最可靠的，因为它是无意而为的。”[②] 汉画像正是这种具有隐喻特征的视觉图像。而云化鸟图像在这镜像世界中再现了人们怎样的生死态度，因为“图像如同文本和口述证词一样，也是历史证据的一种重要形式。它们记

① 参见朱存明《汉画像的象征世界》，人民文学出版社2005年版，第1页。

② 孟建、［德］Stefan Friedrich 主编：《图像时代——视觉文化传播的理论诠释》，复旦大学出版社2005年版，第164页。

图3-38 武氏祠前石室后壁小龛东壁画像（采自《中国画像石全集》第1卷）

图3-39 西王母、人物、牛羊车画像（采自《中国画像石全集》第2卷）

载了目击者所看到的行动”[①]。我们可以通过分析云化鸟图像在汉画像中的配置来挖掘其隐藏的深层意义。

通过上文我们可以发现，云化鸟图像的配置呈现出很强的规律性和一致性，用“有限的常备构件创造出变化无穷的单元”[②]。场景的规律性暗示我们，不仅墓葬本身“使鬼能在其中‘培胎炼形’转变为仙”[③]，而且墓葬中的画像系统也是这一生死“转换器”的按钮——空间的暗示与界定。“汉代人对‘生’的主题的展现主要是通过构建大量的生殖崇拜图与仙界图来完成的。”[④]云化鸟图像无疑寓意着空间系统中的仙界。那么，云化鸟图像是如何在画像中建构“生”“仙”的场景呢?

上文中我们已经对云化鸟图像进行了分析，这里试从把它们放到原来的建筑环境中进行理解。根据饰有云化鸟图像的汉画像石在墓室中的位置，更加全面、具体地解读其图像的内涵。

（一）门楣：云化鸟与车马出行图

在汉画像中，有云化鸟图像的墓室门楣多与车马出行图配置在一起。如果把墓室的图像系统看作一个故事，那么墓门图像就是这个故事结构的开端。在汉代，墓葬表现的是人们死后的理想家园，是升仙长生之所。有的学者认为，进入汉画像砖石墓门（此处象征神人分界之所）后，就表示进入了仙界。[⑤]门楣所在的墓门即是生死转变之门、仙人和凡人转化之门。前往仙国的路途遥远，还会遇到各种艰难，需要车马卫兵守护送往目的地。因此，墓门门楣、门框、门扇的画像内容与逐疫辟邪，严守门户的思

---

① ［英］彼得·伯克:《图像证史》，杨豫译，北京大学出版社2008年版，第9页。

② ［美］巫鸿:《黄泉下的美术：宏观中国古代墓葬》，施杰译，生活·读书·新知三联书店2010年版，第63页。

③ 姜生:《汉帝国的遗产：汉鬼考》，科学出版社2016年版，第22页。

④ 刘茜:《汉画像石图像艺术与汉代生死观》，中国社会科学出版社2015年版，第7页。

⑤ 参见周学鹰《解读画像砖石中的汉代文化》，中华书局2005年版，第94页。

图3-40　绥德墓门楣画像（采自《中国画像石全集》第5卷）

图3-41　靖边寨山门楣画像（采自《中国画像石全集》第5卷）

想有关。[1]

如图3-35中蔓草云型云化鸟图像被配置在上层，下层左向行进的车马队伍的前方，有两个骑手正在狩猎。相似的画像还有图3-40和图3-41。

图3-40中，蔓草云型化鸟纹配置于画面的上、左、右三侧，折角处绘有日、月，上层的中间有一做蹲立状和一飞翔状的凤鸟。画面有一位拉缰驯马车的驭手，其前方有一导骑；左端有一骑马驰骋、拉弓射箭的人正在追赶四处逃散的鹿和兔子。图3-41的上层为蔓草云型化鸟纹，两折角绘日、月。下层内容较为丰富，皆为左向行进的动态。左侧绘玉兔捣药，右侧有两凤鸟展翅而立。画面下层为左向行进的车马和狩猎的场景。这种左向行进的车马出行在汉画像中比比皆是。左向行进即向西行进，在汉代人们的思想观念里西方是月宫、西王母宫等仙界处所，是不死药所在地，

① 参见周到、李京华《唐河针织厂汉画像石墓的发掘》，《文物》1973年第6期。

是成仙不死之地，更是墓主人的目的地。而狩猎的场景所表现的空间是“原野”所在的“人间”。又或者说在进出口的门楣上刻绘“狩猎”，还有恐吓“侵入者”，赶走威胁墓主人安全的妖魔鬼怪之意。由上所述可知，此类门楣的图像配置为：左向行进的车马→狩猎→云化鸟图像等祥瑞（门楣画面的上层部分的云化鸟、祥禽瑞兽等图像，一是代表升仙和吉祥长寿，二是寓意成仙的目的地——仙界）代表仙界。

因此，车马出行的动态趋向应有两个目的地，一是阶段性出行的目的地——原野狩猎；二是最终的目的地——仙界。综上所述，配有云化鸟图像的门楣画像是整个墓室图像叙事的开篇。

（二）屋顶：云化鸟与神仙瑞兽图

在汉代，墓室是微观宇宙的投影，它是“多中心的”，是诸多独立部分的集合体。也就是说，墓葬的世界中包含着“天、仙、人、地”四个中心，并按照这四个中心的现实空间位置，通过墓葬中的随葬品和画像来象征。墓室的屋顶无疑是这一微型宇宙中高高在上的天界，因为“当时把整个墓葬视为一个死者所居的天地，所以把墓顶当作天空”①。但是，墓室屋顶怎么获得这种神秘的象征力量呢？“从源头上讲，器物如要获得超出它属性所规定的能力，那么大概有两种途径……另一种则来自器物表面上所附加的某种装饰或符号，这种附加的装饰又可以细分为两种：一种是拟形，包括局部的和整体的模拟，通过这种形式的处理，器物便与具有相应能力的事物联系起来了；另一种是在器表刻画某种的纹样，也可以达成目的。”②因此，云化鸟图像和神仙瑞兽图像是配置于墓室屋顶的，象征汉代人们梦寐以求的成仙之地。

如图3-42为武氏祠前石室屋顶前坡西段画像，上下分为四层，每层

① 俞伟超：《中国古墓壁画内容变化的阶段性——〈河北古代墓葬壁画精粹展〉座谈会上的发言提纲》，《文物》1996年第9期。

② 练春海：《器物图像与汉代信仰》，生活·读书·新知三联书店2014年版，第5页。

图3-42 武氏祠前石室屋顶前坡西段画像（采自《中国画像石全集》第1卷）

均刻画了仙人们日常生活的场景。在这两幅画像中，云化鸟图像被配置于各个图层之中，从下至上第二层和第四层描绘了仙人乘龙车出行的场景。与该石对应的东段画像也相应地刻画了相似场面，第一层绘有北斗星君乘坐由北斗星构成的星车出行，第四层的仙人们则是乘坐了云车出行。（见图3-30）云化鸟配置于出行队伍的周围或是直接作为出行工具，应是表征这些仙界的出行队伍，他们在空中飞行，象征着超脱世俗的世界，摆脱了自然规律的束缚。

再如前文图3-11武氏祠左石室屋顶前坡东段画像。这幅画像中的云化鸟图像被配置于画面的中心位置，状似连理树，起到了空间分层的作用。与此相对的武氏祠左石室屋顶前坡西段画像（图3-43），共刻画了四层，最下层刻数名力士擒牛背虎、拔树拽猪的生动场面；第二层为驱傩的场景，左边是持“五兵”的神怪，持勺、刀、魁、瓶、盆等工具的神人，右边有一昂首扭身的熊，手持兵器；第三层雷神乘五羽人拉的云车向右出行，车后有一羽人和正在吹风的风伯，画面中部卷云上有执鞭的电母和抱

图3-43　武氏祠左石室屋顶前坡西段画像（采自《中国画像石全集》第1卷）

壶的雨师，虹中雷神正在俯身击打一伏地者，画面右有一人踩在云化鸟上，手扶虹拱，云化鸟下有一怀抱小孩的妇人作跌伏状；第四层刻绘神仙乘云车驾飞龙向右出行，右侧有三人跪地相迎，云化鸟图像配置在翼龙的下方。此图中的云化鸟图像配置在第三、四层神仙出行的场景中。综上可知，在汉代人们的心目中，云化鸟图像是仙界的表征，是与神仙瑞兽伴随在一起的。

（三）四壁：云化鸟的综合性配置

如果说，门楣象征着故事的开端，屋顶象征着故事的结局，那么墓室的四壁则是故事的高潮部分。一座祠堂就像包含了天上、人间的一个大的宇宙空间，体现着当时人们的宇宙观念。如祠堂的顶部都刻有天上的神灵、日月星象和祥瑞图像等，以表示神秘的天空世界和天降祥瑞。两壁的上部或山尖部位则刻有西王母或东王公等仙人图像，象征着仙人所在的仙山世界。祠壁的其他部位，从上而下则依次刻有历史故事和生活题材

图3-44　武氏祠左石室东壁上石画像（采自《中国画像石全集》第1卷）

的画像。[①]

如图3-44为武氏祠左石室东壁上石画像，画面共分为三层，最下层刻左向行进的车马出行图，左端三个导骑策马奔跑，头上有一飞鸟。其后有一辆轺车和两个伍伯。中间是一辆四维轺车，其上有题榜，其后跟有一骑和一辆轺车。最右端有一人恭送。第二层刻有17个身着冠服、双手持简的人，其动态多为右向，据说为孔门弟子。最上层为“山”形构图，东王公端坐在中间，四周有羽人、飞鸟、蟾蜍等祥禽瑞兽，并有一四旋卷云化鸟纹，饰在东王公的左边。画面的最高部位象征着仙人世界；中间部分是历史人物，象征着人间世界；最下层的车马出行图有学者认为是较低的地下世界。如信立祥认为，根据汉画像石的图像配置规律，这种车马出行图之所以配置在祠堂壁面的最下层，是为了表明祠主夫妇的车马出行行列是从位置较低的地下世界而来的。[②] 再如图3-45和图3-46，从下至上第一层皆为左向的车马出行图。第二、三层为历史故事，图3-45刻绘的是骊姬害晋太子申生、周公辅成王，关于“忠”的历史故事；图3-46刻绘的是

① 蒋英炬、杨爱国：《汉代画像石与画像砖》，文物出版社2001年版，第95页。

② 参见信立祥《苏、皖、浙地区汉画像石综述》，载《中国画像石全集》（第4卷），山东美术出版社2000年版，第6页。

图3-45　宋山小石祠西壁画像
（采自《中国画像石全集》第1卷）

图3-46　西王母、季札挂剑、邢渠哺父、二桃杀三士画像
（采自《中国画像石全集》第2卷）

二桃杀三士、季札挂剑，关于“义”的历史故事。最高层刻画的是西王母和羽人、瑞兽、云化鸟等仙界形象。

上文提到，车马出行象征着主人从位置较低的地下世界而来，左向行进表示出行的目的地是处于西方的不死仙界。因此，车马出行寓意着“鬼魂一仙人”的转变的旅程。由于历史故事发生在人间世界，所以按照“天、仙、人、地”的分层和汉代祠堂画像的配置规律，应该配置在“仙”与“地”之间，也就是神仙瑞兽的仙界和车马出行的中间。[①] 也就是一起象征着灵魂的持续转化。[②] 在“人间世界”中刻绘忠孝节义类又与汉代人们对绘画的思想观念有关。东汉晚期大臣阳球的一段话，集中表现了当时统治者对绘画艺术的看法。他在给灵帝的奏文中一再强调艺术的历史故事，政治

① 参见信立祥《汉代画像石综合研究》，文物出版社2000年版，第119页。
② ［美］巫鸿：《时空中的美术：巫鸿中国美术史文编二集》，梅玫等译，生活·读书·新知三联书店2009年版，第188页。

工具作用，指出："图像之设，以昭劝戒，欲令人君动鉴得失。未闻竖子小人，诈作文颂，而可妄窃天官，垂象图素者也。"[①]云化鸟图像在墓室四壁中的综合性配置，将整个故事推向了高潮，展现了墓主人升仙的旅程。

综上所述，我们在解读汉画像中的云化鸟图像时，不仅要从图像本身这个"点"着手，也应从"线"着眼，把云化鸟图像置于整个图像系统中进行释读，还应该从"面"入手，从图像在墓室中的位置进行解读，以全方位、全角度地分析此类图像。

本文对云化鸟图像的发生、发展进行了溯源，对"云化鸟"图像展开了较为细致的分析。我们发现图像的发生是有时空继承关系的，它在器物、墓葬等载体上的应用不仅是装饰性的作用，还蕴含着特殊的象征意义。"图画一开始不单是艺术上满足审美需要的一种形式，同时也是把一定的映象和思想物质化从而传达给他人的一种工具。"[②]图像可以帮助后人了解过去某个历史时期的集体感受。[③]因为，对于古人来说，存在物的图像自然是我们叫作客观特征的那些特征与神秘属性的混合。图像与被画的、和它相像的、被它代理了的存在物一样，也是有生命的，也能赐福和降祸。[④]那么，云化鸟图像承载着先人们对世界什么样的认知呢？

第三节　汉画像云化鸟图像的文化意义

中国人发展出两套视觉系统，一种用符号和图式来图解宇宙运动，另一种是把这一运动画成可见的天象。第一种传统启发了抽象化和图式化，

---

① （宋）范晔撰，（唐）李贤等注：《后汉书·酷吏列传》，中华书局2005年版，第1689页。

② ［苏］德·莫·乌格里诺维奇：《艺术与宗教》，王先睿、李鹏增译，生活·读书·新知三联书店1987年版，第39页。

③ 参见［英］彼得·伯克《图像证史》，杨豫译，北京大学出版社2008年版，第33页。

④ 参见［法］列维－布留尔：《原始思维》，丁由译，商务印书馆1981年版，第41页。

第二种则引出了图像的描述和隐喻的内涵。[①] 汉画像恰是这套视觉系统的表现形式，它把汉代的思想文化、政治生活、哲学宗教等方方面面，用形象的或抽象的图式画成可见的“天象”，隐喻着汉代人的意图。正如杰西卡·罗森所说的“外在符号贮存”：“说明人的设想（即思想与信仰）与意图先于器物存在，并且被简要地贮存在器物中，但器物并不是简单地存储它们，而是形成信仰并将其转变成现实这一过程中的基本要素。”[②] 那么，汉画像的云化鸟图像这一“外在符号”“贮存”了汉代人什么样的信仰？本节将从气论思想、图腾化身、变形升仙信仰三个方面探讨这类图像的像外之象。

一、气论思想的表征

汉画像云化鸟图像“贮存”的汉代思想之一即气论思想。气不仅是自然现象之气，而且逐渐被发展到了哲学高度，被认为是生命之本原，在汉代更是提出了“元气”的概念，人们认为气可以化生万事万物。在汉代“事死如生”的大背景下，气的特性与汉代人们的生死观念不谋而合。因此，汉代墓葬中刻绘了许多气的表征图像。汉代的人们在画像中用有形的“云”表征无形的“气”，以象征云气化生万事万物。因此，下文将从气为生命本原、云为气之象、云气化生万物三个方面阐述气论思想与汉画像云化鸟图像之间的关联。

（一）气为生命本原

气论思想是古人对自然和生命进行阐释的哲学，认为自然中存在气，

---

① 参见［美］巫鸿《黄泉下的美术：宏观中国古代墓葬》，施杰译，生活·读书·新知三联书店2010年版，第157页。

② ［英］杰西卡·罗森：《祖先与永恒：杰西卡·罗森中国考古艺术文集》，邓菲、黄洋、吴晓筠等译，生活·读书·新知三联书店2011年版，第173页。

气的运行交感产生万物。人生在大气中，“有气则生，无气则死”，把生命看作气作用的结果，后来泛化到宇宙间的万事万物。“气”字产生很早，在殷周甲骨文中就已经出现，作三，象形“云气”，为原始意义。随着人类的实践和认识过程中对“气”的发展，其含义逐渐得以扩展。

先秦时期气的思想得到了进一步的丰富，“气”不仅仅指云气、风气、雾气等自然现象之气，还与四时的产生、人的心性品行、政令制度等联系在一起，如《左传》中提出了“天生六气”说：“六气曰阴、阳、风、雨、晦、明也。分为四时，序为五节。”① 又如《国语》中有太史伯阳父以“天地阴阳之气论地震”②，认为气为天地之气、阴阳之气，包含在万物和人体之中，有其运动变化的客观秩序，涵盖了自然、社会和人的意识的普遍概念，开始上升成为哲学范畴。③

先秦战国时期，诸子百家争鸣，明确提出了气为化生万物的元素或本原的思想。例如稷下学派的管子，认为气就是“精气”，“精也者，气之精者”，“有气则生，无气则死。”④“精气”是构成天地万物的本原。又如，道家的老子提出了“冲气”的概念，“万物负阴而抱阳，冲气以为和”，阴阳二气融合而为“三”，以生万物。这是中国哲学史上第一次明确提出“气”为化生万物的元素的思想（不含本原意）。⑤ 庄子在《至乐篇》中说：“……察其始而本无生，非徒无生也而本无形，非徒无形也而本无气。杂乎芒芴之间，变而有气，气变而有形，形变而有生，今又变而之死，是相与为春秋冬夏四时行也。”⑥ 认为道变产生气，气变则产生形体，形体变就产生了

---

① （清）阮元校刻：《十三经注疏》，中华书局2009年版，第4397页。

② 参见邬国义、胡果文、李晓路撰《国语译注·周语上》，上海古籍出版社1994年版，第21页。

③ 张立文主编：《中国哲学范畴精粹丛书——气》，中国人民大学出版社1990年版，第26页。

④ 李山译注：《管子》，中华书局2009年版，第265、85页。

⑤ 参见李存山《中国气论探源与发微》，中国社会科学出版社1990年版，第80页。

⑥ 方勇译注：《庄子》，中华书局2010年版，第285页。

生命，周而复始。再如，儒家的荀子认为自然之气是万物所共有的，“天地合而万物生，阴阳接而变化起”[①]。天地万物的生灭变化是阴阳之气交感运动形成的。从上述气论思想在各个时期的发展中可以看出：春秋时期，气被用以说明世界的秩序和普遍联系；至战国时期，气被看作化生万物的元素或本原。[②] 这为汉代的气论思想奠定了基础。

两汉时期，经过先秦气论思想的会聚和延续，“元气”概念兴起。董仲舒综合了前人的思想，形成了“阴阳中和”之气的思想，提出“元气”，它是产生万物的本始物质。“元者，始也，言本正也。……王正，则元气和顺。”[③] 阴阳二气必须交感合和才能化生万物。东汉时期，扬雄、张衡、王符等人继承了道家哲学，并不同程度吸取了诸家，特别是儒家的气论思想，也认为元气的阴阳之气的运动产生万物。纬书进一步发展了元气思想，提出元气的特性是“变易”，“变易也者，其气也”[④]。而且元气的运动变化是周而复始的，“易变而为一，一变而为七，七变而为九。九者，气变之究也，乃复变为一”[⑤]。王充在《论衡》中论及的元气，上升到了哲学范畴。认为人的生死是气的转化的过程，“阴阳之气，凝而为人；年终寿尽，死还为气”[⑥]。这些气论思想对当时社会整体的观念产生了深远的影响。

从上文可以发现，古人认为流动的“气”是生命的载体，是生命力的象征。生命的根本在于气。万事万物不仅原则上是天地之气所化，现实上还可以融进天地之气的具体流动中，以气的动态变化为运动轨迹，像“圆”一样起止回环，如春夏秋冬的四时之气一样周而复始地交替循环。气是生生不息的，由气之聚散化成的生命也是循环往复的“永恒回归”，因阴阳二

---

① 安小兰译注：《荀子·礼论》，中华书局2007年版，第180页。

② 参见李存山《中国气论探源与发微》，中国社会科学出版社1990年版，第15—19页。

③ 张世亮、钟肇鹏、周桂钿译注：《春秋繁露》，中华书局2012年版，第103页。

④ [日]安居香山、中村璋八：《纬书集成》，河北人民出版社1994年版，第4页。

⑤ [日]安居香山、中村璋八：《纬书集成》，河北人民出版社1994年版，第12页。

⑥ (汉)王充：《论衡》，载国学整理社编《诸子集成》(第七册)，中华书局1954年版，第204页。

气的运动而凝聚成形体变而为人，又因为生命的消散而复化为气，终而复始，循环不息。《庄子・知北游》:“人之生，气之聚也，聚则为生，散则为死。”简而言之，天地间的万物皆是气的运动变化的结果，皆是由天地阴阳之气交感合和所化生出来的。也就是说，即使人死后形体消解，但其生命的本原“气”依然“活着”，通过“变”而复生。尤其是在汉代人们追求“不死升仙”的欲望驱使下，再加上决定他们终极命运的“由死而仙”“先死后蜕”的最根本信仰结构的影响下[①]，气的这种特性更加迎合了时人的信仰，因此在汉代重厚葬、事死如生的大环境中，气论思想在汉墓的画像中被表现得淋漓尽致。

但气是无形的，这看不见之物对于人类来说，却不是完全无法得知的，因为有形的生命体是依靠无形之气而生、而活的，如人类和一些生物，活着时需要呼吸，死亡时则没有了呼吸。“《易经》中有‘形而下者谓之器’之说，‘器’也者，乃指山川、动物、植物、器具……等具形状和实体之物。易言之，就是指世间所有‘看得见之物’。他们都是看不见的‘道’的作用之容器。”[②]在现实场景中，气以山川、动物、植物、器物为容器，但是在汉画像这个空间载体中，气的容器是什么呢?

(二)云为气之象

许慎在《说文解字》中解释:“云，山川气也。”“气，云气也。”《说文解字部首订》曰:“气之形与云同。但析言之，则山川初出者为气，升于天者为云；合观之，则气乃云之散蔓，云乃气之浓敛，《说文》故以云气释之。其形叠三为文者，气之上出，层累而升，因从积画以象之。”也就是说，云和气是可以相互转换的，气浓敛时则为云，云散蔓时则为气。《春秋元命苞》曰:“阴阳聚为云气。”[③]阴阳二气聚合在一起则化为云气。“阴

① 姜生:《汉帝国的遗产：汉鬼考》，科学出版社2016年版，第13页。
② 杨儒宾主编:《中国古代思想中的气论及身体观》，台北巨流图书公司1993年版，第65页。
③ （宋）李昉等:《太平御览》，中华书局1960年版，第74页。

图3－47 “云化鸟”图像中云纹的样式

阳聚而为云；阴阳和而为雨；阴阳凝而为雪；阴阳合而为雷。”[①] 因此，二者虽异形但同源，在本原上是一致的。正如明王廷相在《慎言·体道篇》云：“有形亦是气，无形亦是气。”

前文提到气是无形的、不可见的，它在汉画像这个空间载体中，需要“容器”使其成为可见的存在物。云无疑是这一载体最好的表现形式，它是气在汉画像中有形的、可见的“象”。因为，云这种无具体形状的东西是让人产生梦想的绝佳绘画题材：它把人带入一个各种形状在运动的世界，而运动又打破、重组那些形状，它尤其适合内部总在经历变化的结构，正好启动梦想的无穷的形式转换力量。云纹（图3－47）的形态是千变万化的，而气的特点也是“易”，它一直处于运动变化当中。在汉代人的墓葬观和生死观里，汉墓也是一个“内部在经历变化”的结构，是墓主人进行死生转换、羽化升仙的转换器。墓葬里的画像、器物等也是这一变化结构的参与者，是这个“死生转换器”的启动者。气作为万事万物的本原，无疑是“生”的根本，所以墓室里、器物上绘满了云纹。汉代人们认为墓葬可以为死者提供墓室中所描绘的一切，《史记》等汉代文献显示出图像或“象”在那个时代具有与其模仿的实物一样的功能和效力，图像是一种实现所期望效果（如神灵降临）的有效途径。[②] 也就是说，汉代人们认为在墓室壁画上绘刻云气，也就象征了这个墓室就是“生”界，充满了生命之气，不再

① （明）孙瑴著录：《古微书》，山东友谊书社1990年版，第174页。

② 参见［英］杰西卡·罗森《祖先与永恒：杰西卡·罗森中国考古艺术文集》，邓菲、黄洋、吴晓筠等译，生活·读书·新知三联书店2011年版，第254页。

是毫无生气的“死”界。正如杰西卡·罗森所说：“对墓葬(从秦始皇陵至唐墓以及更后期的墓葬)中日月及星宿图像的文学性描述，都可将墓葬转化为生者居处的相似物，换言之，就是‘象’。”① 因此，这种“象”可将墓葬转化为生者梦寐以求的空间，这个空间里充满了“气”——汉代人终极追求的仙界。云这个梦想的载体恰好表现了气在汉画像中所承载的汉代人们的希冀。

异形同源的气和云不仅是隐性存在的显性容器，还是未知彼岸世界和已知此岸现世的关联性之“象”。云气是画中神仙世界的存在方式和依托，又或者说汉画像中的云气就是象征着死者所处世界的天空。云在画像中是天地的界限，是区别人间和天界的重要标志。它指示了此岸和彼岸的关系，也就是墓主人由地升天、由魂而仙的过程。但这些都是不可见的过程，因此，在汉画像中描绘了许多如云化鸟一样的形象，用它们的形式与宇宙的永恒特征相联系。如图3-43所示，画像中出现了西王母、东王公、羽人异兽、云化鸟、车马出行等图像，从这里我们可以看出几个层次的“象”。首先，来自最底层的车马出行是地下世界的表达；其次，云气、西王母、东王公等是仙界的象征；再次，中间连理树样式的云纹，右下端有马车在攀登，应是来自底层的马车已经到了仙界的入口，正在去往仙界的路途中；最后，云纹的左上端的马车象征了墓主人已经到达了仙界。从中可以看出，此类图像是从地下到天上、死亡到永生的一个行进过程，它们之间关联点即中间的那团云气，它成了两个世界之间的关联之“象”、区别之“象”。这些场景和形象的方式解释为“象”，即对不可见的冥世特征的视觉表达。在灵魂世界中，这样的图像被认为可以将其原型的效果带给它们的所有者或制造者。……另外，图像是一种实现所期望效果(比如神灵

① [英]杰西卡·罗森:《祖先与永恒：杰西卡·罗森中国考古艺术文集》，邓菲、黄洋、吴晓筠等译，生活·读书·新知三联书店2011年版，第228页。

降临）的有效途径。[①]

综上所述，云是气的聚合形态，是气的显性存在形式，是气在汉画像中的呈现方式。通过在墓室中描绘云，可以获得其原型——气的效果。因此，在汉画像中无处不在的云形象，是气在画像中的表现“容器”。

（三）云气化生万物

在前文中我们已经阐述到，气分阴阳，是宇宙中万事万物的生命本原，是生命形成与存在的本始，它处于永恒不止的循环运动中；云是气的有形之象，二者是可以相互转换的，云具有“气”的特性（因此为了行文的方便，下文直接用“云气”）。下面将探讨云气的另一大特性：化生万物。

汉画像是一个囊括天地的镜像世界，它不仅呈现了汉代人们想象中的仙界、人间、地下的世界，它还表现了汉代人们的宇宙生成论。“本乎天者，天之气也。本乎地者，地之气也。天地合气，六节而万物化生矣。”[②]“凡人物者，阴阳之化也，阴阳者，造乎天而成者也。”[③]在他们看来，宇宙的生成是气作用的结果，天地含气则可化生万物。“气之生人，犹水之为冰也。水凝为冰，气凝为人。”“阴阳之气，凝而为人。”[④]人也是由气逐渐凝聚而成的，就像水凝固成冰一样，水、冰可以相互转化。而人和气也是互相转化的。所以说，“天地合而万物生，阴阳接而变化起”[⑤]。“化者复归于无形也，不化者与天地俱生也。……犹充形者之非形也。故生生者未尝死也，其所生则死矣；化物者未尝化也，其所化则化矣。”[⑥]即使人死去，

---

① 参见［英］杰西卡·罗森《祖先与永恒：杰西卡·罗森中国考古艺术文集》，邓菲、黄洋、吴晓筠等译，生活·读书·新知三联书店2011年版，第254页。

② 彭勃编：《黄帝内经·素问》，第二军医大学出版社2005年版，第283页。

③ 陆玖译注：《吕氏春秋》，中华书局2011年版，第749页。

④ （汉）王充：《论衡》，载国学整理社编《诸子集成》（第七册），中华书局1954年版，第202、204页。

⑤ （清）王先谦：《荀子集解》，载国学整理社编《诸子集成》（第二册），中华书局1954年版，第243页。

⑥ 陈广忠译注：《淮南子》，中华书局2012年版，第354页。

也并不是真的死去，其魂魄复化为气，经过阴阳之气的凝聚与变化，还会再化生出新的形体。因为，气生生不息，永远在聚变离合，化生出万事万物。但云气的这种“化生生命”是有前提的。

天地如鸡子，云气在其中循环往复运动，孕育着万事万物，阴阳之气交感运动形成的变化进而引发天地中生命的变化。“凡人之生也，天出其精，地出其形，合此以为人。”[①]“是故天不发其阴，则万物不生；地不发其阳，则万物不成。”[②]也就是说，阴阳二气缺一则万物不生，只有天与地的阴阳二气合才能化生万物，就像男女之精结合而产生生命一样。“天地絪缊，万物化醇。男女构精，万物化生。”[③]《广雅》谓氤氲“元气也”。“天地合气，万物自生，犹夫妇合气，子自生矣。”[④]二者缺一不可。在汉代人们看来，埋葬死者的墓葬亦如母亲的子宫，也是“胚胎炼形之宫”，死者被埋入大地母亲的怀抱中，再次聚气化生。墓室里的云气画即气的象征，死者的魂魄在此可望炼化成不死的仙人。所以，具有原物力量的云被大量绘刻在汉画像上。不过，在汉画像中云纹往往被绘成旋涡形。但为什么云纹被描绘成旋涡形状呢？除了对自然具象的模仿外，其蕴含了古人怎样的文化心理呢？

《说文解字》曰：“云，大泽之润气也。”又曰：“云，山川之气也。从雨。云象回转形。”[⑤]从这个描述中可知，云气的形态是回旋形。回旋纹似乎是宇宙从一个阶段到另一个阶段、从一种基本方向朝另一种基本方向平衡过渡的保障。这些纹饰，以及螺旋纹、新月纹和钩纹代表生命和时间，

---

① 戴望：《管子校正》，载国学整理社编《诸子集成》（第五册），中华书局1954年版，第272页。

② 陈广忠译注：《淮南子》，中华书局2012年版，第143页。

③ 南怀瑾、徐芹庭注释：《周易今注今译》，岳麓书社1974年版，第405页。

④ （汉）王充：《论衡》，载国学整理社编《诸子集成》（第七册），中华书局1954年版，第177页。

⑤ （汉）许慎撰，（清）段玉裁注：《说文解字注》，上海古籍出版社1988年版，第575页。

图3-48　神木大保当墓门楣左立柱画像石（采自《中国画像石全集》第5卷）

它们在某个圆圈或螺旋中循环、旋转。[①] 简言之，回旋纹是生命和时间的循环的趋势，正如赫拉克利特所说：圆周上，终点就是起点。所以，死就是生的起点，生亦是死的终点。而云气正是这死生转换的本源力量，“云者，天地之本也”[②]。死时气归于原点，再聚合成形展开新的起点，以此循环，化生万物。旋涡形的云气纹是墓主人从此岸到彼岸、从死到仙的契机。正如杉浦康平所说：“涡纹产生生命体。丰穰之涡，孕育生命之涡。其根源即植物的呼吸，氧气的吐息……”[③]

因此，在前文中大量论述的卷云形云化鸟图像，其云纹就是涡形。我们还论述到了蔓草形化鸟纹，蔓草纹并没有涡形的特征，为什么会在陕西等地区的汉画像中大量出现呢？这是因为，人们从蔓草的生命中，感到无限的繁荣和无穷的力量。这种力量使人联想到长寿，于是祥瑞的种种意象与爬藤的增殖力叠印。[④] 如图3-48所示，画面共分为两层，上层绘有连续性蔓草云纹，云纹中有飞禽异兽、神仙羽人，折角处有日月和蟾蜍玉兔。在画面的中间有半个龙身从蔓草云纹中幻化出来。蔓草的枝藤高低起

① 参见［美］马丽加·金芭塔丝《女神的语言——西方文明早期象征符号解读》，苏永前、吴亚娟译，社会科学文献出版社2016年版，第355页。

② （明）孙縠著录：《古微书》，山东友谊书社1990年版，第689页。

③ ［日］杉浦康平：《造型的诞生——图像宇宙论》，李建华、杨晶译，中国青年出版社1999年版，第94页。

④ ［日］杉浦康平：《造型的诞生——图像宇宙论》，李建华、杨晶译，中国青年出版社1999年版，第76页。

伏，有的则卷成“C”形或缠绕在一起，一股欣欣向荣的生气跃然而出。鉴于此，蔓草的无限的生命力与云气的不息生命力被汉代人们巧妙地结合在一起，蔓草的繁殖力能与死者灵魂的再生结合的愿望……它的运动将唤起下一个生命[①]，唤起墓主人开启成仙之路的旅途。

既然云气可以化生万物，为什么在汉画像中只大量描绘云化鸟的形象呢?

二、图腾化身的观念

汉画像云化鸟图像“贮存”的汉代思想之二是图腾化身的观念。如果说“气论思想”是汉代人认为死后升仙的第一步：死后复归于气，再聚合成形，那么“图腾化身的观念”应是死后成仙的第二步：气聚化形为图腾而复生。汉画像中大量描绘云化鸟的形象与鸟图腾崇拜有关。在中国古代，以飞鸟为氏族或部落图腾的现象相当普遍，神话传说中以鸟类作为自己的图腾。[②] 在他们心目中，死亡不是结束，人死后依然有灵，生命通过变易身形的方法在另一种形式下进行延续，人和图腾可以相互转化。正如恩格斯所说：“……既然灵魂在人死时离开肉体而继续活着，那么就没有任何理由去设想它本身还会死亡，这样就产生了灵魂不灭的观念。”[③] 毋庸讳言，汉画像云化鸟图像还是鸟图腾崇拜和图腾化身信仰的“外在贮存”符号。

---

① ［日］杉浦康平:《造型的诞生——图像宇宙论》，李建华、杨晶译，中国青年出版社1999年版，第88页。

② 参见［日］直江广治《中国民俗文化》，王建朗等译，上海古籍出版社1991年版，第7页。

③ ［德］恩格斯:《路德维希·费尔巴哈和德国古典哲学的终结》，人民出版社1974年版，第26页。

（一）子遗：鸟图腾崇拜

我国自古就有着对鸟的崇拜和信仰。陈勤建认为对鸟的信仰由三个契机引发：一是初民对鸟食中野生稻谷尝试性地食用开发；二是鸟类自然的生物习性，为最初稻作生产劳动提供了方便；三是先民们在生活中仿效鸟类的“鸟化”现象。[①] 不言而喻，先民们对鸟类产生了无限的崇拜。世界上各个时期各个地区的民族都显示出一种持续的思维趋势，那就是试图确定各种现象的来源或原因，并把部分原因归结于神灵。就像斯图尔特·格斯提出的“万物有灵论”，以及神、动物、物体与人同性论。[②] 鸟儿随着太阳的升起而作，随着太阳的落下而息，在先民看来，鸟就像太阳的使者。而且鸟还有着独一无二的能力——飞翔，可以遨游九天，充满了神力。鸟类的这种神奇的能力在先民看来就像神灵一样。因此，鸟信仰影响颇广。在古越地区，人们自称为“大越鸟语之人”，《史记·秦本纪》载越王勾践被称为“长颈鸟喙”。

在东夷地区，这种鸟图腾崇拜的流传更为深远。东夷主要指现今山东全境及其邻近地区的古夷人而言的。[③] 古史传说中，东夷先祖有太昊和少昊两个集团，还可能有蚩尤的九黎集团。《左传·定公四年》曰：“少昊之虚。”《汉书·地理志》曰：“周兴，以少昊之虚曲阜，封周公子伯禽为鲁侯。”《左传·僖公二十一年》说：“任、宿、须句、颛臾，风姓也，实司太皞与有济之祀，以服事诸夏。”太皞即太昊。任在今山东济宁，宿在东平县，须句在东平县东，颛臾在费县西北。[④] 而山东自古又称海岱地区，曾存在广阔的原始森林。森林是鸟类的乐园，东夷族根深蒂固、极为普遍而又流行久远的鸟图腾崇拜传统即由此而造成。[⑤]《大戴礼·五帝德》：“东

---

① 参见陈勤建《中国鸟文化——关于鸟化宇宙观的思考》，学林出版社1996年版，第3—22页。

② 参见［英］杰西卡·罗森《祖先与永恒：杰西卡·罗森中国考古艺术文集》，邓菲、黄洋、吴晓筠等译，生活·读书·新知三联书店2011年版，第254页。

③ 参见张富祥《东夷文化通考》，上海古籍出版社2008年版，第13页。

④ 参见严文明《东夷文化的探索》，《文物》1989年第9期。

⑤ 参见张富祥《东夷文化通考》，上海古籍出版社2008年版，第17页。

长、鸟夷羽民。”并且少昊部族的“鸟官”系统正是鸟图腾崇拜的最好证明。《左传·昭公十七年》记载郯子与叔孙昭子的对话：“少皞氏鸟名官，何故也？”“吾祖也，我知之。……我高祖少皞挚之立也，凤鸟适至，故纪于鸟，为鸟师而鸟名。名凤鸟氏，历正也……祝鸠氏司徒也……”[①] 又如《史记·秦本纪》载：“秦之先，帝颛顼之苗裔。”这与商部族起源的传说同出一辙……秦部族出于东夷无疑。……楚先与秦先是近亲，楚人也每以凤凰、大鹏、鸷鸟自况，楚文物里多见飞廉造型和飞鸟践蛇、虎的形象，很可能是通过西迁的秦人祖先传播而去。[②] “承秦制”并深受楚文化的影响的汉代，也有东夷文化的孑遗。可见，东夷的鸟图腾崇拜影响颇为深远。

只不过，随着时代的变迁，这种信仰与崇拜逐渐消失，只搁浅在人们的记忆里，流传于神话故事或艺术中。“这种鸟崇拜具有了原型的意味，构成了一种集体无意识，人们会采取与自己祖先同样的方式来把握世界和作出反应。”[③] 从某种程度上说，鸟图腾崇拜在汉代已经相去甚远，但是先民们根深蒂固的行为意识依然沉淀在人们的深层意识中。比如现代人们依然把燕子当作一种祥鸟，如果燕子在某户人家搭窝，被认为这户人家有德以及可以带来好运。集体无意识不应该被看成一种自在之物，它不过是一种由原始时代的记忆意象的特殊形式传给我们的潜能，或者是一种大脑在结构上经遗传所得的潜能。“……由于调节规则的作用，它们仅仅出现在已塑造成形的艺术材料中，也就是说，只有从已完成之作推论，我们才能重新建造原始意象的古老本原。”[④] 而汉画像中的云化鸟图像是汉代人们这种集体无意识的潜能呈现。但是，随着时代的进步、人们思想文化水平的提高，鸟图腾崇拜不再是简单的动物崇拜，而是与其他的文化、哲学思想

---

① （清）阮元校刻：《十三经注疏》，中华书局2009年版，第4524页。

② 参见张富祥《东夷文化通考》，上海古籍出版社2008年版，第450—453页。

③ ［瑞士］卡尔·古斯塔夫·荣格：《原型与集体无意识》，徐德林译，国际文化出版公司2011年版，第45页。

④ ［瑞士］C.G. 荣格：《人，艺术和文学中的精神》，孔长安、丁刚译，华夏出版社1989年版，第80页。

有机地结合在一起。云化鸟是多种文化观念的集合体。

这个“多文化的集合体”，是艺术创造“从无意识中激活原型意象，并对之加工造型，精心制作，使之成为一部完整的作品。通过这种造型，艺术家把它翻译成了我们今天的语言，因而使我们有可能找到一条道路以返回生命的最深泉源”[①]。毋庸讳言，这条“返回生命最深泉源”的道路是汉画像云化鸟图像形成的动因。

（二）再生：化身鸟图腾

古人有着“图腾化身”的信仰，一种“死生转换”“生命变形”的生命观念。“主要有四种类型：一是相信人和图腾可以相互转化，人能化身图腾，图腾也可以化身为人；二是相信祖先是由图腾化身，或祖先具有化身为图腾的能力；三是相信人死后化身为图腾；四是相信巫师具有化身图腾的能力。”[②] 因此，汉画像中大量出现的云化鸟图像，不仅是气论思想的表征及鸟图腾崇拜的延续，还是古人图腾化身信仰的镜像。

中国古代的神话里记录了很多重要人物死亡后，通过变化为其他动物的方式复生的故事。其在最早的开天辟地的大神那里就有了传统，如盘古化生万物、女娲之肠化为神人，等等。这种始祖死后转化为动物得以复生的主题在许多文献中也有记载：《楚辞·河伯》云：“冯夷以八月上庚日渡河溺死，天帝署为河伯。”《左传·昭公十七年》载：“鲧殛羽山，其神化为黄熊，入于羽渊。”《山海经·海内经》载：“鲧死三岁，不腐，剖之以吴刀，化为黄龙。”《后汉书·南蛮西南夷列传》载：“廪君死，魂魄世为白虎。”《吕氏春秋·孟冬记》载：“少昊氏之子曰循，为玄冥师，死祀为水神。”

此类“死生转化”的故事不仅在神话故事中有记载，在民间这种传说和习俗也是经久不衰。如黎族有“人死一只虎，虎死一枝花”的谚语；再

① 转自高莉芬《绝唱：汉代歌诗人类学》，里仁书局2008年版，第208页。

② 何星亮：《图腾与中国文化》，江苏人民出版社2008年版，第16页。

如纳西族的虎氏祖认为人和虎可以相互转化，据文献记载有人“卧于磐石之上，须臾变为虎，咆哮而去”[①]。类似的神话记录还有很多，它们都有一个共同的脉络：死亡不是灭绝，而是人们的生存层次的变化，而且一般而言是一种暂时的变化，可以通过转化为图腾动物的形式再生。不言而喻，对他们来说死是另外一种“生”。生命是永恒的，没有死亡，所谓的死亡仅是当前的形体化为其他生命的形式，即先死，再化身图腾神，然后生。因此，在先人们的描述里，神话人物要想生就要蜕掉“旧形”更换“新形”。冯夷、鲧、廪君、循等皆是通过不同的死亡方式诞生了新的形象，或者说变成了新的“神”，获得了永生的神位，成为永恒的存在。

虽然在现实世界，不同领域的生物都是有界限的，“但原始人却不管这些。他们的生命观是综合的而不是分析性。……在不同的生命领域之间没有不可逾越的界限。没有什么东西具有固定不变的确定形态。所有的事物都可以在瞬间变形的过程中转化为其他事物。如果说神话世界有什么突出特征的话，如果说它有什么支配法则的话，那就是这种变形的法则”[②]。

这种变形法则经过历史的发展，到了汉代与“云气化生万物”的生命观不谋而合。上文提到鸟图腾崇拜在汉代转为了集体无意识，沉积在人们的意识中。再加上人与图腾相互转化的死而化物观念、死而有灵观念以及万物皆由气所生的哲学观的影响，激活了“原型意象”。汉代人们并对之进行加工造型，精心制作，最终以汉画像中云化鸟的形象展现在人们眼前。云化鸟图像正是汉代人们生死观的表征，人们以此消除人类最根深蒂固的死亡恐惧，对他们来说死亡不再是消失，而是存在方式暂时发生了改变，这是其新生命转化的契机，进而转向不死成仙的追求。在古人眼里，

① 严汝娴、宋兆麟：《永宁纳西族的母系制》，云南人民出版社1983年版，第192页。

② 叶舒宪：《英雄与太阳——中国上古史诗的原型重构》，陕西人民出版社2005年版，第154页。

凤鸟作为阳禽的神鸟，于是又成为灵魂（亦即生命精髓）的化身。[①] 这正像卡西尔所说："他们的生命观是综合的，不是分析的。……由于一种突如其来的变形，一切事物都可以转化为一切事物"，"他深深地相信，有一种基本的不可磨灭的生命一体化沟通了多种多样形形色色的个别生命形式"。[②] 云气即是这"不可磨灭的生命本原，它的聚散转化了种种事物——如死后灵魂幻化成鸟升仙"。

在他们看来，死亡只不过是存在方式暂时发生变化而已。冬天从来不是最后的季节，因为紧随其后的便是一次彻底的更新，会显现出全新的无尽的生命形式。一切都不是真正的死亡，都是进入原初物质并且休憩，等待另一个春天。[③] 换言之，人死后的形体消亡相当于进入了"冬天"；其魂魄复归于气的状态，经过阴阳二气的"易"，是"初春"的伊始；化为图腾鸟的形象，然后重获新生，是"春天"的开始。但由"冬"到"春"的过程并不是一蹴而就的，它需要经过层层的考核与检验，那么通过考验之后，怎样实现"春天"的永恒呢？汉代气化生万物、化生为图腾的生死观念，为汉代人们永生的终极追求提供了依据，即变形升仙。可以说，这些神话中的死亡与再生的故事，昭示出死生转化、变形不死的神话母题。这在中国的历史长河中一直存在，最后形成了汉代人"死后不朽"的信仰。[④]

---

① 参见王小盾《中国早期思想与符号研究——关于四神的起源及其体系形成》，上海人民出版社2008年版，第646页。

② ［德］恩斯特·卡西尔：《人论》，甘阳译，上海译文出版社1985年版，第104页。

③ 参见［美］米尔恰·伊利亚德《神圣的存在：比较宗教的范型》，晏可佳、姚蓓琴译，广西师范大学出版社2008年版，第315页。

④ 参见［美］巫鸿《黄泉下的美术：宏观中国古代墓葬》，施杰译，生活·读书·新知三联书店2000年版，第132页。

三、变形升仙的信仰

汉画像云化鸟图像“贮存”的汉代思想之三是变形升仙的信仰。经过了成仙路途中第一步的“死后复归于气，再聚合成形”和第二步的“气聚化形为图腾神而复生”后，墓主人终于走到了最后一个步骤，那便是终极追求的“升仙不死”。但升仙之路不仅需要死后复归于气，魂气化为图腾，还需要经过道德的考核，最后才能成功变形升仙。由此可见，云化鸟这个仙界的象征符号是生、死转化的纽带，是一种将地下墓室转化为象征性空间的特殊形式。“它通过模仿和转化实物……象征了生、死之间既相连又分离的关系。”[①] 这条漫漫的升仙路，是对墓主人生前的道德考核之路，是一条变化身形并升仙不死之路。

（一）升仙路之考核

不管是“气化生万物”的思想，还是“死后化成图腾再生”的观念，其目的都是“不死”。但是凡人总归一死，只有成为神仙才能长长久久地生存在宇宙间。所以，升仙成了汉代人们的终极追求。但是，传说颛顼时代以来“绝地天通”，民神异业，不相杂糅。神仙的世界和人间世界分隔开来，要想成为神仙世界的一员，必须要经过道德的考验。

说到道德，不得不先说“德”。根据王怀义的研究：周人创造出“德”这个新词指称弥漫无边而无所不在的神力……李泽厚将“德”界定为可能是与祭祀、政治相关的“一套行为”“可能是各氏族的习惯法则”，最终衍生出“敬”和“礼”。人一旦具有了“德”这种品质就具有了神性，可以“明神降之”，神秘的力量由此被内化为人的精神的道德品质。经过“德”的伦理化、理性化，为人转变为神提供了契机：只要具有某种德性，人就可能

---

① ［美］巫鸿：《时空中的美术：巫鸿中国美术史文编二集》，梅玫等译，生活·读书·新知三联书店2009年版，第179页。

成为神。[①] 由此推论，汉画像云化鸟图像在配置上多与“忠、孝、节、义”的历史故事配置在一起。

另外，云和鸟本身也是“德”的象征。《孝经援神契》：“王者德至山陵则景云见，又曰天子孝则景云见。”[②]《山海经·海内经》：“凤鸟首文曰德，翼文曰顺，膺文曰仁，背文曰义。”[③]“凤至善至真至美，人的灵魂只有在凤鸟的导引下，才能飞登九天，周游八极。”[④] 皆是说明云和鸟是伴随有德之人出现的。

汉画像中常描绘关于“忠”的故事，如周公辅成王。此故事讲述的是周公尽心尽意辅助成王，管理国事，可是他的弟弟管叔却在外面造谣，说周公有野心，想要篡夺王位。于是，他与周成王披肝沥胆地谈了一次话，吐诉自己的衷肠，感动了周成王，消除了误会。汉画像中常截取周公拜谒周成王，劝说成王要顾全大局，不要轻信谣言的片段。再如表现“义”的故事——荆轲刺秦王。荆轲来到秦国后，秦王在咸阳宫召见了他。荆轲在献地图时，图穷匕见，但最终行刺失败，被秦王侍卫所杀。表现了荆轲重义轻生、反抗暴秦、勇于牺牲的精神。

如前文图3－38描绘了两个孝子故事：丁兰刻木和邢渠哺父。据《二十四孝》记载，丁兰开始时极为不孝，后来看到一羊羔双膝跪地而食母乳，又见一小乌鸦衔食喂养衰老的乌鸦，深受感动，悔恨自己的行为。正在此时，丁母送饭至，丁兰急忙迎接而忘记放下手中牛鞭。丁母以为丁兰又要打骂，心如刀剜，后悔有此不孝之子，遂撞死于树下。丁兰悔恨万分，为追悼其母，刻木奉母，有如其母健在一样侍奉她。邢渠哺父也是讲述孝子邢渠赡养父亲的故事。前文图3－46讲述的内容较为丰富，有

---

① 参见王怀义《释“德”：对神人交流条件的分析——以“绝地天通”神话为中心》，《民族艺术》2017年第2期。

② （宋）李昉等：《太平御览》（第一册），中华书局1960年版，第38页。

③ 袁珂校注：《山海经校注》，上海古籍出版社1980年版，第457页。

④ 陈勤建：《中国鸟信仰：关于鸟化宇宙观的思考》，学苑出版社2003年版，第106页。

“信”“孝”“义”三类故事，分别为季札挂剑、邢渠哺父和二桃杀三士。由下至上第二层为“二桃杀三士”的故事，春秋时期齐景公帐下有三员大将：公孙接、田开疆、古冶子，他们战功彪炳，但也因此恃功而骄，晏子为避免造成未来可能的祸害，建议齐景公早日消除祸患。因此，国相晏子设了一计，让齐景公赏赐三位勇士两个桃子，让他们根据自己功劳的大小领取，结果三人因捧吹自己而自杀。第三层的右侧刻绘的是“季札挂剑”守信的故事。季札在去晋赴任前，带宝剑去辞别徐君，徐君观剑，脸上露出欲要之的神情。季札未献之，然其心许之。出使返回时徐君已死，季札于是将剑挂在徐君墓旁的树上，拜别而去。相似的图像还有很多，有一种模式化的构造。

除此之外，这些图像都有一个共同的特点，即最底层为车马出行图，最上层为神仙世界，历史故事处于中间位置。上文提到它们代表了“天、人、地”三界，表现了墓主人升仙的过程。但从另一方面来看，车马出行依然象征墓主人从地下世界而来，奔赴仙界；中间的历史故事除了象征人间外，还是对墓主人道德的考量标准；有着云化鸟图像的神仙世界则表明墓主人通过了考核后所要抵达的目的地，“西王母之国在西荒，凡得道受书者，皆朝王母于昆仑之阙”①。正如姜生所说：“墓中汉鬼的升仙仪轨看似属于死后信仰的领域，然而一旦牵及升仙之道德检核这一环节，单纯的死后信仰与当时现实人生的真切联系便清晰起来。”② 当时的人们将现世的道德伦理与死后的升仙仪轨成功地联系起来。因为高尚的品德、操守本身就带有舍身奉献的祭祀意味，因而具有某种不可企及的神性……你一旦具有了高尚的德行就可以由人入神。③ 综上所述，死后要想升仙不死，有“德”是其进入仙界的重要考核标准之一。有了“德”的凭证，才能升仙不朽。

---

① ［日］安居香山、中村璋八：《纬书集成》，河北人民出版社1994年版，第387页。

② 姜生：《汉帝国的遗产：汉鬼考》，科学出版社2016年版，第10页。

③ 参见王怀义《释“德”：对神人交流条件的分析——以“绝地天通”神话为中心》，《民族艺术》2017年第2期。

（二）升仙路之羽化

“死后不朽”如何才能做到呢？人们从生命本原的气的运动变化、图腾化身的观念中找到了答案——变形。气与形可以相互转化的思想大约在战国时期被明确提出来。[①] 形在气中，气在形中，万事万物借助于气建立联系。也就是说，人虽死，但其生命只是复归于气，依然会通过宇宙间气的运动复生。“非徒无形也，而本无气，杂乎芒芴之间，变而有气，气变而有形，形变而有生。”[②] 人死形灭复归于气，气变成形而复生。西汉以后，“变形”成为汉代宗教神学体系的重要思想。[③]“状变而实无别而为异者，谓之化。”注曰：“化者改旧形之名。”[④] 在汉人的神学思维中，改掉“人之旧形”，化为“异形”，化身为图腾，方可成仙永生。这种“异形”在汉画像中比比皆是，如羽化。

因为在汉代人们的心目中，“身生羽翼”意味着可以升仙不死。《论衡·道虚》：“好道之人……故谓人能生毛羽，毛羽备具，能升天也。”《论衡·无形》：“图仙人之形，体生毛，臂变为翼，行于云，则年增矣，千岁不死。”《论衡·雷虚》曰：“飞者皆有翼，物无翼而飞谓仙人，画仙人之形，为之作翼。”由此可见，在汉代的神仙谱系中，欲成仙之人要身生羽翼才能升仙不死。换言之，仙人皆生双翼。汉代人认为，若无羽人引导，普通人无法直接飞升天国。[⑤] 羽人既有飞天的本领，又是生命永恒的象征。要想永生不朽，需要复归于万物本原的气，“人未生在元气之中，既死复归元气。元气荒忽，人气在其中。”[⑥] 再由气赋予其升仙的羽化功能，“古

---

① 参见[美]巫鸿《黄泉下的美术：宏观中国古代墓葬》，施杰译，生活·读书·新知三联书店2000年版，第101页。

② （清）王先谦：《庄子集解》，载国学整理社编《诸子集成》（第三册），中华书局1954年版，第271页。

③ 参见姜生《汉帝国的遗产：汉鬼考》，科学出版社2016年版，第143页。

④ （清）王先谦：《荀子集解》，中华书局1988年版，第420页。

⑤ 参见杨孝鸿《汉代羽化图像的发展及其原因》，《南都学坛》2004年第2期。

⑥ （汉）王充：《论衡》，载国学整理社编《诸子集成》（第七册），中华书局1954年版，第203页。

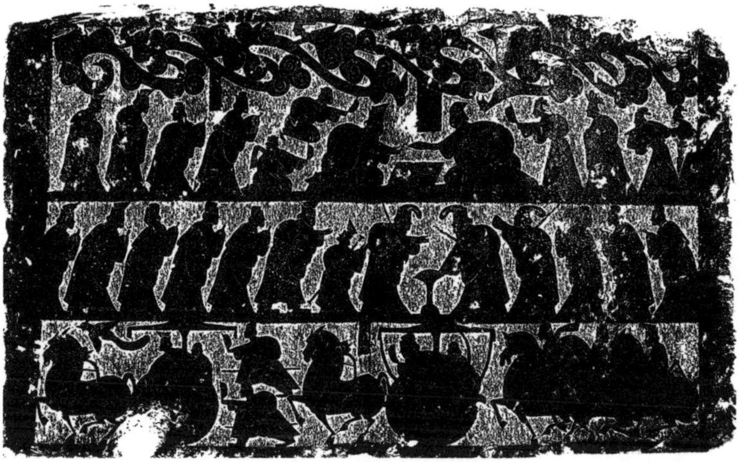

图3-49 宴饮、二桃杀三士、车骑出行画像(采自《中国画像石全集》第2卷)

之得仙者，或身生双翼，变化飞行，失人之本，更受异形”[①]。然后经过道德的考核，化身鸟图腾，羽化升仙。这种神学思想与汉代重厚葬的风气结合在一起，在汉墓中羽化的形象丰富多姿。如汉画像之中老子神化的形象，就是死后复归于气，由气化成鸟喙的形象。《老子想尔注》曰：“一散形为气，聚形为太上老君，常治昆仑。”“老君真形者……黄色，鸟喙，隆鼻……”再如“人形鸟面虎尾”的东王公、变成精卫的女娃，等等。因此，汉画像云化鸟图像“底层为车马出行，云化鸟图像位于汉画像中的最顶层，多围绕于羽人、西王母”，应该是呈现的墓主人羽化升仙的过程。如图3-49所示，画面共刻三层，底层为车马出行图；中间一层描绘的是“二桃杀三士”的忠义故事；上层则是六博游戏和宴饮的场景，其上有云化鸟、羽人的图像。上文已经阐释过，车马出行象征着从地下往上界去的旅途；忠义故事象征着对道德的检验；六博和云化鸟、羽人图像则是象征着

① (晋)葛洪:《抱朴子内篇》，载国学整理社编《诸子集成》(第八册)，中华书局1954年版，第11页。

仙界。姜生认为:“汉墓中代表弈棋博戏的符号，是界定墓室为仙窟的标识……博局表示墓室乃神宫。”[①] 而云化鸟和羽人又是仙界和仙人的象征。毋庸讳言，最上层即表示墓主人已经飞升成仙，旁边的宴饮乐舞表演应该是在庆祝此事。

综上所述，汉画像中的云化鸟图像是墓主人经过“死后化为气、由气聚成形、化身鸟图腾复生、经过道德的审核”之后的最后一步，即变形(羽化)升仙。人死之后，化鸟飞去，鸟象征脱离身体的灵魂，或者代表智慧，在天地间起着沟通的作用，这是世界范围内普遍存在的观念。[②] 所以，在汉画像中，云化鸟图像皆是与仙界的物象配置在一起，暗示着墓主人升仙不死之意。

小 结

本章选取汉画像中的云化鸟图像为论点，首先对这类图像从新石器时代到先秦再到汉代的演化过程进行了阐述；其次从汉画像中的云化鸟图像的造型功能和配置关系进行图像志方面的分析；最后从“气论思想、图腾化身观念、变形升仙信仰”三个方面阐释云化鸟图像的内涵。

通过研究发现，云化鸟图像的产生并不是一蹴而就的。在新石器时期，鸟纹由具象逐渐抽象为旋涡纹，而云纹受到鸟纹等纹饰的影响也以旋涡纹样式逐渐发展，并于先秦时期云、鸟纹结合在了一起，通过楚人的加工与发展定型为云化鸟纹。汉代继承楚文化，把这种图像程式化地运用在汉画像中。在汉画像中，云化鸟图像主要分布在山东、江苏、陕西等地区，分为卷云化鸟型、流云化鸟型、蔓草云化鸟型，而且主要配置在墓室

---

① 姜生:《汉帝国的遗产：汉鬼考》，科学出版社2016年版，第60页。

② 参见武利华《中华图像文化史·秦汉卷》(上)，中国摄影出版社2015年版，第218页。

中的门楣、屋顶、四壁上，象征了人间、仙界、天界不同的宇宙层次。

经过对这类图像的分析可知，云化鸟图像象征了三层意义，并且层层递进。第一为气论思想的表征，气为生命的本原，阴阳二气交感合和，变化无形，可以化生万事万物，生生不息。因此，人死后，只是躯体的消亡，生命的本原复归为气，融进天地之气的流动中，经过“变”而复生。气为看不见之物，因此需要“容器”使其成为可见的存在物。云是“阴阳聚而为云”，是在汉画像中表现气最好的载体。它是生命之本原、天地之界限、仙界之凭证。第二为图腾化身的观念，人死后依然有灵，生命通过变易身形在另一种形式下进行延续，古人认为人死后变化身形为鸟的形象而复生。第三为变形升仙的信仰。汉代人的终极追求是升仙不死，但升仙之路不是一帆风顺的，经过死后复归于气，魂化为图腾，还需要经过道德的考核，最后才能成功变形升仙。总而言之，在汉代人的心目中，人死后经过“死后化为气、由气聚成形、化身鸟图腾复生、经过道德的审核”，最终变形（羽化）升仙。不言而喻，汉画像中的云化鸟图像象征了人们死后不朽、变形升仙的信仰。

（本章作者　高梦晴）

第四章

虹霓当空——汉画像中的虹图像

第一节　汉画像中虹图像与配置

现实世界中的彩虹属于一种自然现象，它出现后又会很快消失在人们眼前，所以现代的人们一般用照相机拍照定格、记录它的美丽。汉代人则用雕刻的方式将彩虹的形象定格在画像石上，而且充分发挥了人类自身的想象力和艺术创造力。但是这种艺术创造力并不是汉代人首先发明的。随着年代的变迁，虹的形象变得更加丰富多彩、更加详细、更加富有意蕴，这种形象也被应用到其他艺术中，成为一种奇特的造型。但万变不离其宗，彩虹的这种艺术化、多样化的呈现方式有一定的规律可循。下面对汉画像中虹图像的特点及它的图像配置进行分析总结。

一、汉画像中的虹图像

根据目前笔者所掌握的资料，汉画像中的虹图像有12幅，现将其从整个图像中截取，罗列为表格（表4－1）。

表4－1　汉画像中的虹图像

序号	图像（局部）	特点	图像出处
1		虹双首一身、龙首龙身、单道，中间端坐一人，背后云气缭绕	《中国画像石全集》（第1卷），图46
2	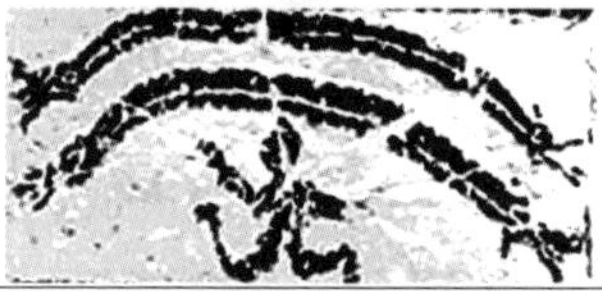	虹双首一身、龙首龙身、双道，下有一人物做奔跑状	孙桂俭《汉画石语》
3		虹双首一身、龙首龙身、单道、龙有角、口中喷水，下有羽人饲凤	《中国画像石全集》（第3卷），图76
4		虹双首一身、单道、两端似人脸、虹身绘有鳞纹，中间部位被隔断，下方有一人物敞长臂	作者摄于徐州汉画像石艺术馆
5		虹双首一身、龙首龙身、单道、龙张口吐舌、有龙须，虹下方绘雷公	作者摄于江苏师范大学文学院
6		虹双首一身、龙首龙身、单道、龙张口吐舌、有龙爪，下绘“雷公刑罚”图	《中国汉画像石全集》（第1卷），图88

（续表）

序号	图像（局部）	特点	图像出处
7		虹双首一身、龙首龙身、双道，构图简单，下方模糊，似有头顶华盖的人物	孟强《江苏徐州大庙晋汉画像石墓》
8	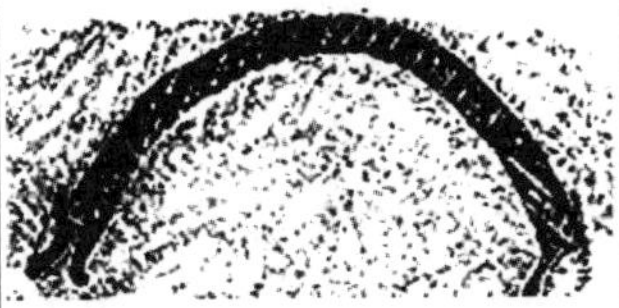	虹双首一身、龙首龙身、单道，似有龙角，单独成像	《中国画像石全集》（第6卷），图21
9		虹双首一身、单道、拱形，两端似简约的龙首张口，下有一敞臂人物	杨絮飞编著《中国汉画造型艺术图典·龙》
10		虹双首一身、龙首龙身、双道、有龙角龙须，下方绘有鱼拉车图	姜生《汉帝国的遗产：汉鬼考》。原石藏于徐州汉画像石艺术馆
11		虹双首一身、龙首龙身、单道，下方有一敞臂人物，后方似云气	作者摄于江苏师范大学汉文化研究院
12	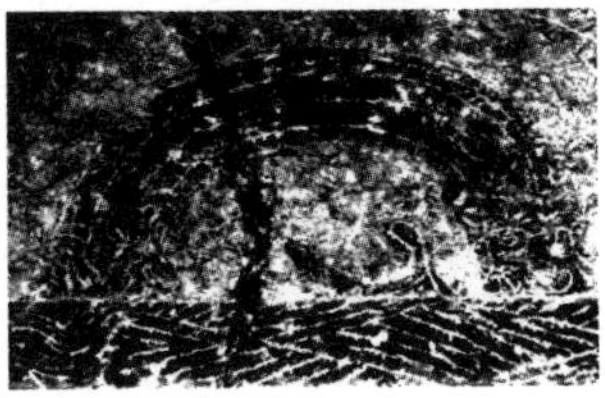	虹双首一身、龙首龙身、双道，距离紧凑，似张口喷水，下方似云气	作者摄于徐州汉画像石艺术馆

从表4－1中的图片可以看出，除序号8中的虹图像单独成像外，其他的虹图像中虹所形成的空间里都有其他图像出现。例如序号1中的虹图像中间有一人物图像，序号3中是羽人饲凤、乐舞百戏的内容，序号10中虹图像中间则是一幅鱼拉车图，序号11中是有一敞臂神人，四周环绕着云气。除此之外，这些画像上的虹有相同的地方，也有不同之处。虹的形象都是呈拱形，但有的弯曲程度较小呈弧形，例如序号2、3、7中的虹；有的弯曲程度较大则直接呈半圆形，例如序号5、6、8、12中的虹，甚至序号5、6中的虹图像的两端呈现出垂直向下的状态。就虹图像本身而言，虹都被生物化即被刻画为龙的形象（除序号4中的虹图像的双首两端似人脸），而且是双首一身的怪诞姿态。但是虹的形象也并非完全一致，虹图像存在着数量上的差别，序号2、7、10、12中虹分为上下两道，序号12中两虹之间比较紧凑，其他虹都是单道。仔细观察，虹（龙）也存在细微的差别：有的张口吐舌，例如序号2、5、6、12中的虹，其他的龙并未吐舌；有的虹刻画得比较翔实，例如序号6中，虹的两端不仅是清晰的龙首，而且龙牙、龙舌、龙角、龙爪、龙鳞也被刻画出来；有的则刻画得比较简略，例如序号1中的虹只是大致表现了龙首龙身的轮廓，序号9中的虹则更加简单，两个线条则将彩虹的形象和盘托出。从以上对比分析可以看出，汉画像中的虹图像既有共性也有个性。共性是虹图像都具有双首一身的形态，而且能清晰地辨别出汉代人将彩虹幻化成了龙的形象，双首即龙首。

（一）龙首龙身的虹图像

汉画像中的虹特意夸大龙的特征，例如张开大嘴，睁大双眼。那么虹与龙到底有什么关系呢？有学者认为虹是龙最直接的原型，“龙是虹的生物化意象”[①]。无独有偶，孙凤娟、公维军也赞同中华文明的龙文化信仰其

① 牛天伟、金爱秀：《汉画神灵图像考述》，河南大学出版社2009年版，第148页。

实是远古自然界的虹信仰文化延续至今的。[①] 在甲骨文中，“虹”字为双首龙身形，“龙”字也是张开大口，口朝下，身体弯曲的形态。“象形字的产生方法归根到底可以归结为‘近取诸身，远取诸物’”[②]，而“虹”字就属于象形字。由此我们可以猜测，汉画像中虹图像的来源与汉字中象形文字的来源是一致的，或是象形于彩虹这个自然现象本身，或是象形于中国人想象出来的“龙”。

龙与虹的关系在殷商时期就已经初见端倪，在殷商卜辞中有：“王占曰：有祟。八日庚戌，有各云自东，宦母。昃，亦有出虹自北，饮于河。”[③] 这里虹已经成为一种有灵性的东西，不像我们现在所了解的虹的形成原理，它能饮于河，肯定是有首有口的。汉画像中虹的龙首就张开大嘴，吐出长舌，作饮水状。

图中有的虹龙有角，古人将龙角称作“尺木”。《论衡·龙虚篇》：“龙无尺木，无以升天。”[④]《艺文类聚》：“龙之未升，与鱼鳖为伍；及其升天，鳞不可睹。”[⑤] 所以我们看到幻化成虹的龙，有角而且能与云为伍，说明它已经不再是泥潭中受禁锢的蟠龙而是能冲上云霄的天龙、神龙。从甲骨文到汉画像，虹的形象并没有发生很大的变化，可以说是一脉相承的，说明龙与虹之间的关系也是潜移默化、深入人心的。

首先，虹与龙具有相似的自然形态。当龙飞腾时身躯呈弯曲状，虹也是身体拱起，两者形态上的相似也就引起了人们的联想。人们想象中的龙一般是在空中飞舞，有时会显现人间；而虹也悬挂在天边，从位置上看很容易将虹与龙联系到一起去，所以人们会把悬挂在天边的虹联想成龙。《太

---

① 参见孙凤娟、公维军《“虹”文化意象的文学人类学解读——四重证据法与大传统新知识观的整合与重构》，《浙江工商大学学报》2016年第5期。

② 申小龙等：《汉字思维》，山东教育出版社2014年版，第32页。

③ 郭沫若：《卜辞通纂》，科学出版社1983年版，第387页。

④（汉）王充：《论衡》，载国学整理社编《诸子集成》（第七册），中华书局1954年版，第62页。

⑤（唐）欧阳询撰，汪绍楹校：《艺文类聚》（下），上海古籍出版社2007年版，第1662页。

平御览》:“蔡邕奏曰:‘有黑气堕温德殿庭中，如车盖腾起奋迅，五色有头，体长十余丈，形似龙，占者以虹霓对’。”[1] 这里的虹霓不仅“体长”而且“有头”，自然也就“形似龙”了。

其次，虹与龙都有相似的功能属性。鄂温克人认为虹是龙的化身，龙降临人间是因为龙鳞上的水洒完了，需要将自己的鳞片再吸满水，好准备下次的降雨。[2]《吕氏春秋·知分》:“以龙致雨，以形逐影。”高诱注:“龙，水物也，故致雨。”[3] 我国的湖南地区依旧有谚语“龙扛东，雨不定；龙扛西，干断溪”的说法。《淮南子》曰:“土龙致雨”，许慎注:“汤遭旱，作土龙以象云从龙也。”[4]《山海经》曰:“东荒北隅有山名土丘，应龙处南极，杀蚩尤与夸父，不得复上，故下数旱，旱而为应龙之状，乃得大雨。”[5] 在虹龙的原型中应龙是最符合其形象的。汉画像中的应龙都是张口吐舌，睁大双眼，应龙头部的外形与虹龙的外形大体一致。所以从虹、雨、龙三者之间的联系来看，虹与龙有着一致的降雨功能。

最后，虹与龙有相似的哲学背景。“虹、云、气古人不分”，古人又以“虹气”“云气”连称[6]，一般说来虹、云、气是互通的名词。蔡邕《月令章句》曰:“虹，螮蝀也，阴阳交接之气着于形色者也。”[7] 认为虹是由阴阳之气化合形成的，气化云，云化龙。《周易·乾》曰:“同声相应，同气相求。水流湿，火就燥。云从龙，风从虎。”[8] 云是与龙联系在一起的。“云从龙”的图式在汉画像中很容易找到，这与虹旁边有许多云气的原因是相通的。在虹图像旁常见云气缭绕，不仅说明虹出现于天际，也暗藏了虹(龙)与

---

① (宋)李昉等:《太平御览》(第一册)，中华书局1960年版，第72页。
② 参见何星亮《中国自然神与自然崇拜》，生活·读书·新知三联书店1995年版，第298页。
③ (战国)吕不韦:《吕氏春秋》，载国学整理社编《诸子集成》(第六册)，中华书局1954年版，第262页。
④ (宋)李昉等:《太平御览》(第一册)，中华书局1960年版，第56页。
⑤ (宋)李昉等:《太平御览》(第一册)，中华书局1960年版，第57页。
⑥ 参见闻一多《闻一多神话与诗》，吉林人民出版社2012年版，第83页。
⑦ (宋)李昉等:《太平御览》(第一册)，中华书局1960年版，第72页。
⑧ (清)阮元校刻:《十三经注疏》，中华书局2009年版，第28页。

云的紧密关系。《论衡·龙虚篇》:“龙与云相招……龙闻雷声则起，起而云至；云至而龙乘之。云雨感龙，龙亦起云而升天。”[①]所以说虹与龙都和中国哲学观念上的“气”有关，都从云，都是变化多端的。

有关龙的起源是众多学者一直讨论的问题，这个问题还未解决，仍属于神龙之谜。汉画像中的龙张大双口，显出一种威严的姿态。这可能与原始信仰中“食人”的巫术、祭祀有关，商周时期器物上的饕餮纹饰也是这种思想的表现。神龙通过食人便能助人升天，所以张口的龙成为宗教上的神物。况且，原始思维中的动物是一种沟通人神的中介，所以将彩虹刻画为动物的样子，以便更好地进行人神沟通。

由此可见，先人在虹与龙之间找到了许多的相似点，所以在刻画虹时直接将其刻画为龙的形象。《广雅》曰:“有鳞曰蛟龙，有翼曰应龙，有角曰虬龙，无角曰螭龙。”[②]但是仅根据汉画像中的虹并不能确定它为哪一种龙，只能说效仿虹的“龙”是一个总的概念，是汉代人艺术创作时的想象与取舍。

（二）双首一身的虹图像

汉画像中的虹都是双首一身的形态。现在我们只能在科幻片或者特殊的状态下才能观察到这种“双首一身”的生物形状，然而这种怪诞的形态在中国神话系统中却普遍存在。郭静云认为，虹这种双首一身的形象来源于昆虫的形体特征，是先民将昆虫幼体的尾刺部分想象成它的第二个头，称这种形态的龙图案为“双嘴龙”，并推测对双嘴龙的崇拜可以追溯到商文化的早期。[③]

---

① （汉）王充:《论衡》，载国学整理社编《诸子集成》（第七册），中华书局1954年版，第62页。

② （唐）欧阳询撰，汪绍楹校:《艺文类聚》（下），上海古籍出版社2007年版，第1661页。

③ 参见郭静云《天神与天地之道：巫觋信仰与传统思想渊源》，上海古籍出版社2016年版，第45页。

图4-1　周代“□侯壶”上的虹/龙纹（采自赵宪章主编《文学与图像》第1卷）

图4-2　大克鼎及其局部（西周孝王）（采自《中国青铜器全集》第5卷）

其实最早的双首一身图案可以见于玉璜以及玉璜上面所刻的图案。商朝时除了出现“虹”这个本字，在礼器上也出现了许多双首一身的龙图案，只不过双首一身的龙图案并不是呈拱形。到了周朝，这种图案更加抽象

图4－3 “几父壶”及其局部（西周）（采自《中国青铜器全集》第5卷）

图4－4 “晨肇宁角”局部（西周）
（采自《中国青铜器全集》
第6卷）

图4－5 春秋早期铜盘两头夔龙
（采自《中国纹样全集：新石器时代和
商·西周·春秋卷》）

化。例如图4－1周代青铜器上的虹霓纹，图4－2大克鼎上的双首一身的拱形图案，类似于变形的虹纹，可见双首一身这样的抽象图案在青铜器上是很常见的。西周孝王“几父壶”上的窃曲纹（图4－3）也是一种虹纹的变形，而且形象接近于虹，两端似龙首垂直向下、张开大口，圆形的龙眼也清晰可辨。图4－4“晨肇宁角”上的刻纹便是双首龙的变形，双首朝下，

图4-6　春秋铜器刻纹
（采自《中国纹样全集：新石器时代和商·西周·春秋卷》）

简洁地勾勒出龙的轮廓、龙角龙爪的生动形象，但是相连的地方不是拱形而是折叠式地凸起，体现了一种对称美。春秋时期的铜器上也有呈现双首一身的龙纹。例如图4-5铜盘的最外层是双首一身的夔龙纹，两端的龙首都绘有龙口以及龙眼。图4-6中的纹样也是双首一身的龙纹，且方向一致。在文字系统上，甲骨文中的“虹”为双首一身且为拱形，后来演变的籀文和大篆的写法都带有双首一身的龙图像。在原始信仰中，人们对虹的崇拜主要是自然崇拜，但又夹杂了天神崇拜。“头尾两嘴即代表着一条神秘的孔道，经过神龙身体的人或物因而与神结合，获得了神性。”[①] 同时，我们看到这些双首一身的龙图案大多都是刻画在祭祀的器物上，其宗教的神秘性更加突出。有些双首一身的图案特征并不明显，但是从其轮廓以及所在的位置也能看出这种造型在汉代人思维中的神圣性。“神圣性是一个非常抽象的概念，宗教美术将它形象化、具体化，是宗教美术所具有的象征性叙事结构使信徒和客体之间的交流逾越了可能出现的障碍而变得异常流畅。”[②] 同时，正是因为这样的神圣性，使图像有了更强的艺术感染力，让观看者在这种神圣的独特性中找到了崇拜的感觉。

闻一多在《闻一多神话与诗》中说：“《山海经》等书中凡讲到左右有首，或前后有首，或一身二首的生物时，实有雌雄交配状态之误解或曲

① 郭静云：《天神与天地之道：巫觋信仰与传统思想渊源》，上海古籍出版社2016年版，第42页。

② 汪小洋：《汉墓壁画宗教思想研究》，上海古籍出版社2011年版，第9页。

解。”[①]《释名》曰：“虹，攻也，纯阳攻阴气也。……阴阳不和，婚姻错乱，淫风流行，男美于女，女美于男，互相奔随之时，则此气盛。”说明虹是一种淫的象征。虹这种双首一身的形态是一种“性”暗喻。《搜神后记》中的《虹化丈夫》也是虹下凡后与秦氏结合，并生下两个小孩。这些神话故事背后的隐喻含义便是生殖崇拜，双首共用一身其实是一种交尾的状态。汉画像中有很多这样的主题：典型的就是伏羲与女娲，他们人首蛇身，两条蛇尾相互缠绕，结合在一起，虽然不是共用一身却形同一身，代表了阴阳化合和强大的生殖能力。

图4-7　印第安人莫奇卡彩陶图
（采自王政《红山文化玉璜与双首龙蛇的俗信观念》，《民族艺术》2004年第4期）

印第安人莫奇卡彩陶文化中有一幅图像（图4-7），该图像与汉画像有着相似之处。画面下方是一条双首的龙形动物，身体呈锯齿状的半圆形，穿越星辰和日月，神态与汉画像中的双首虹相似。图像上方的正中位置是一条蜿蜒曲折的双头蛇，此一身双头的状态正是雌雄结合的生殖崇拜的反映。蛇头两侧各有类似老鼠的动物，左边蛇头的左侧动物手上拿着一根杈杖，类似现代生物学上代表雄性的♂；右边则拿着代表雌性的♀形杈杖，且头上戴着植物状的花环。

从文化大视野上看，这种双首龙和双首蛇图案其实就是雌雄结合的状态。这样解释的话，汉画像及其他器物上的虹的双首就是雄雌双龙，他们尾部交织象征着繁殖，是一种生殖崇拜的信仰。汉画像中的虹图像除了有

① 闻一多：《闻一多神话与诗》，吉林人民出版社2012年版，第11页。

"交尾"的状态外，两端的龙似乎有雌雄之分，例如表4-1中序号2、5、6中的虹图像，右侧的龙首的体积明显大于左侧龙首的体积。龙须、龙角的大小、长度也有细微的差别，可能是绘画的偏差，也可能是汉代人为了区分雌雄有意为之。

双首一身的图像主要来源于彩虹本身这种自然现象，彩虹的基本形态便是中间拱起，两端朝下，基本对称。自然崇拜是原始社会必然经过的一个阶段，古代人想方设法探究出其本质面目的同时将其神圣化，并刻在器物上表示祭祀的意义。例如"雷纹"，用一种回环往复的形状表示"雷"的声音，后期形象为夔龙鼓其腹，"云纹"则像白云的形状。由此可见，这些抽象的图案主要来源于生活，是对事物的抽象表达。彩虹的形状则和龙结合创造出双首一身的虹图像，后期关于双首一身的生殖崇拜和阴阳化合的解释更多的是哲学化的思考。

（三）单道与双道的虹图像

如前所述，汉画像中的虹图像存在着数量上的差别，有时绘成一道，有时绘成两道。《辞海》中解释这种自然现象时说："常见的有主虹和副虹两种，如同时出现，主虹位于内侧，副虹位于外侧"，"副虹成为'霓'。"[①]《尔雅·释天》云："虹双出色鲜盛者为雄，雄曰虹；暗者为雌，雌曰霓。"[②]这里的色彩鲜艳便是《辞海》中所说的"主虹"，这个看法与《辞海》中的解释不谋而合。

关于虹、霓之间的区别也有其他的观点。《尔雅·释天》："霓为挈贰。"[③]盖古人以单出者为虹，双出者为霓也。[④]这是在数量上对虹、霓的区

---

① 夏征农、陈至立主编：《辞海》，上海辞书出版社2010年版，第900页。

② （清）阮元校刻：《十三经注疏》，中华书局2009年版，第5674页。

③ （清）阮元校刻：《十三经注疏》，中华书局2009年版，第5674页。

④ 参见丁山《中国古代宗教与神话考》，上海书店出版社2011年版，第273页。

分。《尚书考灵曜》注曰："日傍白者为虹，日傍青赤者为霓。"[①] 这是在颜色上区别虹霓。《说文》曰："霓，屈虹，青赤，或白色，阴气者也。"[②] 孟康注"晕適背穴，抱珥蝱蜺"曰："穴多作鐍，其形如玉鐍也。抱，气向日也。珥，形点黑也。"如淳注曰："晕读曰运。蝱或作虹。蜺读曰啮。螮蝀谓之蝱，表云雄为蝱，雌为蜺。"[③] 这说明虹和霓只有雄雌之分，其他的都一样。汉画像中的虹图像主要依据数量进行区分。照这样的说法，虹图像中如若只有一道时，就称之为虹；如若画面中出现两道时，那双道虹的下一道是雄虹，上一道为雌霓。将虹霓分为两道，也是一种艺术化的表现，并将两者赋予性别的差距，进一步强化了生殖崇拜和阴阳化合的哲学观念。前期的虹图像及其变形的图案都没有出现两道的情况，这是阴阳哲学和生殖崇拜进一步演变的结果。

有时虹霓的记载并不具象化，而是作为一种"气"或"光"这种物质形态存在。例如在屈原作品《离骚》"飘风屯其相离兮，帅云霓而来御"和《东君》"青云衣兮白霓裳，举长矢兮射天狼"中，"霓"与"云"并称，霓在这里虽有许多物质性，但其神性依旧存在，在屈原笔下它是神的附属物，是神的"御者"和衣物。汉代后期许多的彩色壁画中云霓缭绕的画面就是为了反映出天上世界的虚幻与神秘，表现出一种浪漫主义的风格。在汉代帛画中也有"霓"的身影，例如汉代帛画中一只蟾蜍口边有一团白气，这种现象被萧兵同《楚辞》中"白蜺婴茀，胡为此堂"一句联系起来。[④]《汉书・天文志》中说："白蝱屈短，上下锐，有者下大流血。"[⑤] 白霓的出现预示着刀兵之象，而"蟾蜍辟兵"，所以蟾蜍啮"白霓"就是表达了用蟾蜍遏制战争和不幸的事情。

---

① （宋）李昉等：《太平御览》（第一册），中华书局1960年版，第72页。
② （宋）李昉等：《太平御览》（第一册），中华书局1960年版，第71页。
③ （汉）班固撰，（唐）颜师古注：《汉书》，中华书局1999年版，第1051页。
④ 参见萧兵《楚辞与神话》，江苏古籍出版社1987年版，第70—74页。
⑤ （汉）班固撰，（唐）颜师古注：《汉书・天文志》，中华书局2000年版，第1067页。

二、汉画像中虹图像的配置

除了单幅图像外，汉画像中的虹图像大都各有其图像配置。在研究单个图像时也不能忽略整体，将图像放入它所在的整个图像环境中研究能帮助我们更好地解读其内涵。在汉画像中，虹图像一般与“风雨雷电图”“河伯出行图”“鱼戏莲图”配置在一起。

（一）与“风雨雷电图”的配置

现实中彩虹出现于狂风暴雨之后，汉画像中的虹图像也常与“风雨雷电图”配置在一起。图4-8中我们可以看到两道彩虹的左侧是一个力士，身材高大，他背后拖着一串圆形物，其身份应该是雷公，他拖拽的应该是鼓。《论衡·雷虚篇》：“图画之工，图雷之状，累累如连鼓之形。又图一人若力士之容，谓之雷公，使之左手引连鼓，右手推椎，若击之状。其意以为雷声隆隆者，连鼓相扣击之意也。”[①]他身体向下弯，似乎被“连鼓”所压弯，双腿弯曲，作奔跑状，形象地表现出“雷声隆隆”的自然现象。

图4-9中的内容更加丰富，虹位于中间位置，而正中间也就是虹身所包围的空间所在的人物应该是雷公。雷公头戴双角尖帽，双手双腿张开，双手和右脚上似持尖状物，雷公身体周边都是旋涡状的纹饰，有大有小，似乎是雷公在击鼓，但也有可能是雨后彩虹的光圈和光晕。图像的上部有许多小人，形态不一，左右上角各有一人蹲坐，正鼓足力气向中间吐出长长的气流，左边的小人右手还持一根管状物，两个小人应该都是风神。两股长长的气流下方的小人已经在云雾中飘浮，暗示大风之猛烈。《风》曰：“云如两人提鼓持桴者皆为暴雨。”[②]《前凉录》曰：“张骏六年有彩虹，五

① （汉）王充：《论衡》，载国学整理社编《诸子集成》（第七册），中华书局1954年版，第65页。

② （宋）李昉等：《太平御览》（第一册），中华书局1960年版，第50页。

图4-8　雷神、虹神图

（采自孟强《江苏徐州大庙晋汉画像石墓》，《文物》2003年第4期）

图4-9　虹神图（作者摄于江苏师范大学文学院）

里隆隆如钟鼓之声。”[①] 表现了雷雨来临之时，雷声隆隆，彩虹出现，雨随即而下的场面。

图4－10中虹有两道，左右上方各有一人拿着管状物，管状物流出许多云气，使图像的上方云雾缭绕，应该也是风神。图4－11描绘了非常清晰的天象图，画面上下两边是装饰性的垂幔纹图案。画面左起首先映入眼帘的是一个仙人骑在龙背上，仙人抬头向上，双臂张开，一只手上还握着一根棒状物，而仙人头顶是一连串的圆圈。这个仙人应该是雷公，他头顶

① （宋）李昉等:《太平御览》（第一册），中华书局1960年版，第72页。

图4-10　虹神图

（采自姜生《汉帝国的遗产：汉鬼考》。原石藏于徐州汉画像石艺术馆）

图4-11　风神、雨神、雷神、电神、虹神图（作者摄于江苏师范大学汉文化研究院）

图4-12　雷公、风神、虹神图（作者摄于徐州汉画像石艺术馆）

上的圈状物是连鼓，雷公以棒槌击鼓似雷声轰隆之状。往右是一位挥舞长带的仙人，应该是闪电之神，用长带的飘逸和形状象征闪电的弯曲与变幻。再往右则是双首龙身的彩虹，虹身下端坐一人，他双手张开，各持绳索牵引着龙头，似在操控着它，他的身份应该是虹神。画面最右边云雾缭绕，似由一位仙人吹气而成，应为风神。这幅图中虹不仅所占的空间比较大，而且还有相对应的虹神，由此可见，虹的地位与其他自然神祇的地位是差不多的。图4－12画面比较模糊，但画面内容丰富，六个圆圈组成的鼓状物中的熊（雷公），以及雷公左方的风神吹管依旧能辨出轮廓，下方的虹龙分为上下两道，距离紧凑，中间似有人影。

图4－13　武氏祠左石室屋顶前坡西段画像
（采自《中国画像石全集》第1卷）

图4－13内容丰富，共有四层。从下至上第三层刻画的是雷公出行，画面上云雾缭绕，雷公正坐着他的雷车从左侧缓缓驶来，最左侧还有风神吹气助力，雷车前方还有雨神拿罐“洒扫街道”“引路”。再向右便是虹，虹身拱起的空间内是一天神双手拿锤，弯腰用力要锤打下面戴尖帽的凡人，凡人已经卑躬屈膝，俯首认罪。虹那张牙舞爪的样子使画面显得更加威严恐怖。这一层画像中雷神、风神和雨神都属于自然神，这肯定是仙界的描绘。虹身上方趴着一个戴冠的神，右手持罐，左手持鞭，应该是雨神。虹的下方是一持锤的神人正恫吓下方俯首叩地的人。画面中虽是一个持锤的神人在敲打，但执行的则是雷神。

风雨雷电是常见的自然现象，但是人们由于崇拜自然，开始将其超自然化。随着政治文明的兴起，风雨雷电被赋予了神的品格，成为一种神话，而且具有了现实社会中所谓的等级秩序。“在祠堂天井石上刻画这些人格化的天界自然神，其意无非是为了说明天上世界的上帝和诸神是现实人间自然秩序的管理者和主宰者。”[1] 因为虹也属于一种自然现象，而虹神属于自然神中的一类，它们组合在一起形成的是天象图。

虹图像除保留了彩虹的形状外，还附带了其他的属性。上文已经谈到虹与龙相同的功能是司雨，图4－13中人形的雨神趴在彩虹身体上方，播雨的位置正好是虹所在的位置，所以在这些自然神祇中虹扮演的是雨神的角色。我们知道在众多自然神中虹神的地位并不是很高，雷公坐在雷车上，高高在上，威风凛凛；其他风神、雨神、电神也都穿袍戴冠，化作神仙的样子，只有虹仍处于自然崇拜状态中，呈现的依旧是自然形。但是这种自然形被刻画为具有灵性的龙。在这几幅图中，虹图像大都是处于正中的位置，所占画面比例也比较大，较之风神和雨神，虹神的形象也很高大。即便虹图像不在画面正中的位置，也是处在那一层画面的视觉中心。图中左边的雷公、雨神和右边的仙人都往虹所在的方向走去，而虹神拱起所形成的那个空间正是这一层的主题所在，即“刑罚”是在虹所在的空间里执行的，所以虹神的存在是必不可少的。

（二）与“河伯出行图”的配置

1.河伯

文献记载中最早的水神是天吴，《山海经·海外东经》曰：“朝阳之谷，神曰天吴，是为水伯。……其为兽也，八首人面，八足八尾，背青黄。”[2]《山海经·大荒东经》又曰：“有神人，八首人面，虎身十尾，名曰天吴。”[3] 水神天吴所在之处恰好就在虹的下方。但是有关天吴的神话并没有得到演变和发展，水神的身份由河伯和冰夷传承下去，汉代河伯和冰夷的神话也渐趋丰富。《淮南子·原道训》：“昔者冯夷大丙之御也。乘云车。入云蜺。

① 信立祥：《汉代画像石综合研究》，文物出版社2000年版，第178页。
② 方韬译注：《山海经》，中华书局2011年版，第249页。
③ 方韬译注：《山海经》，中华书局2011年版，第291页。

图4－14 “天公出行镜”
（采自孙机《仙凡幽明之间——汉画像石与“大象其生”》，
《中国国家博物馆馆刊》2013年第9期）

游微雾。……沦天门。”[①] 冯夷就是冰夷，这里的冯夷已经从水神变成了能上天入地的天神。《淮南子·齐俗训》高诱注：“冯夷，河伯也。华阴潼乡堤首里人，服八石得水仙。”在两汉神话中，冯夷和河伯的形象已经逐渐融为一体。汉画像中“虹北两水间”的水神也由天吴变成了河伯或冰夷。

河南南阳有一面东汉的铜镜（图4－14），学术界称其为“天公出行镜”，画面中其他内容不做介绍，主要是图片的正下方偏右侧有一幅“鱼拉车”图，三条鱼拉的车上坐着一个线形勾勒的人，而上有题跋曰“何伯”。有铭文的证实，我们可以大胆猜测与虹图像紧密相连的“鱼拉车”正是“河伯出行”。如图4－15，画像中有一道虹，虹左边有一条硕大的鱼向左行驶，鱼嘴上牵引着绳索或轱辘，车上坐着两个人，“乘云车，入云蜺”正是画面中“鱼拉车”（河伯出行）的真实写照。

① （汉）刘安：《淮南子》，载国学整理社编《诸子集成》（第七册），中华书局1954年版，第2—3页。

图4－15　鱼拉车、虹神图
（作者摄于徐州汉画像石艺术馆）

2. 河伯出行图的寓意

《神异经》曰："西海上有人焉，乘白马，朱鬣白衣素冠，从十二童子，驰马西海上如飞，名曰河伯使者，其所至之国，雨水滂沱。"[①]可见，河伯与雨的形成有一定关联，虽是河伯使者所到的地方会下雨，但背后起决定作用的是河伯，河伯具有司雨的职能。河伯"以水为国，鱼鳖为民"[②]，是水神。汉画像中将"河伯出行"与虹图像配置在一起，鱼生活于水里，龙是在水中和天上都能生存的神兽。"龙一鱼"组合在一起，说明鱼与龙存在一定的关联。《史记·司马相如列传》李奇注"䱅鳢渐离"云："周洛曰鲔，蜀曰䱅鳢，出巩山穴中，三月溯河上，能度龙门之限，则为龙矣。"[③]东汉《辛氏三秦记》："龙门山，在河东界……有黄鲤鱼逆流而上，得者便化为龙。"[④]这种"鱼化龙"的传说在汉画像中得以体现。

（三）与"鱼戏莲图"的配置

"鱼戏莲图"在汉画像中并不少见，但是与虹配置在一起的并不多。图4－9画面非常的充实，中间大部分是虹与风神、雷公的配置，而左右两边是"鱼戏莲图"，并且用明显的黑线与虹图像隔开，"鱼戏莲"似乎成为另

① （宋）李昉等：《太平御览》（第一册），中华书局1960年版，第54页。
② （宋）李昉等：《太平御览》（第一册），中华书局1960年版，第56页。
③ （汉）司马迁：《史记》，中华书局2000年版，第2302页。
④ （唐）欧阳询撰，汪绍楹校：《艺文类聚》（下），上海古籍出版社2007年版，第1663页。

一个部分。“鱼戏莲”中的莲花为四叶形，且将现实中的莲花叶艺术化地刻画成三角形，正中央的莲蓬正结着几颗大大的莲子，四条鱼在空隙处围绕嬉戏。图4－10中的“鱼戏莲”与上幅图的位置和图像大体一致，都为两处，分布在虹图像左右两侧，但是莲花更有了花的形状，花瓣增加到了八瓣且错落有致，更富美感。

鱼与莲花都在水中生存，即便图像中没有画出水纹，但是鱼和莲本身就能代表水，鱼和莲可以说是水的象征。而虹龙不仅能上天也能入水，汉画像中的虹图像不仅能与天神配置在一起，也能与水类生物配置在一起。画像中两种图的配置也十分巧妙，两幅“鱼戏莲图”分布在虹两边，虹龙的双首正对着“鱼戏莲”，这种姿态正好再现了龙“吸水”的情景。鱼在远古时期就被刻画在石器与彩陶上，一是因为鱼象征着女阴，二是因为鱼多子，这两点都代表了鱼有强大的生殖力。莲也是多子的象征，可见“鱼戏莲图”表现的是一种生殖崇拜，而双首一身的虹龙也是象征了对生殖的崇拜。

“鱼戏莲图”中，鱼围绕着莲花缓缓游走，形成一种非常和谐的场景。鱼多莲多，物产丰富，显然是生活富足的美好图景，充满着吉祥和谐的美感。而虹图像与风雨雷电一起配置则表现出“风调雨顺”，自然界的天气情况对农业社会来说是非常重要的，风调雨顺则预示着农业等生产活动也能正常有序地进行，意味着丰收。所以这幅图是吉祥的寄托。“鱼戏莲图”与虹图像隔开是为了说明天与地相隔，但是两者又是互相影响的。《大戴礼》曰：“天地之气和即雨”[①]，这是汉代人民对天地的观察与思考，对大自然规律的一种了解和把握。虽然一种是生活图景的真实描绘，一种是想象的天界图景，但都具有一种浪漫主义的色彩。

---

① （宋）李昉等：《太平御览》（第一册），中华书局1960年版，第50页。

第二节　汉代虹信仰的传承与重构

汉画像中的虹图像具有一定的共性，其特征已经成为一种模式，这种现象的产生一定不是朝夕形成的。彩虹作为自然天象，经历一代又一代的沉淀与改造，才有了拱形、双首龙身的固定模式，所以汉画像中虹图像所表现的虹信仰承接了先民对虹的崇拜。而且，“秦汉大一统以后的中国思想世界基本上依据的是一个庞大复杂而又有系统的知识体系，这个知识体系正是在这一时期逐渐形成的，它构成了中国文化的背景，而这背景又不是诸子中的一家一派”①。可见，汉民族作为文化、政治、经济空前统一的民族，充分借鉴了前期的思想体系。汉画像中刻画的虹图像也是如此，汉代的虹崇拜既承接了汉代以前人们对虹崇拜的观念，又有了自己的特点。

一、汉代虹信仰之源：原始的自然崇拜

（一）“虹—璜”一体的信仰系统

自然界是人类及动植物等赖以生存的环境。人类从自然界中得到诸多益处，同时也发现它具有不可抗拒的力量，所以人们既热爱它，也畏惧它。正是在这种敬畏的心理上，人们对其产生了崇拜。可以说，自然崇拜是一切神话、宗教、巫术的源头与基础。除了汉画像中的虹图像外，虹信仰还体现在年代更久远的玉璜上。

1. 玉璜

玉文化在中国文化中源远流长，而玉璜大致出现在距今7000年前，《说文解字》曰：“璜半璧也。”② 但是玉璜也并不完全是半璧的形状，有学者将其分为坠佩形、拱桥形、有刃形、锯齿形、半环形等，而

---

① 葛兆光：《中国思想史》（第一卷），复旦大学出版社2013年版，第193页。

② （汉）许慎撰，（清）段玉裁注：《说文解字注》，上海古籍出版社1988年版，第12页。

图4-16　辽宁喀左东山嘴红山文化遗址出土双首龙玉璜
（采自王政《红山文化玉璜与双首龙蛇的俗信观念》，《民族艺术》2004年第4期）

图4-17　玉龙首璜（西汉中期）
（采自《中国玉器全集》第4卷）

更多地为弧形。图4-16、图4-17中，我们可以看到玉璜的基本形态，它们呈弧形，两端都为龙首，刻龙角，龙口略微张开，龙眼也清晰可辨，龙身上刻有似龙鳞的纹饰，且大多为云纹。有关玉璜的来源与用途，一直都存在争议：有人认为玉璜只是一种半璧形、两端穿孔可佩戴的装饰性玉器；有人认为玉璜是一种工具，具有切割的功能；也有人认为玉璜是一种礼器。将玉璜与虹放在一起讨论的学者也不在少数，因为甲骨文的“虹”字与双首龙玉璜的形态一致，所以有关学者认为玉璜的形态来源于甲骨文的“虹”字。也有学者认为甲骨文中的“虹”形象与玉璜产生的时间相距甚远，所以否定玉璜来源于对甲骨文中“虹”的模仿。郭沫若则从“璜”字初文“黄”入手，否定了玉璜与虹之间的联系。而叶舒宪则利用四重证据法将虹与玉璜贯通起来，论证了玉璜是先民将龙虹加以固定化、对象化的物质表现。[①] 无论是甲骨文中的“虹”还是汉画像中的虹图像，它们与玉璜有如此一致的形态，其根源应来自同一思维模式，两者之间具有一定的关联和渊源。

2. 玉璜与虹的联系

玉璜的出现时间较早，其实在红山文化时期就发掘了与“虹”形象类似的玉璜（见图4－16），这是目前考古学发现的最早的双首龙玉璜。

从人类学角度看，双头蛇或双首龙是“虹”的别称已经成为一种共识。如图4－18、图4－19两幅玉璜横截面，第一块上面绘有双头龙相互缠绕交织，身体也呈弧形或拱形，在外形相似的情况下又刻制成了双首龙，显然可以证明玉璜不仅仅是外形上与虹重合，甚至创作的理念也来源于虹。第二块玉璜是在上面刻制了一对人首龙尾的人，尾部也连接在一起。这说明玉璜不仅外在上对自然界中彩虹进行模仿，其刻画的内容也是对虹崇拜的一种体现。

虹图像与玉璜都以双首龙作为主要特征，两者都以龙身衔接。首先玉璜作为玉器中的一类，在古代文献中与龙有着许多渊源。《尚书中候》曰：“舜沉璧于河，荣光休至，黄龙负卷舒图，出入坛畔。”[②] 将玉璧投入水中后，玉璧却化作一条龙出来并且带来祥瑞，这不仅是因为玉璧上面刻有龙纹，还因为玉璧和龙之间存在着共通的灵性。玉可化为龙，东晋时期干宝《搜神记》中却有“赤虹化玉”的故事：“孔子修《春秋》，制《孝经》，既成，斋戒，向北辰而拜，告备于天。天乃洪郁起白雾，摩地，赤虹自上而下，化为黄玉，长三尺，上有刻文。”[③]《搜神记》记录的虽是一些奇闻逸事，但

① 参见叶舒宪《二龙戏珠原型小考——兼及龙神话发生及功能演变》，《民族艺术》2012年第2期。

② （唐）欧阳询撰，汪绍楹校：《艺文类聚》（下），上海古籍出版社2007年版，第1703页。

③ 王根林、黄益元、曹光甫校点：《汉魏六朝笔记小说大观》，上海古籍出版社1999年版，第346页。

图4-18　玉璜横截面图（西周）
（采自《中国纹样全集：新石器时代和商·西周·春秋卷》）

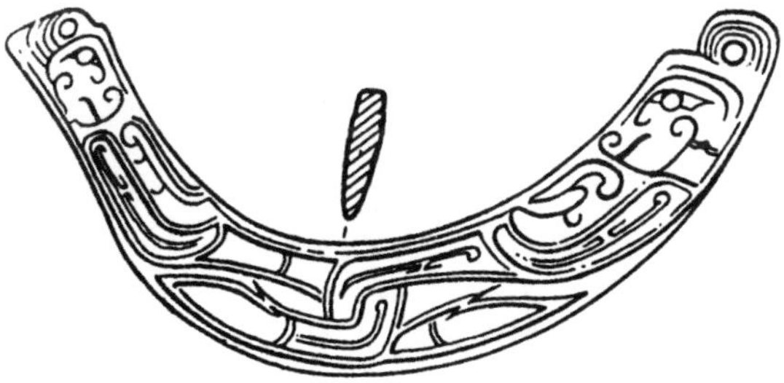

图4-19　玉璜横截面图（西周）
（采自《中国纹样全集：新石器时代和商·西周·春秋卷》）

这是第一次在文字记载中如此明显地阐释虹与璜的联系。

郭璞《瑾瑜玉赞》曰："钟山之宝，爰有玉华，光彩流映，气如虹霞，君子是佩，象德闲邪。"[①] 玉有温润的光彩，彩虹也有光彩，两者在色彩上也是具有相同的特点。《古今注》曰："龙见上郡，腾跃五色升天……长五丈余，高二丈，光耀庐舍，及树皆黄。"[②] 龙也是有色彩的。这说明璜、龙、虹之间存在着许多相似之处，玉璜与双首龙的虹是来自于同一信仰系统。

① （唐）欧阳询撰，汪绍楹校：《艺文类聚》（下），上海古籍出版社2007年版，第1430页。
② （唐）欧阳询撰，汪绍楹校：《艺文类聚》（下），上海古籍出版社2007年版，第1704页。

玉璜的功能在红山文化时期就是一种祭祀的器具，但是由于年代久远，我们只能从一些文献资料中探寻玉璜的功能。《周礼·大伯宗》：“以苍璧礼天，以黄琮礼地，以青圭礼东方，以赤璋礼南方，以白琥礼西方，以玄璜礼北方。”[①] 古代“苍璧礼天”，用与天相同的颜色，用圆璧代表“天圆”的形状，这是一种“相似律”的利用。在汉代宗教思维中，北方与黑暗的地下黄泉相联系，玄冥既被称为北方之神又被称为雨师，《风俗通义》曰：“雨师为玄冥。”《淮南子·天文训》“北方水也，其帝颛顼，其佐玄冥，执权而治冬，其神为辰星，其兽玄武，其音羽，其日壬癸。”《淮南子·时则训》：“北方之极。”高诱注曰：“颛顼，黄帝之孙也，以水德王天下，号高阳氏，死为北方水德之帝也。”萧兵在解释“郊冥而宗汤”时也指出玄冥是殷人的水神[②]，所以“玄璜礼北方”说的就是用黑色的玉璜去祭祀北方的水神或者雨神，都与雨水有关。玉璜可能是佩戴在巫师身上祈雨的，“黄帝”的一个初义是“璜玉之神”。无论是器物还是文字都来自现实世界中人们的艺术想象力和创造力，雨是自然界的恩赐，作为自然崇拜的对象被神灵化。玉璜作为礼器进行祈雨，可能也是一种模仿巫术的体现，赋予了玉璜与虹相同的司雨功能。《金枝》中就描述了澳洲北方的阿努拉部落用弓形的草来象征彩虹的巫术[③]，巫师对着弓形草唱歌就能达到祈雨的目的，玉璜可能也扮演着这种角色，只是“弓形草”是一种“金枝”，而“玉璜”是一种“玉器”，“弓形草”与玉璜都具备祈雨的功能。

《仪礼》曰：“升自前东荣、中屋，北面招以衣。”[④]《礼记·檀弓下》曰：“葬于北方，北首，三代之达礼也，之幽之故也。”[⑤] 北方是幽都，而璜是放置在葬礼中的礼器，在葬礼中一定起着中介的作用。

---

① （清）阮元校刻：《十三经注疏》，中华书局2009年版，第1644页。

② 参见萧兵《楚辞与神话》，江苏古籍出版社1987年版，第414—421页。

③ 参见［英］J.G. 弗雷泽《金枝》，汪培基、徐育新、张泽石译，商务印书馆2013年版，第123页。

④ （清）阮元校刻：《十三经注疏》，中华书局2009年版，第2445页。

⑤ （清）阮元校刻：《十三经注疏》，中华书局2009年版，第2819页。

图4-20　马王堆3号墓"T"形帛画局部
（采自陈镗《古代神话》）

在帛画（图4－20）中，玉璜悬挂在人们举行祭礼的上方，而玉璜上方便是墓主接受拜见的场景，再往上便是天界。由此可见，玉璜的功能之一便是"通灵"，是将墓主魂魄指引去天界的中介，因此也被赋予升天的功能。《山海经·海外西经》："大乐之野，夏后启于此舞《九代》，乘两龙，云盖三层。左手操翳，右手操环，佩玉璜。"[①]夏后启佩戴着玉璜、乘两龙与天界进行沟通。"以天人沟通为前提的天人合一的神话观。借助玉或玉礼器实现天人沟通、神人沟通……以《周礼》六器之一的玉璜之出现为标志。"[②]在古人看来，玉不仅能护体还能够防止腐烂，而且把象征虹的玉璜佩戴在身上更能体现出通神的作用，这是一种相似律巫术的体现。

仅从汉代这一时间段来看，目前出土的玉璜主要出现在湖北、安徽、江苏等地，其中江苏徐州出土标本最为丰富。[③]而现在发掘出来的汉画像中刻画虹图像的也大多出自徐州地区，虽然这个依据不能完全说明玉璜与

① 方韬译注：《山海经》，中华书局2011年版，第230页。
② 叶舒宪：《玉石神话与中华认同的形成：文化大传统视角的探索发现》，《文学评论》2013年第2期。
③ 参见杨玉彬《汉代玉璜赏鉴（一）》，《收藏界》2012年第12期。

图4－21　铜璜（私人收藏）

虹的全部关系，但也能从侧面反映出人们共同信仰的深厚意识。《周礼》曰："半璧曰璜，象冬闭藏，地上无物，唯天半见。"[①] 玉璜象征着冬天，而虹也是"小雪之日，虹藏不见"[②]。可能是因为气候，虹在冬日不再出现，玉璜也表达着这样的寓意。

除了玉制的璜，还有一种青铜制的璜，大致流行于春秋至西汉时期，因为类似铜币而被错误地归类为钱币的一种，被称为"桥形币"，后多个学者考证其应该是一种璜[③]（图4－21）。这一铜璜与玉璜有相同的构造，两端形状为龙首，龙口、龙眼的轮廓都形象生动，两边呈对称状，中间有一孔，应是便于穿孔悬挂。

有的专家认为，铜璜的产生应该是贫困的家庭购置不起昂贵的玉璜，因此利用形状相同的铜璜进行代替。在祭礼活动中，玉璜和铜璜扮演了相同的角色。

从璜的功能上探讨能发现虹与璜之间存在着共同的思维模式，其基础是对虹的自然崇拜，继而引申出对天的崇拜。但玉璜被刻画成虹的形状明显是以自然崇拜为根基的，这种信仰在璜这种器物中充分体现出来。

---

① （清）阮元校刻：《十三经注疏》，中华书局2009年版，第1644页。

② （宋）李昉等：《太平御览》（第一册），中华书局1960年版，第72页。

③ 参见何志国《"桥形币"质疑——铜璜考》，《四川文物》1998年第5期。

（二）“虹”字演变中的自然崇拜

“虹”是现代汉语的写法，商朝甲骨文出现时，“虹”却是另一种写法。后期又经过一系列的变化，“虹”字也变得越来越抽象。但是汉字以象形会意为主，其内部的深层含义并不会因此而褪色。

1.说“虫”部

甲骨文“虹”字以象形为主，后期的文字则增加了形声，将甲骨文的一半变为“虫”，一半变为“工”。蔡邕《月令章句》曰：“虹，螮蝀也。”“虹”以“虫”为偏旁，“螮蝀”两字也是。《太平御览》曰：“霓曲蛇，青赤或白色阴气者也。”[①] 直接说虹霓是一种“曲蛇”。《说文解字》曰：“虹似它，故字从虫”[②] 这里的“它”应指蛇，看来在汉字“虹”的结构中有将虹与蛇联系在一起的寓意。

汉画像中的虹基本是以龙的形式存在，没有“蛇”的身影，但这不能排除先民曾用蛇来表现虹的猜测。“蛇：综合起来看，龙是以蛇为基础的，而发展变化了的蛇图腾像就是龙的形象……”[③]《抱朴子》：“有自然之龙，有蛇蠋化成之龙。”[④] 可能在信仰龙之前就有了信仰蛇虺的传统，在一些图片中我们可以找到一些佐证。

图4－22、图4－23中的“龙身”变成了“蛇身”，但是结构形状相似，都是双首一身，而且身体都呈拱形，展示出优美的姿态。双首一身这种“虹”的特点在“蛇”这里也表现得淋漓尽致。对双首蛇的崇拜也可见一斑，例如台湾高山族中就有“珥两蛇”的宗教信仰，从画像上看就像人头顶上垂挂着一条“双首蛇”。《山海经》中多处记载珥两蛇的是“神人”，而且是“海神”。如“东海之渚中，有神，人面鸟身，珥两黄蛇。”“南海渚中，有

① （宋）李昉等：《太平御览》（第一册），中华书局1960年版，第71页。
② （汉）许慎撰，（清）段玉裁注：《说文解字注》，上海古籍出版社1988年版，第673页。
③ 徐乃湘、崔岩峋：《说龙》，载刘志雄、杨静荣《龙与中国文化》，人民出版社1992年版，第2页。
④ （宋）李昉等：《太平御览》（第四册），中华书局1960年版，第4131页。

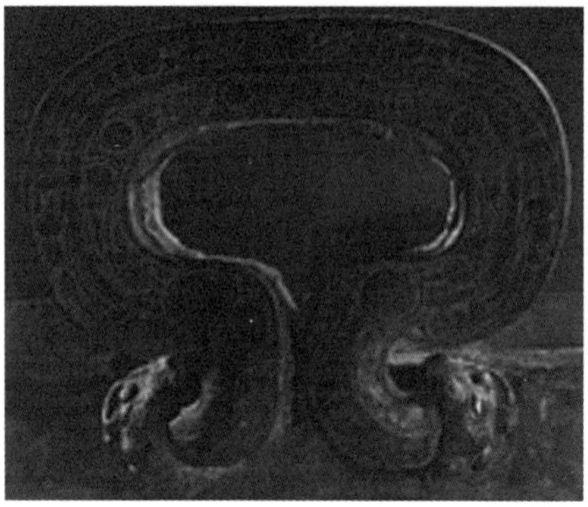

图4-22　曾侯乙墓出土青铜器上的双首龙虺（采自《曾侯乙墓文物艺术》）

图4-23　珥两蛇人像（采自王小盾《四神：起源和体系形成》）

神，人面，珥两青蛇。”[①]可见，珥两蛇的神人应该是一种主治雨水的神，崇拜双首蛇其实就是为了祈雨，澳大利亚北部地区中就有“虹蛇”的神话。[②]虹的偏旁“虫”无论解释为蛇还是龙，都体现了自然崇拜的意味。

2. 说“工”部

“虹”字最早出现在甲骨文中。甲骨是为了占卜，以揭示自然现象可能带来的吉凶祸福。对虹的自然崇拜体现出一种巫术意味。就像现代汉字中的“虹”，右边的“工”有人解释为一身双首龙图案的简化，李晓红也认为龙纹图案是虹的物化。[③]在“虹”字的演变过程中，我们看到秦汉印章文字中就将“虹”的一半转化为“工”，说明最晚在秦代产生了这种变化。其实“工”的产生并不仅仅是因为形声的需要，“工”与“虹”之间还存在一些本质的联系。“工”本与“巫”同意：“工有规矩，而彡象其善饰。巫事无形，

① 方韬译注：《山海经》，中华书局2011年版，第292、302页。

② 参见外国神话传说大词典编写组编《外国神话传说大词典》，中国国际广播出版社1989年版，第358页。

③ 参见赵宪章、顾华明主编《文学与图像》（第一卷），江苏教育出版社2012年版，第275页。

亦有规也。”[①] 而在解释“巫”字时，《说文解字注》说：“无舞皆与巫叠韵。周礼女巫无数。旱暵则舞雩。许云。能以舞降神。”[②] 巫是巫女进行雩祭的巫术活动，是为了去除旱灾的祈雨之术，而且“巫”字主要以“工”为字形主体。因此在“工”与“巫”的联系中，即便甲骨文的双首龙形“虹”字变成了抽象化的“工”字，其内在的思维结构还是相同的，“工”依旧带有巫术的影子，带有自然崇拜的信仰。

《礼》曰：“小雪之日，虹藏不见。”又曰：“清明后十日，虹始见。”[③] 这是对虹这种自然现象的客观描述和记录。从这种简单而又细致的描述中我们能捕捉到人们对自然环境的关注和重视。“倘于自然现象没有仔细观察，倘于自然规律没有坚固信仰，倘若没有推理能力与对于这种能力的自信，无论怎样原始的艺术与行业，便都不会发明出来，不会维持下去。”[④] 所以我们在汉画像中看到的仍旧是汉代对自然的崇拜。汉代属于农业社会，自然环境对社会生产的影响很重要；没有对自然现象的重视，艺术与宗教也很难绵延下去。无论是玉璜、“虹”字、汉画像的虹图像还是其他器物上虹的变形图案，都根源于自然界彩虹本身的形象与龙形象的结合。从玉璜的产生和对彩虹形象的仿造这两个方面来看，玉璜产生之初就有了虹信仰的物质材料的证明。璜与汉画像中的虹图像都是从自然崇拜中衍生出来的，是一脉相承的。

二、汉代虹信仰之本：“龙饮水”的神话思维

玉璜中两龙首下垂的形态，既结合了自然界中虹本身的形态，也表现

① （汉）许慎撰，（清）段玉裁注：《说文解字注》，上海古籍出版社1988年版，第201页。
② （汉）许慎撰，（清）段玉裁注：《说文解字注》，上海古籍出版社1988年版，第201页。
③ （宋）李昉等撰：《太平御览》（第一册），中华书局1960年版，第72页。
④ ［英］马林诺夫斯基：《巫术科学宗教与神话》，李安宅译，中国民间文艺出版社1986年版，第3页。

了“龙饮水”的神话思维，这是古代人对虹龙吸水、播雨的最初想象。殷商卜辞中有：“王占曰：有祟。八日庚戌，有各云自东，宧母。昃，亦有出虹自北，饮于河。”[①] 可以说这是最早的关于虹饮水的故事。甲骨文的“虹”字也是双首龙下垂的姿态，明显是“龙饮水”的神话思维模式。汉画像中的虹形象以及其他的神话、器物也是承袭了这种思维模式。

“龙饮水”的神话思维在汉代及以后的文献资料中是有迹可循的。

> （上官）桀等因谋共杀光，废帝，迎立燕王为天子。……是时天雨，虹下属宫中，饮井水，井水竭。（《汉书》）[②]
>
> 晋义熙初，晋陵薛愿有虹饮其釜澳，须臾噏其响便竭。愿辇酒灌之，随投随涸，便吐金满釜。于是灾弊日祛而丰富岁臻。（《异苑·饮虹吐金》）[③]
>
> 长沙王道怜子义庆，在广陵卧病。食次，忽有白虹入室，就饮其粥。义庆掷器于阶，遂作风雨声，振于庭户，良久不见。（《异苑·白虹入室》）[④]

《饮虹吐金》中的虹“饮其釜澳”，喜欢喝水和酒，喝完后十分满足，并且将其恩遇报答。《白虹入室》中的虹入室的目的是喝义庆的粥。梁简文帝写《石桥》诗：“写虹便欲饮，图星逼似真。”这些神话和野史故事都道出了虹的一个主要特点——“饮”，正是这个特点使虹具备了动态化、生物化、神话化特征。虹的存在不再是自然现象中静止的样子，而是动态的，它能够从天上降临到凡间饮溪水，喝凡人的粥，它的活动范围不再局限于

---

① 郭沫若：《卜辞通纂》，科学出版社1983年版，第387页。

② （汉）班固撰，（唐）颜师古注：《汉书》，中华书局1964年版，第2756—2757页。

③ 王根林、黄益元、曹光普校点：《汉魏六朝笔记小说大观》，上海古籍出版社1999年版，第596页。

④ 王根林、黄益元、曹光普校点：《汉魏六朝笔记小说大观》，上海古籍出版社1999年版，第596页。

天界，而是扩展到人间和人类生活之中。虹会“饮”说明它是有生命的，它也具备“饮”的渴望和本能。在神话故事中人们将其动物化，有的将其头部形容为驴，但大部分是形容为龙。因为“饮”这一动作的发生，使虹具备了神话色彩。如故事中虹饮水后转化为一个女子，虹饮水导致井水干涸，虹饮酒后给“恩人”带来了祥瑞财富等，这些都让虹具备了神秘的色彩。在宋代，贺铸用“轰饮酒垆，春色浮寒瓮，吸海垂虹”来表现一个人喝酒海量；元代乔吉的《双调·水仙子·重观瀑布》：“似白虹饮涧，玉龙下山，晴雪飞滩”，用虹龙饮水来比喻瀑布；明代时还用虹吸原理发明了抽水机械。可见“龙饮水”的思维模式是源远流长的。

“由神话读神画，以神画解神话，可以获得新的认识人类文化的钥匙。”[①] 神话与神画虽然不属于同一个系统，但是背后所包含的思维结构具有一致性。在神话研究和神画研究中两者具有互补性，上述有关“龙饮水”的神话故事对于研究汉画像中的虹有一定的帮助。

我们对汉画像中虹图像的形成有了深刻的认识和把握。除汉画像中一身双首、双首下垂的龙的形态一致外，虹饮水播雨的功能也一直在强调“龙饮水”神话原型的存在。如图4－24中虹龙播雨主要依赖的器官是它的口，两首的龙头都是张口的，因为龙饮水后才能播雨。图4－9中龙首下垂的位置正是“鱼戏莲”图所象征的水域，龙似乎在低头饮水以便配合着雷公、风伯开始播雨，是“龙饮水”的一种图解。这说明“龙饮水”的神话思维模式在汉画像中依旧存在。

图4－25是汉代的一个铅釉陶井，其造型独特，颇有意味。方井之上正是一条横跨的双首龙，身体也呈弧形、龙首低垂张口，似在饮用井中之水，其形象与汉画像中的虹图像几乎一致，这是对“龙饮水”神话思维最形象的艺术表现。提梁卣的使用盛行于商代和西周时期（图4－26），用于

---

① 萧兵：《图像的威力：由神话读神画，以神画解神话》，《长江大学学报（社会科学版）》2006年第1期。

图4-24　虹龙降雨图
（采自《中国画像石全集》第3卷）

图4-25　汉代虹形梁铅釉陶井
（采自季宏、王琼《汉代“虹形梁”的特征与意义》，《文物世界》2010年第6期）

盛酒，如果将提梁拎起，龙口朝下，就呈现龙张口饮酒的姿态。汉代的提梁卣上的提梁也有一身双首的龙图像，其形象与汉画像中的虹形象大体一致。（图4-27）提梁上的双首龙身体呈拱形，龙口张开，与圆环紧扣，龙鼻、龙齿、龙角、龙鳞都雕刻得很细致，栩栩如生。

再如匜、盘这种器皿也是能盛放酒的器具，在器具旁边的把手上刻着一条似在旁边饮酒的龙（图4-28、图4-29）。这些器具的造型无疑说明了“龙饮水”这样的思维模式早就存在于人们心中。这种“龙饮水”的神话思维其实体现了“万物有灵”观。彩虹是一种物理现象，本无生命意义可

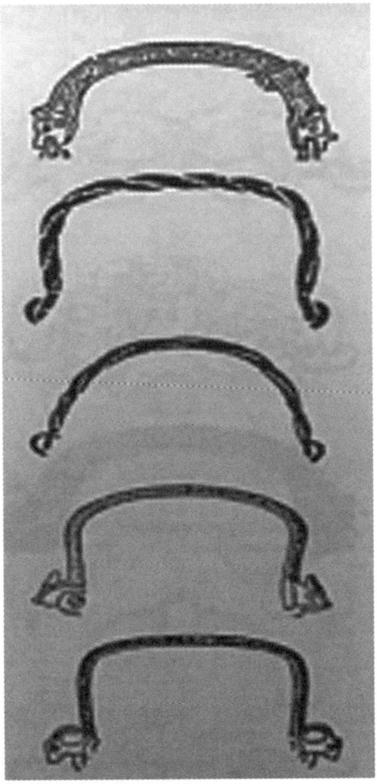

图4-26　商周铜器提梁样式
（采自《中国纹样全集：新石器时代和商·西周·春秋卷》）

图4-27　汉代提梁卣
（作者摄于台北故宫博物院）

图4-28　西周中期筍侯匜
（采自《中国青铜器全集》第6卷）

图4-29　宗仲盘
（采自《中国青铜器全集》第6卷）

言，但是先民的“万物有灵”观将其赋予生命，变成了神话中的动物形象，具备了“吸水”的灵性。

三、汉代虹信仰之变：儒道哲学的新阐释

卫聚贤在《人对自然界的认识的四个阶段》中提到人类对于自然界的认识有四个阶段：第一阶段是原始的，是人类对于自然界的观察；第二阶段是对自然现象的神话解释，认为自然界是有神灵主宰的；第三阶段是对于自然现象形成的一些推论，包括一些哲学上的解释；第四阶段是人类对于自然界的逐渐征服，是将来式的。[①] 这四个阶段是依次发展的，但又不是互相孤立的，而是在前阶段的基础上发展而来的。汉代人对于虹的信仰从最初的观察阶段到神话传说阶段都有继承，既包含了最原始的自然崇拜信仰、“龙饮水”神话传说的思维结构，也有处于第三阶段的特点。这些特点主要集中在汉代人对虹在宗法理论及道家思想的运用上面。

阴、阳的概念在早期氏族社会就已经存在，这是人类早期对世间万物、自然规律的观察所形成的朴素辩证法。战国晚期，邹衍吸收了先前零散的阴阳观念、阴阳二气学说，开创了“阴阳五行说”的先河。到了汉代，汉儒们为了巩固汉代的统治，既继承了儒家的基本理论，也糅合了阴阳的哲学，使阴阳学说朝着二元化理论的方向发展。虹的形成与作用和阴阳哲学关系密切，但是到了汉代，虹不仅仅被赋予阴阳哲学的色彩，宗法伦理的影子也在其中清晰可见。这种二元化的理论倾向体现在虹被称为“臣象”、文献中记载的虹的颜色系统，以及一些感生神话当中。

① 参见马昌仪编《中国神话学百年文论选》(上册)，陕西师范大学出版总社2013年版，第304—307页。

（一）虹为“臣象”

《白虎通义》载：“天弓，虹也；又谓帝之弓。明者为虹，暗者为霓。”[①]《史记·封禅书》载：“黄帝采首山铜，铸鼎于荆山下。鼎既成，有龙垂胡髯下迎黄帝。黄帝上骑，群臣后宫从上者七十余人，龙乃上去。余小臣不得上，乃悉持龙髯，龙髯拔，堕，堕黄帝之弓。百姓仰望黄帝既上天，乃抱其弓与胡髯号，故后世因名其处曰鼎湖，其弓曰乌号。”[②]看来虹霓在这里只不过是天帝的一把弓，只是对虹姿态的另一种形象的比喻，但也暗示了虹霓作为天上的一种自然现象与无边无际的天和地位显赫的天帝相比是一种神与物的关系。

张璠《汉纪》曰：“灵帝和光元年，虹昼见御座殿庭前，色青赤，上引蔡邕问之，对曰：‘虹霓小女子之祥，又名臣’。”[③]所以虹霓与天、太阳相比地位低下，只处于一种附属地位，这样的等级观念暗喻着汉代“君君臣臣”的伦理。“白虹贯日”之所以被誉为灾祸，是因为白色的虹光遮蔽了日光的自然现象被解读为臣子“遮蔽”（即僭越、冒犯）君王，破坏了统治者所维护的封建等级制度。君臣之象的比喻，是为了维护严格的封建等级制度而形成的。

（二）虹的“观念之色”

彩虹的色彩在以黑色线条为主的汉画像中无法体现，但在文献记载中它基本呈五行之色，即青、赤、白、黄、黑。五行的观念不仅是道家阴阳五行的观念的衍生，而且也是汉代正统颜色规范的象征。

> 《尚书考灵曜》注曰：“日傍白者为虹，日旁青赤者为霓。”《汉书》曰：“汉武帝游东莱临大海，是岁虹气苍黄色，若飞鸟集城阳宫南。”

① 丁山：《中国古代宗教与神话考》，上海书店出版社2011年版，第276页。

② （汉）司马迁：《史记》，中华书局2000年版，第1188页。

③ （宋）李昉等：《太平御览》（第一册），中华书局1960年版，第72页。

《艺苑》曰："古者有夫妻，荒年菜食而死，俱化成青虹，故俗呼美人虹。"《竹书纪年》曰："晋定公十八年青虹见。"《汉纪》曰："灵帝和光元年，虹昼见御座殿庭前，色青赤。""又名臣蔡邕奏曰：'有黑气堕温德殿东，庭中如车盖腾起奋迅，五色有头，体长十余丈形似龙，占者以虹霓对'。"《战国策》曰："白虹贯日。"[①]

在这些文献记载中"虹"的色彩最多为五色，而且大都被描述为白色或青色这种单一色，而不是我们现在所认为的七色彩虹。汉代及以前的颜色分类本来就比较单一。"在某种特定语言的历史上，从人们对颜色的知觉发展出颜色词，有一个固定的次序。"[②] 我们来探讨一下汉代及以前的颜色系统是什么样的。殷商甲骨文刻辞中就只有"赤"、"骍"（赤）、"白"、"勿"（杂色）、"音"（赤）、"黄"、"黑"、"幽"几种，这里颜色种类较少，但是赤、黄、白、黑这四种颜色已经区别开来，只不过颜色没有在语言学上区分开来，也就是说有的颜色没有被命名，而是被统称为一种颜色。《后汉书·舆服志》载："公主、贵人、妃以上，嫁娶得服锦绮罗縠缯，采十二色……三百石以上五色采，青绛黄红绿。"[③] 这里可以看出汉代的颜色系统已经很丰富，而且由颜色划分出等级秩序。如上所说，汉代时颜色分类已经很清晰，有细微差别的颜色也有了"词与物"的对照。但是在汉代文献典籍中，虹的颜色大多为单色或直接称之为五色虹。

商代就已经将颜色与祭祀联系在一起。祭祀动物的颜色有明确的规定，黑色与水性质相似，所以商人用黑羊进行祈雨。可见颜色与宗教关系密切，五色与五行的关系在这时已经开始萌芽。而且在形容虹时用单一性

① （宋）李昉等：《太平御览》（第一册），中华书局1960年版，第72页。

② ［英］汪涛：《颜色与祭祀：中国古代文化中颜色涵义探幽》，郅晓娜译，上海古籍出版社2013年版，第109页。

③ （宋）范晔撰，（唐）李贤等注：《后汉书·舆服志》，中华书局2000年版，第2514—2515页。

的修饰词，属于正色，是颜色系统中地位较高的层次。这说明古人对彩虹这种自然现象心怀敬畏，带有一定宗教色彩。宋代许洞《虎铃经》卷十八也将“虹”称为“五色虹蜺”，可见即便汉代后期人们对虹有了更深入、更科学的理解，却依旧认为虹是由五色的龙或蛇变成的。这种视觉上的形式存在脑海之后可能会受到政治及宗教环境的影响，将“眼见之实”变成“观念之实”，也就是将视觉上的“虹”变成了“观念之虹”。如此，虹在被赋予的阴阳哲学含义之外又添上了宗法色彩。

（三）天人感应

汉代谶纬学说盛行，“董仲舒的‘天论’思想，为汉帝国建立了以天人感应为基础的思想体系，是国家宗教神学思想的哲学基础，谶纬兴起是国家宗教神学思想的实践”[①]，其中心便是星辰之象的观测以及河图洛书的“出现”，所以在一些文献中能看到将虹霓转为星辰之象的努力，使虹霓的降临具有谶纬的神秘宗教意味。《河图稽耀钩》曰：“镇星散为虹霓，虹霓主内淫，又霓者气也，起在日侧，其色青赤白黄。”[②]《春秋运斗枢》曰：“星散为虹霓。”[③] 这只是对汉代天人感应的简单描述，在汉画像中我们也能看到这种思想的存在。

图4-13中的“天人感应”思想气氛浓厚。首先，我们看到虹图像所处的图像环境，雷公被刻画成帝王的模样，头戴帽，羽扇纶巾，坐的是雷车。虹从属于雷公并执行雷公的命令，去惩罚俯首磕头的凡人，说明天界具备了管理人间秩序的功能和职责。其次，通过猜测这个凡人的真实身份，我们更能体会到汉代人面对现实社会情况时转而寄托天神的期盼。邢义田说：“汉代造型艺术中呈现的胡人外貌……大部分以尖顶帽为服饰上

---

① 汪小洋：《汉墓壁画宗教思想研究》，上海古籍出版社2011年版，第24页。

② （宋）李昉等：《太平御览》（第一册），中华书局1960年版，第71页。

③ （宋）李昉等：《太平御览》（第一册），中华书局1960年版，第72页。

最主要的特色。”[①] 而且这种“尖帽的共同特色在于帽顶呈尖状，微微朝前弯”[②]。汉画像中尖帽是区分胡人和汉人的标志性图像。山东孝堂山石祠西壁画像中刻有胡汉交战图（图4－30），“左端楼上五人端坐，楼下主官凭几端坐，前后有跪稟者和侍从；楼前为献俘。右端有重叠的山包，内藏持弓的胡兵；山前有一胡人凭几而坐，榜题‘胡王’，其旁有跪稟者和侍者，又有二胡人在火盆上烤肉串”[③]。在画像中有“胡王”的榜题，可以确认为胡人，他和他的侍从与汉人的面部轮廓的对比不是很清晰，但是二者在服饰上却有明显的区别，汉人头戴平上帻，而胡人则是戴着尖顶帽，帽尖微微前倾。

图4－31中虹下方的凡人正是戴着尖顶帽，与其他戴平顶帽的汉人装扮迥然不同。而且虹乃北方之神，胡人是生活在长城以北的草原地带，两者在地域上也有共同性，以此判定这个凡人是胡人。汉代的社会苦于胡人作乱，胡汉相争的图像在汉画像中经常出现。汉代民间因此寄希望于天神，希望天神能警告胡人，让他们不再侵犯汉人，所以我们能看到在虹图像内部有雷公刑罚作乱胡人的图像。

虹具有天人感应的文化色彩还体现在有关虹的一些感生神话中。《春皇庖牺》载：“春皇者，庖牺之别号。所都之国，有华胥之洲。神母游其上，有青虹绕神母，久而方灭，即觉有娠，历十二年而生庖牺。长头修目，龟齿龙唇，眉有白毫，须垂委地。”[④] 根据这个传说，庖牺是青虹的后代。《瑞应图》载：“大虹竟天握登见之意感生帝舜于姚墟。”[⑤] 帝舜也是虹的子嗣。为了提高帝王的地位，便创造了这样的感生神话，而感生的对象便是天象——虹，虹这一天象被运用到了“君权神授”这一思想体系中去。

① 邢义田：《画为心声——画像石、画像砖与壁画》，中华书局2011年版，第233页。
② 邢义田：《画为心声——画像石、画像砖与壁画》，中华书局2011年版，第234页。
③ 《中国画像石全集》（第1卷），山东美术出版社2000年版，第14页。
④ 王根林、黄益元、曹光甫校点：《汉魏六朝笔记小说大观》，上海古籍出版社1999年版，第493页。
⑤ （宋）李昉等：《太平御览》（第一册），中华书局1960年版，第73页。

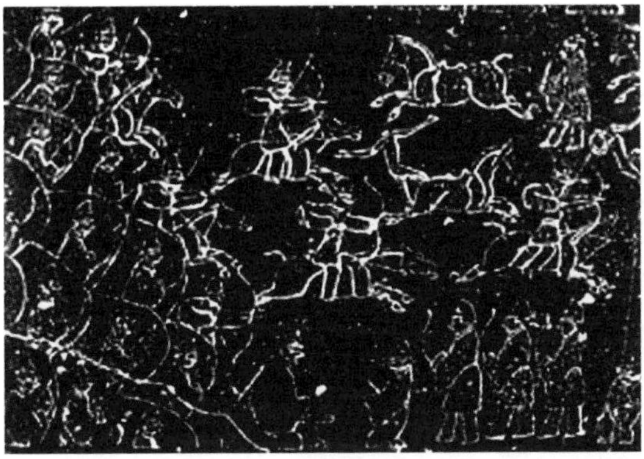

图4-30　胡汉交战图局部
（采自《中国画像石全集》第1卷）

图4-31　“雷公刑罚”局部
（采自《中国画像石全集》第1卷）

自然崇拜更多地表现为对天和天神的崇拜。

虹属阴，日属阳。汉人便将自然界这种对立统一的阴阳观念类比到宗法关系上，虹与日的关系就转变为尊卑的政治关系，所以虹被称为“臣象”，日被称为“君象”。这些都被运用到感生神话以及被创造出正统的颜色系统，都使虹信仰转变为一种等级观念。纯粹的自然崇拜更多地被封建思想所沾染，这是维护统一、维护社会稳定的需要。汉画像中的虹图像体现了儒家思想、阴阳哲学思想和升仙思想，这成为虹图像形成的哲学基础。

第三节　汉画像中虹图像的象征意义

《易·系辞下》曰：“是故易者象也，象也者像也。”孔颖达注：“谓卦为万物象者，法像万物，犹若乾卦之象法像于天也。”[①]《周易》用简单的卦爻

① （清）阮元校刻：《十三经注疏》，中华书局2009年版，第181页。

形式象征了天地万物与自然变化。《辞海》中解释“象征”为：“用具体事物表示某种抽象概念或思想感情；文艺创作的一种表现方法。”[①] 我们可以看出象征的概念在不同领域中就会有不同的界定。随着词意的不断衍生，“象征”意义渐渐演变为一种形式代表一种抽象的事物。区别于文字和语言，汉画像本身就是一种象征主义图式。随着时代的变迁，虹图像中凝结着汉代以前以及汉代人本身的思想观念，用一种固态化的呈现方式将其限定，使图像具有了更丰富的象征性。同时，汉画像中虹图像的象征意义主要根源于人们对虹图像的美学期望与理想。

一、汉画像中虹图像的象征性

汉画像中的虹图像将自然之物转变为人文艺术，它来源于现实又高于现实，凝聚了汉代人的思想情感与宗教信仰，被赋予了相应的象征性。同时由于虹图像与其他图像的配置，以及它自身所处的方位，使它在汉画像中又肩负着不同的扮演角色。但不同角色之间并不是孤立的，而是能找到具有相似逻辑结构的图像，如虹与桥、门图像在形态与意义上的一致性。

（一）司雨之神

前文中我们在龙、雨、虹三者之间找到了联系。图4－24中能清晰地看到虹龙张开大嘴，龙口中有许多水倾泻而下，二龙首下方分别有两个人呈蹲跪状，双手扶着头上的水罐以便接住龙口中流出的水。虹身所拱起的空间内是众鸟欢聚，小鸟都面朝那一对双凤。画面的最下层是乐舞百戏场面，有弹琴、杂耍等，画面生动有趣。整幅图其实表现的就是虹龙播雨的情景，也是先民以巫术祈雨的一种反映。《礼记·月令》载：“是月也，命乐师修鞀、鞞、鼓、均琴、瑟、管、箫……命有司为民祈祀山川百源，大

① 夏征农、陈至立主编：《辞海》，上海辞书出版社2010年版，第2081页。

雩帝，用盛乐。乃命百县，雩祀百辟卿士有益于民者，以祈谷实。”[①]《诗经·小雅·甫田》载：“琴瑟击鼓，以御田祖，以祈甘雨。”[②]从这里可以看出先民用“盛乐”，即一种规模比较大的歌舞来祈雨。这幅画像中的乐舞百戏的左边有一人抚琴，右边有一人正跳长袖舞，中间有掷丸、倒立翻转者，各显神通。

《礼记·祭法》曰：“雩宗，祭水旱也。”[③]《尔雅·释天》曰：“䗖蝀谓之雩，䗖蝀，虹也。”郭璞注曰：“俗名为美人虹，江东呼雩。”[④]说明雩祭其实是祭祀虹，祭祀虹可以免除干旱，求得甘雨。将虹作为司雨之神来源于人们对自然现象的观察，人们注意到了雨与虹之间的气象关系。同时将这种现象赋予哲学化的猜测，认为虹致雨是由于阴阳化合产生的。文子曰：“天地二气即成虹。”[⑤]《天文志》曰：“阳制阴故水为雨。”[⑥]又曰：“虹霓者阴阳之精光。”[⑦]阴阳化合便会产生云雨，而彩虹也大都在雷雨之后出现，虹因此也就成为阴阳化合的象征。

古往今来，被称为雨神的神祇很多。龙、蛇一般都被赋予云雨之神的性格，《山海经》中的“雨师妾”是两手操蛇的形象，应该是祈雨的巫师；《楚辞》中的云中君也具有雨师的性格；《列仙传》中说“赤松子者神农时雨师也”[⑧]；玄武、玄冥、毕星也都曾被奉为雨师。在汉代，虹是司雨之神。艺术来源于生活，画像中的场景也是对现实的一种反映，将虹赋予司雨的神性是对虹挂天边的形象描述。

虹既然有司雨的能力，但在汉画像中并没有被刻画成人形。在文献中

---

① （清）阮元校刻：《十三经注疏》，中华书局2009年版，第2964—2966页。
② （清）阮元校刻：《十三经注疏》，中华书局2009年版，第1018页。
③ （清）阮元校刻：《十三经注疏》，中华书局2009年版，第3445页。
④ （清）阮元校刻：《十三经注疏》，中华书局2009年版，第5674页。
⑤ （宋）李昉等：《太平御览》（第一册），中华书局1960年版，第72页。
⑥ （宋）李昉等：《太平御览》（第一册），中华书局1960年版，第50页。
⑦ （宋）李昉等：《太平御览》（第一册），中华书局1960年版，第72页。
⑧ （唐）欧阳询撰，汪绍楹校：《艺文类聚》（上），上海古籍出版社2007年版，第27页。

我们能看到所谓“雷公”“电母”“风伯”“雨师”等自然神被人格化的称号，但是有关虹神这样的称谓并不多见，说明虹在文献和图像中都没有完全被人格化。当有所谓的“雷公”“电母”“风伯”“雨师”等形象出现时，虹的地位会稍稍下降，因为司雨的职能更多的是由“雷公”“电母”“风伯”“雨师”等协力完成，虹只是作为一种附属的自然神出现。这里的雷神、雨神具有了人类的外形特征，一方面暗示着从自然神祇的崇拜开始转向对神、仙的崇拜，另一方面也预示着从自然崇拜开始渐渐转向对宗教的崇拜。但在汉画像中，虹凭借其独特的视觉空间，给我们留下司雨的场景。汉代是农业社会，所以对自然神灵的信仰依旧很深厚。

在“雷公出行”画像中，面对地位比较高的雷公，虹处于隶属地位。在后期的祭祀中，虹作为自然神祇并没有被重视。《周礼·春官·大宗伯》载：“以禋祀祀昊天上帝，以实柴祀日月星辰，以槱燎祀司中司命风师雨师；以血祭祭社稷五祀五岳，以貍沉祭山林川泽，以副辜祭四方百物。”[①]由此可见，虹作为自然神的一种，并没有完全被纳入日月星辰、风雨雷电这一神祇祭祀系统，有关虹的“雩祭”在奴隶社会前期有所涉及，到后期逐渐销声匿迹。

（二）升仙之桥

1. 汉画像中的桥图像

桥的形象在画像中很常见，一般出现在“泗水捞鼎”和“胡汉交战”图像中。图4－32中桥是作为水和陆地的分界，画面上的鱼代指水域，人们用绳索将鼎从水面上拉出，桥起到了支撑的作用。图4－33中与桥图像配置的画面比较丰富，桥下绘有船和捕鱼形象，桥上绘有胡汉两军交战的场面。

桥连接河流两岸，方便了人们的出行，因此它最大的功能便是“跨越

① （清）阮元校刻：《十三经注疏》，中华书局2009年版，第1633—1635页。

图4-32 东汉晚期升鼎画像(采自《中国画像石全集》第2卷)

河流”。但是汉画像中的桥超越了现实中桥的功能，还有“渡”的意味在里面。信立祥《汉代画像石综合研究》的第七章讨论了河、桥以及桥上交战图的图像学意义，他认为“画像中的河桥是幽明两界的分界线和通路”①，汉画像中的桥被赋予帮助墓主人渡过幽冥的功能，而不是简单地负载车马。桥是一种分界，分开了桥上与桥下的世界，桥下是“黄泉”，而桥上则是凤鸟瑞兽齐聚的仙界。

2. 虹为“升仙之桥”

(1)虹与桥同形同构

汉班固《西都赋》:“因环材而究奇，抗应龙之虹梁。”注:“应龙虹梁，梁形似龙，而曲如虹也。”南朝梁元帝《玄览赋》:“虹桥左跨，雁苑南通……”虹字的甲骨文便呈弧形，像桥的形状。庾信《忝在司水看治渭桥诗》:“甘泉运石梁，跨虹连绝岸。”将石桥比喻成彩虹。唐代诗人陈润在《赋得浦外虹送人》中形象地描绘了雨后彩虹的特点:“日影化为虹，弯弯出浦东。一条微雨后，五色片云中。轮势随天度，桥形跨海通。还将饮水处，持送使车雄。”将彩虹比喻成桥梁。“垂虹桥”被誉为“江南第一长桥”，

① 信立祥:《汉代画像石综合研究》，文物出版社2000年版，第333页。

图4－33　车马骑行图（采自《中国画像石全集》第3卷）

宋代的王安石《垂虹亭》:“谁投此虹霓？欲济两间阨”，宋代的郑獬的《新桥》“插天蝃蝀玉腰阔”等，直接用虹霓代指桥。目前，上海、杭州地区还有以“虹桥”命名的地点，可见虹与桥之间的联系密切。虹、桥形状相似，它们都呈拱形。这不仅在诗词歌赋中有所体现，在画像中我们也能直观看出来。图4－33中所有马车的方向都往左行驶，右侧的一辆车上面坐着两个人，马车上方是一只飞翔的凤鸟，似在引路，桥下是行舟和捕鱼的人，船也是向左划去，画像最左侧是一个拉弓回射的胡人。画面上的桥与虹有相似的形状，而且桥的下方有象征水的图像符号——鱼和船；有桥必定有水，虹也架于水两端；它们同时被赋予了跨越、沟通、连接的功能。

（2）跨越生死的桥梁

赵宗福说，台湾的高山族把虹视为“鬼灵”的桥梁，认为死者的灵魂通过虹桥可以到达祖先灵魂所在的地方，与祖先见面。“一旦出现彩虹，他们就说神灵架通了桥，又要死人了。”[①]因此，虹成为死亡的一种征兆。《华阳国志》曰:“李特生长子荡，字仲平；少子雄，字仲俊。初特妻罗氏妊雄，梦双虹自地升天，一虹中断。罗曰:‘吾二儿有先亡者，有贵者’。后雄王蜀。”[②]一虹升天与另一虹停止升天关联到一对兄弟的生死命运，说

① 赵宗福:《中国虹信仰研究》，《青海民族学院学报》2001年第2期。

② （宋）李昉等:《太平御览》（第一册），中华书局1960年版，第73页。

明虹既是一种天象，也是一种征兆。民俗中关于虹成为死者的灵魂桥梁，并将死者灵魂引向天堂的说法，可以在风俗观念中找到原型。

在民俗中，桥是生死之间的一个连接点或转折点。正如民间流传的关于奈河桥的传说，人死后灵魂会被带到奈河桥旁，喝一口孟婆汤，走过桥，意味着已经忘却生前曾经发生的一切，过桥后便可投胎转世，这一过程可谓“生—死—生”的轮回。

（3）通往仙界的桥梁

《大人赋》中说：“乘绛幡之素蜺兮，载云气而上浮。”大人逍遥无为，能够乘着白色的虹蜺，随着云气向上升腾，俨然是一位神通广大的仙人形象。在《山海经》《楚辞》等作品中我们经常会读到乘龙乘云的仙人，能够在天地间来去自如。《楚辞·离骚》：“忽吾行此流沙兮，遵赤水而容与，麾蛟龙使梁津兮，诏西皇使涉予。”王注：“以蛟龙为桥梁，乘之以渡。”[①] 这里的屈原和周穆王都用龙作为桥梁帮助涉水。汉画像中也有许多这样的图像。《山海经》和《楚辞》里都提到“二龙”或“两龙”，其实是巫觋通天的标准配备。

仙人和巫觋能够驾驭灵物升天，而凡人则在汉画像中给自己造了一架虹桥。虹桥是神和人沟通的界域，在这里具备了“分隔—连接”的作用。说到“分隔—连接”凡间与仙界的桥，会让人不由得想到流传已久的神话——牛郎与织女的故事。因为中国人喜好团圆的结局，为了让牛郎和织女相聚，人们便为他们架设了一座“鹊桥”。这不仅是中国人对团圆美满、美好真挚的爱情的向往，而且折射出人们对仙界的好奇。

无论是鹊桥还是虹，都被认为是通往仙界的桥梁，体现了汉代人对升天的重视。汉画像一般刻画出阴间、人间和仙界的三种环境。升仙是汉代人渴望长生的最终目标，所以升仙图是汉画像中常见的图式。

---

① 王泗原：《楚辞校释》，中华书局2015年版，第75页。

（三）龙宫之门

1.“龙门”的传说

有关龙门的传说我们已经耳熟能详，相关的有“鲤鱼跃龙门”还有“禹凿龙门”，这两个传说在汉代已经有多部文献记载。

《史记·司马相如传》李奇注：“鲃鳣渐离”云：“周洛曰鲔，蜀曰鲃鳣。出巩山穴中，三月溯河上，能度龙门之限，则为龙矣。”①《辛氏三秦记》曰：“河津一名龙门，大鱼集龙门下，数千不得上，上者为龙，不上者……故云曝鳃龙门。”②《符子》曰：“观于龙门，有一鱼，奋鳞鼓鳍而登乎龙门而为龙。”③这些都说明鱼要经过一段艰难的历程才能变为龙，龙门是一个界限，越过龙门鱼就会变成了龙。汉代也有“曼衍鱼龙之戏”，其故事情节与“鲤鱼跃龙门”基本相同。《吕氏春秋》云：“禹立，勤劳天下，日夜不懈，通大川，决壅塞，凿龙门。”④《淮南子·修务训》云：“禹沐浴霪雨，栉扶风，决江疏河。凿龙门，辟伊阙。”高诱注：“龙门本有水门，鲔游其中，上行，得上过者，便为龙，故曰龙门。”⑤这个传说说明龙门的创造者是大禹，龙门的开凿使江河疏通，使百姓免受淫雨之苦。

现在我们常把龙所居住的水下世界称为“龙宫”，但是有关“龙宫”的说法在汉代之前并没有出现，而是在后代文献中频繁出现。与“龙宫”类似的概念也出现在屈原《九歌·河伯》中：“鱼鳞屋兮龙堂，紫贝阙兮朱宫，灵何为兮水中？”⑥其中的“龙堂”应该是“龙宫”在战国时期的称谓。⑦

---

① （汉）司马迁：《史记》，中华书局2000年版，第2302页。

② （唐）欧阳询撰，汪绍楹校：《艺文类聚》（下），上海古籍出版社2007年版，第1663页。

③ （唐）欧阳询撰，汪绍楹校：《艺文类聚》（下），上海古籍出版社2007年版，第1672页。

④ （战国）吕不韦：《吕氏春秋》，载国学整理社编《诸子集成》（第六册），中华书局1954年版，第152页。

⑤ （汉）刘安：《淮南子》，载国学整理社编《诸子集成》（第七册），中华书局1954年版，第331—332页。

⑥ 林家骊译注：《楚辞》，中华书局2009年版，第63页。

⑦ 参见黄灵庚疏证《楚辞章句疏证》，中华书局2007年版，第939页。

图4－34　鱼拉车图（作者摄于徐州汉画像石艺术馆）

2. 虹为“龙门”

汉画像研究中最早将虹称为“龙门”的是牛耕，他直接用“龙门”二字代替虹神，但没有说明这样称谓的原因。[①]后来姜生在《汉帝国的遗产：汉鬼考》中提出了“水府龙宫”的概念，同时认为“龙身拱起构成为一种空间，鱼车出入其间，更清楚地暗示了龙宫的概念逻辑”[②]。图4－34中，画面中用鱼、龙拉车，表明这一场景发生于水中。右侧的三条大鱼代指方向与力量，上面两条鱼相吻而列，代表了平衡，而车下的龙作为车的支撑，表明水产生的浮力。所以，这里的龙象征水域。

汉画像中的虹身不仅像桥，而且也像一扇拱门。虹既具有阳性也具有阴性，虽然大部分以天象呈现，但“龙饮水”的传说将其活动范围扩大到海、湖之上。图4－10中，虹与“鱼戏莲”图像在一层上，“鱼戏莲”是水中的景象，说明画面所处环境可能在水中。河伯驾车穿越“虹身”（龙门）便会到达湖面，脱离湖水。

① 参见牛耕《试析汉画中的〈雷神出行图〉》，《南都学坛》1990年第5期。

② 姜生：《汉帝国的遗产：汉鬼考》，社会科学出版社2016年版，第319页。

3. “练形之宫”与虹

汉代马王堆中有一幅“T”形帛画（图4－35），画面的视野从下往上看，体现了阴间、人间和天界这三重宇宙观。最下层是缠绕的大鱼、乌龟和海神禺强构成的海下世界。海神托举的上层世界是墓主人通过二龙穿璧的过程。越过二龙穿璧便能见到仙人，并在仙人的导引下进入天门，走进天界，在这里死者经历了由死到仙的转化。其中最关键的部分便是死者的灵魂如何从阴间被召唤，而这一过程便是道家所谓的“练形之宫”。帛画的中部是两条双头龙相互缠绕，下方是二龙穿璧，两者都是阴阳化合的象征。墓主人的灵魂在这一环节中得到升华。

虹由双首一身的龙构成，带有阴阳二气，所以其化生的功能在汉画像中得到了利用。龙宫中的鱼穿过龙门便不再依赖水，而能直接在空中遨游，所以能载着车上的河伯向天界飞去。虹是阴阳二气化合的产物，而龙

图4－35 马王堆“T”形帛画及局部

（采自湖南省博物馆《长沙马王堆一号汉墓》）

图4-36　赴仙图
（采自《中国墓室壁画全集》第1卷）

宫所在的地方是“练形之宫”[1]，鱼在这里进行了由阴转阳的过程，因此也就具备了转换生死的职能。

将虹称为“练形之宫”还因与河伯、升仙有关。《大人赋》曰：“奄息葱极泛滥水嬉兮，使灵娲鼓瑟而舞冯夷。”《九歌·河伯》曰：“与女游兮九河，冲风起兮横波。乘水车兮荷盖，驾两龙兮骖螭。登昆仑兮四望，心飞扬兮浩荡。”[2]河伯与女游，而且两人曾经登上昆仑山：“西海之南，流沙之滨，赤水之后，黑水之前，有大山，名曰昆仑之丘。有神——人面虎身，有文有尾，皆白——处之。其下有弱水之渊环之。其外有炎火之山，投物辄然。有人戴胜，虎齿，有豹尾，穴处，名曰西王母。”[3]昆仑山是西王母所住之地，西王母操持不死之药，所以昆仑山乃不死之地。也许河伯正驾着鱼车从龙宫出来，并向昆仑山驶去。跟随河伯出行的路线，就能到达昆仑山，到达不死的地方。

图4-36中最右侧的正好是鱼拉车图，左侧是西王母所在的地方，用三枝巨大的灵芝草象征着昆仑山，而河伯正驾着鱼车缓缓朝西王母身边驶来。道家所说的乘雷车、驾云虹的主要原因在于其对阴阳的驾驭。而经过

① 参见姜生《汉帝国的遗产：汉鬼考》，社会科学出版社2016年版，第318页。
② 林家骊译注：《楚辞》，中华书局2009年版，第62页。
③ 方韬译注：《山海经》，中华书局2011年版，第322页。

龙宫这样的“阴阳之宫”就能达到像道家一样的“神通”。从对汉画像中虹图像象征意义的探索来看，我们能发现虹在汉画像中依然体现了自然崇拜，但更浓厚的是阴阳道家思想和升仙思想。

（四）天穹之盖

1.“天圆地方”的观念

《淮南子》曰：“天道曰圆，地道曰方；方者主幽，圆者主明。”[①]《白虎通义》曰：“天圆地方，不相类也。”[②]《灵宪》曰：“万物成体，于是刚柔始分，清浊异位，天成于外而体阳，故圆以动，斯谓天元，道之实也，天有元位。”[③]汉代人信奉“天圆地方”的宇宙观，这一观念不仅体现在汉代的文献资料中，在汉画像中也能直观地感受到这种宇宙观。

图4－37中，人的头顶用鸟啄鱼的形式刻画了一个半圆，以表现头顶之上为天，同时给画面增加了对称的稳定感。图4－38整个画面共有七层，最底层的射鸟和猴爬树是现实生活的真实写照，而最上层是披着羽翼的神人，威武严肃，赫然在上。从画像的构图看，画像内容由下往上是逐渐升仙的过程，最上层是天界。除了内容上的区分，画师在图像的纹饰上也做了特意设计。最上层的内容是天界，所以边框呈拱形，预示了“天圆”，而最下层的内容是地上的生活，所以边框为方形，预示了“地方”。汉画像的这种分层和构图是汉代人宇宙观的体现。

2.虹为“圆天”

虹图像都是呈半圆形或弧形，而且一般在画像中的最顶层。虹本来就是一种天象，虹图像所在的空间也就是风、雨、雷、电这些自然神所在的空间，所以虹在画像中具有代指“天”的意味。虹图像的跨度也比较大，往往整个平面都被其“笼罩”。

---

① （汉）刘安著，陈广忠译注：《淮南子》（上），中华书局2012年版，第105页。

② （唐）欧阳询撰，汪绍楹校：《艺文类聚》（上），上海古籍出版社2007年版，第2页。

③ （唐）欧阳询撰，汪绍楹校：《艺文类聚》（上），上海古籍出版社2007年版，第2页。

图4-37　双亭、人物图
（采自《中国画像石全集》第2卷）

图4-38　西王母、车骑
（采自《中国画像石全集》
第3卷）

图4-39、图4-40中两个龙首出现在屋檐之上，屋顶与龙出现的位置相对应，正代表天空。图4-41中虹处于最顶层，下方有一人正襟危坐，与下方市井图像形成鲜明对比。画面左右两边各有一群大雁往顶端飞去，增添了虹的神秘色彩，虹下方端坐的神人见证了人世间发生的事情，桥上发生的“坠马”被他尽收眼底。根据鸟飞翔一致的方向和上下层图像的对比，可以看出虹位于天空的位置。“天空所显现的神圣即使在天神退入背景之后仍然存在于人类的宗教经验里面，存在于‘高渺’‘升天’‘中心’等象征里面。”[①] 虹图像以“高”“中心”及“能助人升仙”的多种特质，具备了代表“天”的品格。正如巫鸿在解释“儒家的天时”所说的：“天……全能

① ［美］伊利亚德：《神圣的存在：比较宗教的范型》，晏可佳、姚蓓琴译，广西师范大学出版社2008年版，第88页。

图4－39　房屋、人物图像
（采自《中国画像石全集》第1卷）

图4－40　龙形梁，一龙首已断
（作者摄于徐州汉画像石艺术馆）

图4－41　孝堂山石祠隔梁西面画像
（采自《中国画像石全集》第1卷）

而无形，只是通过具体的自然现象和物质形式。”[①] 以虹这一天象来代表天，就是以局部来象征整体。

3. 虹能通天

虹呈半圆形，象征着天。天是神秘莫测、不可捉摸的，但又是令人向往的。天能云行雨施，更是中国人设想的天神所在的地方，人一旦登天，

① ［美］巫鸿：《黄泉下的美术：宏观中国古代墓葬》，施杰译，生活·读书·新知三联书店2010年版，第53页。

图4－42　松柏、人物、虹
（采自《中国汉画造型艺术图典·龙》）

就具有了仙格，也能通神。

图4－42中有松柏，松柏长青，所以人们常在坟墓前种植松柏。《汉书·东方朔传》："柏者，鬼之廷也。"颜师古注曰："言鬼神尚幽暗，故以松柏之树为廷府。"[①] 所以松柏一般与死亡联系在一起，那么图像中的人应该为墓主人。为了表现死者升仙，画像省去了一系列复杂的升仙仪式，而是直接在死者的上方刻画了一道彩虹。画面中死者衣衫飘动，双手撑开，呈现成仙而去的状态，四周的光点也为图像增添了神话色彩。这里的虹代表天界，它的出现预示着死者得以升仙。人在虹下方，似乎就有了神性，能通天、通神，象征着进入了天界。

汉画像中有"二龙穿璧"图像，两龙的双尾在圆璧内交织在一起，而且该图像一般刻画在最顶层，象征天界。"二龙穿璧"与虹有着相似的地方，两者都被绘制在画像的最上方以象征天界，同时都具有"二龙交尾的状态"。而且，玉在中国宗教上扮演着重要的角色，《太平御览》载："礼曰……又曰玉气如白虹，天也。"[②] 汉代以"苍璧礼天"，在墓葬中利用玉面具、玉衣、玉饰等保护死者的身躯。"二龙穿璧"中以"玉璧"为中心点，作为通往天界的入口，以双龙的缠绕为辅助，形成一种"礼仪"般的模式。虹图像和"二龙穿璧"不仅具有相似的构造模式，也具备了相同的思维模式，都是为到达未知世界所制造的通道。

① （汉）班固撰，（唐）颜师古注：《汉书·东方朔传》，中华书局2000年版，第2147—2148页。

② （宋）李昉等：《太平御览》（第一册），中华书局1960年版，第72页。

二、汉画像中虹图像的审美特性

朱立元在《西方美学范畴史》中认为，就美学学科而言，象征不仅具有“符号”意义，而且具有“寓意、隐喻、超越”的意义。[①] 汉画像作为一种装饰的艺术已经超出了其本身的意义，因为它不只是一种形式，还代表了一种思想，更有对人生终极意义的思考。它不仅描绘了现实世界，还刻画了想象的世界。所以虹图像所表现的美学理想已经超越了其线条本身，画面的构图是在一定的审美经验指导下完成的，是其象征意义的艺术表现。

（一）怪诞之形

我们通常把某些能够在自然、社会中找到现实的依据、奇特反常的事物或现象称为“怪诞”。黑格尔在《美学》中认为怪诞的艺术特征有：（1）不同领域的事物不合理的融合；（2）以极端和歪曲；（3）不自然的“同功能事物的增殖”，众多的平臂、头颅的出现，等等。汉画像中的虹图像类似于黑格尔所描述的第一和第三种，它将神话中的动物形象与现实中的自然现象本身相融合，同时创造性地设计为双首一身，在融合的基础上又进行了增殖。这种“双首一身”的形态类似于朱存明所描述的中国早期艺术中存在的“拆半”表现。

自古以来，中国的神怪都以怪诞的形象出现，这种怪诞的形象不仅仅存在于中国人的头脑中，还具有神话、文字和图像的呈现。例如，《山海经》中对各种怪诞的形象进行了描绘，有一身两首的肥遗、青丘山上的九尾狐、牛身白尾的那父、状如白犬而黑头的天马……青铜器上的饕餮纹、夔纹等都是先民对神秘未知物的表达，可见怪诞的形象在中国文化中是源远流长的。汉画像则沿袭了自古以来怪诞的风格，它所创造的形象很多违

① 参见朱立元主编《西方美学范畴史》，山西教育出版社2006年版，第299页。

背常规，有的是动物与植物的杂糅，有的是动物肢体的增减，有的则是部分部位的夸张或畸形。例如汉画像中西王母的形象是人面虎身，其身旁的开明兽有九个头，还有龟蛇合体的玄武、人首蛇身的伏羲和女娲等。同时，这些怪诞形象自古以来就具有很高的地位，它们一起构造了一个超自然的神话世界。

“怪诞的产生与人类的原始宗教密不可分。因为原始宗教是人类最初的完形的意识形态，人类的思维的进化使人产生了自我的异化，人把人自身的能力异化到一个幻想的世界中去，便创造出了种种神灵及古怪的崇拜仪式。”[①] 虹也不例外，双首一身的形象更让人觉得怪诞不已，这是将现实的事物艺术化的表现。人们将常见的自然景物怪诞化、陌生化，从而使它具备了神性，具有了宗教的意味。同时，怪诞是一个美学范畴，是在奇特异常的事物中体现美，这是人类审美观念的原始表达。这种双首一身的形态赋予了虹怪诞的美感。虽然虹图像具有怪诞的表达手法，但双首喻指为一雄一雌、一阴一阳，体现了对偶性的美学原则。正是通过怪诞这种艺术手法的表现，才使虹的形象更加鲜明奇特，夺人眼球，也使虹的神性进一步得到增强。

（二）威严之姿

“自然不仅是宗教最初的原始对象，而且还是宗教的不变基础、宗教潜伏而永久的背景。”[②] 先民在面对自然界时总是以宗教的眼光去看待它。因为自然的不稳定性及神秘性，人们对其产生了依赖感及崇敬的心理。“只有当‘神秘’这一范畴被唤入运作之后，才可能在心灵中产生出‘受造感’

① 朱存明:《丑与怪：从史前艺术到汉画像中的怪异研究》，生活·读书·新知三联书店2018年版，第24页。

② ［德］费尔巴哈:《宗教的本质》，王太庆译，商务印书馆2010年版，第8页。

和‘依赖感’这类伴随性感受”[①]。神圣与畏惧是同时出现的。

虹图像被赋予威严的姿态正是人们畏惧及崇拜它的心理表现。彩虹是神秘的、超常的、陌生的，所以先民畏惧它，继而产生了崇拜。为进一步表达对彩虹的畏惧，便进一步地将彩虹神圣化。汉画像中的虹图像以造型独特的双首龙作为基本形象。龙头都张开大口，眼睛圆睁，似乎时刻在观察注视着人类世界，它还被刻画为具有庞大的身躯、锋利的牙齿及尖锐的角，在加深了陌生化形象的同时增添了人们的畏惧感。“以超世间的神秘威吓的动物形象，表示出这个初生阶段对自身统治地位的肯定和幻想。”[②]

在先民眼中，神是具有能力的实体，自然神的出现也是由于人发现了自身与自然之间有差异的特性。例如人不能控制白天与黑夜的交替，也不能掌控气候的变迁及花开花落，所以人们将自然的特性想象为神灵操纵的结果，于是产生了自然神。人与自然这种差异的特性进一步加深了人们对自然的敬畏。汉画像中的虹既然是司雨之神，必然应该具有神仙的威严和姿态。

对自然的崇拜不仅是由于自卑，还因为人们对自然刑罚的恐惧，甚至觉得自然有掌握生死的权力。虹图像中虹下方的“刑罚”表演，具有恫吓、警告的意味，似乎具有整顿社会秩序的作用。它与各种天神为伍，尤其是那幅“雷公刑罚图”，配合着雷公出场，构成浩浩荡荡、庄严肃穆的场面。在汉代人看来，只有臣服于法规，接受“刑罚”，宇宙才能维持正常的秩序和稳定。维柯在《新科学》中提到了三种裁制，第一种便是神的裁制：“在所谓‘自然体制’（即氏族体制）中，因为还没有依法律去统治的民政权威，氏族父主就向神陈述自己所遭到的冤屈，祈求神为自己的案件的公道作见

---

① ［德］鲁道夫·奥托：《论“神圣”》，成穷、周邦宪译，四川人民出版社1995年版，第13页。

② 李泽厚：《美的历程》，天津社会科学院出版社2001年版，第52页。

证。”[①] 汉代社会虽有了明确的等级制度和律法，但是向神请示的原始思维依旧存在。同时，汉代的虹信仰体现了儒、道哲学的结合，儒家的等级观念渗透其中。

虹图像所具有的威严带给人的畏惧主要是一种宗教感。但是宗教感作为一种超理性的精神活动，超越了个体的有限存在，使它与美感有了交集。观察虹图像会产生畏惧感与震慑感，但不会引起反感，反而能调动人审美的感受。正如叶朗所说："这个层次的美感，是与宇宙神交，是一种庄严感、神秘感和神圣感，是一种谦卑感和敬畏感，是一种灵魂的狂喜。这是深层的美感，最高的美感。”[②]

（三）和谐之态

“和谐”是一个深刻的美学范畴。中国的古典艺术中常以和谐为美，例如“八音克谐”“人神以和”等。儒家的“天行有常”，虽未涉及“和谐”二字，但是也强调了自然界的和谐有序。董仲舒宣扬的“天人合一”便是人与自然之间的和谐状态。道家崇尚的“道生一,一生二,二生三,三生万物。万物负阴而抱阳，冲气以为和”，最终使万物走向了“和”的状态。由此可见，“和谐”其实是一个很古老的审美范畴，它是我国人民生存和审美的理想。

不同因素的有机统一能形成和谐美。“中国古典美学由于以和谐为美，强调把杂多的或对立的元素组成为一个均衡、稳定、有序的和谐整体，因而排除和反对一切不和谐、不均衡、不稳定、无序的组合方式。”[③] 汉画像中的虹图像作为一种天象时，与其他日、月、星辰配置在一起；作为龙门时，与河伯配置在一起。虹图像与其他图像配置在一起是协调的，而且是有象征意义的。尤其是虹图像与“风雨雷电”“鱼戏莲”配置在一起时，既突出了虹的天象本质，又表现了虹与龙、雨之间的关联。诸多要素在一起

---

① ［意］维柯:《新科学》，朱光潜译，人民文学出版社1986年版，第481页。

② 叶朗:《美在意象》，北京大学出版社2010年版，第136页。

③ 周来祥:《再论美是和谐》，广西师范大学出版社1996年版，第288页。

互相补充，零散的因素结合为统一体，呈现一种平衡、稳定的形态。除了内容上的和谐美，汉画像中的虹图像在构图形式上与其他图像也很协调，构成了一种动静结合的画面。虹图像的构图模式基本上处于一种静止的状态，与此相对的鱼车游动，鱼游于莲，风神、雨神、雷公的出行与降临等都呈现为动态。一动一静，使画面更加形象生动，更具有表现的张力。

美不仅在审美对象中产生，其本质也需要在主客体的相互关系中来把握。“审美活动一方面暗合于客观规律，一方面又在无目的性中符合目的性，因而是最和谐最自由的。”[①]客观上说，汉画像中的虹图像以及它的配置都是符合客观规律的，暴风雨来临之时，确实是风、雨、雷、电、虹一起出现，体现了人们对大自然的把握与理性认识。同时，虹龙播雨又被赋予了审美主体功利化的价值追求，在人们的崇拜与祭祀中，虹满足了人们“风调雨顺”的理想。从这两方面说，主客体之间形成了“真”与“意”的和谐统一。虹图像其实是在“和谐”的审美理想关照下形成的“人化”自然。庄子《齐物论》曰：“天地与我并在，万物与我为一”，天、地和人是统一的。《周易》曰：“天地之大德曰生”，认为自然界最大的恩赐便是养万物、惠泽人类。“在天人系统中，天人是互相感应的，天和决定人和，反过来人和也会影响天和，这是一个互相反馈的系统。”[②]所以汉画像中的虹图像展现了虹作为自然神承担了造福黎民百姓的责任，达到了天地合一的境界，在主客体的审美关系中展现了和谐的美。

（四）祥瑞之美

中国自古以来就崇尚祥瑞，《说文解字》曰：“祥，福也。从示，羊声。”祥瑞的出现便意味着吉祥和福祉的到来。祥瑞的追求和信仰很早就已出现，巫术的产生就是为了祈求祥瑞，例如祈雨、祈求丰登、辟凶驱邪

---

① 周来祥：《再论美是和谐》，广西师范大学出版社1996年版，第3页。
② 袁济喜：《和——中国古典审美理想》，中国人民大学出版社1989年版，第58页。

等。新石器时期的彩陶上就有祥瑞图案的影子，例如抽象的蛙纹、鱼纹等其实都是对物产丰富、繁殖的美好希冀。殷代甲骨文上的“年”字便是一人高举禾苗，表示收获时的喜悦；青铜器上的龙纹及玉器上的龙凤呈祥都是祥瑞文化的象征。汉代尤其注重祥瑞，班固在《两都赋序》说：“白麟赤雁芝房宝鼎之歌荐于郊庙，神雀五凤甘露黄龙之瑞以为年纪。”[①] 将祥瑞放在祭祀及年纪中去，可见汉代人对祥瑞的重视。同时，汉代的祥瑞文化与谶纬思想有很大关联，祥瑞的出现与否可以作为政治得失及生活吉凶的征兆。《论衡·讲瑞篇》载：“永平之初，时来有瑞，其孝明宣惠，众瑞并至。至元和、章和之际，孝章耀德，天下和洽，嘉瑞奇物，同时俱应，凤凰、麒麟，连出重见，盛于五帝之时。”[②]《易·系辞上》载：“天生神物，圣人则之；天地变化，圣人效之；天垂象，见吉凶，圣人象之。”[③] 祥瑞是天降于世间的神物。汉画像中的祥瑞图像也不计其数，而且种类繁多。植物类有柿蒂纹、灵芝草、嘉禾、连理木、蓂荚、扶桑等，动物类有四象、羊、鱼、鹿、龙等。在汉画像中刻画祥瑞既是对社会现实的记载，也是对吉祥美好的追求。

祥瑞与凶兆是相对立的，但是虹在文献资料中的形象是善恶交织的。例如《易卦通验》曰：“虹不时见，女谒乱公。虹者，阴阳交接之气，阳唱阴和之象。今应节不见，似君心在房内，不修外事，废礼失义，夫人淫恣而不敢制，故曰女谒乱公。”[④] 这里说明虹是淫乱的象征，是礼仪缺失的征兆。《太玄经》曰：“紫霓围日，其疾不割。”[⑤] 说明虹蜺的出现会导致疾病恶化。《烈士传》曰：“荆轲发后，太子见虹贯日不彻，曰：‘吾事不成矣。’后

---

① （梁）萧统编，（唐）李善注：《文选》，中华书局1977年版，第21页。

② （汉）王充：《论衡》，载国学整理社编《诸子集成》（第七册），中华书局1954年版，第168页。

③ （清）阮元校刻：《十三经注疏》，中华书局2009年版，第170页。

④ （宋）李昉等：《太平御览》（第一册），中华书局1960年版，第72页。

⑤ （宋）李昉等：《太平御览》（第一册），中华书局1960年版，第73页。

闻轲死事不立，曰：‘吾知之矣’。”[①] 虹的出现在这里是“事败”的前兆。例如河北有谚语：“东虹轰隆，西虹雨。南虹出来卖儿女，北虹出来刀兵起。”

当然虹也有祥瑞的一面，《汉书》中记载汉武帝“游东莱，临大海。是岁，虹气苍黄色，若飞鸟集城阳宫南”[②]。表明虹出现是一种美好的场景。《杂兵书》曰：“日晕有白虹贯内出外者，从所止战胜。”[③] 跟随白虹的行踪就能打胜仗，这是说虹是胜利成功的导引。

一切意象都具有不确定性，正因为它们本来就是人们想象出来的事物，有时人们会根据事态的发展附会成另一种意义，甚至走向另一个反面。虹具有宏大的气势，但又因为其色彩绚丽，又引申出淫邪的含义。人类对自然本来就是既热爱又敬畏的，古今社会中人们对自然也是难以把握的。虹作为一种自然现象，变幻莫测、不可捉摸，所以这就是虹有时为凶兆有时为祥瑞的原因。但是作为一种帮助墓主人升仙的载体，汉画像中的虹更多地表现为祥瑞。汉代是农业社会，风调雨顺对人们来说尤其重要。从汉画像中虹图像的象征意义来看，虹具有司雨、助人升仙的功能，这些都是吉祥的象征。

综上所述，汉画像中虹图像所具有的司雨之神、升仙之桥、天穹之盖、龙宫之门的象征意义，说明虹在汉画像这种艺术载体中具备丰富的象征性。同时，汉画像中的虹图像也体现了汉代人的美学理想，既体现了对天象、天神的尊敬与敬畏，又体现了虹图像的祥瑞与和谐的审美意义。

（本章作者　赵常玉）

---

① （宋）李昉等：《太平御览》（第一册），中华书局1960年版，第72页。
② （宋）李昉等：《太平御览》（第一册），中华书局1960年版，第72页。
③ （宋）李昉等：《太平御览》（第一册），中华书局1960年版，第73页。

第五章

兽之有翼——汉画像中的翼兽图像

有翼神兽在汉画像中是一种使用范围广、流行时间长的图像。对动物进行有翼的改造，在商代至战国时期就已出现，至汉代达到了高峰。汉画像中的翼兽形态各异，既有自然界现实动物的翼化，也有虚拟的动物等众多神话形象。这些自然界中可以见到的动物及人类虚拟的动物的身体都被添加了可以飞展的羽翼，能够飞翔，有着脱离现实的象征性，给人神怪、灵异的感受，表现出了汉画像艺术丰富的创造性。

汉画像中翼兽的造型特征与羽翼的具体形态，受到了来自北方草原民族的斯基泰艺术的影响。中西文化的交流，使汉画像中的翼兽图像到东汉中期以后呈现融合的态势。翼兽作为人们想象化的形象，被汉代人视为天神，是天界、仙界的标识。它们来往于天地之间，陪伴于墓主人身侧，超凡洒脱，飘逸逍遥。它们可以承载人们去往仙界；可以吞食鬼魅、威慑敌害、守卫天地门户；可以庇佑人神、赐福示瑞。如此形形色色的翼兽图像生动地再现了汉代人追求羽化成仙、幸福吉祥的期盼。

第一节　汉画像翼兽图像溯源

汉画像出现翼兽图像的原因，一方面是原始先民对鸟的图腾崇拜信仰遗存在汉代人的观念中，并结合汉代谶纬思想及对死后升仙的追求；另一方面是在汉代与中西亚文化互动中，与改进、渗透、融合了大量优美的艺术风格与造型形式有关。

一、汉画像翼兽图像的演变

在汉画像中，关于翼兽图像的母题及形式的刻画，一直为国内外学者所关注。汉画像翼兽身上的装饰语言和纹样继承了夏商周青铜艺术的传统，有涡纹、饕餮纹、鸟兽纹等。这种装饰手法早在先秦时期就已经出现于中国传统艺术题材和造型语言之中，其刻画方式与表现形式已呈现本土化特点。汉画像中翼兽的造型特征与羽翼的具体形态，受到外来的狮首格力芬或带翼狮的影响。这种艺术形式早在春秋战国时期已被中国接收并不断融合、改造。在与中西亚文化的互动之中，尤其历经亚述、巴比伦、波斯乃至希腊化时期的帕提亚艺术的继承与发展，并随着汉代与西域的交流，使汉画像中的翼兽图像到东汉中期以后呈现融合及风格化的态势。

如果仅从图腾角度来论断羽翼图像与外来文化无关，是很难有说服力的，我们若把汉代大量的翼兽图像与中西亚的翼兽相对比，即可看出不论是汉代的羽人形象还是翼兽的造型风格、形式，除了具有本民族特色，还明显透露出外来文化的痕迹。这是因为汉代甚至汉代以前，中国就与西域展开了接触，进行贸易往来与政治交往，以及考察风土人情，“甘英西使的主要成果是丰富了汉人关于西方世界的见闻”[①]，自然彼此之间的文化与

① 参见［美］费正清、赖肖尔《中国：传统与变革》，陈仲丹等译，江苏人民出版社1992年版，第80页。

图5-1　彼得大帝宝藏金项圈带翼兽

图5-2　彼得大帝宝藏带翼虎噬马金牌饰

文明也就会相互影响与传播[①]。李零认为："中国的有翼神兽对外来影响并不是被动接受，而是既有吸收，也有改造，甚至还有输出(如三晋铜器向代地的输出，以及汉代牌饰和带扣在周边的流传)。此外，在艺术手法上，它有自身的特点。如：(1)它的翼形，往往都是翼尖朝后，而不是朝前；(2)它的狮首，往往与龙、虎和麒麟有类化的趋势。"[②]这在汉画像翼兽图像的双翼造型特征中已有所体现。笔者在进行的图像梳理中发现，翼兽图像双翼翼尖向后，由此可见，汉画像中翼兽图像的造型艺术风格在东汉时期已经展现出本土化的特点。

在斯基泰艺术中，带有羽翼的动物形象很多。著名的彼得大帝宝藏中的金项圈带翼兽(图5-1)、带翼虎噬马金牌饰(图5-2)、图克丁石墓冢出土的木雕虎首格里芬(图5-3)，以及伊塞克王墓出土的金带扣中的大角鹿(图5-4)，背部皆生双翼，极富装饰性。

在中国的青铜器中也有很多有翼动物型器物出土。四川广汉三星堆出

① 参见[法]谢和耐《中国社会史》，耿昇译，江苏人民出版社1995年版，第19页。
② 李零:《论中国的有翼神兽》，载《入山与出塞》，文物出版社2004年版，第129页。

图5-3　图克丁石墓冢出土的木雕虎首格里芬

图5-4　伊塞克王墓出土的金带扣

图5-5　三星堆人面鸟身青铜像

图5-6　三星堆夔龙形饰

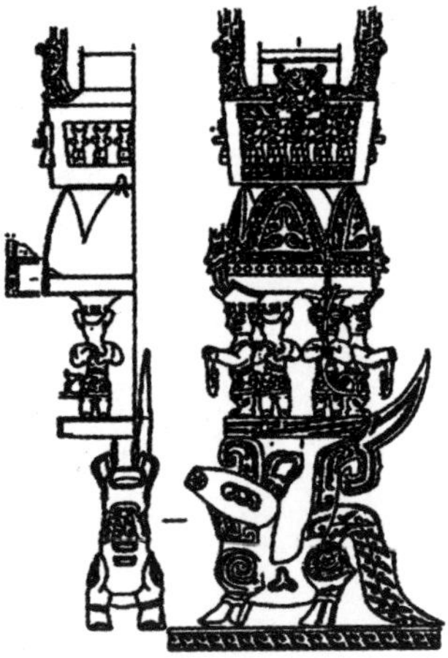

图5-7　三星堆青铜神坛

图5-8　巴蜀铜矛上的有翼虎

土的青铜树枝头及人面鸟身像（图5-5），二号祭祀坑出土的夔龙形饰（图5-6），均残，为神树上的装饰物[①]，其羽翼的开端均以高雕形式刻画出一种涡状S纹。三星堆二号祭祀坑出土的三件神坛中，标号“③:296”的一半保存较好（图5-7）。报告者称：全器由兽形座、立人座、山形座和盝顶建筑四部分组成。兽形座底部圈足……圈足上立二兽，兽大头，吻部宽扁，立耳独角向前内卷，四蹄，尾下曳至圆座，另有一翼向上扬起，翼端上下歧开。全器中空，前、后肘及尾部纹饰镂空。吻部有6个圆形纹饰。腹部生翼，且翼尖上扬，上下歧开；躯干上，特别是“前腿”与“后腿”处纹饰有圆点纹组成的旋涡纹。有学者认为：“三星堆二号墓祭祀坑的神坛‘兽形座’神兽造型与格里芬存在较大差别，年代上也不可同日而语”[②]，为一种中国传统图像样式。

四川地区发现的战国中晚期巴蜀铜器上有大量虎和有翼虎的形象（图

① 参见肖先进等编《三星堆研究》，天地出版社2006年版，第190—192页图一七。

② 于春:《茂县牟托村“翼龙”与三星堆龙之比较——兼论三星堆文化向北传播的途径》，《考古与文物》2005年第2期。

图5-9　中山王墓翼兽

图5-10　山西浑源铜壶麒麟纹

图5-11　山西侯马陶范有翼兽

5-8)。这些翼虎的装饰均为口吐长舌，背生羽翼，羽翼前段以“S”形回旋，再向后平直伸展。在春秋战国时期三晋地区的青铜器中，河北平山中山王墓出土的翼兽，其特点融合了北方草原民族格里芬形象与中国传统青铜装饰纹样(图5-9)。山西浑源李峪村铜壶上的麒麟纹(图5-10)，羽翼为简化的涡纹，翼尖向后。山西侯马铸铜遗址出土陶范上的翼兽形象(图5-11)，如二号遗址出土的龙首翼兽钟纽范，1992年出土的鸟形模、兽擒蛇模、虎形模[①]，羽翼的造型均是以涡纹图案作为其表现手法。三晋地区的纹样与北方草原民族艺术有着密切联系，在汉代已经回归为本土艺术。

中国艺术在夏、商、周三代沿袭了青铜纹饰的传统，而石质材料的使用，一方面与铁器制造技术的提高有关，另一方面也与对外交流及宗教意义有关。《史记·张释之冯唐列传》载：“(汉文帝)顾谓群臣曰：‘嗟乎！以北山石为椁，用纻絮斫陈，蕠漆其间，岂可动哉！’”今案：“大颜云‘北山青石肌理密，堪为碑椁，至今犹然。故《秦本纪》作阿房或作郦山石椁是也’。”[②]

秦国便已有了制作大型石雕的传统。秦王朝地处中原与西方交流的通道上，其石雕传统应与西方和草原民族的影响有关。西汉以来，石质材料被广泛使用于墓葬建筑，固然与其坚固、耐用且可以体现墓主人的身份地位有关，同时又与当时普遍流行的生死观念有关。巫鸿认为，西汉时期大量使用石质材料制作墓葬及墓葬石刻是有其合理的思想基础的：“石材一方面与死亡，另一方面又与升仙有关。”“西汉时期诸侯王突然风行建造崖墓，以及墓前纪念性石雕的出现，应同样与期望死后达到永恒的观念有关。”[③]对待材质及选择的观念变化体现了思想意识的变化，同时也揭示了这种观念的渊源与影响。

中国古代的《周书》《韩诗外传》《山海经》等书记载有许多仙禽瑞兽

① 参见李零《论中国的有翼神兽》，载《入山与出塞》，文物出版社2004年版，第93—94页。
② (汉)司马迁：《史记》，中华书局2000年版，第2122页。
③ [美]巫鸿：《“玉衣”或“玉人”？》，载《礼仪中的美术——巫鸿中国古代美术史文编》，生活·读书·新知三联书店2005年版，第134页。

本身就具备飞的能力，但在更多时候，是需要借助外力来辅助飞行。中国神话俗语中，就有龙虎腾飞、有翼之语："物在世间，各有所乘，水蛇乘雾，龙乘云，鸟乘风。"[①] 可见，这是汉代人对自然界的生息变换、运动规律的朴素认识及表达。对于中国人来说，"飞"是一种意境，不需要依靠西方那种巨大的翅膀才能飞起来。刘凤君认为："中国古代的雕刻艺术中就有主动在动物和人体安置双翼的传统，人们认为这样可以'羽化而登仙'。古代文献中也有许多记载，如《山海经·北山经》中四肢腾空展翅飞翔的天马。考古发现的就更多了，1978年河北平山县战国时期中山国一号墓出土的错金银双翼神兽，就是中国传统带翼兽类的代表作。艺术家们在创作它的艺术造型时，自然而然就把中国古代这种传统艺术融合进去。"[②] 且不说常见的石刻翼兽上还有一片小翅膀，看看诸多画像石、画像砖及绘画里的翼兽和羽人，有的用两条细长的带子表示翅膀，有的甚至仅用几缕须或一根须来表示翅膀，甚至连翼兽的翅膀也用类似云纹的表现手法。但这绝不会造成飞不起来的感觉，反而表达出一种曹植《仙人篇》所云"万里不足步，轻举凌太虚，飞腾逾景云，高风吹我躯"的境界。

羽化图像本身所隐喻的文化信息是极为复杂、多元化的，但基本上是以神仙思想为核心，吸收了楚文化中成仙升天思想和方术修炼的养生思想。龚良提出："陵墓有翼神兽石刻的产生与发展，受三方面因素的影响：一是传统的丧葬思想、厚薄葬观念的影响；二是中国传统宗教道教中道家的方士学术思想的影响；三是民族艺术深厚的文化土壤的影响，以空灵和充实为其飞翔的两翼。"翼兽的渊源，是"在原始的动物崇拜、动物神话的思想意识下，又融入了道家'有神间、能成仙'的思想，从而产生出这种能沟通"人—神—祖先"的神兽，它无论是在艺术风格，还是在思想意识

① （东汉）王充：《论衡》，载国学整理社编《诸子集成》（第七册），中华书局2010年版，第60页。

② 刘凤君：《东汉南朝陵墓前石兽造型初探》，《考古与文物》1986年第3期。

上，都是中国传统特质的反映，即其源于中华”[①]。

虽然古代中国对西方的影响远超过了西方对中国的影响，但也不应该忽视在中国这一伟大文明发展中的外来因素影响，因为“中国社会比其他任何一种社会都更与那些其生活方式和文化与自己相差甚殊的民族保持着长久的接触和交流。同样，中国接受过其贡献的那些文明（古代美索不达米亚、前伊斯兰时代的伊朗、印度、伊斯兰社会、基督教西方）的特有的天才都与中国自己的才华完全格格不入。由于在时代的发展过程中参与其形成的、前来丰富它和改造它的因素具有如此之大的差异，所以中国文明如同历史上的其他大文明一样是一部持续创作的大作品”[②]。林梅村认为，中国陵墓中翼兽的起源受三个因素影响：“首先，基于中国本土文化因素；第二，受欧亚草原文化，尤其是阿尔泰语系游牧人古代艺术的影响；第三，张骞通西域后，中国金石雕像艺术又得以和中亚希腊艺术乃至波斯艺术进行交流。”[③]

汉画像石中的翼兽图像是在中国本土鸟图腾崇拜及汉代所盛行的神仙信仰的基础上，融合了西方有翼兽的特点、外来文明和本土文化的合力作用共同创造出来的，从而逐步形成了一个崭新的面貌。具体而言，在新石器时代至战国，翼兽的本土化特点显著，反映出受本土文化因素影响的阶段性；春秋战国至秦汉，不仅仍保留有本土的文化因素，而且还显现出外来文化因素的影响。特别在汉代，翼兽图像的发展达到一个高峰，在汉画像石中大量出现。

汉画像中翼兽图像的形成应该是多种文化因素与多样装饰风格结合的产物。在艺术原型及表现形式等方面受到了域外文明的影响，将外来的各类形象融合进传统文化观念，并与传统的装饰手法相结合，创造出了独具

① 龚良：《陵墓有翼神兽石刻的发展及其艺术源流》，《华夏考古》1994年第1期。

② ［法］谢和耐：《中国社会史》，耿昇译，江苏人民出版社1995年版，第29页。

③ 林梅村：《欧亚草原文化对中国石雕艺术的影响》，载《古道西风——考古新发现所见中西文化交流》，生活·读书·新知三联书店2000年版，第162—165页。

特色、神异变换的翼兽形象。也正是这些外来文明的参与，使汉代艺术焕发出无穷的魅力，孕育出灿烂而又神秘的翼化图像。

二、本土文化对鸟的崇拜传统

汉画像中出现的大量翼兽形象，是中国古代先民在原始社会中以鸟类作为图腾崇拜的基础上，加以美化、神话化及理念化的产物。是鸟图腾神话的传承和变异，是丧葬礼俗的承袭和发展，其寓意都是护卫死者神灵，赐寿延福和升仙引导之意。[①]

在人类早期文明如古埃及文明中，鸟类和其他兽类或鱼类一样，由于它们所具有的特殊能力，经常被人们敬畏，被认为具有特殊的神力。有学者认为，在所有的动物中，鸟被看作神圣动物的历史最长。因为飞鸟可以到达野兽无法到达的地方，它们能够飞近太阳，能够在蓝天翱翔，却又可以跟人的距离很近。同时，它们的飞翔速度很快，还能在暴风雨来临前夕发出奇特的叫声，因而被人认为具有很强的预兆性。正是由于鸟的这些特性，在人类幻想并崇拜人格化的神之前与之后，鸟都是长期作为被崇拜的神灵而存在。

这种与鸟有关的神灵崇拜在中国的早期文明中也同样存在。在中国的远古文化中，神话传说和古文典籍中不乏关于鸟的记载。而中国历史上的两大王朝，商朝和西周的王族，在历史典籍中都被记载与“鸟”相关。《诗经·商颂·玄鸟》曰：“天命玄鸟，降而生商。”《国语·周语上》曰：“周之兴也，鸑鷟鸣于岐山。”《史记》曰：“殷契，母曰简狄，有娀氏之女，为帝喾次妃。三人行浴，见玄鸟堕其卵，简狄取吞之，因孕生契。”[②]《吕氏春秋·音律》曰：“有娀氏有二佚女，为之九成之台，饮食必以鼓，帝令燕

---

① 参见耿超《观风鸟源流研究》，《文物春秋》2007年第1期。
② （汉）司马迁：《史记》，中华书局2000年版，第67页。

图5－12　沈阳新乐文化遗址出土鸟型木雕

往视之，鸣若谥隘，二女爱而争搏之，覆以玉筐，少选，发而视之，燕遗二卵，北飞，遂不返。高诱注：‘帝，天也，天令燕降卵于有娀氏女，吞之生契’。”[①]《太平御览·皇王部八》曰：“史记曰殷之祖契，母曰简狄，有娀氏之女，为帝喾次妃，三人行浴，见玄鸟堕其卵，简狄取吞之，因孕生契。”[②]这些文献的记载均向我们展现了“鸟”在古代与部族之间的密切关系。现今已无从考据玄鸟究竟是何种生物，但商朝以鸟作为部族图腾，商人的祖先王亥的“亥”字在殷墟卜辞中从“鸟”、从“隹”，二者皆为鸟，与《山海经·大荒东经》中王亥“两手操鸟”之说是一致的。

这种早期的鸟崇拜除了反映在史籍中，在考古资料中也得到了许多证明。其中，红山文化、新乐文化、良渚文化中的鸟崇拜元素表现得尤为明显。

红山文化中的鸟崇拜在出土文物中表现得十分明显。从距今约7000年的赵宝沟文化时期起，就有了十分发达的鸟崇拜信仰。在之后的红山文化、小河沿文化、夏家店上下层文化也一脉传承鸟崇拜传统，形成了具有地域特色的鸟崇拜体系。在红山文化诸遗址，出土和采集到数十件以石、陶、玉等不同材质雕成的鸟形器和佩饰，其中，玉质鸟型器具最具代表性。

---

① 《二十二子》，上海古籍出版社2012年版，第646页。

② （宋）李昉等：《太平御览》，中华书局2011年版，第388页。

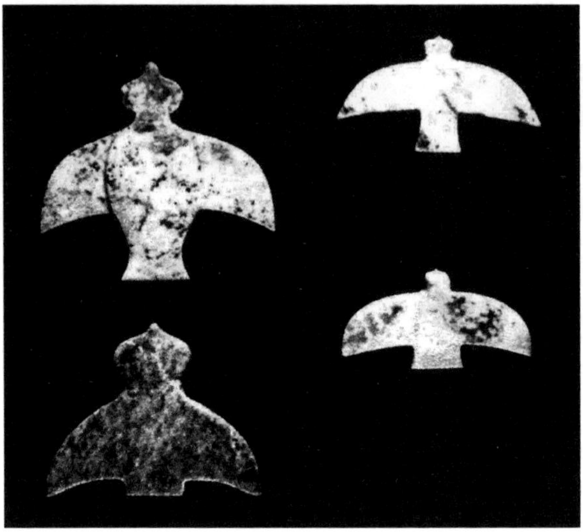

图5-13　良渚文化反山墓地出土玉鸟

在与赵宝沟文化年代相当的沈阳新乐文化遗址中曾出土过一件长约14厘米的鸟形木雕(图5-12)。鸟的形体表现得十分抽象，尾部延伸成一个木柄，柄长约占整个木雕的三分之二，柄尾渐细，可能曾被插在某件物体之上。该鸟形木雕可能为权杖，直柄上端的雕饰图案应为图腾徽帜。

在良渚文化中，也有典型的鸟崇拜文物出土。良渚文化反山墓地曾出土玉鸟(图5-13)，仔细看玉鸟，可以看出其中有些鸟的背上刻画有圆形。有些学者认为这个圆形代表太阳,《山海经》载:“一日方至，一日方出，皆载于乌。”或许当时良渚人的观念是每天太阳东升西落，都是由神鸟背负着的。正是因为有了神鸟，才有了光明和万物。

上古时期，先民以鸟作为图腾崇拜物，而华夏氏族崇鸟拜鸟的习俗，也正是鸟形象在图腾神话中的象征意义。古人曾用“鸟翼”“卵生”等来概括鸟的神力。鸟翼代表飞翔的神力，卵生代表生殖的神力。因此，人面鸟身神也可以看作古人崇拜飞翔、崇拜生殖等观念的产物。飞翔更是寄托了古人关于天神世界的众多想象。[1]汉画像中的神兽形象，被“鸟化”“翼化”，更是指示出了神兽所带有的神性化特征。翼兽即指有些动物本不该有羽翼，却被“翼化”，从而拥有了双翼。这种翼化符号在图像之间的相互嫁接，除了具有神性的代表作用，更有文化功能的偏移。所以，也就不难解释为什么在中国古代神话中许多神灵均具有羽翼的特征了。

翼兽在汉代出土的画像石中大量出现，与中国本土文化中对鸟的崇拜传统是分不开的。在古籍中，有一类关于人鸟混杂的神异图像。《山海经·南山经》《山海经·西山经》《山海经·北山经》记载：“有鸟焉，其状如枭，人面四目，其名曰颙”；“有鸟焉，其状如枭，人面一足，曰凫徯”；“有鸟焉，其状如雌雉而人面，见人则跃，名曰竦斯”。[2]《山海经·海外南经》载：“羽民国在其东南，其为人长头，身生羽（郭璞注：‘能飞不能远，卵生，画似仙人也’）。一曰在比翼鸟东南，其为人长颊（郭璞注《启筮》曰：‘羽民之状，鸟喙赤目而白首’）。”[3]王充在《论衡·雷虚》篇中写道：“飞者皆有翼，物无翼而飞，谓仙人，画仙人之形为之作翼。”由此可见，早期人们对鸟的崇拜是多么强烈。

《山海经·海内经》载：“有盐长之国。有人焉鸟首，名曰鸟氏。”[4]根据《太平御览》《北堂书钞》等所引，“鸟氏”应同“鸟民”。而郝懿行则认为“鸟民”就是《史记·夏本纪》和《史记·秦本纪》中所记载的“鸟夷”[5]或“鸟俗氏”[6]。根据后世各家的注解可以了解二者均是同样以鸟为图腾的民族，“羽人”“羽民”“鸟民”实际上是居住在东方海边的部族居民的自我称谓。《汉书·地理志》载：“此东北之夷，博取鸟兽，食其肉而衣其皮也。

① 参见王小盾《中国早期思想与符号研究》，上海人民出版社2008年版，第635页。
② （晋）郭璞注：《山海经》，京华出版社2000年版，第9、13、20页。
③ 袁珂：《山海经校注》，上海古籍出版社1980年版，第187页。
④ 袁珂：《山海经校注》，上海古籍出版社1980年版，第447页。
⑤ （汉）司马迁：《史记》，中华书局2000年版，第48页。
⑥ （汉）司马迁：《史记》，中华书局2000年版，第152页。

一说，居在海曲，被服容止皆象鸟也。”“鸟夷，东南之夷善补鸟者也。”[①]《史记·夏本纪》:“鸟夷皮服，夹右碣石，入于海。”郑玄注:“鸟夷，东(北)〔方〕之民(赋)〔博〕食鸟兽者。”[②]对于鸟的崇拜也是东夷文化中重要的组成部分,《左传·昭公十七年》:“我高祖少昊挚之立也，凤鸟适至，故纪于鸟，为鸟师而鸟名。”[③]可见，居住在海边的东夷人，因为在服饰穿着及行为行动上对鸟的模仿，所以被称为“鸟夷”。

我国的东南沿海地区，气候湿润，湖泊沼泽众多，为鸟类的栖息繁衍提供了丰富的食物。几千年之前的东夷就应在这片区域，由此可以推断当时会有大量的鸟类迁徙来此，繁衍生息，鸟类的大量出现是古代先民对鸟产生崇拜的自然先决条件。而根据考古发现，早在7000多年前，东夷文化体系的分支河姆渡文化体系中便已经出现了对鸟的图腾崇拜。也是根据这一考古发现，学者们普遍认为，中国鸟信仰的源头应该出现于距今7000多年的河姆渡文化中。根据现在的地理区域划分，河姆渡文化的地理圈应是现在的浙江、江西一带，即古越地区。生活在这一带的原始先民主要以种植水稻、食稻谷为生,“人得谷，即不死；谷能生人，能杀人”[④]。又因为原始先民对自然现象的认知程度有限，所以人们认为是鸟发现了“栽培稻”，信奉“稻从鸟来”，所以将鸟奉为“谷神”。而鸟在东南沿海地区的农耕文明中的确起到了巨大的作用,《论衡·书虚》载:“象自蹈土，鸟自食苹。土蹶草尽，若耕田状，壤靡泥易，人随种之，世俗则训为舜、禹田。”[⑤]鸟在田里啄食，奔跑的过程中将泥土踩烂，使播种更加容易，人们逐渐产生了对鸟的依赖和崇拜，所以鸟也成了整个东夷民族的图腾神。

原始部族的先民，将自己所尊奉的作为亲族或者祖先的动物或其他自

---

① (汉)班固撰,(唐)颜师古注:《汉书》，中华书局2000年版，第1232、1235页。

② (汉)司马迁:《史记》，中华书局2000年版，第39页。

③ (清)阮元校刻:《十三经注疏》，中华书局2009年版，第4524页。

④ (汉)袁康、吴平著，吴庆峰点校:《越绝书·越绝外传枕中传》，齐鲁书社2000年版，第66页。

⑤ 杨宝忠:《论衡校笺》，河北教育出版社1999年版，第124页。

然物视为自己部族的图腾。图腾并不是神，对原始先民来说，图腾是自己的“祖先”“亲人”或者“兄弟姐妹”。英国著名人类学家弗雷泽（James George Frazer，1854—1941）认为：“图腾是野蛮人出于迷信而加以崇拜的物质客体。他们深信在图腾与氏族的所有成员中存在着一种直接和完全特殊的关系。……个体与图腾之间的联系是互惠的，图腾保护人们，人们则以各种方式表达他们对图腾的敬意。”[①] 以原始狩猎和采集为主要生存手段的人们，生活完全依赖自然的恩赐。生产水平十分落后，人类对风雨雷电、日月星辰的出现并不能进行科学的解释，因此只能依赖由动物界所遗传下来的本能开展生产活动。而与之相对应的文化心理便是原始先民所认为的人与动物同一化的图腾观念。

原始先民对能够自由翱翔于天际的鸟类充满了好奇与渴望。鸟儿上能达天际，下能接人间，来往于天地之间，是自然的使者，因此人们将其视为自己的祖先并进行祭祀，逐渐形成了对鸟的图腾崇拜。对图腾物的崇拜、模仿也正是图腾信仰的重要表现，原始先民为了表现与鸟图腾同一化而在生活中头戴鸟形冠，身穿羽毛衣，且死后也要把自己装扮成鸟的样子，认为只有这样自己的灵魂才会幻化成鸟，离开肉体像鸟儿一样飞翔，从而回归到自己的图腾世界。传说楚怀王死“化而为鸟，名楚魂”[②]。《博物志》载：“越地深山有鸟如鸠，青色，名曰冶鸟。……越人谓此鸟为越祝之祖也。”[③] 灵魂可以化鸟，鸟也可以引导或伴随灵魂飞行。[④]

到了春秋战国时期，人和动物同一化的观念逐渐淡化，单纯的鸟图腾崇拜思想日渐式微，人们已经逐渐摆脱单一的只在衣着和行动上对鸟进行模仿。图腾开始只是氏族的标志，鸟在人们的观念中慢慢完成由“人”

① ［英］J.G. 弗雷泽：《图腾与外婚制》（第1卷），生活·读书·新知三联书店1988年版，第3页。

② 袁珂：《中国神话传说词典》，上海辞书出版社1985年版，第398页。

③ （晋）张华：《博物志》，载《景印文渊阁四库全书》第1047册，台湾商务印书馆1986年版，第586—586页。

④ 参见萧兵《楚辞与神话》，江苏古籍出版社1987年版，第27页。

向“神”的转换，人开始与鸟的形象进行结合，相应地出现原始的图腾意象逐渐延伸为神的形象。《山海经》中记载的关于人首鸟身的神异，充杂着“鸟”“人”“神”等几种属性。[①]《山海经》中记载的“句芒”的形象是人面鸟身：“东方句芒，鸟身人面，乘两龙。”“西海之渚中，有神，人面鸟身。”[②]《吕氏春秋·孟春纪》：“其帝太皞，其神句芒。”高诱注：“太皞，伏羲氏，以木德王天下之号，死祀于东方，为木德之帝。句芒，少皞氏之裔子曰重，佐木德之帝，死为木官之神。”[③]《礼记·月令》载：“孟春之月，其帝大（太）皞，其神句芒。”[④]《墨子·明鬼下》载：“有神入门而左，鸟身，素服三绝，面状正方。……郑穆公再拜稽首曰：‘敢问神名？’曰：‘予为句芒。’”[⑤]从文献中可以了解，句芒应为少皞氏之子，人面鸟身，为木官之神，司春。太皞部族位于东方，又是以鸟作为部族的图腾信仰，句芒神所主的木、春皆代表生命力与希望，能给人带来风调雨顺、国泰民安、健康长寿，迎合了原始先民的心理，所以句芒神可能便是这个部族的图腾神。由此可见，从春秋战国到秦汉，在这样一个社会思潮和意识形态急剧转变的过程中，上古神话中“神”的属性在慢慢发生偏移。神仙思想及神仙信仰由春秋战国时期兴起，中国人由原始的神灵信仰开始向神仙信仰靠拢、转移，所以出现了许多奇异的“翼化”现象。

在原始思维当中，人们认为氏族会与某种动物具有亲缘关系或者将某种动物奉为自己的祖先，他们认为只有这样，才能免受动物的伤害并且能够得到动物的保护，以此来满足人类生存和发展的基本需求。同时，动物会将自身的能力传递给人类，使人类具有和动物一样的能力。但是随着人类自身意识的觉醒，人类将自己的地位置于神圣动物之上，并按照自己的

① 参见王恺《“人面鸟”考》，《考古与文物》1985年第6期。

② （晋）郭璞注：《山海经》，京华出版社2000年版，第34、54、67页。

③ （战国）吕不韦著，陈奇猷校注：《吕氏春秋新校释》，上海古籍出版社2002年版，第4页。

④ （清）阮元校刻：《十三经注疏》，中华书局2009年版，第2930页。

⑤ （清）孙诒让：《墨子训诂》，中华书局2011年版，第227—228页。

形象开始创造神，而以人为主、人兽结合的形象就是这种复杂的心理意识所形成的产物。朱存明认为，随着图腾社会的渐渐远离，本来的图腾信仰渐渐远去，其神秘的图腾观念，由此带来的宗教、神话观念则开始流行，一些本来属于不太怪的东西反而以讹传讹而变得更加怪诞。[①]

汉画像中之所以出现翼兽图像，一方面，原始先民对鸟的图腾崇拜信仰遗存在汉代人的观念中，在原始神话的驱使之下，这一观念不断地发生变形、演化，分散到不同的地域。文化心理的差异，并结合汉代谶纬思想以及对死后升仙的追求，汉代人自然而然地就把远古时代所盛行的羽民、不死之民等图腾神身上所负有的羽翼看作不死的象征。另一方面，汉代墓室中画像的创造在本质上和神话传说的流传是具有一定差异性的。匠人在进行汉画像的创作时，应该有神话传说中的神祇形象为依据，但也不能排除创作者个人的想象在创作中所起到的巨大影响和作用，尤其民间艺人根据民间的神祇崇拜信仰而进行的艺术创作中，往往能够突破传统神祇崇拜的信仰习惯和艺术创作规范而达到内容和形式上出新和求奇。[②] 正因如此，汉代墓室中画像石上所表现的造型与神话传说中的原始形象具有一定程度的偏差。东汉中后期以后，随着神仙思想的盛行，汉画像中出现了大量在传统神兽形象的基础上被“翼化”的另类神兽，也可以被视作传统造型结合古老的神话传说及不死神话而产生的变异和神化，这也是在本土文化中，对羽翼的崇拜传统所催生的翼兽产生的原因。

三、外来文化对翼兽图像的影响

先秦两汉是西域各民族之间交往活跃的时期，广阔的西域疆土成了民族迁徙的舞台。通过长年的征战，以确立自己游牧的领地。同时，战争在

---

① 参见朱存明《中国的丑怪》，中国矿业大学出版社1996年版，第176页。

② 参见李立《汉墓神画研究 —— 神话与神话艺术精神的考察与分析》，上海古籍出版社2004年版，第229页。

客观上也加速了各民族之间的交融，中原与域外的文化交流经历了由萌芽到深入的过程，中原对域外的认识也在不断加深。而东汉这个时期更是在汉画像翼兽图像的发展历史中占据着重要地位，我国多地汉画像石均发现有动物纹饰相同的现象。将汉画像中翼兽图像的羽翼和中亚地区艺术作品中的羽翼相对比，会发现在造型、风格上具有许多相似之处，说明在该时期此造像风格已普遍流行，在死后被普遍应用于随葬品中。瑞典学者喜龙仁认为，中国陵墓翼兽受到波斯、亚述的影响。① 滕固先生结合他在意大利考察时期所见，明确指出："有翼兽传自波斯，而远溯于亚述利亚，自无疑义。" ②

徐中舒从中国古代文献记载考证，认为汉代石刻艺术中的相关形象与斯基泰文化是有相承关系的，并将这类形象的中国化时期追溯到春秋战国时期："……此可见中国民族想象中之能飞者，亦未必有翼。……由此论之，画仙人著翼形，必非中国民族固有之想象作风。""关于兽之飞跃与倦息之姿态，斯克泰遗物上所见与此尤为相似，其在斯克泰发现之年代，亦在此期以前。羽人、飞兽及操蛇之神，皆为西方最早期，即公元前三四千年来，埃及、米诺、巴比伦、希腊、印度等地盛行之雕刻、造像或传说。中国之有此类图像传说，则始于此时。""此后汉代之浮雕刻石，似即渊源于此。……此羽人飞兽之形，在埃及、米诺、巴比伦、希腊、罗马之遗物中，素极普通，其传至中亚阿姆河流域时，当在公元前五世纪前后。其由此以入中国，亦正与杕氏壶年代相当。" ③

春秋战国时期，列国经常借助外族的力量来扩充自己的实力，而文化交流也随着军事间的交流而逐渐展开，动物纹饰开始流入中国，并被中原传统艺术所改造吸收，形成了战国、秦汉时期新的艺术风格。斯坦因认

① 参见 Osvald Siren, "Winged Chimeras in Early Chinese Art", *Eastern Art*, Vol. 1, 1982。

② 滕固：《六朝陵墓石迹述略》，载《六朝陵墓调查报告》，中央古物保管委员会，1935年。

③ 徐中舒：《古代狩猎图像考》，载《徐中舒历史论文选辑》（上册），中华书局1998年版，第225—293页。

为:“外族的兵法、武器、服饰习惯和施用于诸般文物上的纹样乃至于寓于纹样之中的意义、内容等也必然随之流入…… 我们可以认为这种交流是中国文化在成长过程中首次遇到的强烈冲击波，而这种冲击波的源头却远在地中海南岸。”①

据史书记载，先秦前后的西域草原主要是塞人的游牧地。公元前8世纪，欧亚草原上兴起了一群神秘而强悍的游牧民族。他们骁勇善战，令近东各强国闻风丧胆；他们令亚洲之王居鲁士葬身荒漠；他们也让亚历山大大帝止步锡尔河北岸；他们的装束、习俗与农业文明格格不入；他们是黑河沿岸希腊殖民城邦、商埠的保护者；他们自称是世界上一切民族中最年轻的民族；他们只有语言，没有文字；他们最初可能生活在天山两侧及中亚吉尔吉斯内巴勒喀什湖一带，后转移至黑海北部一带，自公元前7世纪开始便居住、生活在我国的北部边境地区，是辽阔的西伯利亚大草原上的一支游牧民族。1715年，沙皇宫廷正在为彼得大帝新诞生的王子举行庆典，乌拉尔地区矿主向彼得大帝呈上了一份独特的贺礼。这是一批装饰着雪豹、鹿、狮等动物纹的金器，它们做工精湛、造型生动、充满张力。因此，欧亚草原掀起探险热潮，沉睡千年的游牧王者坟冢被逐渐打开。琳琅满目、精美绝伦的随葬品展示着草原霸主昔日的辉煌。据考古发现，孔雀河下游、哈密五堡、乌鲁木齐阿拉沟、伊利特克斯等地墓葬都有头戴尖帽的墓主人，应属于塞人文化遗址。我国学者根据上述一些墓葬出土人骨等遗物研究，认为他们属于原始欧洲人种与蒙古人种的混杂型，但以欧洲人居多。这一人种现象，在两汉时期西域艺术中有明显的反映，古史家笔下神秘尚武的斯基泰人在东西方文化传播与交流中扮演着非同一般的角色。

斯基泰人在部落迁徙的过程中一直与分布在欧亚大陆周边的中国、印度、波斯、希腊、罗马等古老文明的国家进行着货物贸易的往来，而经

① ［英］斯坦因:《西域考古记》，向达译，北京大学出版社1991年版，第108页。

济、贸易的往来同样带动了文化的交流。“从中国西北地区—中亚沙漠地带—俄罗斯东南部—西亚两河流域—地中海南岸之间的贸易道路早在张骞凿空之前就已存在，称为‘玉道’‘草原之路’‘毛皮之路’‘丝绸之路’，由于斯基泰民族游弋于欧亚大草原上，对于彼此文化的传播扮演了重要的角色。”① 四川大学卢丁教授在《论斯基泰美术及卢里斯坦青铜器文化对我国西南古代文明的影响》中介绍了中亚大草原斯基泰美术及卢里斯坦青铜器文化对我国西南地区古代文明的影响，强调了西部甘青—川西—云南西北这一游牧民族走廊对于文化交流的重要作用。②

斯基泰民族的文化艺术萌芽于公元前8世纪至公元前6世纪，在自身民族特色的基础上，融合周边其他民族的艺术特点，逐渐形成独特的文化艺术，兴起于公元前6世纪至公元前4世纪，衰落于公元前3世纪至公元前2世纪。有关塞人的文献记载和出土文物，说明塞人除了喜爱金质艺术品（图5-14），还特别喜欢用各种动物形象和动物纹来装饰艺术品（图5-15）。游牧民族最早将变形兽、对兽、有翼兽作为主要的装饰题材，各种动物的形象被用来当作装饰物而出现在日常生活用品上（图5-16），有些主题更是具有独创性，动物形象接近写实，深具自然主义的艺术风格。

王炳华说：“塞人是以游牧经济为主体的古老民族。他们喜爱、崇尚以野兽图案为主体的艺术形象……它们既相似于写生的动物原形，但又绝不是生活中的动物形象的素描。对称的形式，完整的构图，美好的形象，富有装饰情趣，是艺术成就很高的艺术品。”③ 另外一部分主题则是以西亚巴比伦、亚述的造型风格为创作母题，又被增添了想象的成分，一只动物的身上可能带有许多种动物的特色，通常我们将这种动物纹饰直接称为“动物意匠”：“所谓超自然之想象动物即是怪兽（griffon, gryphon），其兽，

---

① 杨孝鸿：《汉代羽化图像的发展及其原因》，《南都学坛》2004年第2期。

② 参见卢丁《论斯基泰美术及卢里斯坦青铜器文化对我国西南古代文明的影响》，载《中国四川西部人文历史文化综合研究》，四川大学出版社2003年版，第204—214页。

③ 王炳华：《吐鲁番的古代文明》，新疆人民出版社1989年版，第327页。

图5-14　斯基泰金质艺术品

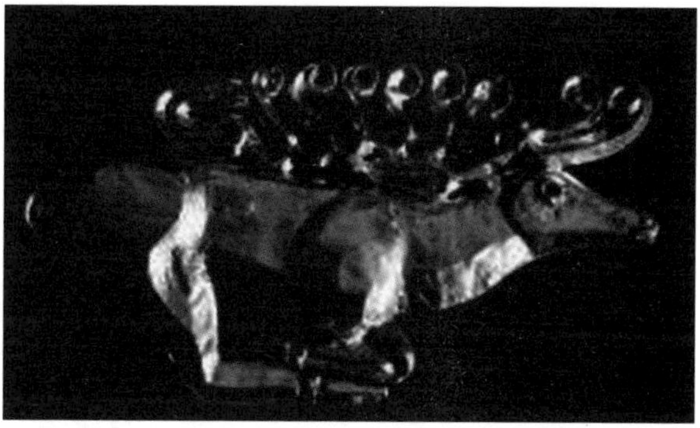

图5-15　斯基泰黄金鹿

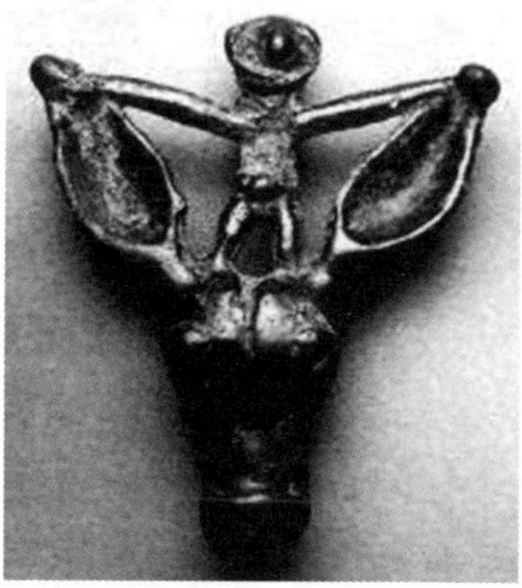

图5-16　青铜带扣（左）

图5-17　图克丁石冢出土的木雕（右）

或狮身双翼（图5-17），或鹿身鹰喙（图5-18），鹿角与鹿尾装饰鹰头，有的是虎（或马）身，头至背脊亦戴一排鹰头。”[①] 对于游牧民族中的这类动物式纹样的源流：“首先可追溯到鲁利斯坦的动物纹样，而如果再进一步追溯则发现其中含有美索不达米亚、希腊、特拉凯雅、马凯德尼雅等诸种文化的技法和意匠的影响。斯基泰文化因其弹性和力度而不断获得新的载

① 杜正胜：《欧亚草原动物纹饰与中国古代北方民族之考察》，载《“中央”研究院历史语言研究所集刊》，1993年6月。

图5-18　鹿型格里芬冠饰

体，以其出众的速度和活力将其文化影响一直传到东方。这种文化潮流穿过了亚洲北部，也终于波及于中国。”[1]

姜伯勤结合斯基泰艺术中的“动物意匠”纹饰，认为中国的翼兽所反映的应是来自西亚的题材：“古代祆教艺术可以追溯到西亚、中亚和中国所发现的古代塞人遗物，追溯到波斯的阿契美尼德王朝。”[2] 林梅村通过对汉代遗存中“天使”“爱神”“有翼兽”等图像的考证发现，“有翼兽”应该是希腊神话影响下的中亚斯基泰文化中的“格里芬”形象。“汉代西域艺术中许多纹饰取材于希腊神话人物或希腊动植物，计有：厄洛斯、阿芙罗狄蒂、阿里玛斯帕、赫尔美斯、提喀等希腊神话人物像，格里芬、涅索斯等希腊怪兽以及希腊动植物纹样。古代西域艺术中的希腊文化因素主要流行于公元前1世纪至公元2世纪，极大地丰富了汉代中国文明。究其渊源，

---

① ［英］斯坦因：《西域考古记》，向达译，北京大学出版社1991年版，第109页。

② 姜伯勤：《中国祆教艺术史研究》，生活·读书·新知三联书店2004年版，第1—16页。

图5-19　非洲、南欧、南亚的格里芬

主要来自犍陀罗艺术，而非斯坦因等学者倡导的源于近东基督教艺术。”[①] 在传入问题上，他认为“与汉王朝对西域的征战及张骞通西域有很大关系……汉代有翼神兽是在帕提亚艺术影响下产生的”[②]。

李零对中国早期翼兽的问题进行了一系列的探讨研究及归纳总结。在《入山与出塞》中的《论中国的有翼神兽》《再论中国的有翼神兽》及《“五星出东方利中国”织锦上的文字和动物图案》等文章中均发表了自己的看法：“中国的有翼神兽，无论就文献记载看（如《汉书·西域传》的记载），还是从文物形象看（如依托狮子的形象），都与西亚、中亚和欧亚草原的艺术有不解之缘。”（图5-19）中国的翼兽应该是鹰和狮的混合形象产物，与西方艺术中的“格里芬”同出一源，时间上更是提前到了“春秋中期或至少是晚期”。西传而来的翼兽形象，经战国、秦汉与中国本土文化的交流

① 林梅村：《汉代西域艺术中的希腊文化因素》，载《九州学林》2003年第2期，复旦大学出版社2004年版，第2—34页。
② 林梅村：《丝绸之路考古十五讲》，北京大学出版社2006年版，第124—126页。

融合，“逐渐成为普遍的主题”。[1]

在我国北方蒙古大草原及西部天山一带，良好的气候环境造就了富饶的草原，也形成了游牧民族赖以生存的家园，而生活在天山南北的塞人、姑师人、乌孙人、月氏人、匈奴人，都是逐水草而迁徙的马背上的民族。由于各种原因，游牧民族与周边的部族之间会经常性地、大范围地产生货物贸易、武力战争。游牧生活的不固定性，不利于这些民族的文化积累；但这种不固定的游牧生活，却使他们四处闯荡，见识了形形色色的异族文化，从而促进了本民族文化的发展。艺术来源于生活，劳动生活造就了艺术，在一次次的交往中，游牧民族之间、游牧民族和非游牧民族又会从各自邻近的文化中吸收大量优美的艺术风格、造型形式和母题，各民族间相互改进、渗透、融合，形成了富有本民族自身特色的艺术风格。各游牧民族之间既存在着不同的文化差异，又具有非常明显的文化共性。

斯基泰人和匈奴人对中西方文化的交流、融合起到了非常重要的作用。这两支游牧民族的崛起、迁徙都对斯基泰文化传入中国起到了积极促进的作用。关于匈奴的来源，很多学者都进行过深入研究，但分歧相当大。王国维称：“其见于商周间者，曰鬼方、曰混夷、曰獯鬻；其在宗周之季，则曰玁狁；入春秋后则始谓之戎，继号曰狄；战国以降，又称之曰胡，曰匈奴。”[2] 日本学者白鸟库吉提出“胡”（Hu）字为匈奴首音节“匈”（Hiun - Hu）之音译。[3] 陈寅恪认为：“胡本匈奴（Huna）专名，去‘Na’而著‘Hu’，故音译曰胡，后始以之通称外族。”[4] 匈奴文化在中国翼兽的产生发展中起到了非常重要的作用。

匈奴文化是一种由中国北方边境的游牧民族文化衍生发展起来的独立

---

① 参见李零《论中国的有翼神兽》《再论中国的有翼神兽》《“五星出东方利中国”织锦上的文字和动物图案》，载《入山与出塞》，文物出版社2004年版，第132页。

② 王国维：《鬼方昆夷玁狁考》，载王国维《观堂集林》，中华书局1959年版，第583页。

③ 参见[日]白鸟库吉《东胡民族考》，方壮猷译，商务印书馆1934年版，第1—18页。

④ 陈寅恪：《五胡问题及其他》，载蒋天枢《陈寅恪先生编年事辑》，上海古籍出版社1997年版，第194页。

文化，具有独自的发展脉络，在其发展的过程中，不仅受到中原农耕文化、北方草原文化的影响，其动物纹饰图样更接近于北方草原地区所流行的风格。文化的流入过程中，文明之间是一个相互影响和互动的关系。[①] 斯坦因在楼兰遗址汉墓发现的毛织物，其图案就有希腊罗马式“赫密士”（Hermes）的头部，身边还有一匹有翼的马。“无论是本地制造或是从极西的中亚输入，我们可以看出一种文化力量显著的说明。”[②] 1983年，新疆伊犁哈萨克自治州新源县境乃斯河岸出土的战国时代“对翼兽铜环”，翼兽有双角、鬣毛，双翼扬起，与阿姆河下游发现的公元前5—前4世纪的金环以及古波斯文化有着密切的联系，可看出文化传递的演变过程。[③] 随着跨文化区域文明的出现，农耕平原、狩猎山区、游牧草原的生活方式彼此影响，不同文化间互相渗透，融合了这些不同文化的图样也逐渐产生。

历史总是具有偶然性。当汉王朝完成统一之时，一个新兴的强大游牧民族匈奴帝国也崛起于蒙古高原，并在此后的200年间一直是汉王朝的心腹大患。匈奴在西域民族中影响极大，对中原王朝形成很大威胁，为了争夺西域，双方之间开展过旷日持久的征战。而同匈奴的关系一直是汉朝最重要的对外关系，自西汉至东汉，中原政权为对付匈奴，采取了一系列军事、政治、文化的手段，在秦汉史书中多有记载。“却匈奴七百余里，胡人不敢南下而牧马。”[④] “其后汉将岁以数万骑出击胡，及车骑将军卫青取匈奴河南地，筑朔方。”[⑤] “然后以为胡服制于外臣，即匈奴没齿不食其所用矣。”[⑥] “南擒百越，北挫强胡。追匈奴以广北州。”[⑦]

---

① 参见卢丁《论斯基泰美术及卢里斯坦青铜文化对我国西南古代文明的影响》，载《中国四川西部人文历史文化综合研究》，四川大学出版社2003年版，第204—214页。

② 张文玲:《中亚丝路艺术的历史背景——从上古到九世纪》，《故宫文物月刊》第79期。

③ 参见朱锦江《中国民族艺术中所见羽翼图腾考》，《金陵学报》1938年第8卷第1、2期合刊。

④ （汉）司马迁:《史记》，中华书局2000年版，第280页。

⑤ （汉）司马迁:《史记》，中华书局2000年版，第1206页。

⑥ （汉）桓宽撰，林振翰校:《盐铁论》，商务印书馆1934年版，第47—48页。

⑦ （汉）桓宽撰，林振翰校:《盐铁论》，商务印书馆1934年版，第149页。

中国古代翼兽受到外来的狮首格力芬或带翼狮的影响，这种艺术形式早在春秋战国时期已被中国艺术所接收并不断融合、改造。汉代是一个对外开放的时代，也是一个与匈奴进行频繁战争的年代，但在战争的同时，货物贸易与文化交流却从未中断。在一次次的联系中，外来文化便被大量吸收、利用。汉代的强盛，也使各民族间的文化、艺术的交流传播加速。汉朝两度派张骞出使西域，联系月氏和乌孙共同击灭匈奴，张骞的外交使命虽然没有完成，但他却成功地扮演了一次中原与西域文化交流的使者。在与中亚、西亚文化的互动之中，汉代吸收其大量优美的艺术风格、造型形式和母题，进行改进、融合，形成了富有中西特色的艺术风格。汉画像中翼兽的造型特征与羽翼的具体形态，也受到了来自北方草原民族的斯基泰艺术的影响。高度文明的斯基泰民族的动物纹饰也由西域传播到中原，并在本土被广泛接受并加以改造利用，到东汉中期以后呈现出融合及风格化的态势。也正是在这样的情况下，才催生了翼兽图像在汉画像中的大量出现。

第二节　汉画像翼兽图像的题材类型

在汉画像中动物形象是常见的题材，也是表现较为丰富的对象之一。汉画像中有一批带有羽翼的动物形象，在画像石、画像砖及墓室壁画等物质遗存中均可以见到。这些动物因为自身的特性被人披上了神的外衣，是承载汉人特定思想文化的祥禽瑞兽。汉画像中翼兽图像可以分为以自然存在动物为原型翼化了的动物及虚拟想象的动物发生翼化。其实，严格地讲，虚拟想象的动物也是以自然界的动物为原型的。

一、自然存在动物的翼化图像

在汉画像石图像中，有的动物是自然界里真实存在的、看得见的，如马、虎、鹿、羊、熊、猴、兔、蛇、象、鱼、鸟等常见的动物形象都出现在其中。这些自然存在的动物形象在汉画像中已基本定型，身体被添加飞展的羽翼，能够飞翔，有着脱离现实的象征性；给人神怪、灵异的感受，表现出了丰富的创造性。

（一）虎型翼兽

虎的图像在中国传统艺术中出现较早，虎型翼兽形象在汉代墓室壁画、画像石中均有广泛的反映。

在山东安丘东汉时期的一座画像石墓后室东间北壁就有翼虎的画像（图5-20）。画面用卷云纹分割成两层，上层左端刻一只翼虎面左行走，右端一仙人戏翼虎，仙人的左下方刻有一只小兽。两翼虎皆昂首怒吼，双翼为多层羽翼，又生出长条形飞翼，翼尖朝向后上方。

在山东省嘉祥县出土的一幅“东王公、六博游戏、宴饮”画像石中同样也出现了翼虎图像（图5-21）。图像采用了减地平面线刻的技法。画面外围边饰五铢币纹，中间穿插飞鸟或鸟头卷云纹。画面左半部分刻东王公、朱雀、翼虎及羽人，羽人呈飞翔状；画面右半部分刻六博游戏及饮酒场面。翼虎昂首向左行进，双翼为细长条形，翼尖朝向后上方。

图5-20　山东安丘东汉时期翼虎画像（局部）

图5－21　东王公、六博游戏、宴饮画像石及局部翼虎图像

图5－22
西王母、东王公、祥禽瑞兽
画像石及局部翼虎图像

图5－23　四川南溪城郊长顺坡出土石棺画像

山东临沂白庄出土了一块“西王母、东王公、祥禽瑞兽”画像石（图5-22），画面的右半部分已经断裂残破。画面四周都刻饰有边栏，画面中央由边栏分为两层：上层刻东王公、西王母分坐于左右两端，图像贯穿上下两层。西王母周围刻玉兔捣药、羽人跳舞、捋发、抚琴，中间穿插瑞兽，下层刻羽人骑凤、九尾狐、翼虎和人面鸟。此幅画像石中翼虎图像与其他地区出土汉画像石中的翼虎图像较为不同，此幅为四尾翼虎，双翼为多层羽翼，翼尖朝上。

四川南溪城郊长顺坡一号石棺的画面中央也刻有一只带翼的白虎（图5-23）。画面左格刻菱形纹装饰，右格刻变形柿蒂纹，上部刻玉菱形纹饰。翼虎弓身前肢向前抬起，双翼为长条形，翼尖朝向右后方，富有飘逸感。

在河南南阳唐河针织厂西汉时期的一座画像石墓内，有一块“虎食女魃”画像石（图5-24）。画面中有一人形兽被右端翼虎扑倒在地，疑为女魃，另一小兽被左端一虎撕咬，从其惊慌逃窜的神情看，小兽无力反抗及挣脱。右端翼虎双翼为半月形，翼尖向后上方扬起。

陕西绥德王得元墓室西壁门左、右立柱画像石也有翼虎图像（图5-25）。两幅画面均被分为四格，两相对称，画面较为雷同。画面最上一格为东王公、西王母；第二格刻翼龙、翼虎；第三格刻牛耕；第四格刻排列整齐的杆状叶茂、谷穗硕大的谷物。翼龙、翼虎相对称，双翼皆为长条

图5-24　河南南阳唐河针织厂汉墓“虎食女魃”画像石

图5-25　陕西绥德王得元墓室西壁门左、右立柱画像石及局部翼虎画像

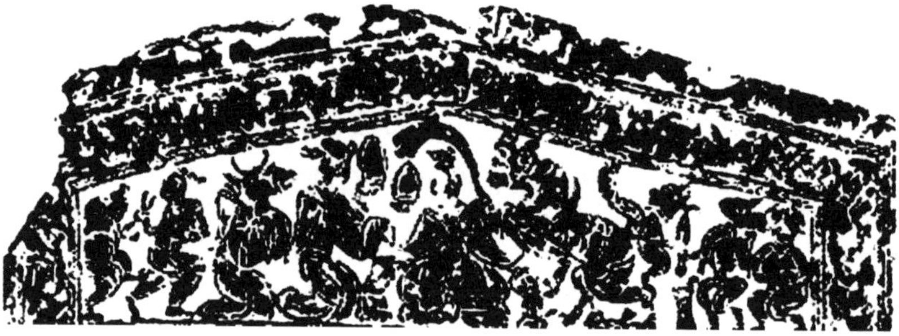

图5-26　东王公、讲学、出行、庖厨画像石（局部）

形，向后上方扬起，给人以动态飘逸之感。

在安徽宿州褚兰镇宝光寺出土的“东王公、讲学、出行、庖厨”画像石上也出现了翼虎图像（图5-26）。该画像石为东汉熹平三年（174）墓祠东壁。画像最上层刻东王公于画面正中端坐，两侧刻虎、人身牛头怪、蟾蜍、玉兔。画面中的翼虎位于东王公右侧，身体向前抬起，造型憨态可掬，双翼略小，呈长条形，向后扬起。

笔者共搜集翼虎图像45幅，因图像数量较多，不再一一罗列，其中以山东、河南两地出土的画像石中翼虎图像较为常见。翼虎双翼造型可分为长条形及半月形等，其中又有单层或多层之分，造型丰富，种类多样。它们既有写实的羽翼形态，又有夸张变形的线条指代，将日常生活中凶猛可怖的猛虎形象衬托得略带几分憨态可掬之气，展示了汉代人高超的造型技巧。

（二）马型翼兽

在汉画像石、画像砖等艺术载体上，原本没有翼马形象，后来被人类臆想出一双翅膀遨游天际，变成了体生双翼的神奇天马。

河南洛阳东北郊邙山出土了一块汉代画像砖（图5-27）。砖上天马形象刻画得身形强健、昂首挺立，前肩部生半月形羽翼，翼尖向后，形态卷曲丰满。河南洛阳出土了一块“马与仙鹤”画像砖（图5-28）。画面右侧刻有一株桑树，桑树下有一马肩生半月形双翼，目视前方，昂首挺立。

河南南阳市区出土了一块汉画像石（图5-29），画面右端刻一马。此马双翼为长条形，翼尖向右上方，飞奔向前，昂首嘶鸣，应为天马。

安徽淮北北山梧桐村出土了一块“车马出行”画像石（图5-30）。画面上方两马带翼，双翼为多层半月形，翼尖向后上方，张口嘶鸣，绕云飞行。

四川绵阳杨氏阙石阙左角后方刻一匹带翼天马（图5-31）。该天马肩部翅膀略小，翼尖向后，呈长条形，昂首奔驰，姿态轻盈。四川雅安墓

图5-27　河南洛阳东北郊邙山翼马画像砖

图5-28　河南洛阳“马与仙鹤”画像砖

图5-29　河南南阳翼马画像（局部）

图5-30　安徽淮北北山翼马画像（局部）

图5-31　四川绵阳翼马画像

图5-32　四川雅安翼马画像

石阙也刻画有天马图像（图5-32），画面右侧一天马呈跳跃姿势，羽翼丰满，鬃毛竖立，刻画得丰满美丽。

重庆忠县邓家沱石阙出土一块带“天马”铭文的画像石（图5-33），是迄今为止发现的唯一一幅带有“天马”铭文的图像史料。画面中天马体态高挑，周身布满云纹，鬃毛耸立，马尾卷曲，极具艺术表现力。

图5-33　重庆忠县邓家沱石阙“天马”画像石

图5-34　山西离石翼马画像石

图5-35　陕西榆林翼马画像(局部)

山西离石马茂庄西圩塌梁出土一块东汉画像石（图5－34）。画面有一卧马，肩生双翼，呈长条形，翼尖向后扬起，马嘴生须，马尾飘散。

陕西榆林鱼河郑家沟汉墓门立柱也刻画有天马形象（图5－35）。双翼为长条形，略小，翼尖向上，目眺前方，马蹄轻抬，展翅欲飞。

笔者共搜集翼马图像22幅，从目前收集到的画像看，汉代翼马的造型刻画丰富多彩，天马四肢齐伸，凌空欲飞，动感十足。马被添上了鸟儿的翅膀，身姿轻盈，畅快遨游于天际，带着人们实现升仙的理想。

（三）羊型翼兽

在汉画像中，翼羊图像也是比较常见的题材。汉画像里的翼羊，姿态各异，造型生动活泼，具有独特的艺术魅力。

图5－36　山东安丘董家庄汉墓后室东间室顶翼羊画像（局部）

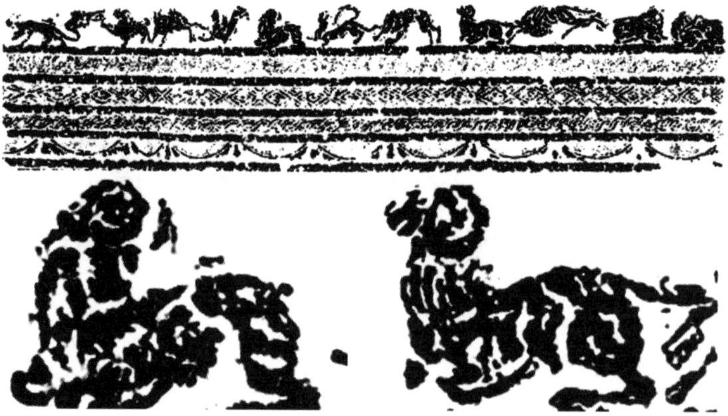

图5－37　山东安丘董家庄汉墓后室隔梁翼羊画像（局部）

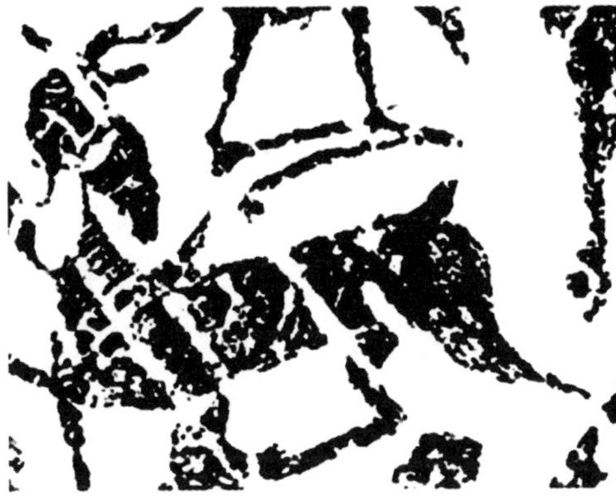

图5-38　山东滕州“楼阙、人物、斗牛、车骑出行”画像石（局部）

在山东安丘董家庄汉墓后室东间室顶东坡画像中就有翼羊画像（图5-36）。画面右侧有两朱雀相对而立，其下有一翼羊向左而行，下有两云朵。翼羊双翼较小，为长条形羽翼，翼尖朝向右后方。

山东安丘董家庄汉墓后室隔梁西面左段也有翼羊画像（图5-37）。画面上边饰重菱纹、陶纹、垂幛纹和锯齿纹。画像刻一列有翼的龙、虎、鹿、卧羊等异兽11只。翼羊双翼为长条形，翼尖向后，略小。

翼羊画像还出现在山东省滕州市王开出土的“楼阙、人物、斗牛、车骑出行”画像石中（图5-38）。画面分两层。画面上层刻一羊、一鹿，身皆有翼。翼羊双翼较小，翼尖朝后。

图5-39　安徽宿州褚兰镇“朱雀、执棒者、瑞羊”画像石

安徽宿州褚兰镇墓山孜出土了一块“朱雀、执棒者、瑞羊”画像石（图5-39）。此石为二号墓前室南壁西侧画像石。画像共分为三层：上层刻朱雀，嘴衔星宿状连珠；中层刻一戴武士冠者，身上斜背一棒，面向右恭立，棒状物由带囊包裹，柄

图5-40　安徽宿州褚兰镇“朱雀、执棒者、瑞羊”画像石

朝下，武士右手举物前伸，此物上平下圆，中间微折，有短柄，扇形；下层刻一只肩生双翼的羊跪在松树下，一只小鸟在树上探头张望。安徽宿州褚兰镇墓山孜还出土了一块“朱雀、执棒者、瑞羊”画像石（图5-40）。此石为二号墓前室北壁西侧画像石。画像分三层：上层刻朱雀，嘴衔星宿状联珠；中层刻一戴武士冠者，左手执棒，右手执小方板，面向左恭立；下层刻一只肩生双翼的羊跪在松树下，体态肥壮安详。

笔者共搜集翼羊画像11幅。从已经出土的翼羊画像的墓葬位置来看，一般多立于墓室门楣、墓门立柱、墓室壁上。从地域来看，主要分布在山东、安徽，在四川地区出土的石棺侧壁也偶有发现，大多呈跪卧状态，双翼较小。

（四）鹿型翼兽

汉画像中有许多有翼神鹿的形象。笔者共搜集翼鹿画像25幅，这些画像中，有的将翼鹿与翼龙、翼虎、翼羊等祥瑞刻绘在一起，有的刻绘于门楣，有的表现为仙人戏鹿、仙人骑鹿，还有载人升仙的鹿车。

山东安丘董家庄汉墓前室西壁画像石（图5-41）的画面四周边栏内装饰水波纹、垂幛纹、锯齿纹。画像第一层左端刻两匹马向左行，其后刻一翼龙、两翼虎、五翼鹿和一朱雀。五只翼鹿形态各异，奔腾其间，双翼为长条形，略小，翼尖向后。

山东安丘董家庄汉墓后室西间北壁横额画像（图5-42）的画面上方和右侧边饰垂幛纹、陶纹、锯齿纹。画像左刻一仙人喂两凤鸟；其左有两鸟、两翼兽和一鱼；其右刻一兽、一翼鹿和一飞鸟；右端两凤鸟口衔连珠。

陕西榆林鱼河郑家沟墓门楣画像（图5-43）的画面为车骑狩猎图。左端三猎手追射前奔的虎、狐、兔，鹿长角生三歧，背生羽翼，羽翼为长条

图5-41　山东安丘董家庄汉墓前室西壁画像石及局部翼鹿画像

图5-42　山东安丘董家庄汉墓后室西间北壁横额画像

图5-43　陕西榆林鱼河郑家沟墓门楣画像及局部翼鹿画像

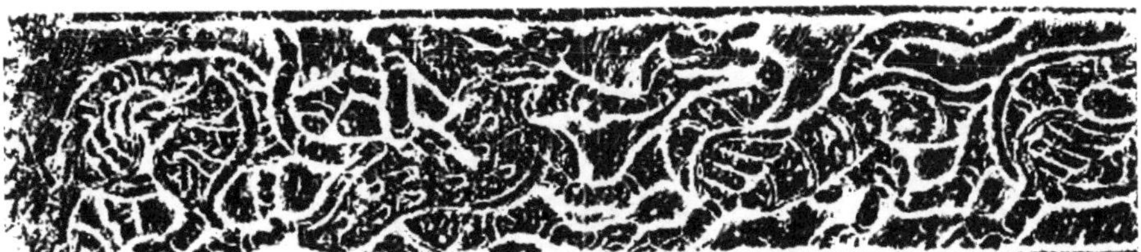

图5-44　河南永城酂城“神兽”画像石

形，翼尖向后，张口站立。右端执弓箭骑吏前导，后一轺车、一辎车。车内驭手一手扬鞭，一手拉缰，策马飞驰。主人戴进贤冠，端坐车中。边饰占整幅画面的二分之一，为二方连续卷云图案。

河南永城酂城出土了一块“神兽”画像石（图5-44）。画面上刻连弧、水波等纹饰，右侧一兽仅刻画出半个身子，其左有一兽，鹿首曲颈，长尾有翼，呈飞腾状。画面中间有一兽似为方相氏，熊形，长尾，状貌獠戾。左边一兽，弓背，垂尾，佝首使头半出其背。

四川彭山江口双河崖墓出土的彭山一号石棺，也刻有翼鹿画像（图5-45）。石棺下层左侧刻一仙鹿，身有翼。此翼鹿双翼与之前所列举翼鹿双翼有所区别，双翼为多层半月形，又生成长条形飞翼，极具飘逸之感。

图5-45　四川彭山江口双河崖墓彭山一号石棺翼鹿画像（局部）

图5-46　山东安丘董家庄汉墓后室西间西壁画像及局部翼象画像

图5-47　山东临沂白庄“龙、虎、兔”画像石

(五)象、兔、犬型翼兽

汉画像中自然界存在的动物的翼化形象还有象、兔、犬，因这三类形象在画像石中发现数量较少，其中翼象1幅，翼兔5幅，翼犬2幅，故将其合并为一类列出。

大象在汉代画像中也是常见的题材，部分汉画像石中的大象有羽翼，如山东安丘董家庄汉墓后室西间西壁画像(图5-46)。画面上、下、右边饰卷云纹、双菱纹、水波纹、垂幛纹、锯齿纹。画像上下分两列，下列刻八翼虎、一翼象、二鱼、一兔，并有两戏虎的羽人。

在汉代，兔是长寿的象征和王者德及耆老的瑞应，汉画像中有一些兔的画像，它们不在月中，而是在翼兽之间，奔腾跳跃，是祥瑞的象征。山东临沂白庄出土“龙、虎、兔”画像石(图5-47)上方边栏内饰水波纹和垂幛纹。画面上三龙、二虎、二兔奔腾相戏，龙、虎、兔皆肩生双翼，画面空白处饰小鸟数只。

山东临沂白庄出土了一块“凤鸟衔珠、翼虎捧物”画像石(图5-48)。画像左、右、下边栏各一道。画面上部为一长尾凤鸟衔珠站立，尾上一羽人作上爬状；中部一翼虎前爪捧物，面前有一鸟一兔，尾巴弯曲处有一飞鸟；下部为一人执棒状物牵一翼犬，翼犬双翼为长条形，翼尖朝向右后方。

安徽灵璧九顶镇出土的“拜谒、殡葬”画像石(图5-49)自上而下分为三层，其中上层刻八只犬，肩生双翼，卷曲纠缠。

图5-48　山东临沂白庄“凤鸟衔珠、翼虎捧物”画像石

图5-49　安徽灵璧九顶镇“拜谒、殡葬”画像石局部

笔者搜集到自然存在的动物翼化图像共计124幅，题材可分为翼虎、翼马、翼羊、翼鹿、翼象、翼兔、翼犬七类。这些图像分布在山东、河南、四川、安徽、江苏等地，尤以山东、河南、四川三地分布最多。羽翼造型种类可归纳为长条形、半月形两种样式，又可细分为单层或多层，翼尖通常向右后方。

与写实的动物形象相比，在各类动物的身躯基础上添加飞展的羽翼，这些羽翼的刻画或夸张变形、飞舞灵动，或具象写实、规整严密。翼化的动物形象或奔走跳跃，或跪卧在地，或单独出现，或成双成对。欢悦流畅的羽翼线条及画面之中配置的仿佛置身于天界之中的云纹，无不展示着翼兽其神怪、灵异的感受。

图5－50　山东嘉祥武氏祠翼龙画像（局部）

图5－51　山东嘉祥宋山“羽人、怪兽、羊头”画像石

二、虚拟的动物翼化图像

汉画像石中有龙、麒麟、天禄、辟邪、九头兽、九尾狐等动物形象，这些动物形象是被人以现实存在中的动物形象为原型而想象出来的，在自然界中并非真实存在。它们在汉画像中已基本定型，身体被添加飞展的羽翼，能够飞翔，有着脱离现实的象征性，给人神怪、灵异的感受，表现出了丰富的创造性。

（一）龙型翼兽

自古以来，龙一直受到中国人的尊崇，中国人世代尊龙、爱龙、写龙、画龙、雕龙、绣龙、祭龙、舞龙。龙被视为中国传统文化中最吉祥的动物形象之一。在汉画像中，龙图像有很多，其中很多为有翼之龙，龙头有角、肩生羽翼，奔腾于云气间。

山东嘉祥武氏祠左右室屋顶前坡西段画像中就有翼龙图像（图5－50）。画面上下分为四层。第一层，刻一头绾高髻的女神乘云车、御三翼龙向右行，前有翼龙、羽人、羽人骑翼龙前导，右边一人持笏恭立，

图5-52　山东临沂白庄“人物、翼兽”画像石

图5-53　安徽宿州褚兰镇“西王母、长袖舞、械斗、捕鱼”画像石及局部翼龙画像

图5-54　河南南阳“大螺、应龙、仙人”画像石

二人执笏跪迎。翼龙双翼翼尖上扬，前端饰鳞纹。

山东嘉祥宋山出土了一块“羽人、怪兽、羊头”画像石（图5-51）。画面外上部刻菱形及币纹；画面中部刻一羊头，其左有三条双翼龙，空白处刻云纹；画面的右侧有一人、一龙，龙的右侧为双人首怪鸟，其右又一龙、一羽人，羽人右侧刻怪兽飞奔，下有一长发仙人；画面两端各有一人面头像。翼龙相对而立，肩生双翼，如半月形，翅尖上扬，周身饰鳞纹。

图5-55　四川新津崖墓出土的“龙、鹿”画像石

山东临沂白庄出土了一块“人物、翼兽”画像石（图5-52）。画面四周边栏各一道。画面被边栏分为上中下三层：画面最上层为作交谈状两人对坐；中层为一龙首怪兽，有翼，翼呈半月形，分三层，鳞身；画面下层分上下两部分，上部为一人骑羊，身后一人摸其头，下部为两只兔子，左边饰一鸟。

安徽宿州褚兰镇宝光寺出土了一块“西王母、长袖舞、械斗、捕鱼”画像石（图5-53）。画像自上而下分为四层，上层刻西王母居中而坐，两侧有龙、四头鸟、鸡头人和执刀盾等怪兽。龙肩生双翼，前肢抬起，翼尖朝向右后方。

河南南阳宛城区奎星楼出土了一块“大螺、应龙、仙人”画像石（图5-54）。画面右侧刻一仙人；中间刻一应龙，龙身有翼，前身饰鳞纹，双翼为三层，呈长条形飞翼；左侧为大螺，螺首出于壳外与应龙相嬉戏。应龙与大螺皆为汉人心中的祥瑞之物。

四川新津崖墓出土了一块“龙、鹿”画像石（图5-55）。画像位于新津崖墓石函一侧。画面右起三人作交谈状，其左一人高坐云气之上，左手执一物，状似鸠枝。中为一腾跃之龙，仿佛乘云而起。其左为扶桑、若木之类，树右一鸟，树左一鹿。鹿上端还有一大鸟，龙、鹿一旁有若干长条，为龙、鹿之羽翼，故为神龙、仙鹿。画像中的翼龙形象表现生动、夸张，龙翼被拉长成一条细长的带状并向后翻卷飘动。

笔者共搜集翼龙画像76幅，在东汉时期的画像石、画像砖上有较多反映。山东出土的翼龙图像，双翼多为半月形，较为圆润，且刻画较写实。四川等地出土的画像石、画像砖上的翼龙形象则表现得更为生动、夸张。

（二）麒麟

麒麟是古代一种想象与现实相结合的动物，其身体像鹿，尾巴像牛，头有一角，角端有肉。传说黄帝时就有麒麟出现，汉代“西狩获麟”一事被演绎成周朝灭亡汉朝兴起的符应，麒麟在汉代以前就被视为神兽、仁兽、瑞兽，到了汉代更是被看作吉祥的征兆、圣王的嘉瑞。汉画像中不乏麒麟的形象，多与其他祥瑞之物出现在同一幅画面之中。

江苏徐州睢宁出土了一块“羽人、麒麟、九华灯”画像石（图5-56）。画像右端仅露一异兽头部。向左依次为麒麟，身有翼，双翼为半月形，极具飘逸之感；灵芝草、持节羽人、九华灯、羽人、萐莆、仙果。画面刻画的均为祥瑞之物。

浙江海宁市长安镇出土了一块“凤凰麒麟”画像石（图5-57）。画面刻凤凰与麒麟相对而立，隔以瑞草，一独角兽尾随麒麟身后。麒麟双翼为半月形，多层，翼尖向右后方。

安徽濉溪县古城出土了一块“彘、狐、麒麟”画像石（图5-58）。画像上部饰连弧纹，主画面横列彘、狐、麒麟，首均向左。麒麟肩生双翼，双翼为长条形，翼尖向右后方。

河南南阳宛城区英庄墓出土了一块“麒麟、应龙”画像石（图5-59）。画面左侧为应龙，右侧为麒麟，两神兽呈追逐状，皆肩生羽翼，画间饰以云气。麒麟昂首奔腾跳跃其间，翼尖向后扬起，似展翅欲飞，双翼为长条形，单层略小。

陕西榆林郑家沟墓门左、右立柱画像中也有带翼麒麟画像（图5-60）。两立柱画面分三格。右侧中层刻一仙树，树干处站立灵禽仙兽、麒麟，肩生羽翼，双翼为单层长条形，翼尖向右后方。

图5-56　江苏徐州睢宁“羽人、麒麟、九华灯”画像石

图5-57　浙江海宁“凤凰麒麟”画像石

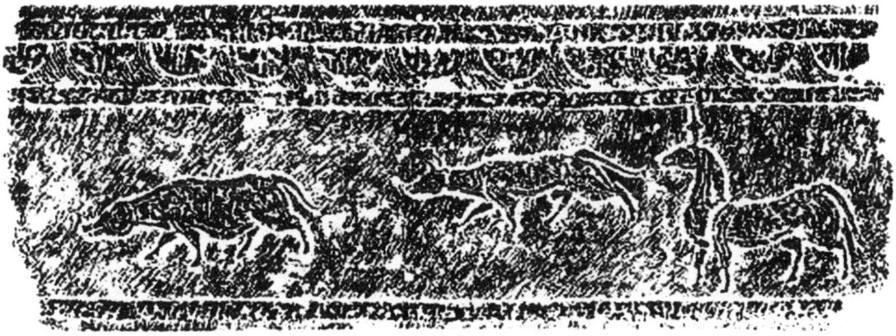

图5-58　安徽濉溪“毚、狐、麒麟”画像石

图5-59　河南南阳英庄墓“麒麟、应龙”画像石

图5-60　陕西榆林出土带翼麒麟画像

笔者共搜集到有翼麒麟画像5幅，分布在江苏、浙江、安徽、河南、陕西五地，麒麟双翼通常刻画较小，半月形、长条形均有所表现，翼尖向后。根据其配置可以发现，麒麟多出现于仙界。

（三）天禄、辟邪

安徽濉溪县古城出土了一块“辟邪、青羊、天禄、鸟头兽”画像石（图5-61）。此石为古城二号墓南甬道横梁。画像横列，刻辟邪、青羊、天禄、鸟头兽。天禄、辟邪身皆有翼，青羊奔跑的姿态也很生动。

安徽濉溪县古城还出土了一块“天禄、鸟头兽、人面兽、辟邪”画像石（图5-62）。此石为古城二号墓北前室东壁横梁。上面饰连弧纹，画像横列刻天禄、鸟头

图5-61　安徽濉溪“辟邪、青羊、天禄、鸟头兽”画像石

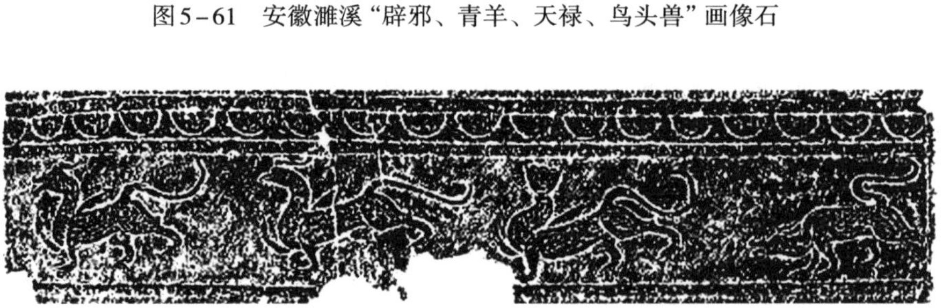

图5-62　安徽濉溪“天禄、鸟头兽、人面兽、辟邪”画像石

图5-63　山东安丘东汉晚期带翼九头人面兽画像

图5-64　山东沂南东汉晚期带翼九头人面兽画像

图5-65　山东济宁“凤鸟、象、九头人面兽”画像石

兽、人面兽、辟邪。天禄、辟邪身皆有翼，均向左行，作奔跑状，奔跑的姿态很生动。

笔者共搜集到有翼天禄、辟邪形象2幅，均在安徽。天禄、辟邪较多以圆雕形式出现在墓道两侧，或受表现题材及表现形式的限制，在汉画像中出现较少。两幅汉画像中的天禄、辟邪双翼均为长条形，较小，翼尖向后。

（四）九头兽

在山东安丘东汉晚期汉画像石墓中，中室室顶南坡东段画像有带翼九头人面兽图像（图5-63）。画面上、下、左边饰水波纹、垂幛纹、锯齿纹。画像右下方刻九头人面兽。身生双翼，且双翼为多层半月形，翼尖向后。

在山东沂南北寨村东汉晚期汉画像石墓中，中室隔梁西面画像中也有带翼九头人面兽图像（图5-64）。画面上边饰锯齿纹，下边饰锯齿纹、卷草纹。画面中有一九头、人面、龙身、有翼的异兽，双翼较小，翼尖向后。

在山东济宁出土了一块“凤鸟、象、九头人面兽”画像石（图5-65）。

图5-66 山东临沂“西王母、东王公、祥禽瑞兽”画像石（局部）

图5-67 四川彭山一号石棺“西王母”画像

画面分四层。其中第三层刻铺首衔环，下刻九头人面兽。肩生双翼，双翼为多层半月形，较小，翼尖向后。

笔者共搜集带翼的九头人面兽画像5幅，均出土于山东省境内的汉画像石墓中。九头兽双翼较小，多层半月形，且翼尖向后。

（五）九尾狐

山东临沂出土了一块“西王母、东王公、祥禽瑞兽”画像石（图5-66）。画面四周各饰边栏一道。画面分上下两层。下层刻羽人骑凤、九尾狐、四尾翼虎和人面鸟。九尾狐肩生双翼，昂首向上，双翼为长条形，翼尖向右后方。

四川彭山双河崖墓一号石棺“西王母”画像中也有带翼九尾狐图像（图5-67）。画像刻西王母坐于龙虎座上。其旁刻一九尾狐，回首仰望西王母。九尾狐肩生双翼，尾长而分九歧，是古代的祥瑞之兽。

笔者搜集到虚拟的动物翼化图像共计109幅，题材可分为翼龙、麒麟、天禄、辟邪、九头人面兽、九尾狐六类。这类图像多分布在山东、河南、四川、安徽、江苏等地，尤以山东、四川两地发现最多。羽翼造型种类可归纳为长条形、半月形两种样式，又可细分为单层或多层，翼尖通常向右后方。山东出土的虚拟动物的翼化图像，双翼较多为半月形，较为圆润，且刻画较写实；四川等地出土的画像石、画像砖上的虚拟动物翼化形象则表现得更为生动、夸张。

第三节　汉画像翼兽图像的文化内涵

翼兽作为人们想象化的形象，被汉代人视为天神，是天界、仙界的标识。它们来往于天地之间，陪伴于墓主人身侧，超凡洒脱，飘逸逍遥。它们可以承载人们去往仙界，可以吞食鬼魅、威慑敌害、守卫天地门户，可以庇佑人神、赐福示瑞。翼兽图像生动地再现了汉代人追求羽化成仙、幸福吉祥的渴盼。

一、翼兽的符号象征

中国传统文化的一个很大特点就是象征性。象征是由具体事物本身所显现的外在特征，联想到某种与之相近或相似的抽象含义，表达某种特殊的意义。简单来说，象征就是用具体的形象表示抽象的含义。这些形象往往经过人们理想化的处理，有的将其自然物性加以延伸，有的则与其本来的自然物性完全不同，被赋予了新的象征意义。

古人常用神秘形象来形容对天地的认识，这些神秘形象构成了上古的宇宙观，同时也成为崇拜的对象。上古信仰中有很多形象与偶像，其中不少是神兽的形状，由此演变出很多造型。但与此同时，也形成了一套不可造型或造型不具象的概念。张光直说："从殷商美术上看，人与动物的关系是密切的；这种密切关系采取两种形式：一是人与动物之间的转形，一是人与动物之间的亲昵伙伴关系。"① 古代信仰观念中同时包含有多种角度的看法，这种情况一方面源自多种文化的混合，另一方面也符合上古文明中人们常有的思维方式。中国古代美术中有一个常见的符号便是人兽相伴的形象，亦可称作"人兽母题"。

夏、商、西周时期，器物的纹饰是以动物纹为主题的，一些器物也是以动物为造型的。商周青铜器是人通神、人通天地之灵器。同样，青铜器上的动物纹饰也是作为人和祖先及天地沟通的神灵刻画上去的。随着时代的变迁，"人兽母题"的内涵也随之变得更加丰富，朝着多层次、复杂化的方向发展，在原始的图腾崇拜之外，又增添了对自然崇拜、灵物崇拜等多种形式。"人兽母题"具有了明显的文化符号象征。写实性的人兽符号是在战国时代写实性的艺术风格之下产生的，如果把这个母题追溯到商周，我们在艺术纹样中所看到的人兽符号便有了比较浓厚的宗教气息。"人兽母题"中的"兽"经常是以大型猫科类动物的形象出现，以虎为例，人们通常认为这种动物就是自然界中的"虎"。《周易·乾》曰："云从龙，风从虎。"在中国的传统文化观念中，人们将虎视为权威的象征，它是祈愿的祥物，是通天的使者，赋予了虎一种神异的形象，并且将虎与人相结合，赋予了虎丰富的人文概念。以人的意识升华、加工虎的文化属性，使人与虎的组合渗透到宗教等领域，成为蕴含丰富文化含义及物质力量的文化符

① ［美］张光直：《中国青铜时代》，生活·读书·新知三联书店2013年版，第282页。

号。宗教需要一种机制，这种机制将再次为那个未来生命提供超越一切局限的可能，使其生活在没有忧患和痛苦的理想世界。这是人为自己找到的最为古老的文明成果，并将其代代相传，以至于今。这就是宗教的仪式象征系统，旨在带领人之生命通往永恒不朽之域的仪式象征系统。在把人类现世生命终点转变为来世生命起点的墓葬中，它得到了人类最大程度的信赖和倚靠。这个母题一方面塑造出变化万千的形象，另一方面则更加写实地显示出其内藏的神秘意义。文明信仰中蕴含的神兽形象构成了一个大的系统。从不同的角度，用不同的形象，表达同一件事情：生命轮回以及升天、再生的理想。

上古信仰和先秦思想的宇宙观及对造化规律的理解是一脉相承的，其观念的很多特色总体上可以用当时的“神明”概念来理解和表达。在先秦观念中，“神明”是以两个相对范畴组成的复合词，以此表达天地之交、天地之间的媒介。神与明互补才能生育万物，天地合德才有万物之生机。古人相信动物行为和人类社会的运行机制相互依赖，关系错综复杂。古代中国文献不仅肯定这些有目共睹的事实，而且有大量资料说到跨物种变化和人兽转化。卡西尔认为：“创造与运用符号是人类的基本特征，各种文化都产生于人类的符号活动，各种文化现象都是符号形式表现出来的人类经验。”[①] 人类所有的想象都有着最初的现实根源。人类信仰的一切形象，都源于可被观察的自然现象，这些受人类崇拜的形象并非来自虚幻，而是自然现象被神化的结果。

对古人而言，天空是充满神兽的神秘世界。现代人虽然知道鸟类在天空中翱翔，却绝不会把这些动物视同于神兽或天神。古人崇敬的许多形象确非来自虚幻空想，而是详细观察、神化大自然的结果。联想是在原有的表象和经验基础上，通过表象的分化、重组和运动，创造新形象的心理活动。战国、两汉理论家认为，自然界对人的道德教化有感受能力，可以受

---

① ［德］恩斯特·卡西尔：《符号·神话·文化》，李小兵译，东方出版社1988年版，第25页。

人类行为影响而发生变化。另外，古人所描绘的草木鸟兽，本身又是个变动不居的物质世界。古人之所以把“变化”的概念和动物联系起来，一定程度上是因为观察动物生理和行为所致。不管在战国、两汉还是今天，只要观察动物，就不难感到大量现象都与“变化”分不开。对于这一切的过程，变化的思想无疑最为关键、最具支撑意义。《列子·天瑞》载：“视之不见，听之不闻，循之不得，故曰易也。易无形埒，易变而为一，一变而为七，七变而为九。九变者，究也；乃复变而为一。一者，形变之始也。清轻者上为天，浊重者下为地，冲和气者为人；故天地含精，万物化生。”① 汉画像中的翼兽图像，由写实性向抽象性转型的过程中造型样式丰富多彩，历经演变，其本身的文化内涵、象征隐喻仍一直延续。

翼龙、翼虎、翼鹿等翼兽，皆被视为天神，是古人神秘精神观念的象征。“文化的世界不是一个自然的对等物或模仿物，而是人创造的符号象征物。”② 在汉人心目中，“身生羽翼”便意味着成神仙而不死。汉画像中出现的一系列翼兽形象，浓缩了汉代的文化信仰，凝聚成了汉代文化意义的象征符号。“这些符号之体系不要仅仅被理解为和解释为趋于多种不同方向，而且弥散于我们精神生活领域的人类心灵的简单表露。它们尽管有其差异，但都具有一种内在的统一性。当然，这种统一性不能以一种体系化形而上学的方式被看作简单的、不可分割的实体。它不能用纯属实体性的方式去描述。它必须用功能的方式去理解和界定。”③ 在汉代初期多种思想观念的相互影响下，汉画像中的翼兽图像被赋予了丰富的文化内涵，翼兽被赋予的象征意义离不开汉民族自身的文化土壤，翼兽形象的产生表达了汉代的人们对另一个世界的想象和向往。翼兽既可以在天界翱翔，侍奉仙人左右，又可以在人间往来，向凡人传递诸神的旨意，拥有着自然和浪漫的特权，这种特权代表了汉代人自然朴素的心灵寄托。黑格尔说：“象征首

① 杨伯峻撰：《列子集释》，中华书局1979年版，第6—8页。

② 朱存明：《汉画像的象征世界》，人民文学出版社2005年版，第23页。

③ [德]恩斯特·卡西尔：《符号·神话·文化》，李小兵译，东方出版社1988年版，第23页。

先是一种符号。不过在单纯的符号里，意义和它的表现的联系是一种完全任意构成的拼凑。这里的表现，即感性事物或形象，很少让人只就它本身来看，而更多地使人想起一种本来外在于它的内容意义。”[①]

汉代道教思想盛行，羽化升天、长生不死的观念在汉代人思想中备受推崇。人们认为要想达到脱离尘世、死后升仙的目的，首先要进行修炼，通过服食丹药使身体变轻、生出羽毛。汉画像中的神使、神鸟、翼兽等多种象征符号反复强调墓主人之羽化成仙，目的是达成墓葬对死者的生命转换功能。实质上，这是汉墓承载的最大功能，其余皆属于这一功能的辅助部分。也正是汉代人对羽化成仙、飞向天国的极度渴望，想象和演化出了一系列的神仙世界，而翼兽的形象也得以在汉画像中进行创新和发展。

羽化思想在汉代得到了极大的发展并逐渐趋于成熟，汉代人希冀通过羽化摆脱死亡达到永生，这种思想也表现在了汉代的画像石当中。动物是汉画像中常见的类型题材，也是汉代人生活中随处可见的生活伙伴，而作为人们想象化的形象，把符号不同而文化功能相同的动物图像进行了拼接组合变成翼兽。它们来往于天地之间，陪伴于墓主人身侧，超凡洒脱，飘逸逍遥。龙虎、凤鸟、天马、白鹿、麒麟都为人所驱使，并为人所用，这便是汉代人对动物形象进行的翼化改造，即出现了羽化现象。“羽化升天成仙是汉代的精神意志，一切行为思想的支配。”[②] 神仙思想在形式上不断演变扩充，迷惑了生活在现实世界中的人们，人神混杂的世界源于汉代人自己对升仙的渴望，升天成仙不再变得神秘，而是在神仙方术、谶纬符命等思想的影响下成为社会主流。汉画像中的翼兽形象通常以多样化状态，通常同羽人、仙草、祥云等辅助性指示标识一起组合形成象征图式。如山西离石马茂庄二号墓前室西壁右侧画像（图5－68），天马肩生羽翼，前方有一株仙草，羽人手持灵芝。汉代人虔诚的信仰及对升仙幻梦的美好追

---

① ［德］黑格尔：《美学》（第二卷），朱光潜译，商务印书馆1981年版，第10页。

② 杨孝鸿：《汉代羽化意志及其墓葬图像构造》，《四川文物》1995年第4期。

图5-68 山西离石马茂庄二号墓前室西壁右侧画像（局部）

求，使汉画像中出现的翼兽形象不再等同于如西王母等主神的离奇想象，而是更加地贴近生活，具有生活化的色彩，代表了更加美好的象征意义。

按照古人的观念，人死后的理想是升天成仙，即飞升到“太清”，与日月同辉。羽化及升仙都是现实世界中遥不可及的事情，而心理学家通过研究之后认为，不论是在人们的眼中还是心中具有象征意义的图像，都是人类潜意识里欲望的体现，同时使人的压抑得到释放。就如同弗洛伊德对梦的解析一样，梦所表达的便是被压抑的欲望得到实现，梦境在人脑中的图像具有非同一般的象征意义。因此，象征是人在潜意识中的欲望得到表现的必然方式。而汉画像中所表现的神仙世界，即人的意识不能达到的那个超越空间、时间、物质及感觉的另一世界，而这样的一个世界只能通过象征才能得以表现。这里的表现，即感性事物或形象，很少让人只就它本身来看，而更多地使人想起一种本来外在于它的内容意义。

翼兽形象的产生同样表达了汉代人们内心对另外一个世界的想象与渴望，象征了天界的存在。这种思维更加接近于原始巫术思维和神话思维，将想象的物象塑造出来，以祈祷愿望的实现。事实表明，如果图像所表现的对象是有生命的，那么相应的图像在汉代人看来也是有生命的。连作为明器的动物雕塑也被当作有生命的对象看待。这些图像毫无疑问地都拥有灵魂，同理，如果器物被看成有灵魂的对象，那它的图像也有灵魂。“汉代画像的物象，从形象上讲有确定性，但从含义上讲，却具有一定的模糊

图5－69　河南方城出土“一人斗二虎”画像

性。”[①] 汉代的人们花费大量的时间、物力、人力来精心打造墓地及墓室祠堂，描绘出一幅幅仙界情景，塑造出一个个翼兽游弋的形象。其本质上便是汉代人“事死如事生”的观念，是汉代人渴望拉近仙界与人间的距离，使自己能够摆脱死亡获得永生的美好愿景。

人类的精神世界通过符号象征来进行传递，超越了理性的界限，因为诗性的特征被拓展得更加浪漫。河南方城城阙出土的一幅画像上，有“一人斗二虎”的图像（图5－69）。两虎与我们今天民间所见到的布老虎相近，形象丝毫没有凶残与威猛的特点，反而增添了些许机灵和可爱。

如果我们仔细观察，就会发现中国古代的画像中具有一种独特的“喜感”，富有戏剧性、装饰化和脸谱化的外表，整体上憨态可掬，创作者通常是选择符号性的说明，而不是通过绘画语言真正地去塑造对象的威猛或可怖，这可能与中国传统文化中的乐观主义精神是一脉相承的。通过这种方式的处理，人与兽的对立状态转化为其乐融融的共生状态。而对于那些处于游离状态的异兽，工匠们倾向于选择那些已经被文明所驯服的形象，如青龙、白虎，这些形象在画像中一律成了吉祥的征兆。如此，墓室中尽管充满各种猛兽与神异形象，但一派祥和，毫无凶险可言。汉画像中翼兽形象的符号特征便是人类在生活的过程中突破了理性思维的束缚而进行的浪漫思维的升华，翼兽图像在画像石中自由翱翔，契合了汉代人告慰逝者

① 罗二虎：《汉代画像石棺》，巴蜀书社2002年版，第169页。

灵魂、满足自身想象的需求，体现了人们希冀长生不死的理想归宿，具有明确的象征性，不啻为墓主人永享福泽的极乐世界。

二、翼兽图像中的升仙观念

追求羽化成仙是汉代人的普遍愿望和理想，帝王想长生，百姓想延年。汉画中经常出现伏羲、女娲、东王公、西王母、青龙、白虎、朱雀、玄武、山神海灵、奇禽异兽、风伯雨师、仙童羽人等神仙灵异的题材。这些图像向我们证明，那里是神仙的世界，这些图像受到汉代思想的影响，明显具有护卫墓主人羽化升仙的思想倾向。汉代人好神仙，追求成仙而长生不老。要想成仙，就必须经过身生羽翼的“化”的过程，即“羽化而成仙”。《论衡·道虚》云：“如天之门在西北，升天之人，宜从昆仑上。淮南之国，在地东南。如审升天，宜举家先从昆仑，乃得其阶。如鼓翼邪飞，趋西北之隅，是则淮南王有羽翼也。今不言其从之昆仑，亦不言其身生羽翼，空言升天，竟虚非实也。”“为道学仙之人，能先生数寸之毛羽，从地自奋。生楼台之阶，乃可谓升天。”[①] 由此可见，汉代人认为登昆仑和生翼飞升是世间通行的两种经天门而升仙的途径。汉代墓葬中保存的是一种身生羽翼、飞升成仙而“暂过太阴”、继而得神药而升仙的“太阴练形”信仰。在汉代墓葬中，仙禽异兽和灵异形象屡屡出现在画像石、画像砖及壁画等载体中。在升仙画像中，它们往往作为灵异出现，伴随在升仙者的周围，或作为升仙的工具，或作为升仙的引导和护卫，是天界、仙界的标识，是汉代人追求羽化成仙、长生不死思想的表现。

在中国传统文化中，神龙能够将圣人接往天界。在历史典籍中也有许多记载，如《易通卦验》曰：“立夏景风至而龙升天。”[②]《韩非子·说难》

① （东汉）王充：《论衡》，载国学整理社编《诸子集成》（第七册），中华书局2010年版，第69页。

② （明）孙瑴辑：《古微书》，载《纬书集成》，河北人民出版社1994年版，第236页。

曰："夫龙之为虫也，柔可狎而骑也。"[①]《易·乾卦》曰："六位时成，时乘六龙以御天。"[②]传说中许多的远古帝王也乘龙。《山海经》中西方的蓐收、南方的祝融、北方的禺疆、东方的句芒皆乘两龙，夏后启乘两龙。《泛引河图》曰："有巢氏之王天下也，驾六龙两蟒，从日月，号古皇。"[③]《大戴礼记·五帝德》卷七曰：颛顼"乘龙而至四海"，帝喾"春夏乘龙"。《春秋命历序》曰："柏皇氏是为皇伯登，出扶桑日之阳，驾六龙而上下，以木德纪。"又曰："有神人，名石耳，苍色大眉，戴玉理，驾六龙，出地辅，号皇神农。"[④]《史记·孝武本纪》和《史记·封禅书》皆曰："黄帝采首山铜，铸鼎于荆山下。鼎既成，有龙垂胡髯下迎黄帝。黄帝上骑，群臣后宫从上龙七十余人，龙乃上去。……百姓仰望黄帝既上天……"[⑤]《焦氏易林·同人之第十三》卷一曰："黄帝出游，驾龙乘马，东上泰山，南过齐鲁，邦国咸喜。"[⑥]记载中的"乘龙"意即隐喻升仙成为神人，这一传说，成为秦皇汉武追求不死的梦想。《楚辞·九歌·大司命》载："乘龙兮辚辚，高驼兮冲天。"[⑦]《东观汉记·冯异传》："我梦乘龙上天，觉寤，心中动悸。"[⑧]曾侯乙墓发掘报告描述，曾侯乙墓内棺内壁（图5-70）遍髹朱漆，外表基色为朱漆。图案用墨、金等色绘成，盖面上画68组双龙。棺身四周图案由龙、蛇、鸟、神等构成，很多龙为有翼之龙。[⑨]《广雅·释鱼》卷十下云："有鳞曰蛟龙，有翼曰应龙，有角曰虬龙，无角曰螭龙。"《淮南子·览冥训》卷六曰："乘雷车，服驾应龙，骖青虬，援绝瑞，席萝图，黄云络，前

① （清）王先慎：《韩非子集解》，载国学整理社编《诸子集成》（第五册），中华书局2010年版，第66页。
② （清）阮元校刻：《十三经注疏》，中华书局2009年版，第14页。
③ （清）乔松年辑：《纬捃》，载《纬书集成》，河北人民出版社1994年版，第1532页。
④ （清）乔松年辑：《纬捃》，载《纬书集成》，河北人民出版社1994年版，第1481页。
⑤ （汉）司马迁：《史记》，中华书局2000年版，第329页。
⑥ （汉）焦赣：《焦氏易林》，中华书局1985年版，第57页。
⑦ （宋）洪兴祖撰，白化文等点校：《楚辞补注》，中华书局1983年版，第101页。
⑧ （东汉）刘珍等撰，吴树平校注：《东观汉记校注》，中州古籍出版社1987年版，第313页。
⑨ 参见湖北省博物馆编《曾侯乙墓》（上），文物出版社1989年版，第28—45页。

图5-70　曾侯乙墓内棺内壁画像

白螭，后奔蛇……”[①]《焦氏易林·乾之第一》卷一曰：“乘龙上天，两蛇为辅。”又《临之第十九》卷二曰：“驾龙骑虎，周遍天下。”[②]

汉画像中应龙数量很多，如南阳石桥、英庄出土的汉画像石中的应龙有角、有翼，奔腾于云气间。河南南阳出土一块汉画像石（图5-71）。画面右刻一独角兽奋力、怒目向前猛冲，左刻一羽人乘龙，龙昂首翘尾，作飞升状。山东微山县两城镇出土了一块被命名为“兽、人物、连理树画像”的画像石（图5-72），最下层是“树木射鸟图”，树上有众多猴子、飞鸟。其含义学界研究颇多，无论是桑树多子、鸟的繁衍还是射鸟之举等说法，祈望吉祥如意、子嗣繁衍是明确的；最上层的应龙、熊、虎均具有辟邪功能，而仙人乘龙则反映了汉人强烈的升仙意识。四川彭州出土一汉画像砖（图5-73），画面为三条飞龙驾一辆云车凌空飞驶，五颗星辰表示天空。车前一御者，车后一乘者，表现的是驾龙车升仙的情境。

典籍文献中不乏民间乘龙升仙的记载：

① （汉）刘安著，（汉）高诱注：《淮南子》，载《诸子集成》（第七册），中华书局2010年版，第95页。

② （汉）焦赣：《焦氏易林》，中华书局1985年版，第2、87页。

图5-71　河南南阳应龙画像石

图5-72　山东微山“兽、人物、连理树”画像石

图5-73　四川彭州出土画像砖石

陶安公者，六安铸冶师也。数行火，火一旦散，上行，紫色冲天，安公伏冶下求哀，须臾。朱雀止冶上曰："安公安公，冶与天通。七月七日，迎汝以赤龙。"至期，赤龙到，大雨，而安公骑之东南，上一城邑数万人众，共送视之，皆与辞决云。(《列仙传》)

呼子先者，汉中关下卜师也。老寿百余岁。……夜有仙人，持二茅狗来，至呼子仙，子先持一与酒家妪，得而骑之，乃龙也。(《列仙传》)

陵阳子明者，铚乡人也。好钓鱼于旋溪，钓得白龙，子明惧，解钓拜而放之。……三年，龙来迎去。止陵阳山上百余年。(《列仙传》)

(黄庐子)一旦乘龙而去，与诸亲故辞别，遂不复还矣。(《神仙传》)

(茅君)高祖父濛，字初成，学道于华山，丹成，乘赤龙而升天，即秦始皇时也。(《神仙传》)[①]

由此可见，龙已经成为古人思想观念中升天的一种工具。而在上古宗教中有神人被神兽吞吐以升天的信仰，因此古人认为，人若想要升天必须先通过龙升到天上再转化为仙人。黄帝乘龙升天成为圣人，冯异在梦里梦见自己乘龙升天，大司命本身为神人，但他也需要乘着神龙才能冲天，这些记载也间接印证了早期文明中对龙的崇拜。它既能通天，又能给人们带来吉祥，因而龙就成了人们心目中重要的吉祥瑞兽。随着神仙思想的流行，人们可以借由这种神物自由地来往于天地之间，它们成为天与地、天与人之间的联络者。

《史记·秦始皇本纪》载："卢生说始皇曰：'臣等求芝奇药仙者常弗遇，类物有害之者。方中，人主时为微行以辟恶鬼，恶鬼辟，真人至。'"[②]《史

① 以上参见(汉)刘向、(晋)葛洪《列仙传　神仙传》，上海古籍出版社1990年版，第20、21、23、25、27页。

② (汉)司马迁：《史记》，中华书局2000年版，第182页。

图5-74 河南南阳升仙画像石

记·孝武本纪》载："上即欲与神通……乃作画云气车，及各以胜日驾车辟恶鬼。"[①]在当时人们的观念中，升仙道路是十分凶险的，常有鬼魅侵害，所以在求仙过程中十分注重驱除鬼魅。虎是自然界中的一种大型猛兽，原始社会中的人们面对猛虎的袭击时，只能束手待毙。虎给人类的生命安全带来了极大的威胁，原始人类对虎有着深深的恐惧感。但在人类当初的心理意念中，会由最初对虎的惧怕转化为对虎所具有强大力量而萌生敬慕之情，并希望人类能借助虎的力量来保护人类，或者人类自身也能拥有像虎一样的本领。

在汉画像中，有关虎的画像比比皆是，许多虎肩生双翼，已经具有显著的"神性"特征。《风俗通义》云："虎者阳物，百兽之长也，能执搏挫锐，噬食鬼魅。"虎食人这一现象是人类崇虎心理所产生的根源所在，古人认为，虎既能食人，人死即为鬼，那么虎自然也可以食鬼。汉画像中肩生羽翼的虚幻之虎便是一种神化形象。南阳汉画像石中有一幅升仙图像（图5-74）。图中右部有一只白虎，上乘一仙人，仙人张弓射兽，怪兽惊慌逃走，回顾张望。仙人左刻方相氏，瞠目张口，下蹲作起舞驱魔状。大傩是汉代举行的逐疫驱鬼仪式，傩头称"方相氏"。方相氏是汉代人为逐疫驱鬼而举行的大傩仪式的头领。《周礼·夏官·方相氏》载："方相氏掌蒙熊皮，黄金四目，玄衣朱裳，执戈扬盾，帅百吏而时傩，以索室驱疫。大丧，先柩。及墓，入圹，以戈击四隅，驱方良。"[②]"方良"即"魍象（罔象）"，是

① （汉）司马迁：《史记》，中华书局2000年版，第322页。
② （清）阮元校刻：《十三经注疏》，中华书局2009年版，第1838页。

图5-75　四川简阳鬼头山崖墓三号石棺左侧刻有“天门图”

图5-76　河南南阳英庄一号汉墓“虎车雷公”画像石

图5-77　山西离石马茂庄西圩埸梁汉墓门侧画像石（局部）

专食死者肝脑的鬼魅。《后汉书·礼仪中》记载：“大傩，谓之逐疫，方相氏黄金四目，蒙熊皮，玄衣朱裳，执戈扬盾。十二兽有衣毛角……于是中黄门倡，侲子和，曰：‘甲作食凶，胇胃食虎，雄伯食魅，腾简食不祥，揽诸食咎，伯奇食梦，强梁、祖明共食磔死寄生，委随食观，错断食巨，穷奇、腾根共食蛊。’”[①]《淮南子·地形训》载：“穷奇，广莫风之所生也。”高诱注：“穷奇，天神也，在北方……其形如虎。”翼虎正好出现在跟随方相氏逐疫驱鬼的十二神兽中。翼虎在汉画像中一般是伴随“方相氏”出现的，仙人来往升仙的过程中，常有翼虎相伴，一则为飞升，二则为辟邪、逐疫

① （南朝宋）范晔撰，（唐）李贤等注：《后汉书》，中华书局2000年版，第2122页。

驱鬼。因为翼虎是伴随方相氏出现的，而会侵扰墓主人升仙的鬼魅惧怕虎，尤其是更加凶猛的有翼神虎。作为翼虎的穷奇又是在大傩中驱除食人脏腑的鬼魅的神兽，更是为墓主人的升仙之路扫清了障碍，帮助人们升仙。

贾谊在《惜誓》中描写升仙时说："苍龙蚴虬于左骖兮，白虎骋而为右騑。"严忌《哀时命》曰："使枭杨先导兮，白虎为之前后。"[①]《焦氏易林·临之第十九》卷二云："驾龙骑虎，周遍天下，为神人使，西见王母，不忧不殆。"[②]汉画像中有许多表现乘虎升仙的题材，四川简阳鬼头山崖墓三号石棺左侧刻有"天门图"（图5-75）。图正中刻双阙式天门，门右侧为太仓，左侧为一虎，虎上方榜题"白虎"二字。在这里，白虎成了天界的神物。河南南阳英庄一号汉墓出土一块"虎车雷公"画像石（图5-76）。画面刻三只翼虎纤索挽引一云车由右向左飞驰。车以云气为轮，车上中刻一鼓，上饰华盖和羽葆；又有一御者，一乘者，皆肩生羽翼，作仙人状。山西离石马茂庄西圩塌梁出土一块汉画像石（图5-77）。画面分左中右三格，中格上部为勾连纹，下部有四虎驾华盖云车，云车下有两羽人分骑天马、翼虎，最下为蟾蜍，其右为人身蛇尾画像。这种现象足以表明，在汉代人的心目中，虎已由食人的猛兽演变成了专食鬼魅的"善神"，虎的文化属性已经替代了它的自然属性。

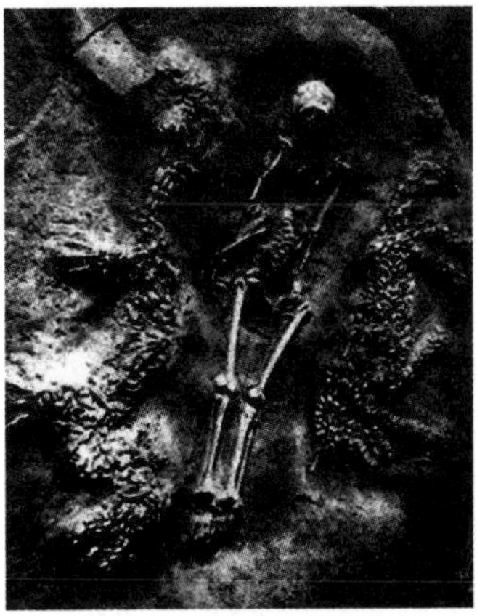

图5-78　河南濮阳西水坡仰韶文化遗址中蚌壳堆塑的龙虎形象

河南濮阳西水坡仰韶文化遗址中发现了用蚌壳堆塑的龙虎形象（图5-78）。根

① （宋）洪兴祖：《楚辞补注》，中华书局1985年版，第180、211页。
② （汉）焦赣：《焦氏易林》，中华书局1985年版，第87页。

据古学者研究，濮阳西水坡遗址属于仰韶文化的后岗类型，距今约6740年。[①] 龙摆塑位于人骨架的右侧，头朝北，背向西。神龙昂首曲颈，躬身长尾，张口露齿，趾尖爪利，前爪扒，后爪蹬。虎摆塑位于人骨架的左侧，头朝北，背朝东。虎头微低，双目圆睁，张口露齿，虎尾下垂，四肢交错，如行走状，形似下山之猛虎。这也有力地证明了早在6000多年前的新石器时代，还处于原始社会的中国便已经出现了对龙、虎的崇拜观念。说明龙和虎之所以会被人们设想为升天的乘骑，是因为它们被看作天上的神灵。

鹿可以载人升仙的思想在战国时期就已形成，汉画像中有许多有翼神鹿的形象。《春秋命历序》曰："人皇氏驾飞鹿，政三百岁"，"皇神驾六飞鹿，化三百岁"，"有人黄头大腹，出天齐政，号曰皇次。驾六飞麋，上下天地，与神合谋。"[②]《路史·前纪三》曰，神民氏"都于神民之丘，一曰神皇氏，驾六蜚鹿"。古诗《长歌行》云："仙人骑白鹿，发短耳何长。导我上太华，揽芝获赤幢。"又《王子乔》云："王子乔，骖驾白鹿云中遨。"[③]《艺文类聚》卷九十五引《列仙传》云："苏耽与众儿俱戏猎，常骑鹿，鹿形如常鹿，遇险绝之处，皆能超越。"又引《濑乡记》云："老子乘白鹿，下托于李母也。"《三辅黄图·甘泉宫》卷三引《汉武帝内传》曰："鲁女生，长乐人……一日与亲知故人别，入华山。后五十年，先识者逢女于庙前，乘白鹿，从王母，人因识之，谢其乡里而去。"[④]晋葛洪《神仙传》记仙人卫叔卿"乘浮云，驾白鹿"，又记仙人沈羲"与妻贾氏共载，诣子妇卓孔宁家。道次忽逢白鹿车一乘，青龙车一乘，白虎车一乘，从数十骑，皆是朱衣仗节，方饰带剑，辉赫满道"[⑤]。

① 参见孙德萱、李忠义《濮阳西水坡蚌壳龙虎图案研究述评》，载《河南文物考古论集》，河南人民出版社1996年版，第18页。

② （清）乔松年辑：《纬捃》，载《纬书集成》，河北人民出版社1994年版，第1480、1481页。

③ （宋）郭茂倩编：《乐府诗集》，中华书局1991年版，第422、437页。

④ 何谷清：《三辅黄图校释》，中华书局2005年版，第201页。

⑤ 滕修展等：《列仙传神仙传注译》，百花文艺出版社1996年版，第190、198页。

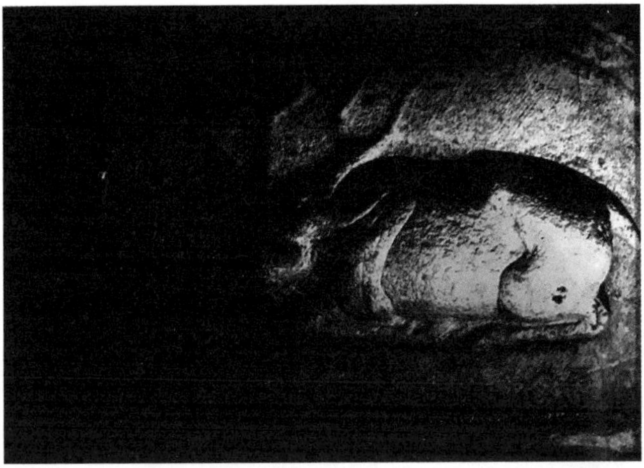

图5-79　山东安丘董家庄汉墓骑鹿画像

图5-80　河南南阳“乘鹿车升仙”画像石

在汉画像中，仙人骑翼鹿、驾鹿车而升仙的场景有很多。山东安丘董家庄汉墓出土一幅骑鹿画像（图5-79），画像上刻一卧鹿，前右肢向前平伸，上坐一人，披发戴羽，一手扶鹿耳，表现了仙鹿卧地请羽化的墓主人骑上升仙的场景。1962年南阳出土的一块“乘鹿车升仙”的汉画像石（图5-80），画面刻两只神鹿共同在前面牵引一辆云车，车上乘两人；车后刻一神鹿尾随，另有两仙人手持仙草，护卫车中两人升仙。画面空白处刻云纹，表明是在云雾缭绕的天界，仙鹿穿云驾雾，接引升天的情境。另外，南阳熊营出土的一方汉画像石（图5-81），画面刻一人跪地向端坐于悬圃之上的西王母讨要不死之药，画面刻一凤鸟以及玉兔捣药，画像最上部刻

图5-81　河南南阳熊营“乘鹿升仙”画像石

一仙人骑鹿，鹿昂首奋蹄疾驰。同时，在山西、陕西、四川等地出土的汉画像、画像砖中也都有发现类似的仙鹿载引升仙的画面。综上所述，鹿在古人心目中是被看作仙兽的。

汉画像中出土单独的翼龙、翼虎、翼鹿的形象，以及将翼龙、翼虎、翼鹿等祥瑞刻绘在一起的组合图像，使我们想到古代原始道教上的龙、虎、鹿“三蹻”。《抱朴子》卷十五载：“若能乘蹻者，可以周流天下，不拘山河。凡乘蹻道有三法，一曰龙蹻，二曰虎蹻，三曰鹿蹻。……乘蹻须长斋绝荤菜断血食，一年之后乃可乘此三蹻耳。……龙蹻行最远，其余者不过千里也。”[①]古人认为可以借助龙、虎、鹿三蹻脚力，“周流天下，不拘山河”。龙蹻、虎蹻、鹿蹻的作用，便是人可以借助它们为脚力，上天入地，与鬼神来往。《抱朴子·杂应》曾描述：“来神甚多。或纵目，或乘龙驾虎，冠服彩色，不与世同。”[②]《后汉书·华佗传》载：“佗语普曰：……是以古之仙者为导引之事，熊经鸱顾，引挽腰体，动诸关节，以求难老。吾有一术，名曰五禽之戏：一曰虎，二曰鹿，三曰熊，四曰猿，五曰鸟。亦以除疾，兼利蹄足，以当导引。”[③]《道藏》收有《太上登真三蹻灵应经》，对“三蹻”的性能有比较详细的记述：“三蹻经者，上则龙蹻，中则虎蹻，下则鹿蹻。……大凡学仙之道，用龙蹻者，龙能上天入

① （东晋）葛洪：《抱朴子》，载国学整理社编《诸子集成》（第八册），中华书局2010年版，第69页。
② 王明：《抱朴子内篇校释》，中华书局1985年版，第273页。
③ （南朝宋）范晔撰，（唐）李贤等注：《后汉书》，中华书局2000年版，第1850页。

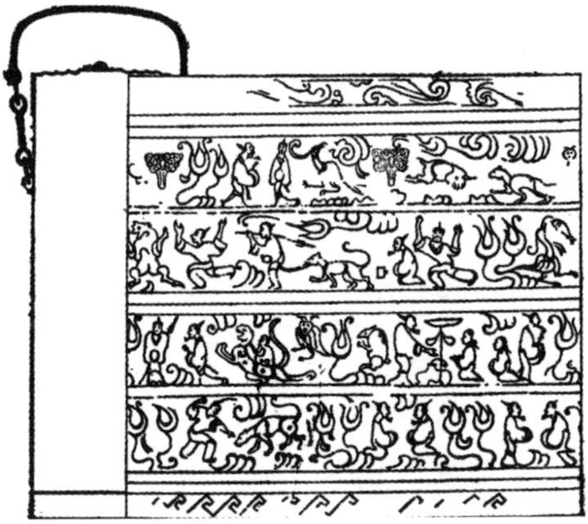

图5-82　广西贵县罗泊湾西汉前期一号墓出土提梁漆绘铜筒手绘展开图

图5-83　河南南阳“仙人乘龙乘虎”画像石

地，穿山入水，不出此术，鬼神莫能测，能助奉道之士，混合杳冥通大道也。……龙蹻者，奉道之士，欲游洞天福地，一切邪魔精怪恶物不敢近，每去山川江洞州府，到处自有神祇来朝现。”类似情景亦见于广西贵县罗泊湾西汉前期一号墓出土的提梁漆绘铜筒所绘画面（图5-82）。画面共有4格，可分为上、下两部分：中间竹节以下的两格绘墓主人升天之前的情形，其中下面一格绘“力士伏虎”的故事和侍者，上面一格绘墓主人佩剑，由乘虎蹻的神人接引升天。铜筒中间竹节以上的两格描绘墓主人升天时的情景，其中下面一格为仙界庆祝场面，上面一格左右两个铺首图案表示天门的所在，有门亭长在天门迎接墓主人升仙。

在南阳汉画像石中，仙人常与有飞升功能的祥瑞应龙、翼虎等刻在同一画面，或者乘坐由祥瑞鹿、虎等驾驶的云车飞驶在空中，表现羽化升仙之意，亦有手持仙草的导引升仙者。南阳市出土的一方“仙人乘龙乘虎”画像石（图5-83）。左边分别刻有仙人乘龙、仙人骑虎；右刻方相氏追逐一猛兽。画面空间缀有云纹，整个画面表现了逐疫升仙的内容。河南南阳英庄一号汉墓出土了一块汉画像石，画面刻三只翼虎纤索挽引一云车由右向左飞驰，车以云气为轮，车上中刻一鼓，上饰华盖和羽葆，又有一御者，一尊者，皆肩生羽翼，此图表现的应是乘虎车升仙的情景。

由此可见，在人们最初的思想观念中，龙、虎、鹿是作为助人上天的一种工具而出现的艺术形象。龙的形象是虫蛇之体，但具备飞行能力。在大自然里，只有昆虫可以从土里飞向天空，自虫蛇化为鸟飞之态。人们每天观察这些“小龙”，早已发现虫龙暂死变蛹、再生羽，及至蜕变为鸟蝶的生命历程。古人知道虫龙有羽化及升天的能力，面对这些身形虽小却具备伟大神能可以蜕变（羽化）的动物，自然而然地产生敬畏之情。自古以来，龙的信仰就和再生羽化有关。在中国传统里，神龙是将圣人接往天界的引介者。古人崇敬的许多形象确非来自虚幻空想，而是详细观察、神化大自然的结果。在多元文化的融合过程中，中华文明吸纳了各民族对于龙、虎、鹿等神兽的崇拜，使其脱离了原始简单的形貌，蕴含了多种不同民族的核心信仰特征，从早期容易辨认出来的动物本体形貌逐渐演变成大自然里不存在的神兽形象。

三、翼兽图像中的吉祥信仰

在中国传统文化悠久岁月的长河中，祥瑞思想一直作为重要的一部分穿插其间，从未间断。动物是世界上最古老的艺术题材之一，而汉画像中的吉祥画像一直以来也被称作祥瑞，汉画像中大量出现的奇禽异兽形象，是汉代天人感应、谶纬神学思想影响下的吉祥福瑞。

人生在世，都希望幸福圆满，一切顺利，吉祥如意。“吉祥”这个词可以解释为吉庆祥和。我国的汉字都是单字单义，从字面看，自有其特定的解释。《说文解字》说："吉，善也。""祥，福也，一云善。"可见两字都解释为善。而"善"为美好，凡美好之事皆可以称为"吉"或"祥"。在这两个字的使用上，吉之反为凶，福之反为祸，善之反为恶，也说明其美好的内涵。不过，"祥"字本指吉凶的征兆，是吉凶通指。后来才多以吉兆为祥，而以凶兆为不祥。因此，"吉祥"可直解为吉利美好的预兆，以后才通用为祝颂幸福的祝词。

19世纪末的美国法术论的先锋"金氏甚至谓野兽对于吉或凶也有一些感觉"①。在原始社会中，人类为了生存下来而产生了趋利避害、趋吉避凶的心理，而吉祥信仰的诞生就是受到了原始人类这种心理的影响。原始人类希望万事万物都能够朝着有利于自身的方向发展，他们希望得到足够的食物，能够不受严寒酷暑的折磨，能够避免天灾人祸、不受疾病的侵害，人类渴望得到吉祥幸福，这种原始的趋利避害的心理也逐渐演变成为一种对于吉祥的观念，一种十分功利而世俗的信仰形式。当人类不能对付灾异、鬼魅带来的危害时，便会意出祥瑞，相信它们可以驱除这些灾异和鬼魅，以从精神上慰藉自己的焦虑和痛苦。

在古代，巫师和巫术具有重要的地位。在人类历史上，可能有了占卜巫术之后，吉凶观念便也随之产生了。巫师利用巫术可与神鬼沟通，预知吉凶，而巫师也就成为能够与上天对话的使者。张光直认为："中国古代文明中的一个重大观念，是把世界分成不同的层次，其中主要的便是'天'和'地'。不同层次之间的关系，不是严密隔绝、彼此不相往来的。中国古代许多仪式、宗教思想和行为的很重要的任务，就是在这种世界的不同层次之间进行沟通。进行沟通的人物就是中国古代的巫、觋。从另一个角度看，中国古代文明是所谓萨满式（Shamanistic）的文明，这是中国古代文明最主要的一个特征。"②

---

① ［德］W. 施密特：《原始宗教与神话》，萧师毅、陈祥春译，上海文艺出版社1987年版，第163页。

② ［美］张光直：《考古学专题六讲》，文物出版社1992年版，第4页。

那么，巫师与天地沟通所使用的工具是什么呢？商周青铜器是人通神、人通天地之灵器，同样，青铜器上的动物纹饰也是作为人与祖先及天地沟通的神灵刻画上去的。刘敦愿说：“中国古代青铜器装饰艺术中的动物纹样，大都有特定的宗教神话的含义。”[①] 张光直谈到动物时说：“在渔猎时代，我们的祖先跟自然界动物之间的关系是非常密切的。动物是人在自然界里面的伙伴。在萨满文化中，通天地的最主要助手就是动物。在中国，这种动物的特性常常被忽略了。……巫师和动物之间的具体关系又是怎样情况呢？我们看到的资料太少，倒是在《道藏》中找到了一些有意思的资料，我觉得不妨谈一下。虽然《道藏》的年代较晚，但是否可认为它的若干成分是从汉代甚至先秦传下来的？《道藏》中有一部经叫《太上登真三蹻灵应经》，讲到人如何召唤龙、虎、鹿，其中最有意思的一段是：‘凡三蹻经者，上则龙蹻，中则虎蹻，下则鹿蹻。’……”张光直先生在此只引了“凡用虎蹻者”，当然是手续很复杂，并且要进行60天才能见成效。最后他说：“道士召唤龙、虎、鹿蹻，这种传统是否由来于更早时候巫师召唤动物，帮助他游‘洞天福地’，与神接触？这种可能是有的。”[②] 正因为动物是沟通人与神及祖先的中介，所以在商周时期，不但礼器上刻画动物形象，而且占卜用的是动物的骨骼，祭祀时用的是动物的生命。这一时期，动物由图腾的意义转变为神灵的意义，许多动物作为祭祀的用具，成了与神灵对话，与天建立联系的神物，并有了吉祥寓意。春秋战国时期的铜器承袭了商、西周青铜器的纹饰。以铜镜为例，常见的动物纹饰有蟠螭纹、兽纹、狩猎纹等。然而由于天道观衰微、人本思想兴起，许多商、西周时期的通天神物的地位开始下降，向为人所用的吉祥物转变。

在中国人的传统观念中，吉凶、善恶、祸福的意识是很强烈的，在中国人的传统观念中，铸造了一种追求吉祥的意识。吉祥信仰的核心内容便

---

① 刘敦愿：《美术考古与古代文明》，人民美术出版社2007年版，第139页。

② ［美］张光直：《考古学专题六讲》，文物出版社1986年版，第7—9页。

是趋吉、辟邪，人类相信自然界中的植物、动物、人及自然现象可以帮助人们驱除邪魅，给人带来好运，使人能够过上吉祥幸福的生活。古代人类缺乏对自然科学的正确认识，他们认为当遭遇丰收、得子等吉事，他们就会认为这是上天的恩赐，这种上天的恩赐即由祥瑞带来。当遇到依靠自身力量解决不了的事情，或者依靠自身掌握的技术和经验所解释不了的事情的时候，人们就会想到吉祥，因为吉祥是通过幻想来得到满足的，吉祥信仰把理想当作真实，把幻想当成现实，这与宗教的信仰也有相似相通之处。吉祥信仰所体现出来的是人类自身渴望得到繁衍、生存和发展的愿望，因此，能够满足人类愿望的事物也都可以成为祥瑞。王充在《论衡·恢国》说："黄帝、尧、舜，凤凰一至。凡诸众瑞，重至者希。汉文帝黄龙、玉棓（杯）。武帝黄龙、麒麟、连木。宣帝凤凰五至，麒麟、神雀、甘露、醴泉、黄龙、神光。平帝白雉、黑雉。孝明麒麟、神雀、甘露、醴泉、白雉、黑雉、芝草、连木、嘉禾，与宣帝同，奇有神鼎、黄金之怪（祥瑞）。一代之瑞，累仍不绝，此则汉德丰茂，故瑞祐多也。"[①] 由此可见，汉代帝王十分注重从仙禽异兽的出现中来观察祥瑞灾异。上层统治阶级的好恶与信仰往往影响着世俗文化的变化，更是对一般人吉凶观念的深化。汉代人信仰神灵、天人感应、阴阳五行、谶纬神学和成仙思想。东汉时期，儒学与谶纬神学相互渗透，占据统治地位的儒学思想也融入了谶纬迷信的色彩，儒学、阴阳五行及谶纬神学相互融合，彼此影响，而这些思想也对汉代中国的建筑、雕塑、绘画产生了重大的影响。

在汉代，受天人感应、阴阳五行、谶纬神学及道家神仙思想的影响，各种动物被进一步涂上了神秘色彩，并将其作为瑞应，大量的动物形象成为吉祥图符。动物吉祥产生于原始社会自然崇拜中的动物崇拜。恩格斯说："人在自己的发展中得到了其他实体的支持，但这些实体不是高级的

① 北京大学历史系《论衡》注释小组：《论衡注释》，中华书局1979年版，第1122—1123页。

实体，不是天使，而是低级的实体，是动物，由此就产生了动物崇拜。”[①]动物崇拜是人类最原始的崇拜方式，在原始社会中，几乎所有的原始部落最早出现而又最普遍崇拜的就是动物。弗雷泽说：“原始人普遍认为动物和人一样也具有灵魂和才智，所以对动物自然也同样尊重”，“对于他们有用的，或其形体、力量和凶猛程度非常可怕的动物的灵魂，格外敬重”。[②]在人类眼中，动物和人是平等的，和人一样有思想、有感情、有灵魂，甚至比人更优越。人类将动物视为神灵的代表，受到氏族的崇拜和敬仰，意欲借助它们超人的能力来抵御凶险，庇护本氏族，希望给氏族带来吉祥。

汉王廷寿《鲁灵光殿赋》记有西汉鲁恭王灵光殿壁画中的许多动物：“飞禽走兽，因木生姿。奔虎攫拿以梁倚，仡奋而轩鬐。虬龙腾骧以蜿蟺，颔若动而躨跜。朱鸟舒翼以峙衡，腾蛇蟉虬而绕榱。白鹿孑蜺于欂栌，蟠螭宛转而承楣。狡兔跧伏于柎侧，猿狖攀椽而相追。玄熊舑舕以龂龂，却负载而蹲跠。”[③]祥禽瑞兽是汉画像石中出现较多的装饰画像。汉代有许多带有翼兽的画像，它们单独出现，或同时出现，或与其他奇禽异兽交错穿插出现，尽管内容、形式、排列不同，但在思想内涵上，表现的均为祥瑞之意。河南南阳唐河针织厂汉画像石墓出土有一方“四灵”画像石（图5－84）。画面中的四灵为：左青龙、右白虎、上朱雀、下玄武。青龙、白虎皆生有双翼，朱雀展翅飞翔，玄武为龟蛇合体。发掘报告认为，此四神“象征四方神灵，辟不详”[④]。山东临沂沂南汉墓前室隔梁东面画像（图5－85）刻一列奇珍异兽向左行进。左起一龙

图5－84　河南南阳“四灵”画像石

① 《马克思恩格斯全集》（第27卷），人民出版社1972年版，第63页。
② ［英］J.G. 弗雷泽：《金枝》，汪培基等译，商务印书馆2012年版，第324页。
③ （梁）萧统编，（唐）李善注：《文选》，中华书局2011年版，第170页。
④ 周到、李京华：《唐河针织厂汉画像石墓的发掘》，《文物》1973年第6期。

图5－85　山东临沂沂南汉墓前室隔梁东面画像

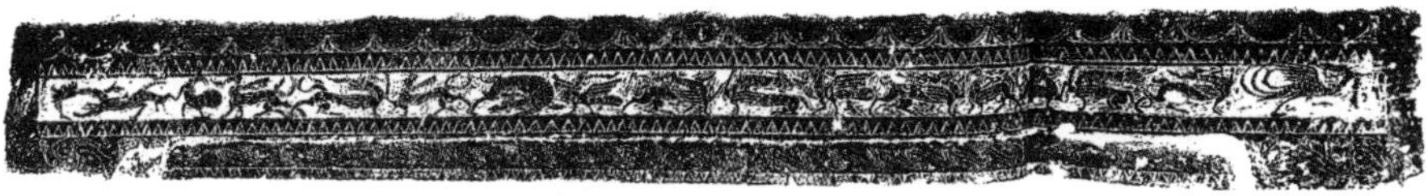

图5－86　山东临沂沂南汉墓后室隔梁东面画像

有翼，回首后顾；一独角翼兽，有翼；一翼虎张口吐舌；右端一翼龙回首后顾。沂南汉墓后室隔梁东面画像（图5－86）刻一列奇禽异兽。左起，一翼龙，口衔绶带；一翼虎回首左顾；一翼鹿，下回首左顾；一翼鹿回首向后；一翼虎回首左顾；一翼鹿回首左顾。

汉代，在统治阶级的大力推崇和宣传下，谶纬迷信思想泛滥成灾，吉祥信仰是汉代人的普遍思想追求。汉画像中以祥瑞为母题的画像俯拾皆是，翼兽在汉代作为一种祥瑞之物而出现，更是汉代人吉祥信仰的一种生动体现。各地出土的汉画像中有大量的翼兽与其他祥禽瑞兽共处一画之中。

这些画像十分明确地告诉我们，翼兽在汉代不只是一种兆示祥瑞的神兽，更是人类升仙的引导和工具。翼兽在汉代吉祥信仰的引导下呈现出显著的仙化特征，现实动物与虚拟动物的翼化在汉代这种特殊的“羽化升仙”的氛围中得到了进一步的扩展与延伸。汉画像中的翼兽形态各异，既有自然状态下的现实动物的翼化，也有虚拟的动物等众多神话形象。它们不仅个性鲜明，而且职能繁多，既能吞食鬼魅、威慑敌害、守卫天地门户，又能庇佑人神、赐福示瑞，更可以助人升仙。如此形形色色的翼兽形象，生动地再现了汉代人的吉祥信仰。

小　结

综上所述，翼兽图像并不是汉代才开始出现的，早在商代及战国时期对动物进行有翼的改造现象就已出现。来自北方草原民族的斯基泰艺术，被中国艺术所接受并不断融合、改造。汉画像中翼兽图像身上的装饰语言和纹样继承了夏、商、周青铜艺术的传统，有旋涡纹、饕餮纹、鸟兽纹等，同时也吸收了斯基泰艺术中格里芬的造型艺术特征。中国的翼兽图像对外来文化的影响并不是被动接受，而是既有接受也有改造。中西文化的交流，使汉画像中的翼兽图像到东汉中期以后呈现融合化的发展态势。

汉画像虽然有它的实用功能、文化功能，但它首先是一种艺术形式，是一种象征主义的艺术。汉画像石作为一种陵墓的艺术，其主旨不是为了现实，它表现的是一种宇宙的象征。通过艺术学的视角，对汉画像中翼兽图像的风格流派、图像起源、文化内涵进行研究，来了解汉代人的生活与审美活动，了解汉代的历史状况与民风民俗。汉画像出现翼兽图像的原因，一方面是原始先民对鸟的图腾崇拜遗存在汉代人的观念中，并结合汉代谶纬思想及对死后升仙的追求；另一方面是在汉代与中西亚文化互动中，改进、渗透、融合了大量优美的艺术风格与造型。

在中国传统文化的长河中，祥瑞思想一直作为重要的一部分穿插其间。汉代道教思想盛行，羽化升天、长生不死的观念在汉代人思想中备受推崇，汉代人希望通过羽化摆脱死亡，达到永生。

（本章作者　薛　栋）

第六章

列仙图谱——汉画像与《列仙传》中的神仙形象

汉画像中常出现西王母、东王公、伏羲、女娲、有翼神兽、风伯雨师等神仙灵异的题材。姜生认为:“汉墓画像中保存着现知最早最可靠的汉代列仙图谱形态。”[①] 这些图像表现的奇观，向我们传达了汉代人观念中的鬼神世界。黑格尔在《美学》中谈到艺术最杰出的本领就是想象，汉代人用杰出的想象力创造出神仙世界，以汉画像为载体，呈现一派祥云缭绕、生机盎然的自由天地。而汉代还存有《列仙传》这样一本被看作真正意义上的道教“仙谱”，用与史传略同的叙述方式，再现了71位神仙的成仙故事。如此，以图像和文字共同呈现了汉代的神仙形象。

在两汉神仙崇拜的热潮下，图像和文字在表达形式上各具特色，却又存在共同的内容，具有重要的研究意义和历史价值。根据图、文，我们发现《列仙传》中雨师赤松子、神圣渊玄的黄帝、善补导之事的容成公、与道合一的老子、孔望山摩崖造像中的关令尹喜、骑羊子葛由、骑鹤成仙的王子乔、驾鱼车的子英等均在汉画像中有具体的表现。而这其中，又以黄帝、容成公、老子三者图像所占比重较大，故选取他们加以分析。

---

① 姜生:《汉代列仙图考》,《文史哲》2015年第2期。

第一节　黄帝形象的呈现

黄帝，又称轩辕氏，“号曰有熊氏，又曰缙云氏，又曰帝鸿氏，亦曰帝轩氏”[①]，“司马迁作《史记》，列《五帝本纪》于《夏本纪》之前，而以黄帝为其魁首”[②]，足以见黄帝在汉人心中的地位。时至今日，华夏儿女仍常称自己为“炎黄子孙”，“黄”即指黄帝。

《列仙传》中“化周六合，数通无方”的黄帝，在汉人心中既是“神圣渊玄”的中央天帝，也是“冠名百王”的人类始祖。在黄老之学的影响下，他是“仙登于天”的神仙，在汉画中以“熊首人身”之样貌，居于西王母之旁，成为时人崇拜的对象。

一、人类始祖黄帝的形象

“中国人有一种信仰，认为天地秩序、人类社会的风俗和法律、农业、文字以及占卜等等，都是由传说中的伟人们所创造的。”[③]在人间，古人把衣、食、住、行等生活中各方面的许多发明创造都归功于黄帝，这在先秦的诸多文献中均有记载。《世本·作篇》：“黄帝使羲和占日，常仪占月，臾区占星气，伶伦造律吕……容成综此六术，而著《调历》也。”[④]《管子·轻重戊》：“黄帝作钻燧生火，以熟荤臊，民食之，无兹胃之病，而天下化之。”[⑤]《太平御览》卷七七二引《释名》：“黄帝造车，故号轩辕氏。”[⑥]

---

① （汉）司马迁：《史记》，中华书局2000年版，第1页。

② 顾颉刚：《汉代学术史略》，人民出版社2008年版，第24页。

③ ［日］林巳奈夫：《刻在石头上的世界：画像石述说的古代中国的生活和思想》，唐利国译，商务印书馆2010年版，第125页。

④ （汉）宋衷注，（清）秦嘉谟等辑：《世本八种》，商务印书馆1957年版，第356页。

⑤ 戴望：《管子校正》，载国学整理社编《诸子集成》（第五册），中华书局1954年版，第414页。

⑥ （宋）李昉等：《太平御览》（第四册），中华书局1960年版，第3422页。

图6-1　山东嘉祥武氏祠黄帝画像

《拾遗记》:“轩辕变乘桴以造舟楫。”[①]此外，医学、算术、文字、音律、冶金等都被认为是黄帝时期所创造的。

同时，黄帝还是各项文明制度的开创者。《史记·太史公自序》:“维昔黄帝，法天则地，四圣遵序，各成法度。”[②]《管子·任法》:“故黄帝之治也，置法而不变，使民安其法者也。所谓仁义礼乐者，皆出于法。”[③]

上述记载有不同之处，但表达的意思却是一致的，都能证明黄帝为人类的文化始祖，其赫赫功绩通过文本的记载跃然纸上。

山东嘉祥武氏祠黄帝画像石第二层中的黄帝(图6-1)，头戴冕旒，身着长袍，左边榜题曰:“黄帝多所改作，造兵，井田，垂衣裳，立宫宅。”这与《新语·道基》所载“黄帝乃伐木构材，筑作宫室，上栋下宇、以避风雨”[④]相似，书写出其作为“人文初祖”，在衣、食、住、行等方面的创制。

汉代新莽时期“黄帝冶竟”铭瑞兽博局纹镜(图6-2)整体呈圆形，方框、博局纹和八乳钉将镜背主题纹饰分为四部分，每部分按照青龙、白虎、朱雀、玄武四神所表示的方位概念分饰，配合仙禽异兽和羽人。动物纹饰刻画精细，线条流畅，羽人飘逸洒脱，渗透出一种仙风道骨的神仙风

---

① (晋)王嘉撰，孟庆祥、商媺姝译注:《拾遗记译注》，黑龙江人民出版社1989年版，第9页。

② (汉)司马迁:《史记》，中华书局2000年版，第2494页。

③ 戴望:《管子校正》，载国学整理社编《诸子集成》(第五册)，中华书局1954年版，第256页。

④ (汉)陆贾撰，庄大钧校点:《新语》，辽宁教育出版社1998年版，第1页。

图6-2 “黄帝冶竟”铭瑞兽博局纹镜
（采自浙江省博物馆编《古镜今照》）

韵。现实世界与神仙世界被设置在同一幅图像之中，琳琅满目，五彩纷呈。正如李泽厚所说：“现实和神、人与兽同台……是人对客观世界的征服，这才是汉代艺术的真正主题。”[①]

古镜铭文载：“黄帝冶竟四夷服，多贺新家人民息，官位尊显天下复，幸逢时年五谷熟，上有龙虎四十宜，长保二亲子孙力，传告后世乐无极兮。”[②] 铭文内容中，“黄帝冶竟”极为少见。《汉书·王莽传》载：“黄帝二十五子，分赐厥姓十有二氏……姚、妫、陈、田、王氏凡五姓者，皆黄、虞苗裔。”[③] 王莽认为其族系始祖为黄帝，作为黄帝的子孙，他所建立的新莽政权是顺应五行交替的必然结果，合乎上天的旨意。由此说明，至汉代，黄帝已逐渐成为民族认同和权力正统的公共象征符号。

黄帝时期有过两次重要的对外战争，即与炎帝的阪泉之战及和蚩尤的涿鹿之战。阪泉之野，黄帝为战争做足了准备，不仅修德振兵，种植农业，使粮食丰收，以此安抚万民，而且充分考虑四方环境，演练“熊、罴、貔、貅、貙、虎”，最终打败炎帝。涿鹿之野，战争显得更加残酷。“轩

① 李泽厚：《美的历程》，生活·读书·新知三联书店2009年版，第75页。
② 浙江省博物馆编：《古镜今照》（上册），文物出版社2012年版，第143页。
③ （汉）班固撰，（唐）颜师古注：《汉书》，中华书局2000年版，第3016页。

图6-3　南阳王庄“天帝出行图”
（采自《中国画像石全集》第6卷）

辕之时，神农氏世衰。诸侯相侵伐，暴虐百姓……而蚩尤最为暴，莫能伐。”黄帝“习用干戈”最终擒杀“不用帝命”的蚩尤。至此，“诸侯咸尊轩辕为天子，代神农氏，是为黄帝。天下有不顺者，黄帝从而征之，平者去之”[1]。黄帝遂成为我国第一个统一中原的部落首领，被后世尊为天子。

二、象征天神的黄帝形象

《列仙传》载：“黄帝者，号曰轩辕。能劾百神朝而使之。弱而能言，圣而预知，知物之纪，自以为云师。”[2]黄帝号轩辕，他负责审理、评判各路神仙，决定众仙的命运。年少时就能言善辩，无所不通，能预见未知之事。除此之外，他还精通自然界万事万物的规律，自任为云师的职务。在仙界，黄帝执掌天地，控制万事万物，表现出叱咤于天的神仙形象。《庄子·大宗师》说：“黄帝得道，以登云天”，这无异于说黄帝即皇上天帝。

出土于南阳王庄的“天帝出行图”再现了黄帝巡天的壮观图景（图6-3）。画面上方刻三位神人，齐心协力拖引一车，头发因风向后散，呈

① （汉）司马迁：《史记》，中华书局2000年版，第3页。
② 王叔岷：《列仙传校笺》，中华书局2007年版，第9页。

现疾走的状态。此车车轮为五星相连，车乘两人，一为尊者，正襟危坐；二为御者，躬身挽着缰绳。据考，五星为玉帝星座，端坐在车上的尊者即为天帝。《淮南子·天文训》载：“何谓五星？东方木也，其帝太皞……南方火也，其帝炎帝……中央土也，其帝黄帝，其佐后土，执绳而制四方，其神为镇星，其兽黄龙，其音宫，其日戊己。西方金也，其帝少昊……北方水也，其帝颛顼……”[①] 五星即木、火、土、金、水，其对应的方位为东、南、中、西、北，太皞、炎帝、黄帝、少昊及颛顼分别为五星的主管天神。黄帝居于五星中央，为五位天神之上的中央天帝，执掌绳墨而统治四面八方。画面下方刻四位神人，皆抱罐倒水行雨，类似于雨师的职能。画面最右一神仙身材高大，屈膝跪地，伸出手臂作呼风状，其前云雾缭绕，此人当为风伯。

《韩非子·十过》中有一段对黄帝形象的生动描绘：

> 昔者黄帝合鬼神于西泰山之上，驾象车而六蛟龙，毕方并辖，蚩尤居前，风伯进扫，雨师洒道，虎狼在前，鬼神在后，腾蛇伏地，凤皇覆上，大合鬼神，作为《清角》。[②]

那气势阵仗，非同一般。如若黄帝不是天神，又怎能够驱遣神怪为其驾车开路前去大合鬼神呢。从文献记载与汉画所呈现的图像配置来看，“天帝出行图”中的“天帝”、乘车之“尊者”当为黄帝，其与众仙共同构成了轰轰烈烈的“黄帝巡天图”。

综上所述，《列仙传》中的黄帝“化周六合，数通无方”，除了担任众仙的审判官，还执掌万事万物，凸显出至高无上的神仙地位。在人间，黄帝“能成命百物，以明民共财”。总而言之，从对天空的安排至人类的衣

---

① （汉）刘安撰，陈广忠译注：《淮南子》，中华书局2012年版，第112—113页。

② 王先慎：《韩非子集解》，载国学整理社编《诸子集成》（第五册），中华书局1954年版，第44页。

履，皆由黄帝一手操持。黄帝究竟是远古之天神，或是历史上确有其人，学术界至今仍无基于共识的答案。

据《大戴礼记·五帝德》记载，大约在春秋时期，人们已经认为黄帝的传说事迹真伪难辨了：

> 宰我问于孔子曰："昔者予闻诸荣伊言，黄帝三百年。请问皇帝者，人邪，抑非人邪？何以至于三百年乎？"孔子曰："予！禹、汤、文、武、成王、周公可胜观邪。夫黄帝尚矣，女何以为？先生难言之。"①

司马迁曾感叹：

> 学者多称五帝，尚矣。然《尚书》独载尧以来，而百家言黄帝，其文不雅驯，荐绅先生难言之。②

一种猜测是，黄帝确实用自己的实际行动造福于世间，得到了人民群众的热烈拥护，人民在民间传说中给黄帝附会了多重身份。

人类学家弗雷泽在《金枝》中，对巫师、祭司发展为国王的原始政治演化所做的详细讨论能够佐证上述猜测的正确性。在搜罗全世界各民族材料的过程之中，他发现许多不同时代、不同国家都曾存在过集祭司与帝王于一身的人物。他们具有半人半神的性质，能够控制自然力量，诸如降雨、赐予、使庄稼丰收等；可以化身为肉体凡胎的普通人，为了人民的利益去影响或改变自然的进程；以人的形象出现在社会信仰之中，成为人们崇拜的对象。朱存明也认为："在中国灵感文化的视野中，我们的确看到

---

① （汉）戴德：《大戴礼记》，商务印书馆1937年版，第113页。
② （汉）司马迁：《史记》，中华书局2000年版，第35页。

弗雷泽所描述的那种集巫师、祭司与国王于一身的人物。他们是民族的首领、宗教人，又是神人合一者。在中国传说中的三皇五帝，以及其他更早的部落首领，都具有这种特征。”①

当然，不管猜测正确与否，为全民族的发展立下汗马功劳的黄帝，作为文化英雄②的代表，无论以何种身份呈现，在汉代确确实实是时人崇拜的对象，这一点已经显而易见了。

三、“熊首人身”的黄帝形象

原始氏族中的黄帝，似是兼具人性与神性，而依据《山海经》所记，黄帝在峚山服食玉膏，其似乎已经出现被仙化的倾向了。这种从山原涌出、“沸沸汤汤”的玉膏，黄帝除服食之外，还亲自把它的精华种在钟山的向阳处，玉膏因而变作了一些“坚粟精密、浊泽而有光”的美玉，“天地鬼神”皆可“是食是飨”。佐以《楚辞·远游》所载“轩辕不可攀兮，吾将从王乔而娱戏”，至战国时期，黄帝已经成为和赤松、王乔之辈相提并论的仙人了。黄帝的仙人形象除了《列仙传》所载，在汉画像中还有一种半人半兽的形象，其作为仙界侍者的象征，受到汉代人的热烈推崇。

图6-4　徐州邳州出土的“西王母、楼阁图”画像石
（作者摄于江苏师范大学博物馆）

出土于徐州邳州的“西王母、楼阁图”画像石（图6-4），画面最上层

① 朱存明:《灵感思维与原始文化》，首都师范大学出版社2016年版，第211页。

② 文化英雄有多种多样的类型，这里指的是代表整个民族共有价值的人物。参见朱存明《灵感思维与原始文化》，首都师范大学出版社2016年版，第223页。

中心刻西王母，众位仙人侍其左右。西王母右侧排列四位神人，一羽人躬身向西王母献礼，其余三人挽手作揖跪拜，分别为牛首人身、熊首人身及高冠人物。据姜生考释，此图中的牛头者为炎帝，炎帝身后的熊首人身者当系古代传说中的“有熊氏”黄帝。[①] 参照此图的配置，图中左侧出现的鸟喙人身神祇应为老君“真形”。缘何黄帝会以熊首人身的形象出现在汉画中？熊与黄帝之间到底有着怎样的联系？

黄帝又称“有熊氏”，《史记》载：“黄帝者，少典之子。”《集解》曰：“徐广曰：‘号有熊’。……谯周曰：‘有熊国君，少典之子也。’……皇甫谧曰：‘有熊，今河南新郑是也。’”[②] 今位于河南新郑的有熊国，其国君是少典之子，即黄帝。今河南省新密市与新郑市原属同一县市，自中华人民共和国成立以后才分开。新密市的古城寨遗址是一座大型的龙山文化古城，在两市内也发现了多处龙山文化的遗址，因此这里有可能是黄帝所建的有熊国所在地。《竹书纪年》载：“黄帝轩辕氏……元年帝即位，居有熊。”[③]《帝王世纪》云：“黄帝有熊氏，少典之子……受国于有熊，居轩辕之丘，故因以为名，又以为号。”[④] 黄帝或号有熊氏，或居于有熊国，或言以熊为图腾。[⑤] 从上述资料可以看出，黄帝与熊之间有着密切的关联。

现如今，在我国北方地区的一些少数民族，如白族、朝鲜族、达斡尔族、鄂伦春族等仍然残存着熊图腾的信仰或传说。[⑥] 马克思·穆勒说：“图腾，刚开始时是一种种族的标记，然后转变为种族的名称，接着变成种族祖先的名称，最后才演变为种族所崇拜东西的名称。”[⑦] 原始初民的普遍信

---

① 参见姜生《汉帝国的遗产：汉鬼考》，科学出版社2016年版，第170—206页。

② （汉）司马迁：《史记》，中华书局2000年版，第1—2页。

③ 《二十二子·竹书纪年》，上海古籍出版社1986年版，第1047页。

④ （唐）欧阳询撰，汪绍楹校：《艺文类聚》，上海古籍出版社2007年版，第210页。

⑤ 转引自李学勤等主编《炎黄汇典·史籍卷》，吉林文史出版社2002年版，第3页。

⑥ 参见中国各民族宗教与神话大词典编审委员会编《中国各民族宗教与神话大词典》，学苑出版社1993年版。

⑦ 何星亮：《图腾与中国文化》，江苏人民出版社2008年版，第9页。

仰即将图腾物视为自己的祖先神，“祖先是由图腾化身而来，或祖先具有化生为图腾的能力”[①]。氏族成员也皆由图腾物演变而来，“图腾与氏族的所有成员中存在着一种直接和完全特殊的关系”[②]。黄帝训练“熊、罴、貔、貅、貙、虎”，最终打败炎帝。这里的“熊”“罴”等并非真正的猛虎野兽，而是“只存在于图腾中而不存在于生物界中的一种虚拟的生物”[③]。它们作为氏族的象征物和一个能够代表整个氏族的“名号”，不同的“名号”对应不同的氏族。接受了黄帝的统治，在黄帝的指挥下加入战斗，“熊”即黄帝氏族以及黄帝本人的象征。

《列子·黄帝》载：“庖牺氏、女娲氏、神农氏、夏后氏，蛇身人面，牛首虎鼻。此有非人之状，而有大圣之德。”[④] 古人认为，异于常人的“半人半兽”的形象是神圣的表现，是拥有“大圣之德”的典型特征。“德”指称“弥漫无边而无所不在的神力”[⑤]，“人一旦具有了‘德’这种品质就具有了神性，就可能成为神”[⑥]。汉代人基于此也常将古代帝王圣贤神化，表现出异于常人的特征，这是对有所作为的“英雄式”人物的渲染和崇拜。汉代民间黄老之学兴盛，黄帝备受推崇。黄帝又以熊为图腾，汉代人遂将图腾意象移植到黄帝身上，将其神化为“熊首人身”，与炎帝、老子并列在汉画中，居于西王母的身旁。

如图6-5，徐州苗山汉墓墓门东、西两侧门扉。左图为东侧门扉，画面左上方为日轮，内有三足乌，画面右侧刻一神人，熊首人身，有翼，其右手叉腰，左手放置嘴边，对着旭日做吐气状。画面中间刻天马腾空，向

① 何星亮:《图腾与中国文化》，江苏人民出版社2008年版，第16页。
② ［英］詹姆斯·弗雷泽:《图腾与外婚制》，生活·读书·新知三联书店1988年版，第3页。
③ 闻一多:《闻一多神话与诗》，吉林人民出版社2012年版，第21页。
④ 张湛:《列子注》，载国学整理社编《诸子集成》（第三册），中华书局1954年版，第27页。
⑤ 郑开:《德礼之间：前诸子时期的思想史》，生活·读书·新知三联书店2009年版，第44—53页。
⑥ 王怀义:《释“德”：对神人交流条件的分析——以“绝地天通”神话为中心》，《民族艺术》2017年第2期。

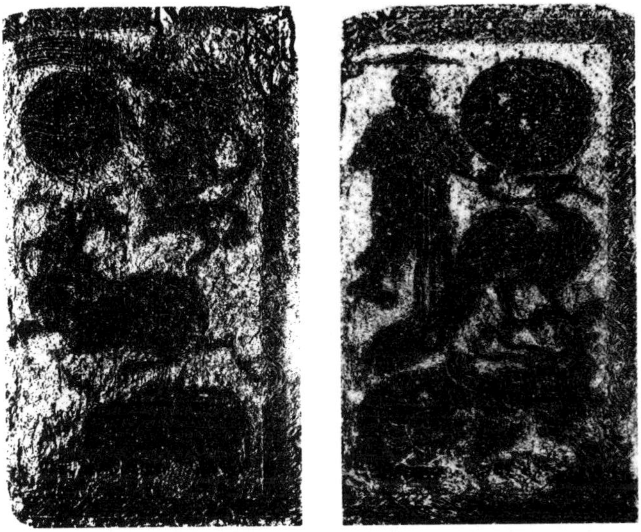

图6-5　徐州苗山汉墓墓门东侧、西侧门扉画像
（作者摄于徐州汉画像石艺术馆）

左疾走，似乎正仰天长鸣。画面下方刻一背生羽翼大象。此汉墓中间刻有仙马，我们推测当为龙翼而马身之“訾黄”，又名“飞黄”“乘黄”“腾黄”。在《山海经》中，“乘黄”状如狐，背有角，“乘之寿两千岁”，是能够让人延寿长生的神奇动物。《汉书·礼乐志》载：“‘訾黄其何不徕下！’应劭曰：‘訾黄一名乘黄，龙翼而马身，黄帝乘之而仙。’”[①] 因此，此画中的熊首人身神兽当为黄帝。祥瑞之兽訾黄与日中金乌、芝草，共同绘出一幅关于黄帝升仙的场景。

右图为西侧门扉，画面左侧有一头戴斗笠、身披蓑衣的神人，右手执耒耜，左手牵凤鸟。画面右上方为月轮，内有蟾蜍和玉兔。画面下方刻一肩生羽翼的牛，口中衔草。这两幅画像石中日与月，三足乌与蟾蜍、玉兔，不同形象的神人，天马与凤鸟，神象与神牛，左右对称，格局大致相

① （汉）班固撰，（唐）颜师古注：《汉书》，中华书局2000年版，第904页。

同。那么西侧门扉画像石上的神人究竟是谁？在山东嘉祥武梁祠西壁画像第二层中也出现一位双手持耒耜，正欲插地翻土的神人，其左刻有榜题“神农”。

在众多文献记载中，神农氏尝遍百草，宣药疗疾，“一日而遇七十毒”[①]。神农即炎帝。[②] 炎帝是传说中农耕的始祖，故号“神农”。《帝王世纪》载：“炎帝人身牛首，长于姜水，有圣德。”[③] 牛有可能是炎帝氏族图腾的象征。西侧门扉画像石上的牛，俯身低头，似在咀嚼地上的草。多重证据表明，该画像石中手持耒耜的神人正是炎帝神农氏。墓门东西两侧画像石，在图像的配置上基本保持一致，日月相对，阴阳相生。熊首人身的黄帝与头戴斗笠、身披蓑衣的炎帝，左右对称，地位平等。我们再看图6－4，牛头者炎帝与熊首人身的黄帝出现在同一层画面中，共侍于西王母身旁。西王母是汉代民间最受崇拜的神祇。神仙世界和人类世界一样，推崇森严的等级秩序，即使在“黄老之学”的影响下，仍不能撼动在汉人思想信仰中占据崇高地位的西王母。在此，熊首人身的形象是黄帝在汉画像中的重要表现。

熊首人身的黄帝形象是汉人对原始氏族图腾崇拜的延续。原始初民相信图腾与氏族成员之间存在某种关联，因而将图腾融合在氏族祖先神之中，以此来彰显崇拜的力量。而在古人看来，半人半兽形象是神圣的象征，随着黄老思想的盛行，熊首人身的黄帝被安排在天庭之中，作为仙界侍者，居于西王母的身旁。

综上所述，汉代人对黄帝首先延续了远古时期原始人对“英雄式”人物的崇拜，因为黄帝既是远古之天神，又是文化始祖，掌握天上人间的万

---

① （汉）刘安撰，陈广忠译注：《淮南子》，中华书局2012年版，第1118页。

② 炎帝与神农本是不同的两个神，自秦汉之际《世本》载“炎帝神农氏”开始，他们的神话就互相渗透，合二为一了。参见袁珂《古神话选释》，人民文学出版社1979年版，第86页。

③ （宋）李昉等：《太平御览》（第一册），中华书局1960年版，第365页。

事万物。《列仙传》载其“弱而能言，圣而预知”，除了“神仙”这一身份外，也彰显出其作为“神”的崇高地位。其次，在部落战争中，黄帝作为氏族首领，带领以“熊”为图腾的氏族人民，奋勇杀敌，最终取得了胜利。除了“人形”的黄帝，还有一类以“熊首人身”的神人形象表现在汉画中。汉代人将氏族图腾延续在黄帝身上，将其“异形化”，以凸显其“大圣之德”。

第二节　容成形象的呈现

容成是中国上古历史中一位不断被建构的人物，从先秦到汉代，其身份发生了多重变化。“古史中的‘容成氏’，不仅名称繁多，而且身世复杂，或云上古之君；或云黄帝臣；或云黄帝、老子师；或云神仙，其本领也是传闻颇多，五花八门，令人扑朔迷离，莫衷一是。”[①]《列仙传》中“专气致柔”“顺察天地之道”“能善补导之事”的容成公，在汉画像中以“左右有首，共身四足”为核心元素的形象呈现，带有雌雄两兽交配的性隐喻。由此可见，容成虽具有多重身份，但在“黄老道”思想的影响下，其在汉代已是求仙道法之神君，承载着汉人祈望通过“房中术”而成仙的人生理想。

一、有明确“榜题”的容成图像

出土于江苏徐州铜山汉王、现藏于徐州汉画像石艺术馆的“乐武君画像石”（图6－6），内容丰富，带有东汉元和三年（86）的纪年铭文。此石自上而下分为四层。西王母位居第一层中央，面对头顶戴冠、榜题为“□王”的觐见者侧向而坐，推测应为周穆王。穆王的身后有一四首人面兽，

① 武利华：《汉画像石“荣成（容成）氏”图像考》，《先秦两汉学术》2010年第11期。

图6-6　乐武君画像石及“荣成”局部线描图

兽身两端刻人头兽足，兽身中部两人连体，面向相背，榜题为“荣成”[①]。在西王母身后立有一侍者，侍者身后立鸟首人身兽和牛首人身兽，可惜榜题皆漫漶不清，解读艰难。“借助影像技术手段，同时配合当时宗教背景，庶几可识牛首神榜题为‘罗絙’，鸟首神榜题应为‘灵鸧’。”[②] 第二层中间主人凭几而坐，榜题为“乐武君”。主人右侧二人伏地，榜题为“诸亭长”，后一拥彗而立侍者的榜题为“门下卒”。主人左侧有二人持笏跪拜，榜题分为“主簿”“主记”等官职名称。第三层表现的是人们在烹制仙家饮食以供墓主人享用。第四层表现的是墓主人去世后众多仙人前来迎接，这两层中的人物多没有榜题。由此我们可以推断出古人的逻辑：从底层往上依次是，墓主人死后由众位仙人引至仙境，待饮用完仙家美食即刻前往仙宫，最后在西王母的帮助下得道升仙。

汉画像中多见“双头兽”“九头兽”等多头怪兽，四头兽相对来说比较少见。该石左上角所刻的四头连体怪兽，“是目前发现画像石中唯一有明确榜题证明的多头神人”[③]。此榜题的发现，明确了汉代人心中有关容成图

---

① “荣成”即“容成”。参见武利华《汉画像石西王母图像研究之徐州样式》，载《台湾王母信仰文化世界学术研讨会论文集》，内部资料，2009年，第163—197页。

② 姜生：《汉帝国的遗产：汉鬼考》，科学出版社2016年版，第160页。

③ 武利华：《汉画像石“荣成（容成）氏”图像考》，《先秦两汉学术》2010年第11期。

像的具体特征，其核心在于“左右有首，共身四足”，这也为找寻其他具有相同或相似特征的图像提供了参考。

图6-7　四川郫都新胜一号砖室墓石棺后端“伏羲、女娲图”

那么，对于这一核心要素我们该如何理解呢？据朱浒考释，汉画中的容成形象可能沿袭于《山海经》中的并封，其原型应是一对交媾的人面兽，带有强烈的性隐喻。[①]《山海经·海外西经》载：“并封在巫咸东，其状如彘，前后皆有首，黑。”[②]《山海经·大荒西经》载：“有兽，左右有首，名曰屏蓬。”郭璞云：“即并蓬也。”[③]《逸周书·王会解》云：“区阳以鳖封者，若彘，前后有首。”[④]“前后有首”的并封、鳖封和“左右有首”的“并蓬”怎么成了同一种神兽？闻一多先生在《伏羲考》中有一种解释：《山海经》等书里凡讲到左右有首、前后有首及一身二首的生物，实有雌雄交配状态之误解或曲解。正看为前后有首，侧看为左右有首，混言之则为一身二首。[⑤]因观看的角度不同，故存在“前后有首”“左右有首”的视觉差异。汉画像中的容成形象是“经过艺术加工过的并封图像，将其彘首置换为人首，可能是因为容成原本以人的形象示人”[⑥]。

与并封一样，容成这种人兽合体的形象，似乎能从汉画像中广泛存在

① 参见朱浒《“房中”与升仙——汉代“容成”及其图像考》，《中国典籍与文化》2014年第2期。
② 袁珂校注：《山海经校注》，北京联合出版公司2013年版，第200页。
③ 袁珂校注：《山海经校注》，北京联合出版公司2013年版，第343页。
④ 黄怀信、张懋镕、田旭东：《逸周书汇校集注》，上海古籍出版社2007年版，第855页。
⑤ 参见闻一多《闻一多神话与诗》，上海人民出版社2006年版，第11页。
⑥ 朱浒：《“房中”与升仙——汉代“容成”及其图像考》，《中国典籍与文化》2014年第2期。

的“伏羲、女娲交尾[①]”图像中找到答案。在出土于四川郫都区的一块石刻画像中（图6-7），最上方有日月相对，左侧头戴山形冠者为伏羲，右侧梳绾髻者为女娲，两者皆人首蛇身，相向而立作亲吻状，且尾部相交。

图6-8　安徽萧县陈沟汉画像石墓“交媾图”
（采自武利华《徐州汉画像石通论》）

日与月、阳与阴、男与女，以及交尾，这些符号的意向有着明显的对偶性，暗含着男女构精、万物化生的阴阳哲学。《吕氏春秋·仲夏纪》载：“太一出两仪，两仪出阴阳。阴阳变化，一上一下，合成而章。”[②]《淮南子·本经训》载：“阴阳者，承天地之和，形万殊之体；含气化物，以成埒类。”[③]最初，阴阳本指阴阳二气。《周易》载：“一阴一阳谓之道。”老子的“道”也是以“气”的方式存在，名曰天地之始。“阴阳构成了这个世界，天地、寒暑、男女、雌雄、昼夜交替与融合”[④]，男女之间的交合是阴阳交合的突出表现，象征着天地交感、创生万物。

依据人兽合体的容成形象的核心要素，以及伏羲、女娲阴阳交感的启示，我们在安徽萧县陈沟汉画像石墓中找到了一例“人面、兽身”的“交媾图”（图6-8），可以视为容成形象原型的证据。图中左侧高髻者为女性，右侧为男性，头戴进贤冠，嘴部有胡须。两者皆有尾，且尾部有交缠，男

① “交尾”亦称“孳尾”，是动物交配的一种形式，也是男女性爱的象征。

② （秦）吕不韦编撰，陆玖译注：《吕氏春秋》，中华书局2011年版，第132页。

③ （汉）刘安撰，陈广忠译注：《淮南子》，中华书局2012年版，第398页。

④ 武利华：《汉画像石“秘戏图”研究》，载朱青生编《中国汉画学会第九届年会论文集》，中国社会出版社2004年版，第206页。

伏女上，似在交欢。

和伏羲、女娲交尾的象征意义一样，汉画中的容成形象与性有着直接的关联。《列仙传》中的容成公“能善补导之术，取精于玄牝”，其“发白更黑，齿落更生”的要领在于“谷神不死”“守生养气”，所行之事和老子一样。《老子》载：“谷神不死，是谓玄牝。玄牝之门，是谓天地根。”他们的哲学基础仍在于通过男女之性掌握阴阳平衡。东汉时期，表现为“并封”式“前后有首、共身”的形态，隐喻为容成形象，是行“房中之术”的符号化象征。我们再看“乐武君画像石”中的升仙逻辑——与西王母同处一层的容成公，暗示着行“容成”之道是朝见西王母的重要途径。

在已发现的汉画像中，核心元素为“左右有首，共身四足”的画像不止一二，且大多集中在以西王母为主的仙境中，尤以山东地区最为常见。那为什么单单只有“乐武君画像石”刻有“荣成”这一榜题？台湾学者邢义田提出了一个尝试性的解释：汉代的画像多有一定的格套，不同的内容会依一定的格式化的方式呈现，观者倘若熟悉这些格套，即不需要借助文字榜题的帮助，就能够了解画像的内容。[①] 对此，依据此画像石中“荣成”这一榜题下图像的核心特征，我们大致可以将其他类似造型分为四种组合方式。

二、四种组合方式的容成图像

第一种组合为“头朝外，背无人”型，如出土于山东嘉祥满硐宋山的“东王公、六博游戏、孔子见老子”画像（图6－9）。画面分四层，最上层东王公端坐在中央，接受众神的拜谒；第二层最左端有一双人首兽身怪物，人首位于左右两侧，左右各两足，整体呈“U”字形，与容成形象的核心元素相符。

第二种组合为“头朝外，背一人”型，如出土于山东嘉祥县城南的“西

① 参见邢义田《画为心声：画像石、画像砖与壁画》，中华书局2011年版，第69页。

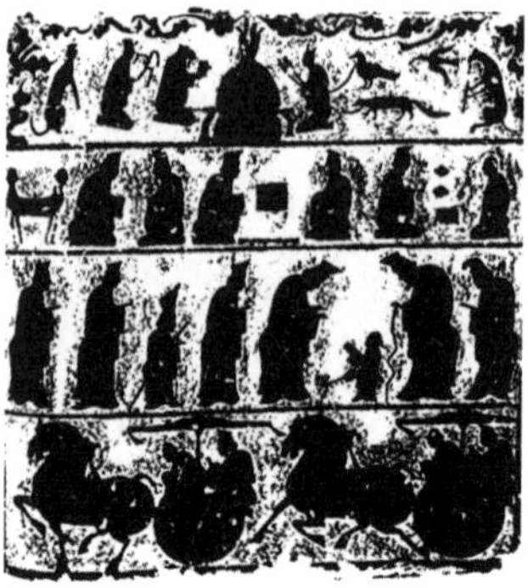

图6-9 “东王公、六博游戏、孔子见老子”画像及其局部
（采自《中国画像石全集》第2卷）

图6-10 “西王母、玉兔、云车、狩猎”画像
（采自《中国画像石全集》第2卷）

图6-11 “双头虎、伏羲、女娲”画像局部
（采自《中国画像石全集》第2卷）

王母、玉兔、云车、狩猎”画像(图6-10)。画面共分五层，西王母正面端坐在首层中央，两侧各有一献仙草者，另有一披发立者和两鸡首人身神，皆手持仙草拜见西王母；第二层中间刻两玉兔捣药的场景，左侧有神鸟拉车，右侧有一双首共身的神兽，背上似立一吹竽仙人，神兽的身后有一位牵三足乌和九尾狐的长发仙人。此图像中的容成形象为人首、兽足、双首皆戴冠，背上一人在演奏乐器，半蹲在背部右侧位置，整体呈“W”形。

第三种组合为“头朝外，背两人”型。目前，在已出土的汉画像中仅发现一例，即上文提到的“乐武君画像石”中的容成(参见图6-6)。画面共分四层，容成高居于第一层的最左端，主要形象为双首同躯，共身之背呈椭圆形，上载两位戴冠男子。

第四种组合为“头朝内，背一人”型，如出土于山东济宁喻屯镇的“双头虎、伏羲、女娲”画像(图6-11)。此容成形象为两人头兽身连体神兽相对而坐，皆戴冠，背中央有一小人像，双手合抱在胸前。除此“人首朝向内侧”的组合方式，其余容成形象头部皆朝向外侧，故此也单独设为一例。

据笔者的统计，共有14幅图像符合“荣成”形象的核心要素。(表6-1)

表6-1　汉画像容成图像一览表

序号	图像	画像石名称	图像特征	出土地区	年代(约)	资料出处
1		东王公、六博游戏、孔子见老子画像	两首朝外，背无人，兽足	山东嘉祥	东汉晚期	《中国画像石全集》第2卷
2		九头人面兽、车骑出行画像	两首朝外，背无人，兽足	山东嘉祥	东汉早期	《中国画像石全集》第2卷

（续表）

序号	图像	画像石名称	图像特征	出土地区	年代（约）	资料出处
3		孝堂山画像（其五）	两首朝外，背无人，兽足	山东长清	东汉中期	《山东汉画像石选编》
4		南武阳皇圣卿阙画像（其四）	两首朝外，背无人，兽足	山东平邑	86 年	《山东汉画像石选编》
5	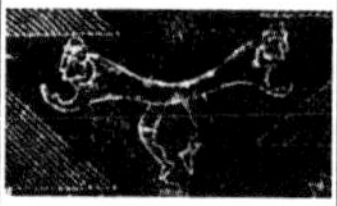	孝堂山石祠画像	两首朝外，背无人，人足	山东长清	东汉中期	《中国汉画像拓片精品集》
6		孔子见老子、械斗、百戏与玄武画像	两首朝外，背无人，龟足①	陕西绥德	东汉中期	朱浒：《“房中”与升仙——汉代“容成”及其图像考》，《中国典籍与文化》2014 年第 2 期
7		西王母、玉兔、云车、狩猎画像	两首朝外，背坐一人，似吹笙，兽足	山东嘉祥	东汉早期	《中国画像石全集》第 2 卷
8		武氏东阙正阙身南面画像	两首朝外，背坐一人，兽足	山东嘉祥	东汉桓帝建和元年（147）	《中国画像石全集》第 1 卷

① 据朱浒《“房中”与升仙——汉代“容成”及其图像考》一文考释，此“双头兽”左右人首均戴冠，面向两侧，双足弯曲且左右各有一足向上，身体连接部分微微向上凸起，似龟背。

（续表）

序号	图像	画像石名称	图像特征	出土地区	年代（约）	资料出处
9		武氏祠左右室东壁上石画像	两首朝外，背坐一有翼神人，兽足	山东嘉祥	东汉桓帝建和二年（148）	《中国画像石全集》第1卷
10		武梁祠东壁画像	两首朝外，左为男性，右为女性，背坐一有翼神人，兽足	山东嘉祥	东汉桓帝元嘉元年（151）	《山东汉画像石选编》
11		西王母、建鼓画像	阴线刻，首朝外，背部偏左站一人，兽足	山东滕州	东汉早期	《中国画像石全集》第1卷
12		M1石祠西壁画像	两首朝外，背一人为西王母，兽足	安徽宿州	东汉晚期	《考古学报》1993年第4期
13	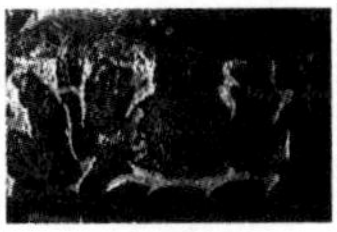	乐武君画像	两首朝外，背两人，兽足	江苏徐州	东汉元和三年（86）	《中国画像石全集》第4卷
14		双头虎、伏羲、女娲画像	两首朝内，背一人，兽足	山东济宁	东汉晚期	《中国画像石全集》第2卷

通过表6-1，我们可以做如下总结：首先，从图像的出土年代来看，大多集中在东汉时期，说明此时人们对容成的崇拜十分兴盛。其次，从地域分布来看，出土于山东地区的容成图像多达11幅，其他容成图像也基

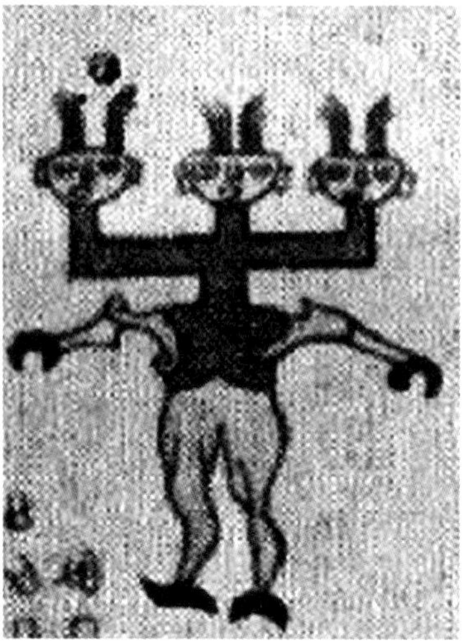

图6－12　长沙子弹库楚墓楚缯书中的春神

本集中在汉画像石“第一分布区”[①] 内的苏北、皖北。再次，以上图像虽都符合荣成形象的核心要素，但在细节上仍存在差别，主要体现在其背上所载之人的数量及身份的不同。

那么，对于这一差异我们该如何理解呢？首先，在上述容成图像中，共有7幅“背一人”的例子（序号分别为7、8、9、10、11、12、14），其本身核心元素为“左右有首”，加上“背一人”，就会在视觉上呈以“三首”的形态。朱浒认为，“三首”的形象可能与长沙子弹库楚墓楚缯书中十二月神中的“春神”（图6－12）同源。[②] 春天是鸟兽孳尾、万物萌发的季节，古人也常借用春天来比喻男女相爱。《周礼·地官·媒氏》载：“中春之月，令会男女，于是时也，奔者不禁。若无故而不用令者罚之，司男女之无夫家者而会之。”[③] 这一带有强迫性质的法律规定，也给“春神”的形象附会上了“男女交合”的性隐喻。

另外，在汉代纬书中，也有关于“三首”形象的记载。《河图扩地象》云：“庸成氏[④] 实有季子，其性喜淫，昼淫于市。帝怒，放之于西南。季子仪马而产子，身人也，而尾蹄马，是为三身之国。”[⑤]《艺文类聚》卷三五引

---

① 第一分布区是由山东省全境、江苏省中北部、安徽省北部、河南省东部和河北省东南部组成的广大区域。参见信立祥《汉代画像石综合研究》，文物出版社2000年版，第13页。

② 参见朱浒《“房中”与升仙——汉代“容成”及其图像考》，《中国典籍与文化》2014年第2期。

③ （清）阮元校刻：《十三经注疏》，中华书局2009年版，第1580页。

④ “庸”与“容”古音相通，“庸成氏”即为“容成氏”。参见武利华《徐州汉画像石通论》，文化艺术出版社2017年版，第294页。

⑤ ［日］安居香山、中村璋八辑：《纬书集成》，河北人民出版社1994年版，第1102页。

《博物志》亦载此事。[1] 上述文献能证明容成这一“三首”的艺术形象总是传递出与性有关的寓意。

在大多数画像石中，容成多与东王公、九头人面兽、玉兔、双头兽、伏羲、女娲、羽人等并列，这些神兽都是西王母仙境的重要组成部分。但表1画像石中有两例较为特殊：一为序号12，该图中的容成共生之背所载之人为西王母，这是在已发现的容成图像中的唯一一例。前文已经论述，西王母是汉人心中高居昆仑山之上的大神，掌管着人们生杀予夺的大权，是得道升仙的最后一步，其崇高的地位自不待言。西王母坐于容成之上，暗示着行“容成之道”亦是实现“延寿无极”的途径之一，且相较于其他需跋山涉水、通过层层考核才能来到西王母的面前，这一修炼方式与日常生活更贴近，更适合祈求长生不死的凡人。二为序号7，图中容成似背载一吹笙者。笙作为一种吹奏类乐器，在战国至汉代曾广泛流行。《云笈七签·轩辕本纪》载：“容成子，有道，知律者，女娲之后。初为黄帝造律历，元起辛卯，至此时造笙以象凤鸣……帝以容成子为乐师。”[2] 由此可见，在不同的语境中，容成有着多重的身份，“乐师”即人们附会在其身上的功能之一，也凸显了时人对其的崇拜热烈而广泛。

此外，“背两人”的例子仅出现在表6-1中的序号13，亦是上文所提及的唯一带有“荣成”这一榜题的“乐武君画像石”。容成出现在该画像石的第一层，这一层的主题显然是“穆天子拜谒西王母”。据《列仙传》载，容成“见于周穆王”，他作为参与人员见证了西王母与周穆王相会的全过程。《穆天子传》卷二曰：“辛卯，天子北征东还，乃循黑水。癸巳，至于群玉之山，容成氏所守。”郭璞注：“即《山海经》玉山，西王母所居也。”[3] 周穆王

---

① 《博物志》曰：“三身国，一头三身三首。昔容成氏有季子，好淫，白日淫于市。帝放之西南，季子妻马生子，人身有尾蹄。”（唐）欧阳询撰，汪绍楹校：《艺文类聚》，上海古籍出版社1965年版，第617页。

② （宋）张君房编：《云笈七签》，齐鲁书社1988年版，第548页。

③ （晋）郭璞注：《穆天子传》，中华书局1985年版，第11页。

喜欢旅游，这在战国文献中多有记述。《左传·昭公十二年》载："昔穆王欲肆其心，周行天下，将皆必有车辙马迹焉。"[①] 穆王在游行过程中，途经群玉之山，于是"取玉三乘，玉器服物，载玉万只"，容成即看守此山的神。《山海经·西山经》云："又西三百五十里，曰玉山，是西王母所居也。"郭璞云："此山多玉石，因以名云。《穆天子传》谓之群玉之山。"[②] 武利华认为，该图中容成与周穆王、西王母同时出现，其"背两人"的形象，还有一重要身份，即看守玉山的神人，四个头是为了便于四处张望。[③]

综上所述，汉画中的容成形象除了"左右有首，共身四足"这一核心元素，还在此基础上衍变出"三首""四首"的形态。"三首"的形态可能来源于古代的春神，其形象的背后也蕴含着与性有关的寓意，与其并列出现的神兽大多与西王母有关，符合通过房中修炼而见西王母以成仙的逻辑。"四首"的形态我们在前文已经论述过，但就整幅画像来说，容成与周穆王、西王母同时出现，他还担任着重要职责——守护玉山。另外，背载吹笙仙人，其或有一身份为"乐师"。汉人将多重身份附会在容成身上，凸显其神通广大，崇拜之情溢于言表。

三、文献记载中的容成形象

在汉画中，容成形象的核心要素是"左右有首，共身四足"，这是一个"非人"的形象。在文献记载中，容成究竟是以何种形象呈现的呢？

《容成氏》是上海博物馆所藏战国竹简文献之一，其存有自上古之帝王容成氏至尧、舜、禹再到西汉周文王、周武王之间诸多君王的传说和事迹，无异于一部简约的上古史。但其所列及的上古帝王与《史记·五帝本纪》的记载出入较大，有学者指出，两者所记述的是古代两种不同的帝

---

① （春秋）左丘明撰，刘利、纪凌云译注：《左传》，中华书局2011年版，第192页。

② 袁珂校注：《山海经校注》，北京联合出版公司2013年版，第45页。

③ 参见武利华《汉画像石"荣成（容成）氏"图像考》，《先秦两汉学术》2010年第11期。

王体系，可能是“炎黄古史传说体系之前的未经整理加工的原生态的古史传说”①。《容成氏》被整理者李零考证为“‘讼成氏’，从文义推测，当是拈取篇首帝王名中的第一个名字而题之”②。《庄子·胠箧》载：“昔者容成氏、大庭氏、伯皇氏、中央氏、栗陆氏、骊畜氏、轩辕氏、赫胥氏、尊卢氏、祝融氏、伏牺氏、神农氏，当是时也，民结绳而用之。”③《淮南子·本经训》全篇用太清之治、至人及容成氏、尧舜治世与衰世、晚世、桀纣治世做对比研究，突出想要治理好国家所需要面对的问题之根本，开启了对容成统治天下时民生概况的叙述。文献与出土实物证明，上古时期容成有可能以帝王的形象示人。

《世本》载：“容成作历，大桡作甲子”，“二人皆黄帝之臣，盖自黄帝以来，始用甲子纪日，每六十日而甲子一周”。④《吕氏春秋·勿躬》篇阐明“圣王在上”的原因是“圣王不能二十官之事，然而使二十官尽其巧，毕其能”，这“二十官之事”就有“大桡作甲子”和“容成作历”。⑤《淮南子·修务训》曰：“昔者仓颉作书，容成造历，胡曹为衣，后稷耕稼，仪狄作酒，奚仲为车，此六人者，皆有神明之道，圣智之迹。”高诱注：“容成，皇帝臣，造作历，知日月星辰之行度。”⑥上述材料均将容成看作辅佐黄帝的大臣之一，历法的创造者，具有超人的才智，是圣人治理天下的依靠。《拾遗记》卷八亦载：“风后、容成，皆黄帝之史。”⑦在流传于黄山一带的仙话中，容成也是以辅臣的身份陪同黄帝去往江南黟山找寻炼丹之仙境，以求超脱凡尘，成仙不老。如今黄山七十二峰中的轩辕峰、容成峰，就是

---

① 姜广辉：《上博藏简〈容成氏〉的思想史意义》，《中国社会科学院院报》2003年1月23日。
② 马承源：《上海博物馆藏战国楚竹书》（二），上海古籍出版社2002年版，第249页。
③ 王先谦：《庄子集解》，载国学整理社编《诸子集成》（第三册），中华书局1954年版，第61页。
④ 徐韶杉编著：《周易基础理论与应用》，华中科技大学出版社2014年版，第42页。
⑤ （秦）吕不韦编撰，陆玖译注：《吕氏春秋》，中华书局2011年版，第594—595页。
⑥ （汉）刘安撰，陈广忠译注：《淮南子》，中华书局2012年版，第1142—1143页。
⑦ （晋）王嘉撰，孟庆祥、商媺姝译注：《拾遗记译注》，黑龙江人民出版社1989年版，第237页。

纪念他们的。[①]

而在《列仙传》中，容成摇身一变，“顺察天地之道”，“能善补导之事”，既是“黄帝师”，又是“老子师”。这一身份的变化究竟缘于何处？陈国符的《道藏源流考》指出：“《洞真太上太霄琅书》卷九曰：‘七经之道：玄、素、黄帝、容成、彭铿、巫咸、陈赦、习学七经，演述阴阳。’”[②]所谓“七经”，即“房中七经”，是道教盛称的房中经典。“容成”，即《抱朴子·遐览》著录的《容成经》[③]，“其前身或即《汉书·艺文志》房中家著录的《容成阴道》”[④]。在马王堆房中医书《十问》中，黄帝问于容成“治气抟精之道”，“治气有经，务在积精，精盈必写（泻），精出必补”。[⑤]此“接阴之道”，乃阴阳交合房中之术，“可能仍是《容成阴道》中之片段”[⑥]。由此看来，在汉代，依托容成而作的房中术一度非常流行。

《列子·汤问》载：“唯黄帝与容成子居于空峒之上。”[⑦]《艺文类聚》卷九七引《列子》作“广成子”，王叔岷因谓“容成公亦称容成子，盖即广成子”[⑧]。且“‘容’字上古音属东部馀纽，‘广’字为阳部见纽，东、冬、阳三部互通为上古楚方言的特色”[⑨]，“容成子”与“广成子”实有可能为一人。

《庄子·在宥》云：

> 黄帝立为天子十九年，令行天下，闻广成子在于空同之上，故往

---

① 参见郑土有、陈晓勤编《中国仙话》，上海文艺出版社1990年版，第75—79页。
② 陈国符：《道藏源流考》，中华书局1963年版，第369页。
③ 张松辉译注：《抱朴子内篇》，中华书局2011年版，第606页。
④ 李零：《中国方术续考》，中华书局2006年版，第270页。
⑤ 宋书功编著：《中国古代房室养生集要》，中国医药科技出版社1991年版，第25页。
⑥ 饶宗颐：《（传老子师）容成遗说钩沉——先老学初探》，《北京大学学报（哲学社会科学版）》1998年第3期。
⑦ 张湛：《列子注》，载国学整理社编《诸子集成》（第三册），中华书局1954年版，第54页。
⑧ 王叔岷：《列仙传校笺》，中华书局2007年版，第14页。
⑨ 邴尚白：《〈容成氏〉的篇题及相关问题》，载朱渊清、廖名春《上博馆藏战国楚竹书研究续编》，上海书店出版社2004年版，第368页。

见之。曰："我闻吾子达于至道，敢问至道之精。吾欲取天地之精，以佐五谷，以养民人……"

广成子南首而卧，黄帝顺下风膝行而进，再拜稽首而问曰："闻吾子达于至道，敢问治身奈何而可以长久？广成子蹶然而起，曰："善哉问乎！来，吾语女至道。至道之精，窈窈冥冥。至道之极，昏昏默默。无视无听，抱神以静，形将自正，必静必清，无劳女形，无摇女精，乃可以长生……"[①]

《神仙传》述广成子之事基本源于此。黄帝两次前去崆峒山拜访广成子，目的在于掌握治命修身之道，以求"与日月齐光，与天地为常"。另此段与《老子》相较，也多有雷同之处。"抱神以静，形将自正"，《老子》谓："不欲以静，天地将自定"[②]；"必静必清"，《老子》云："孰能浊以静之，徐清"[③]；"可以长久""可以长生"，《老子》曰："长生久视之道"[④]。"倘《庄子·在宥》之广成子即容成公，则老子之说，部分取自容成。"[⑤]

依《列仙传》所载，容成"取精于玄牝，其要谷神不死"，所行之事与"好养精气，接而不施"[⑥]的老子一样。唐陆德明说："老子学于容成。"[⑦]清俞樾《庄子人名考》云："《汉书·艺文志》阴阳家有《容成子》十四篇，房

---

① 王先谦：《庄子集解》，载国学整理社编《诸子集成》（第三册），中华书局1954年版，第64—65页。

② （魏）王弼：《老子注》，载国学整理社编《诸子集成》（第三册），中华书局1954年版，第21页。

③ （魏）王弼：《老子注》，载国学整理社编《诸子集成》（第三册），中华书局1954年版，第8页。

④ （魏）王弼：《老子注》，载国学整理社编《诸子集成》（第三册），中华书局1954年版，第36页。

⑤ 饶宗颐：《（传老子师）容成遗说钩沉——先老学初探》，《北京大学学报（哲学社会科学版）》1998年第3期。

⑥ 王叔岷：《列仙传校笺》，中华书局2007年版，第18页。

⑦ （唐）陆德明撰，黄焯断句：《经典释文》，中华书局1983年版，第356页。

中家又有《容成阴道》二十六卷，此即老子之师也。”[①] 实则老子书中已有多处，涉及阴道之事。《老子》第五十五章载：

> 含德之厚，比于赤子。毒虫不螫，猛兽不据，攫鸟不搏。骨弱筋柔而握固。未知牝牡之合而全作，精之至也。终日号而不嗄，和之至也。知和曰常，知常曰明。益生曰祥。心使气曰强。物壮则老，谓之不道，不道早已。[②]

“从养生学意义来看，此处之‘德’即元精，是一种构成人体生命的基本物质。”[③] 人体生命是由于牝牡之合，亦即由性活动产生的，而性合之源则在于精，精是生命之本。初生的婴儿“毒虫不螫，猛兽不据，攫鸟不博”，筋骨柔软拳头却握得很紧，终日哭号而喉咙不会沙哑，其生命力旺盛的原因在于精气充沛。固需惜精爱气，不可“益生”“使气”，节制性欲，方能“厚如赤子”。

综上所述，上古史中的容成虽具有多重身份，但到了汉代，随着黄老之学的盛行，容成之法这一能够强身健体、益寿延年的秘密修炼方式被道教吸收，转而成为升仙的方式之一。在《列仙传》中，专善房中术的容成公，成了“好养精气，贵接而不施”的老子、“欲取天地之精，以养民人”的黄帝之师，他们的成仙秘诀都在于恪守生命的自然规律、保养真气，使之永恒不变。而“乐武君画像石”作为唯一一例带有“荣成”榜题的图像，十分难得地保存了汉代修炼房中术得以成仙的信仰。依其核心元素而组合变化的容成图像，虽有多重身份的影射，但最主要的仍是作为符号化的象

---

① 邴尚白：《〈容成氏〉的篇题及相关问题》，载朱渊清、廖名春《上博馆藏战国楚竹书研究续编》，上海书店出版社2004年版，第367页。

② （魏）王弼：《老子注》，载国学整理社编《诸子集成》（第三册），中华书局1954年版，第33—34页。

③ 宋书功编著：《中国古代房室养生集要》，中国医药科技出版社1991年版，第2页。

征，承载着人们通过修炼“房中术”，最终得道升仙、长生不死的美好愿望。

第三节　老子形象的呈现

老子是中国古代文化史上一个充满神秘色彩的人物。他是先秦道家思想的创始人，同时也是先秦诸子百家的重要启蒙者，关于其人其书及其道论的考辨自太史公之时直至今日犹未止息。从先秦到东汉，老子由一个历史上的哲学宗派开山祖，转化为先天地而生、与道合一的神，最后成为道教的教主，这是一个历史的衍化过程。在老子形象的变化过程之中，文本资料、图像都发挥了重要的作用。有关老子的传说，经过文人的记述、加工，最终以文本的形式流传于世；而以视觉图像叙述历史的汉画像，更是老子仙化的直观呈现。

一、“人形”老子形象

关于两汉时期的老子形象，最常见的当属“孔子见老子”画像石，其分布广泛，主要见于黄河中下游与长江中下游的陕西、河南、山东、四川和江苏等广大地区，其中尤以山东地区数量最多，约占已确认“孔子见老子”画像总数的80%。[①] 据姜生考证，尚有更多画像属于这一内容，只是因其表现形态变化不易为人所鉴别。其载体除画像石外，也有少数画像砖和彩绘壁画。[②]

石刻画像“孔子见老子”的创作主题虽一致，但从画面中的构图形式来看，大致可以分为四类。

---

① 参见李强《汉画像石〈孔子见老子图〉考述》，《华夏考古》2009年第2期。

② 参见姜生《汉画孔子见老子与汉代道教仪式》，《文史哲》2011年第2期。

图6-13 “孔子见老子、车骑出行”画像（采自《中国画像石全集》第2卷）

图6-14 “孔子见老子、丽姬故事”画像局部（采自《中国画像石全集》第2卷）

一是孔子率门下众多弟子拜谒老子。这类画像一般场面宏大，人数众多。如出土于嘉祥县城西南齐山的“孔子见老子”画像（图6-13），画面分上下两层，上层残损，刻“孔子见老子”画像一列共30人，有明确榜题的共有4人，分为老子、孔子、颜回、子路。老子拄曲杖，躬身与孔子相对，头顶上方刻有一大雁，大雁头部朝向孔子；前有一童子手推独轮小车，应为项橐[①]；后有7人站立，除去漫漶不清的部分，其余人皆手捧简册。孔子宽衣博带，袖中藏雁，面向老子躬身，身后有颜回、子路等弟子一行21人。

二是孔子拜谒老子的整个画像呈现的人数较少，至多四五人，场面不似第一种那般恢宏。如出土于嘉祥满硐宋山的“孔子见老子、丽姬故事”画像（图6-14）。画面共分四层，这里选取第二层局部的“孔子见老子”图像。画像中列有5人，左侧手拄曲杖者为老子，身前少年为项橐，其一手推独轮车，一手指向孔子，孔子身后有两人跟随。

三是画面上只刻有孔子、老子与项橐。如出土于嘉祥纸坊镇的“高禖、伏羲、女娲、孔子见老子、升鼎”画像（图6-15）。画面共分三层，这里选取第二层局部的“孔子见老子”图像。画像中列有3人，老子、孔子有明

图6-15 “高禖、伏羲、女娲、孔子见老子、升鼎”画像局部
（采自《中国画像石全集》第2卷）

① “孔子见老子”画像分有榜题和无榜题两种，大多不注明他们之间儿童的姓名。山东平阴县出土的“孔子见老子”图像中儿童头上方有榜题“太□诧”（见平阴县博物馆《山东平阴县实验中学出土汉画像石》，《华夏考古》2008年第3期）。邢义田即以和林格尔、平阴“孔子见老子”图像中儿童上方残留榜题为据，推断该儿童为项橐。

图6-16 “孔子问礼”画像（采自《中国画像石全集》第7卷）

确榜题，老子居左，孔子居右，两人头戴进贤冠，身披长袍，各拄一曲杖相对，躬身而立，中间矮者为项橐。

四是画面上仅孔子和老子二人相向而立。此类构图形式不比前三种，在画像石“孔子见老子”图像中较为少见。这里以出土于四川新津崖墓的“孔子问礼”画像为代表（图6-16）。画面所画7人可分为三部分，第二部分为孔子问礼的故事。孔子左向执贽向老子躬身问候，老子右向拱手相迎。

综上所述，在汉画像“孔子见老子”图像中，老子的形象基本相同：头戴进贤冠，手执曲杖，躬身与孔子相对。在孔子和老子的头部之间，经常刻有一只大雁，大雁头部朝向孔子，尾部朝向老子；孔子的手中也提有一只较小的雁。《仪礼·士相见礼》曰：“下大夫相见以雁。”① 大雁很可能是孔子拜见老子时所带的礼物，而老子则回赠给孔子更大的雁。除去第四类，画面上仅刻有孔子、老子相向而立，其他画像中基本皆有一矮者，即项橐。

汉画像是汉代人流行观念的具体呈现，“孔子见老子”画像之所以数量众多，分布广泛，与其故事在民间的广为流传有着密切的关系，“《孔子

---

① （清）阮元校刻：《十三经注疏》，中华书局2009年版，第2107页。

见老子图》佐证了'孔子问礼于老子'之说的真实存在"[①]。一般而言，汉代人相信孔子曾向老子（老聃）求教、问礼或问道，这在先秦、两汉的典籍中皆有记载。《庄子》外篇《天地》《天道》《天运》《田子方》《知北游》都载有孔子见老聃的故事。《天道》篇提及老子，或曰老聃，或曰老子；《天运》篇中老聃与老子这两个名字出现在同一段落的对话中。这两篇都将老子、老聃视为同一个人。《吕氏春秋·当染》载："孔子学于老聃。"[②]《礼记·曾子问》记有孔子之语："昔者吾从老聃助葬于巷党，及堩，日有食之"[③]。《韩诗外传》卷五云："臣闻黄帝学乎大坟，颛顼学乎禄图……仲尼学乎老聃。"[④]《史记·老子韩非列传》："孔子适周，将问礼于老子。"[⑤]《史记·孔子世家》谓孔子"适周问礼，盖见老子云"[⑥]。《史记·仲尼弟子列传》载："孔子之所言事，于周则老子。"[⑦] 此后，东汉王符《潜夫论·赞学》《白虎通·辟雍》等皆言"孔子师老聃"。《列仙传》云："仲尼至周，见老子，知其圣人，乃师之。"[⑧]

老聃是否为老子？司马迁在《史记》中提出三个"老子"，而汉代一般人似乎不像其那般深究。以目前所见，汉画像榜题都作"老子"，无一作"老聃"，可知汉代文献虽多称孔子学乎老聃，实则在汉代人的心中，多视老子与老聃为一人。

孔子与老子在历史上是否真的见过面，后人一直持有疑问，但"这事在汉代既见于经书，也见于史传、杂记，汉代人几乎没有不相信的"[⑨]。1992年，安徽亳州文物部门在鹿邑太清宫镇东北方向5千米的安溜镇发现

---

① 李强：《汉画像石〈孔子见老子图〉考述》，《华夏考古》2009年第2期。

② （秦）吕不韦编撰，陆玖译注：《吕氏春秋》，中华书局2011年版，第56页。

③ （清）阮元校刻：《十三经注疏》，中华书局2009年版，第3032页。

④ （汉）韩婴撰，许维遹校释：《韩诗外传集释》，中华书局1980年版，第195—196页。

⑤ （汉）司马迁：《史记》，中华书局2000年版，第1702页。

⑥ （汉）司马迁：《史记》，中华书局2000年版，第1540页。

⑦ （汉）司马迁：《史记》，中华书局2000年版，第1735页。

⑧ 王叔岷：《列仙传校笺》，中华书局2007年版，第18页。

⑨ 邢义田：《画外之意：汉代孔子见老子画像研究》，三民书局2018年版，第74页。

图6-17　武氏祠前石室后壁东段承檐石画像局部
（采自《中国画像石全集》第1卷）

"问礼宫石刻"，所指之处即孔子问礼于老子处。[①] 今鹿邑县城西街存有明代"孔子问礼处"石碑，孔子曾由楚国出发途经亳州安溜镇再到鹿邑问礼于老子，两处出土实物构成了完整的"孔子见老子"线索。孔子拜老子在民间广为流传，所以成为鲁南画像石常见的题材之一。[②]

不同地区的"孔子见老子"画像呈现基本一致的特点，是由于有了固定的模式和统一的形式内容，也说明其表达的思想是大致相同的。对于"孔子见老子"图像内容的解读，一些学者将其视为巩固封建社会政治统治的需要，是意识形态的产物。还有一些学者认为这是对孔子好学精神的热烈歌颂，是人们效仿学习的楷模。但他们忽略了一点，即在汉代"独尊儒术"的思想背景下，为何出现孔子独自或率众弟子躬身拜谒老子的画面，

① 《史记》载老子为"楚苦县厉乡曲仁里人"，《括地志》云："苦县在亳州谷阳县界。有老子宅及庙，庙中有九井尚存，在今亳州真源县也。"苦县本属陈国，楚惠王十一年（前666）之时，楚灭陈，所以苦县归楚，故曰"楚苦县"。"厉"古音读"赖"，所以"厉乡"亦作"赖乡"或"濑乡"。晋《太康地记》云："苦县城东有濑乡祠，老子所生地也。"

② 参见李锦山《鲁南汉画像石研究》，知识产权出版社2008年版，第363—366页。

图6－18　“东王公、六博游戏、孔子见老子”画像局部
（采自《中国画像石全集》第2卷）

且态度如此谦卑？

仔细观察上述汉画像中老子、孔子的位置排列，发现老子常居于左，孔子居于右。在我国传统礼节中，一般认为“左为尊，右为卑”，如老子曰：“圣人执左契，而不责于人”。《史记·魏公子列传》载：“公子从车骑，虚左，自迎夷门侯生”[①]，即乘车时要空出左边的位置以示对他人的尊重。当然，也有少数图像将两者位置对调。如武氏祠前石室后壁东段承檐石画像（图6－17），拱手向右恭立之人榜题为“孔子也”，其右一人扶杖，与孔子对语，榜题为“老子”。再如嘉祥满硐宋山出土的“东王公、六博游戏、孔子见老子”画像（图6－18），画面第三层刻“孔子见老子”，图中拄曲杖者为老子，老子居于孔子右侧，孔子率众弟子躬身与老子相对。这两幅画像石皆出土于山东地区。山东作为孔子的故乡及儒家思想传播的核心地区，民间艺人所做的画像石，必是上层意识形态的集中体现。制作该图的中心理念即在石刻画像上突出孔子的虚心好学以及上下、尊卑等儒家观念，坚定儒家思想的正统主导地位。然而此种位置排列方式数量较少，且集中在山东地区。

另外，前文已经指出，“孔子见老子”图像的构成除孔子、老子之外，

① （汉）司马迁：《史记》，中华书局2000年版，第1864页。

几乎不可少的是项橐，且整幅画面多呈现孔子与老子、项橐相对，似乎显示出孔子以老子和项橐为师或向二人求教。孔子以七岁童子项橐为师之说在文献中多有记述。《战国策·秦策五》载："项橐生七岁而为孔子师。"[①]《史记·甘茂列传》亦有"大项橐生七岁为孔子师"[②]的记载。总而言之，从老子常居左、孔子居于右及老子与项橐同处图像一侧且一同接受孔子拜谒的情况来看，"孔子见老子"图像还表现出"老子位尊，孔子位卑"这一事实。

老子为何会以孔子之师的形象出现？顾颉刚认为"这不是讹传的谣言，乃是有计划的宣传"[③]。道家学派在发展之初势力较猛，但相较于儒家似乎总有些心有余而力不足。"道教实源于道家，及古代以来方士神仙之说，其先皆托于老子。"[④]修道之徒将老子奉为祖先神，他们试图将老子与儒家之祖孔子联系在一起，制造出孔子曾向老子请教的故事，目的在于争取话语权，以吸引更多的信徒。实际上，在先秦的典籍中，老子一直是一位富有智慧，较孔子高明的人物。《韩非子》中的《解老》《喻老》两篇都将老子所说的"无为"视为法治的最高境界。《吕氏春秋·贵公》载有这样一则轶事：

> 伯禽将行，请所以治鲁。周公曰："利而勿利也。"
>
> 荆人有遗弓者，而不肯索，曰："荆人遗之，荆人得之，又何索焉？"孔子闻之曰："去其'荆'而可矣。"老聃闻之曰："去其'人'而可矣。"故老聃则至公矣。[⑤]

《贵公》的作者借孔子回应遗弓之事及老聃评孔子的回应，凸显出老聃

① （汉）高诱注：《战国策》（第一册），商务印书馆1958年版，第63页。
② （汉）司马迁：《史记》，中华书局2000年版，第1823页。
③ 顾颉刚：《汉代学术史略》，人民出版社2008年版，第28—29页。
④ 傅勤家：《中国道教史》，商务印书馆2011年版，第11页。
⑤ （秦）吕不韦编撰，陆玖译注：《吕氏春秋》，中华书局2011年版，第22页。

的境界较孔子更为高远，更大公无私。

汉武帝以后“独尊儒术”，孔子的地位日益提高，但还未达到绝对尊崇的地位。孔子、老子的政治思想虽存有不小的分歧，但汉初学者从韩婴、贾谊、陆贾到一代儒学大师董仲舒都受到黄老思想不小的影响。他们并不排斥老子，甚至将老子的学说融入自己的思想。[①] 汉儒几乎无人不读《老子》。他们“将《老子》五千言和五经一样称作‘经’，为之作经传、经说，作章句，这是《汉书·艺文志》著录中除了儒家，其他诸子所没有的待遇”[②]。由此可见，老子在汉代具有特殊的地位。且自先秦以来，儒、道两家皆以为治国之道与治身之道是相通的，而治国可以从治身做起。[③] 儒家言修身，看重正心诚意，成就道德上的修为；老子及道家注重长生久视，甚至超然物外，成仙不死。汉儒既重视修身，也讲究养生。《韩诗外传》云：“君子有辩善之度，以治气养性，则身后彭祖。修身自强，则名配尧禹。”[④] 而《史记》载老子“以其修道而养寿也”[⑤]。传说中讲求长生养寿之术的老子，在民间无疑要比孔子更具吸引力。

《庄子·养生主》载：“老聃死，秦失吊之，三号而出。”[⑥] 从这一记载来看，在先秦时期，世人认为老子和凡人一样，并非长生不死。司马迁在《史记》中对老子的年龄有这样的描述：“盖老子百有六十余岁，或言二百余岁”[⑦]。历史传说的真伪至今是学术界争论的焦点，严谨的太史公用“盖”“或”叙述老子的年龄，至少可以表明老子从一位博学的哲人身份转为因向善、养生而长寿的形象在西汉已被普遍接受。不过，正是由于司马

---

① 参见金春峰《汉代思想史》，中国社会科学出版社1987年版，第52—71页。

② 邢义田：《画外之意：汉代孔子见老子画像研究》，三民书局2018年版，第74页。

③ 参见冯友兰《中国哲学史新编》（第二册），人民出版社1984年版，第197—215页。

④ （汉）韩婴撰，许维遹校释：《韩诗外传集释》，中华书局1980年版，第7页。

⑤ （汉）司马迁：《史记》，中华书局2000年版，第1703页。

⑥ 王先谦：《庄子集解》，载国学整理社编《诸子集成》（第三册），中华书局1954年版，第20页。

⑦ （汉）司马迁：《史记》，中华书局2000年版，第1703页。

图6-19　陕西靖边老坟梁汉墓壁画
（采自《2008中国重要考古发现》）

图6-20　“孔子见老子、龙、虎、人物”石椁画像局部
（采自《中国画像石全集》第2卷）

迁带有疑问性质的记录，使老子的神秘性展露无遗。

在陕西靖边老坟梁四十二号西汉中晚期至王莽时代墓出土的“孔子见老子”壁画中（图6-19），使老子戴进贤冠，手执曲杖，有榜题“老子”，其右为项橐，项橐上方有云气纹。

同样的情形出现在山东滕州官桥镇车站村的东汉“孔子见老子、龙、虎、人物”石椁画像上（图6-20）。画面左下一拄杖老者为老子，中间推轮车者乃项橐，右为孔子。他们的身旁各有鸟、异兽和缭绕的云气纹。

邢义田认为：“熟悉汉代装饰性艺术的人都知道，飞鸟、珍禽异兽和云气是汉人用以描绘或衬托祥瑞、天上、非现实世界或神仙世界不可少的元素。”[①] 那么，上述画像中的老子是否不再是凡夫俗子，而已经具有了神仙的品格呢？

东汉初年，桓谭的《新论·祛蔽》载：“老子用恬淡养性，致寿数百岁，今行其道，宁能延年却老乎？”[②] 这或是现存最早将老子与求仙联系在一

① 邢义田：《画为心声——画像石、画像砖与壁画》，中华书局2011年版，第429页。
② （汉）桓谭撰，朱谦之校辑：《新辑本桓谭新论》，中华书局2009年版，第32页。

起的文献记载。《论衡·道虚》载:“世或以老子之道为可以度世,恬淡无欲,养精爱气。夫人以精神为寿命,精神不伤,则寿命长而不死。成事,老子行之,逾百度世,为真人矣……或时老子,李少君之类也,行恬淡之道,偶其性命亦自寿长。”[①] 世人将老子与李少君归为一类,认为其乃知神仙之术的方士;称其为渡世的真人,则已经明明白白视老子为神仙了。

早在战国时期,《庄子》中就有将老子与“古之博大真人”联系在一起之说。《庄子·天下》载:“以本为精。以物为粗。以有积为不足。澹然独与神明居。古之道术有在于是者。关尹、老聃闻其风而悦之。建之以常无有。主之以太一。以濡弱谦天下为表。以空虚不毁万物为实……关尹老聃乎。古之博大真人哉。”[②] 何谓真人?《庄子·大宗师》这样描述:“古之真人,不逆寡,不雄成,不谟士。若然者,过而弗悔,当而不自得也。若然者,登高不栗,入水不濡,入火不热。是知之能登假于道也若此。古之真人,其寝不梦,其觉无忧,其食不甘……古之真人,不知说生,不知恶死;其出不欣,其入不距;翛然而往,翛然而来而已矣……”[③]“登高不栗”“入水不濡”“入火不热”“不知说生”“不知恶死”,对“真人”的描述已然具有了后世神仙的特性。翦伯赞说:“庄子所谓‘真人’就是仙人。因为他所说的真人是‘乘云气,御飞龙,而游于四海之外’不居在中国本土,并是餐风饮露,不必吃饭就可以活,入水不湿,入火不热,任何刑罚也不得死。”[④]

东汉晚期,汉桓帝刘志因“好神仙事”,多次祭祀老子。此时的老子已被认为是知晓神仙之术或长生不死的神仙,甚至是超越神、人之上,与“道”合一的宇宙本原。这可以从边韶受桓帝之命所作的《老子铭》中清楚地看出来:

---

① (汉)王充:《论衡》,上海人民出版社1974年版,第113页。

② 王先谦:《庄子集解》,载国学整理社编《诸子集成》(第三册),中华书局1954年版,第221页。

③ 王先谦:《庄子集解》,载国学整理社编《诸子集成》(第三册),中华书局1954年版,第37—38页。

④ 翦伯赞:《秦汉史》,北京大学出版社1983年版,第8页。

以老子离合于混沌之气，与三光为终始。观天作谶（缺）降升斗星，随日九变，与时消息，规矩三光。四灵在旁，存想丹田，大一紫房，道成身化，蝉蜕渡世。自羲农以来（缺）为圣者作师……[1]

老子不但是“道成身化，蝉蜕渡世”的仙人，更“与时消息，规矩三光”，能够超越时间的限制，在古今之间变幻无常。其自羲农（伏羲和神农的并称）以来，历为圣者之师，且统御日、月、星辰，是天上和人间的主宰。

汉代道家文献直称“老子者，道也”，《老子想尔注》明确称老子为“太上老君”[2]。至此，在汉代人的眼中，老子已是超越一切、永恒不朽的“道”的化身。而“道甚大，教孔丘为知”，“孔子见老子”画像能够频繁地被植入有限的墓葬空间，是因为人们相信老子是道教最高的神祇。孔子作为儒学的领袖，也虚心向老子求仙问道。汉墓的墓主人，不但追随孔子的步伐，而且也拜谒老子，以期和老子一样化为不死的仙人。

“孔子见老子”图像大多出现在东汉，西汉晚期的河南洛阳烧沟61号汉墓壁画中（图6-21），孔子、老子被刻画在象征天界的三角形的最下边，表明死者将经过此处升入仙界。[3]

老子被等同于“道”而受到世人的膜拜。《列仙传》中老子在过函谷关之时，“关令尹喜待而迎之，知真人也，乃强使著书。作道德上下经二卷”[4]。《史记》中亦有“至关，关令尹喜曰：‘子将隐矣，强为我著书。’于是老子乃著书上下篇，言道德之意五千余言而去，莫知其所终”[5]的记载，汉画像“孔子见老子”图像中有弟子手捧简册，很有可能是想向老子请教《道德经》。

---

① （宋）洪适：《隶释　隶续》，中华书局1985年版，第36页。

② “老君”是对老子神化后的尊称。参见姜生《汉帝国的遗产：汉鬼考》，科学出版社2016年版，第458页。

③ 参见姜生《汉帝国的遗产：汉鬼考》，科学出版社2015年版，第455页。

④ 王叔岷：《列仙传校笺》，中华书局2007年版，第18页。

⑤ （汉）司马迁：《史记》，中华书局2000年版，第1702页。

图6-21　河南洛阳烧沟61号汉墓壁画（采自《洛阳古代墓葬壁画》上卷）

综上所述，“孔子见老子”画像中的老子虽以常人的姿态出现，但已具有了神仙的品格。正如邢义田所说：“画像无意于刻画个别人物在容貌上具有个性的特征，主要反映他们在特定意义脉络下所扮演的角色、理念和道德典型。”[①] 汉代人视老子为神仙，希望通过拜谒老子而得“道”。

二、“鸟喙”老子形象

汉画“孔子见老子”中的老子基本为头戴进贤冠，手执曲杖，躬身与孔子相对。虽保持“人形”，实则已具有神仙的品格。而根据《老子圣母碑》所云，老子等同于道，生于无形，不可名状，说明最迟在东汉明帝、章帝之时，关于老子“变化”的说法就已经问世了。

成书于延熹八年（165）之前的《老子变化经》中，老子说：“吾变易身形，讬死更生，周流四海……”[②] 阮籍《大人先生传》言：“夫大人者，乃与造物同体，天地并生，逍遥浮世，与道俱成，变化散聚，不常其形。”[③]

---

① 邢义田：《画外之意：汉代孔子见老子画像研究》，三民书局2018年版，第141—142页。
② 《藏外道书》第21册，巴蜀书社1992年版，第2页。
③ （三国魏）阮籍撰，陈伯君校注：《阮籍集校注》，中华书局1987年版，第165页。

图6-22　陕西百子村东汉墓壁画局部“鸟喙人身”老君（采自《壁上丹青——陕西出土壁画集》上册）

《老子想尔注》载：“一者道也……散形为气，聚形为太上老君，常治昆仑，或言虚无，或言自然，或言无名，皆同一耳。”[①]所谓“变化散聚，不常其形”与《老子想尔注》中“一散形为气，聚形为太上老君”的说法有异曲同工之妙。西汉以后，“变形”成为汉代宗教神学体系的重要思想之一，“老子者，道也”，“道”的“变化”性和老子“变形”两者是同一个概念。《周易参同契》卷下说“服食九鼎”之药则“化洽无形……变形而仙”[②]，时人相信人成仙则必变形，一如老子的“道成身化，蝉蜕渡世”。那么，变形之后的老子是以何种形象呈现的呢？

道教著作《抱朴子内篇·杂应卷》中保存了东汉以来人们关于老君“真形”[③]以及“散形”、“聚形”的最早认知，其载：“老君真形者，思之，姓李名聃，字伯阳，身长九尺，黄色，鸟喙，隆鼻，秀眉长五寸，耳长七寸，额有三理上下彻，足有八卦，以神龟为床，金楼玉堂，白银为阶，五色云为衣，重叠之冠，锋铤之剑……”[④]唐代马总《意林》卷四有载述：“老君，姓李名聃字伯阳，长九尺，黄色，鸟喙，隆鼻，眉五寸，住金楼玉堂。”[⑤]在陕西百子村的东汉壁画中（图6-22），有一“红头鸟喙、身着黄色服饰”的“鸟喙人身”形象，与后世文献记述中的老君“真形”不谋而合。

---

① 饶宗颐：《老子想尔注校证》，上海古籍出版社1991年版，第12页。

② 《道藏》（第20册），文物出版社、上海书店、天津古籍出版社1988年版，第91页。

③ 道教所谓“真形”是指得道者经过“失人之本，更受异形”所成“仙真”之形，非谓真假也。参见姜生《汉帝国的遗产：汉鬼考》，科学出版社2015年版，第146页。

④ 张松辉译注：《抱朴子内篇》，中华书局2011年版，第493页。

⑤ 《道藏》（第32册），文物出版社、上海书店、天津古籍出版社，1988年版，第512页。

出土于山东临沂金雀山的西汉晚期帛画，顶端刻天界之景，四周祥云缭绕，日月相对，日中有金乌，月中有蟾蜍，日月下方刻三座仙山。据曾布川宽考释，该图中的三座仙山为昆仑山。[①]三山前方建筑物内的中心位置刻一妇人似西王母，其向右端坐，正接受四位侍女的拱手跪拜。位于第四组最左边有一鸟喙、人身、人面的头戴高冠者（图6–23），与上述壁画中的“鸟喙人身”形象无异，可能为“变形”之后的老君。只见其向左拱手施礼，脚面前有一布袋，疑是古人为了方便携带经书所用的“瓠庐”[②]。《尚书帝验期》曰：“王母之国在西荒。凡得道受书者，皆朝王母于昆仑之阙。”[③]老子脚前的布袋，可能装有授予得道之人的书，这是拜见西王母踏至天庭前的最后一步。《列仙传》中，因将“道等同于生死”而被列入仙班的老子，是汉人成仙路上的重要一环，承载着汉人得道升仙的终极梦想。

图6–23　山东临沂金雀山西汉晚期帛画中的老君形象局部（采自刘家骥、刘炳森《金雀山西汉帛画临摹后感》，《文物》1977年第11期）

那么，汉画中所出现的“鸟喙人身”形象是否皆为老子呢？《白虎通义》“圣人篇”说“圣人皆有异表”[④]。《尚书帝命验》说：“禹身长九尺有

① 参见［日］曾布川宽《向往昆仑山的升仙：古代中国人描绘的死后世界》，刘晓路译，载中国社会科学院简帛研究中心编《简帛研究译丛》（第二辑），湖南人民出版社1998年版，第321页。

② 参见姜生《汉帝国的遗产：汉鬼考》，科学出版社2015年版，第149页。

③ ［日］安居香山、中村璋八辑：《纬书集成》，河北人民出版社1994年版，第387页。

④ （汉）班固纂集，陈立疏证，吴则虞注解：《白虎通疏证》，中华书局1994年版，第337页。

图6-24　乐武君画像石局部“鸟喙人身”老子
（采自《中国画像石全集》第4卷）

余，有只虎鼻、河目、骈齿、鸟喙、耳三漏。”[①]《吕氏春秋·慎行论》载：“禹……南至交趾、孙朴续樠之国，丹粟、漆树、沸水、漂漂、九阳之山，羽人、裸民之处，不死之乡。”[②]高诱注：“南方积阳，阳数极于九，故曰九阳之山也。……羽人、鸟喙，背上有羽翼。”《神异经·东荒经》中对东王公有这样的描述：“东荒山中有大石室，东王公居焉。长一丈，头发皓白，人形鸟面而虎尾，载一黑熊左右顾望。”[③]以上文献都表明，汉画中的“鸟喙人身”形象，并非老子独有。至于哪些图像刻画的是老子，我们需从相关人物图像所指代的神祇之间的逻辑关系加以判别。

临沂金雀山帛画中，同时出现了老子及西王母，到了东汉时期，以此种配置的图像则更多。在出土于江苏徐州，带有东汉元和三年（86）纪年铭文的“乐武君画像石”中，第一层中央刻西王母，西王母的身后立有三位侍者，其中第二位为一鸟首人身神祇（图6-24）。姜生结合当时的宗教背景，并借助影像技术，判断鸟首神榜题应为“灵鸽”。[④]《真诰》卷七《甄命授第三》载：“灵羽振翅于玄圃之峰”，陶弘景注：“此复是《博喻》。两篇合为今语……而改‘灵鹘’作‘灵羽’”。[⑤]这里的《博喻》指的是《抱朴子外篇·博喻》，其载有“逸麟逍遥大荒之表，故无机阱之祸：灵鸽振翅玄

① ［日］安居香山、中村璋八辑：《纬书集成》，河北人民出版社1994年版，第369页。
② （秦）吕不韦编撰，陆玖译注：《吕氏春秋》，中华书局2011年版，第841页。
③ （汉）东方朔：《神异经》，上海古籍出版社1990年版，第37页。
④ 参见姜生《汉帝国的遗产：汉鬼考》，科学出版社2015年版，第160页。
⑤ 《道藏》（第20册），文物出版社、上海书店、天津古籍出版社1988年版，第527页。

圃之峰，以违罩罗之患”[1]之言。《云笈七签》卷九十八《赞颂部·诗赞辞》亦载：“灵羽振翅玄圃之峰。”[2]也就是说，振翅于玄圃之峰的“灵鸽”“灵鹘”“灵羽”实为同一种表达。玄圃在何处？《淮南子·地形训》载：“倾宫、旋室、县圃、凉风、樊桐，在昆仑阊阖之中”[3]；“昆仑之丘，或上倍之，是谓凉风之山，登之而不死；或上倍之，是谓县圃，登之乃灵，能使风雨”[4]。据此载，玄圃位于昆仑山之中。《老子想尔注》明确指出老子即“太上老君”，其载：“一者道也……一散形为气，聚形为太上老君，常治昆仑。”[5]上述资料表明，与西王母同处昆仑山之上，榜题为“灵鸽”的“鸟喙人身”之神应为太上老君。“凡得道受书者，皆朝王母于昆仑之阙”，“道”之化身的老君与西王母一起，共同构成了汉人成仙之路上最重要的神祇。

综上所述，老子在汉画中，除了“孔子见老子”图中的“人形”，还如后世文献所载，有以“鸟喙”为主要特征的形象出现。西汉以后，“变形”成为汉代宗教神学体系最主要的思想之一。人们相信想要成仙必“变形”，和“散形”之道、“聚形”为太上老君是同一个概念，且“圣人皆有异表”，汉人遂将拥有“大圣之德”的老子“异形化”为“鸟喙人身”，在汉画中居于西王母的身旁。在汉代，西王母是坐镇于昆仑山之上，掌管不死之药的至上之神，是汉人成仙之途的最后一步。想要达成这一目标，需先朝见老君，方能为完成终极人生梦想添砖加瓦。

三、“无形”老子形象

前文已经提及，东汉以后，儒学虽大盛，但黄老思想仍受大众喜爱。

---

① 杨明照：《抱朴子外篇校笺》（下），中华书局1991年版，第275页。

② 《道藏》（第22册），文物出版社、上海书店、天津古籍出版社1988年版，第667页。

③ （汉）刘安撰，陈广忠译注：《淮南子》，中华书局2012年版，第200页。

④ （汉）刘安撰，陈广忠译注：《淮南子》，中华书局2012年版，第204页。

⑤ 饶宗颐：《老子想尔注校证》，上海古籍出版社1991年版，第12页。

《后汉书·光武十王列传》载："英少时好游侠，交通宾客，晚节更喜黄老，学为浮屠斋戒祭祀"[①]。

可见早在东汉初年，楚王刘英就曾祭祀黄老。《后汉书·西域传》载："汉自楚英始盛斋戒之祀，桓帝又修华盖之饰。"[②]到东汉晚期的汉桓帝时期，因其"好神仙事"，老子的地位更为升高。史书中对老子的具体祭祀最早载于《后汉书·孝桓帝纪》。汉桓帝刘志于延熹八年（165）正月春，"遣中常侍卫左悺之苦县，祠老子"[③]；十一月"使中常侍管霸之苦县，祠老子"[④]。除了派遣左悺和管霸两位中常侍前往老子的出生地苦县设立祠堂以祭之，桓帝同时又命令时为"临颍侯相""以文章知名"[⑤]的边韶作《老子铭》，勒石立碑于老子祠堂旁。后人宋代金石学家洪适收录《老子铭》在其著作《隶释·卷三》中，该文将老子看成"先天地而生"的创世神，为宇宙之本原。延熹九年（166）七月庚午，桓帝再一次将祭祀活动升级，他亲自"祠黄、老于濯龙宫"，永康元年（167）"饰芳林而考濯龙之宫，设华盖以祠浮图、老子"[⑥]。《后汉书·祭祀志》在封禅、北郊、明堂、辟雍、灵台、迎气、增祀、六宗等国家祭典之后，专列"老子"一项予以记载，可见在汉桓帝时期，祭祀老子的活动已经上升至国家大典。

这里有一个疑问：汉人在祭祀活动中供奉、尊崇的老子究竟是以何种形象呈现的？法琳是唐代的一位佛教僧人，其以攻击道教为目的而作的《辩正论》载有这样一段叙述："考梁陈齐魏之前，（道门）唯以瓠卢成经，本无天尊形象。案任子《道论》及杜氏《幽求》并云：'道无形质，盖阴阳之精也'。《陶隐居内传》云：'在茅山中立佛道二堂，隔日朝礼。佛堂有像，道堂无像'。王淳《三教论》云：'近世道士，取活无方，欲人归信，乃学

---

① （南朝宋）范晔撰，（唐）李贤等注：《后汉书》，中华书局2000年版，第964页。
② （南朝宋）范晔撰，（唐）李贤等注：《后汉书》，中华书局2000年版，第1982页。
③ （南朝宋）范晔撰，（唐）李贤等注：《后汉书》，中华书局2000年版，第207页。
④ （南朝宋）范晔撰，（唐）李贤等注：《后汉书》，中华书局2000年版，第209页。
⑤ （南朝宋）范晔撰，（唐）李贤等注：《后汉书》，中华书局2000年版，第1770页。
⑥ （南朝宋）范晔撰，（唐）李贤等注：《后汉书》，中华书局2000年版，第211页。

佛家，制立形象，假号天尊及左右二真人，置之道堂，以凭衣食。梁陆修静为此形也。'"[1]根据这一记载，早期道教中的“偶像”并无超越形体的概念，而是以一种“象征型”的方式表现，无具体实物存在。道教大师陶弘景在茅山建造佛、道庙堂，佛堂有像，而“道堂无像”，但从约早于陶弘景半个世纪多的陆修静已经制造出“人形”的老子像来看，这种安排有可能“延续了一个较为古老的传统”[2]。

关于对“象征型”老子的崇拜，东汉明、章二帝之际，益州太守、蜀郡人王阜《老子圣母碑》云：“老子者，道也。乃生于无形之先，起于太初之前，行于太素之元；浮游六虚，出入幽冥，观混合之未别，窥清浊之未分。”[3]在他的描述中，“无形”的老子不受时空的束缚，浮游于天地之间，实乃超自然的存在。

至公元2、3世纪，五斗米道的正统派强烈谴责对老子的造像崇拜。在他们的世界观内，老子是“道”之化身，生于无形，自然不可能也不应该描绘成具体的形状。《老子想尔注》载：

> 道至尊，微而隐，无状貌形像也；但可从其诫，不可见知也。今世间伪伎指形名道，令有服色名字、状貌、长短非也，悉耶伪耳。[4]
>
> 道明不可见知，无形像也。[5]
>
> 世间常伪伎，因出教授，指形名道，令有处所，服色长短有分数，而思想之，苦极无福报，此虚诈耳。强欲令虚诈为真，甚极，不如守静自笃也。[6]

---

① 陈国符：《道藏源流考·道教形像考原》，中华书局1963年版，第268—269页。

② 参见[美]巫鸿《礼仪中的美术：巫鸿中国古代美术史文编》，郑岩、王睿编，郑岩等译，生活·读书·新知三联书店2005年版，第511页。

③ （宋）李昉等：《太平御览》（第一册），中华书局1960年版，第2页。

④ 饶宗颐：《老子想尔注校证》，上海古籍出版社1991年版，第17页。

⑤ 饶宗颐：《老子想尔注校证》，上海古籍出版社1991年版，第17页。

⑥ 饶宗颐：《老子想尔注校证》，上海古籍出版社1991年版，第19页。

既然道徒认为“道”不可名状，道书为何载有对“道”之“服色”“名字”“状貌”“长短”的批判，认为其“悉耶伪耳”?《老子》云：“有物混成，先天地生。寂兮寥兮，独立而不改，周行而不殆，可以为天下母。吾不知其名，字之曰‘道’。”[①]《老子》谓之“道”无形无象，独立不移，周而复始，看似虚无缥缈，却又生于“天地之先”，为万物之母，确是真实存在的。尽管“道”之于“无形”，但是否有某种象征意味的表达形式，能够成为道徒具体崇拜的对象?

《后汉书·祭祀中》亦载有桓帝于延熹九年(166)“亲祠老子于濯龙”之事：

> 九年，亲祠老子于濯龙。文罽为坛，饰淳金扣器，设华盖之坐，用郊天乐也。[②]

这一记载表明，“华盖之坐”即汉人对道教最高神祇老子象征意味的表达，“坐”彰显着老子的神性与存在，在祭祀活动中用以摆放供品和接受虔诚道民的礼拜。巫鸿指出：“在古代中国，这种‘座’所标志的是一种‘位’，其作用不在于表现一个神灵的外在形貌，而在于界定他在一个礼仪环境中的主体地位。”[③]道教信条曰：“道至高无上，精密、隐密，无形无象，民只能从其教，不能解之以貌。”[④]对道教的信奉使得汉桓帝将老子视为“偶像”，却又不得不接受宗教的约束，转而以“位”的形式凸显对老子的绝对尊崇。

综上所述，老子在汉代的形象大致有三类：“人形”“鸟喙”“无形”。

---

① (魏)王弼：《老子注》，载国学整理社编《诸子集成》(第三册)，中华书局1954年版，第14页。

② (南朝宋)范晔撰，(唐)李贤等注：《后汉书》，中华书局2000年版，第2166页。

③ [美]巫鸿：《礼仪中的美术：巫鸿中国古代美术史文编》，郑岩、王睿编，郑岩等译，生活·读书·新知三联书店2005年版，第512页。

④ 饶宗颐：《老子想尔注校证》，上海古籍出版社1991年版，第17页。

不同的形象呈现，都体现出汉代人对老子的崇拜。这种崇拜形式大致有二：一者体现在汉画中，无论是“孔拜老”中的“人形”老子，还是“鸟喙人身”的老君“真形”，都是“道”至上的神化表现，与《列仙传》中对老子的描绘相吻合，受道书朝王母，是汉人升仙仪轨的重要一步；一者将无形之“道”的老子化为华盖之“坐”，通过供奉、祭祀等行为，凸显老子至高无上的地位。无形之“道”是变化和聚散的前提，先天地而生的创世之“道”是一切崇拜的源头和终极指归。“德合元气，寿同两仪”，汉代人对老子的崇拜，通过图像的呈现与文字的陈述，表现得淋漓尽致。

第四节　修炼成仙的方式

在汉墓的仪式场域里，神祇是最重要的符号象征。汉代人崇拜神仙，因而供奉神仙，在墓室中刻画神仙，学习他们的成仙之道，以期和他们一样，永享天上、人间的快乐。

一、炼丹求仙

“神圣渊玄，冠名百王。假葬桥山，超升昊苍。”[①] 黄帝执掌天地人间万事万物，“能成命百物，以明目共财”，在汉画像中还呈以“熊首人身”之貌，这是图腾信仰的延续，是汉代人对丰功伟业的先祖的顶礼膜拜。《汉书·艺文志》中，托黄帝之名所作的书共有12类26种之多，涵盖天文、历谱、五行、杂占、医经、经方、房中、神仙等。汉人将多重语境附会在黄帝身上，凸显出他的“大圣之德”。

《列仙传》引《仙书》云：“黄帝采首山之铜，铸鼎于荆山之下，鼎成，

① 王叔岷：《列仙传校笺》，中华书局2007年版，第174—175页。

有龙垂胡髯下迎帝，乃升天。群臣百僚悉持龙髯，从帝而升。攀帝弓及龙髯，拔而弓坠，群臣不得从，仰望帝而悲号，故后世以其处为鼎湖，名其弓为乌号焉。”[①] 然《抱朴子·微旨》言：“俗人闻黄帝以千二百女升天，便谓黄帝单以此事致长生，而不知黄帝于荆山之下、鼎湖之上，飞九丹成，乃乘龙登天也。黄帝自可有千二百女耳，而非单行之所由也。”[②]《黄帝九鼎神丹经》曰：“服神丹令人寿无穷已，与天地相毕，乘云驾龙，上下太清”，“黄帝服之，遂以升仙”。[③]“不得金丹，但服食草木之药及修小术者，可以延年迟死耳，不得仙也。”[④] 由此可见，服食金丹才是黄帝成仙的关键性因素。

服食烧炼，尤为道教所重，自秦汉方士所传，遂为修仙之要道，“可溯源至战国时代燕齐方士之神仙传说与求神仙仙药。”[⑤]“炼丹”是指借由丹鼎烧炼丹砂、铅、汞等矿石及药物，服之，可以改变人体内部之筋骨，长生不死，与天地同。桓宽《盐铁论·散不足》载秦代燕齐方士争趋咸阳，“言仙人食金饮珠，然后寿与天地相保”[⑥]。李零认为这些方士所说的药大概与“金丹”“黄白”有一定的关系。[⑦] 西汉初年李少君、栾大之流为招致神仙而炼金，到了“西汉末年史子心造作黄金的目的已经变为作不死药”[⑧]。《论衡·道虚》云：“闻为道者，服食金玉之精，食紫芝之英。”[⑨] 东汉后期的道士魏伯阳对炼丹所需的鼎器、药物及火候的掌握和最终会呈现的效果在《周易参同契》中都做了详细说明。“金性不败朽，故为万物宝。术士服

---

① 王叔岷：《列仙传校笺》，中华书局2007年版，第9页。
② 张松辉译注：《抱朴子内篇》，中华书局2011年版，第220页。
③ 张松辉译注：《抱朴子内篇》，中华书局2011年版，第120页。
④ 张松辉译注：《抱朴子内篇》，中华书局2011年版，第425页。
⑤ 陈国符：《道藏源流考·中国外丹黄白术考论略稿》，中华书局1963年版，第371页。
⑥（汉）桓宽：《盐铁论》，上海人民出版社1974年版，第71页。
⑦ 参见李零《中国方术考》，东方出版社2001年版，第306—323页。
⑧ 任继愈主编：《中国道教史》，中国社会科学出版社2001年版，第96—97页。
⑨（汉）王充：《论衡》，上海人民出版社1974年版，第47页。

食之，寿命得长久。”[①]黄金的特性为服食金丹能够长生成仙提供了“合理”的理论依据。葛洪言：“夫金丹之为物，烧之愈久，变化愈妙；黄金入火，百炼不消，埋之，毕天不朽。服此二物，炼人身体，故能令人不老不死。”[②]

1982年，四川泸州市大驿坝出土一具东汉时期的石棺（图6-25），棺盖为弧形顶，中心刻柿蒂纹，两旁饰有绳索纹。棺身前端刻单檐独立双阙式天门，后端为面旁清秀、束高髻且戴冠的“人首蛇身”之女娲。棺身左侧右边大面积留白。左边刻有一鼎，鼎为圆形，附耳、蹄足，上饰云气纹。鼎旁有一道士，道士头后有光，罗二虎认为“似受佛教艺术影响”[③]。此图应为表现炼丹以求升仙的内容。棺身右侧画面由两部分组成。左刻天禄与仙人。天禄亦称天鹿，为可载人升仙的神兽，仙人手拿着青草欲喂鹿；右刻一人身着长袍，手持一圆形物，当为鼎中所炼仙丹（不死之药）。

所谓“纹饰”，即具有象征意义的图像及图形文字。[④]该棺顶部饰有中间为圆形且伴有指向东南西北四叶花瓣的柿蒂纹，有宇宙中心之意。此棺暗含的中心思想当为一旦获取鼎中丹药，便可乘“天鹿”经“天门”去往女娲所在的天界。

一般来说，炼丹家较为常用的矿物质是丹砂、汞、铝、黄金、四黄（雄黄、雌黄、硫黄和砒黄）、八石（曾青、空青、石胆、砒霜、硇砂、戎盐、白矾、马牙消）等。《抱朴子》中《金丹》《黄白》这两篇都曾详细介绍了提炼之方。

《列仙传》中就有多位神仙服食丹药。如方回“练食云母”[⑤]，邛疏“煮

① 《道藏》（第20册），文物出版社、上海书店、天津古籍出版社1988年版，第123页。
② 张松辉译注：《抱朴子内篇》，中华书局2011年版，第112页。
③ 罗二虎：《汉代画像石棺》，巴蜀书社2002年版，第116页。
④ 参见芮传明、余太山《中西纹饰比较》，上海古籍出版社1995年版，第3页。
⑤ 王叔岷：《列仙传校笺》，中华书局2007年版，第16页。

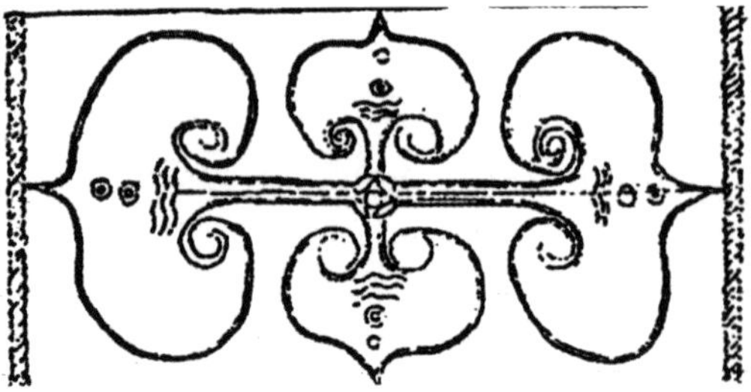

柿蒂纹

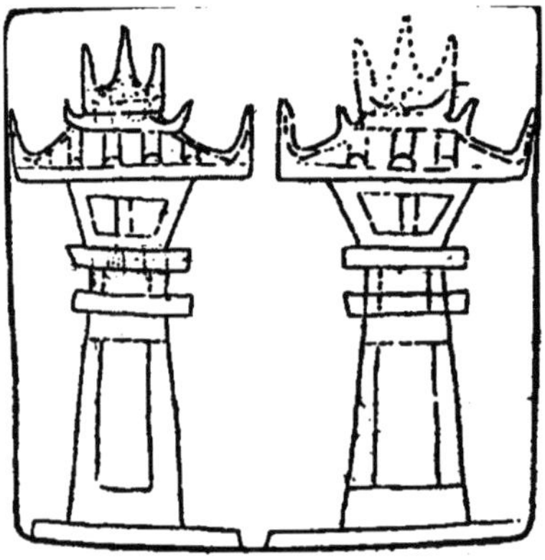

天门“双阙”图

女娲

鼎与道士

仙人天禄与持丹人物

图6-25　四川泸州市大驿坝一号墓石棺
（采自罗二虎《汉代画像石棺》）

石髓而服之”[①]，任光“善饵丹”[②]，主柱“玄感通山，丹沙出穴”[③]“章君明饵沙，三年得神沙飞雪服之，五年能飞行”[④]。

《列仙传·赤斧》载：

> 赤斧者，巴戎人也。为碧鸡祠主簿，能作水澒，炼丹，与消石服之，三十年反如童子，毛发生皆赤。[⑤]

赤斧“寓迹神祠，澒练丹沙”[⑥]因而“颜晔丹葩”。“澒”通“汞”，即水银，为白色液态物质，天然生成的“自然汞”由丹砂分解而成，故古人说其“出丹砂腹中”。春秋战国墓葬中大量使用水银，秦始皇陵也“以水银为百川江河大海，机相灌输，上具天文，下具地理”[⑦]。“丹沙（砂）”，古称“丹”，因颜色赤红，故又叫作“朱砂”，是一种固态矿物，主要成分是硫和汞的化合物。早在古代，中国人对丹砂就非常推崇。炼丹家对丹砂当然是崇信的，无论哪位炼丹家，丹砂总是被视为上药。《山海经》中有多处关于丹砂的记录，马王堆帛书《五十二病方》中亦记有丹砂的药理作用，丹砂的医疗养生之功效可能很早就被证明。《抱朴子·仙药》有云：“仙药之上者丹砂，次则黄金”[⑧]，后世唐代仙家陈少微《大洞炼真宝经修伏灵砂妙决》曰：“丹砂者，太阳之重精，金火之正体也”，“外包八石，内含金精”是乃“万灵之主，造化之根，神明之本”。[⑨]

《抱朴子·金丹》曰：“丹砂烧之成水银”，而“积变又还为丹砂”，这就

---

① 王叔岷：《列仙传校笺》，中华书局2007年版，第40页。
② 王叔岷：《列仙传校笺》，中华书局2007年版，第79页。
③ 王叔岷：《列仙传校笺》，中华书局2007年版，第191页。
④ 王叔岷：《列仙传校笺》，中华书局2007年版，第114页。
⑤ 王叔岷：《列仙传校笺》，中华书局2007年版，第146页。
⑥ 王叔岷：《列仙传校笺》，中华书局2007年版，第198页。
⑦ （汉）司马迁：《史记》，中华书局2000年版，第188页。
⑧ 张松辉译注：《抱朴子内篇》，中华书局2011年版，第340页。
⑨ 《道藏》（第19册），文物出版社、上海书店、天津古籍出版社1988年版，第15页。

是丹家所谓的“还丹”，“其去凡草木亦远矣，故能令人长生”。[①] 汉末的张陵、阴长生、封君达、左慈等人也精通炼丹术。“服他药万斛，为能有小益，而终不能使人遂长生也”[②]，“小丹之下者，犹自远胜草木之上者也”[③]，“草木延年而已，非长生之药可知也”[④]，炼制金丹才是成仙的正途。《神仙传·卷五》载阴长生所言：“不死之道，要在神丹。行气导引，俯仰屈伸，服食草木，可得少延，不能度世，以至天仙”，“余得度世，神丹之力”。[⑤]

另外，早在战国时期，人们就已经观察到“上有丹砂者下有黄金”[⑥]。在两汉及后世的服食药物当中，黄金是仅次于丹砂的神药，“服金者寿如金”[⑦]，其作用可见一斑。

汉武帝曾从事黄金之提炼。据《汉书·郊祀志》载，李少君曾向汉武帝进言：“祠灶皆可致物，致物而丹沙可化为黄金，黄金成以为饮食器则益寿，益寿而海中蓬莱仙者乃可见之，以封禅则不死，黄帝是也。臣尝游海上，见安期生……安期生仙者，通蓬莱中。”[⑧] 武帝深信其言，亲自祠灶，一者派遣方士入海寻求安期生的下落，再者开始从事李少君所说“化丹沙诸药齐为黄金”之事。

然炼丹而仙并非易事，需耗费大量的财力、精力和时间等。《抱朴子·金丹》载：“合此金液、九丹，既当用钱，又宜入名山，绝人事，故能为之者少，且亦千万人中，时当有一人得其经者。”[⑨]“九丹者，长生之要，

---

① 张松辉译注：《抱朴子内篇》，中华书局2011年版，第114页。
② 张松辉译注：《抱朴子内篇》，中华书局2011年版，第112页。
③ 张松辉译注：《抱朴子内篇》，中华书局2011年版，第114页。
④ 张松辉译注：《抱朴子内篇》，中华书局2011年版，第376页。
⑤ 邱鹤亭注译：《列仙传今译 神仙传今译》，中国社会科学出版社1996年版，第273、274页。
⑥ 戴望：《管子校正》，载国学整理社编《诸子集成》（第五册），中华书局1954年版，第382页。
⑦ 张松辉译注：《抱朴子内篇》，中华书局2011年版，第362页。
⑧ （汉）班固撰，（唐）颜师古注：《汉书》，中华书局2000年版，第1012页。
⑨ 张松辉译注：《抱朴子内篇》，中华书局2011年版，第157页。

非凡人所当见闻也。”[①]《抱朴子·微旨》云：“九丹金液，最是仙主。然事大费重，不可卒办也。”[②]以“力尽财空”的能力来求道，显然不是普通人力所能及的事。“能得之者，天大神所保信也。余者不得比。”[③]现实中的帝王认为自己的地位与神相当，作为政治和经济的既得利益者，他们有实力能够耗费数年筑鼎炼丹。黄帝的成仙显然与其显赫的地位相关，《列仙传》中的赤松子为“神农时雨师”，天年具有“入火自烧”“随风雨上下”的能力，能够轻松自如地往来常人无法抵达的昆仑山，居住在“西王母石室中”，最后成仙而去。汉武帝认为自己和黄帝一样都是天子，黄帝日理万机，且战且学仙，对成仙有着极度欲望，自己亦是如此。既然有如此多的相似点，黄帝能够学仙成功，那么自己也可以。

综上所述，在道教产生以后，道门中人开始自觉地通过一定的技术手段炼制金丹。特别是随着道教向社会上层发展，炼丹术这一道教的主要炼养手段之一不外乎“贵族专利”，看似荒唐、愚妄，但这份希望通过个人力量升仙的毅力，昭示出人们对于永恒生命的渴求。

二、房中修仙

“亹亹容成，专气致柔。玄牝之门，庶几可求。”[④]专善房中补导之术的容成，从玄牝吸取真气，恪守生命之道，得以“发白更黑”，“齿落更生”。汉画中容成图像的原型是一对欲交媾的雌雄人面兽，暗含着“男女构精，万物化生”的阴阳哲学。在汉代，容成已成为修房中以成仙的符号化象征，备受汉人的推崇。《后汉书·方术列传》载：“汉世异术之士甚众，

① 张松辉译注：《抱朴子内篇》，中华书局2011年版，第122页。
② 张松辉译注：《抱朴子内篇》，中华书局2011年版，第201页。
③ 卿希泰：《中国道教史》，四川人民出版社1988年版，第116页。
④ 王叔岷：《列仙传校笺》，中华书局2007年版，第175页。

虽云不经，而亦有不可诬，故简其美者列于传末。”[①] 在这其中，有四人皆行“容成公御妇人法”，分别为冷寿光、甘始、东郭延年、封君达，且在《神仙传》中均有记载。作为诸多房中流派中的一种，“容成派活跃在汉末魏初，影响很大”[②]，说明“‘房中’已是一门足以和‘医经’‘经方’‘神仙’并列的‘方技’之学”。[③]

“房中”或称“接阴之道”“御妇之术”“合阴阳”等，有时也笼统地称为“房中”。“后来的道书中用许多隐语来指称房中术，如‘玄素’‘容成’‘黄赤之道’‘戏道’‘隐戏’等。”[④] 两汉之际，行“房中之道”具体是指通过男女性交保持真气不泄而得以养生长寿甚至成仙不死，带有明显的神仙方术的意味。荷兰学者高罗佩指出：“男女靠性交增强元气的观念造成群众性神秘主义思潮的流行。这种思潮在许多不同时期对中国人极有煽动力，以致成为许多全国范围的宗教运动和政治叛乱的根源。”[⑤] 后世《抱朴子·微旨》云：“凡服药千种，三牲之养，而不知房中之术，亦无所益也”[⑥]。房中术自汉以来，“与服食烧炼同为世人所信”[⑦]，其影响力之大可见一斑。

《孟子·告子章句上》曰：“食、色、性也”，《礼记·礼运》云：“饮食男女，人之大欲存焉”，性是人类本能的欲望。在古代中国人的观念中，性是隐晦的、含蓄的，因而在汉画中他们常用伏羲女娲交尾图、鸾凤交颈图、二龙穿璧图、鱼戏莲花图等象征男女交合。然而实际上汉代人对性并没有严格的禁锢。《春秋繁露·循天之道》云：“循天之道以养其身，谓之

① （南朝宋）范晔撰，（唐）李贤等注：《后汉书》，中华书局2000年版，第1851页。
② 朱越利：《方仙道与黄老道的房中术》，《宗教学研究》2002年第1期。
③ 林富士：《中国中古时期的宗教与医疗》，中华书局2012年版，第335页。
④ 张文安：《周秦两汉神仙信仰研究》，博士学位论文，郑州大学，2005年，第85页。
⑤ ［荷］高罗佩：《中国古代房内考》，李零、郭晓惠等译，上海人民出版社1990年版，第119页。
⑥ 张松辉译注：《抱朴子内篇》，中华书局2011年版，第220页。
⑦ 傅勤家：《中国道教史》，商务印书馆2011年版，第94页。

图6-26　四川彭山崖墓接吻图
（采自《中国画像石全集》第7卷）

道也。”[①]“养生以全，使男子不坚持牡，不家室；阴不极盛，不相接。是故身精明难衰而坚固，寿考无忒，此天地之道也。”[②]“天气先盛牡而后施精，故其精固；地气盛牡而后化，故其化良。”[③]故人们应当根据天时和身体状况有节制地行房事。《汉书·艺文志》载：“房中者，情性之极，至道之际，是以圣王制外乐以禁内情，而为之节文。”[④]《汉书·周仁传》载：“仁为人阴重不泄……以是得幸，入卧内。（帝）于后宫秘戏，仁常在旁，终无所言。”[⑤]汉代人称男女之间的交合为“秘戏”，这一大胆的主题也在汉画中有直接的表现。一些学者指出，这些图像的出现可能与汉代盛行的房中术有着密切关联。[⑥]

出土于四川彭山县江口镇，现藏于北京故宫博物院的东汉时期的男女亲吻石雕（图6-26），刻两人跪坐于地，亲密相拥接吻。男子居于右侧，右手轻抚女子乳房，左手与女子右手紧握在一起；女子居左，左手轻搭在

---

① （汉）董仲舒撰，张世亮、钟肇鹏、周桂钿译注：《春秋繁露》，中华书局2012年版，第605页。

② （汉）董仲舒撰，张世亮、钟肇鹏、周桂钿译注：《春秋繁露》，中华书局2012年版，第608页。

③ （汉）董仲舒撰，张世亮、钟肇鹏、周桂钿译注：《春秋繁露》，中华书局2012年版，第609页。

④ （汉）班固撰，（唐）颜师古注：《汉书》，中华书局2000年版，第1397页。

⑤ （汉）班固撰，（唐）颜师古注：《汉书》，中华书局2000年版，第1694页。

⑥ 如杨爱国认为汉画像石中的接吻图是房中术在汉代盛行的标志之一。参见杨爱国《汉画像石上的接吻图考辨》，《四川文物》1994年第4期。

天门“双阙”图

朱雀

西王母仙境图

饮马图

图6－27　四川荥经东汉石棺

（采自李晓鸣《四川荥经东汉石棺画像》，《文物》1987年第1期）

男子肩部，两人的眼睛均微闭。

接吻是男女相爱的情感表露，同时又是性生活的准备和前戏。湖南长沙马王堆三号墓出土医简《合阴阳》谓男女交合的方法和原则，其中“戏道”是行房前的重要阶段，包括“操揗”（抚摸）、“相呴”（接吻）、“相抱”（拥抱），男女双方尽情嬉戏娱乐，由嬉戏而激动情欲，由抚爱而勃发深情。道家房中术的性技巧大多旨在激发女性快感，如若女性达至“气上面热”“乳坚鼻汗”“舌薄而滑”“下汐股湿”“嗌干咽唾”这“五欲”[①]，在正式交合过程中男性便能最大程度地获取女性的阴气，以此补充自己衰退的阳气。

1969年，四川荥经出土一具东汉时期的石棺（图6－27），其中棺盖已被砸开，不见随葬器物。整个棺身系红砂岩凿成[②]，前端刻天门“双阙”图，后端刻一单足伫立，振翅欲飞的朱雀。棺身两侧一侧“浮雕四柱，上刻栌斗，斗上有弧形栱承托散斗”[③]，下部为栏杆。整幅画面由三部分组成，共同呈以西王母仙境之景：最左侧有席地相对而坐的男女两人，男者头戴冠，女者头着巾，互相拥扶，亲密接吻；中间有一头梳双环髻、身着长袍的女仙倚在半开半掩的门上，两侧各有一凤鸟相对而立；右侧上部帷幔垂挂，下部有一人头戴冠，且冠两侧均有方胜，双手笼袖，凭几而坐，应为西王母。另一侧大面积留白，仅在最左端刻“饮马图”，图中有一树，马儿拴于树上，左边一人提着桶欲喂马，右边一人挑着担正走过来。此棺所刻画面生动有趣，其背后暗含着通过“房中”在汉墓内部转换成仙的神学符号逻辑。

此图所表达的信仰应是男女二人通过房中修炼，见西王母而成仙。“饮马图”中的马儿实为“天马”，墓主人卧身棺中一旦完成“太阴炼形”[④]，即可乘天马经棺身前端的“天门”而升仙，棺身后端的朱雀则是前来接应的

① 宋书功编著：《中国古代房室养生集要》，中国医药科技出版社1991年版，第57页。

② 参见罗二虎《汉代画像石棺》，巴蜀书社2002年版，第63页。

③ 李晓鸣：《四川荥经东汉石棺画像》，《文物》1987年第1期。

④ 姜生：《汉帝国的遗产：汉鬼考》，科学出版社2016年版，第164页。

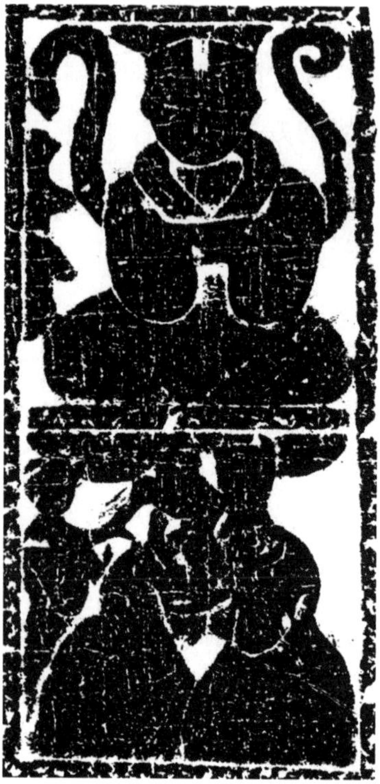

图6-28　西王母、男女秘戏图
（采自苏兆庆、张安礼：《山东莒县沈刘庄汉画像石墓》，《考古》，1988年第9期）

天帝使者。待一整套升仙仪式完成之后，墓主人得以踏至仙境，永享天上人间的美好。

1985年，山东莒县沈刘庄东汉画像石墓内东面中间方立柱上有一“西王母、男女秘戏”图（图6-28）。该图分上下两层，上层刻西王母端坐于龙虎座之上，“卷曲缠绕之物当为豹尾”[①]，西王母旁刻两只鸟状物。下层刻三人，男主人头裹巾帻，女主人头戴花钗，含羞低着头，二人引臂相互拥抱，做亲吻状。女主人身后立有一侍女，用手轻推女主人的头部。此图所表达的中心思想应与上图相一致，通过房中修炼，拜见西王母，得道升仙。

在《列仙传》中，许多仙人都精通房中术，或是依靠房中而成仙。通过榜样力量的展示，更多的凡人能够凭借个人的努力，追随仙人的脚步，实现长生的理想。《列仙传·涓子》载其“好饵术，接食其精”[②]，“受伯阳九仙法”得以“享兹遐纪”[③]。而《列仙传·老子》云：“老子姓李名耳，字伯阳”，涓子所谓的九仙法，大抵就是老子“好养精气，接而不施”之术。“接食其精”，大概就是“‘行接阴之道而食其精’的意思”[④]。《列仙传·彭祖》载其“善导

① 苏兆庆、张安礼：《山东莒县沈刘庄汉画像石墓》，《考古》1988年第9期。
② 王叔岷：《列仙传校笺》，中华书局2007年版，第24页。
③ 王叔岷：《列仙传校笺》，中华书局2007年版，第177页。
④ 朱越利：《方仙道和黄老道的房中术》，《宗教学研究》2002年第1期。

引行气”[1]，《十问》述彭祖“养阴治气之道”，“寿尽在竣（朘），竣（朘）之葆爱”[2]，享尽天年的关键在于保养阴精，故需有节制地行房事，巩固精关，避免“阴精漏泄”。《神仙传》花大量笔墨述彭祖善交接之道[3]：“不知交接之道，虽服食药无益也”“得阴阳之术，则不死之道也”“爱精养体，服气炼形，万神自守”，而“采女具受诸要以教王，王试为之，有验”[4]。

道家认为性交对男人女人都具有神奇的力量，双方应当分享性修炼带来的益处。[5]因此房中术不仅有采阴补阳，还有采阳补阴之说。《列仙传》中的女丸本是“陈市上酤酒妇人”，有仙人到她家饮酒，用白绢写的《素书》五卷抵押酒钱。待客人走后，女丸打开书看，都是关于男女性养生的方法，于是私下摘抄文章内容，重新布置房间，邀请年轻男子留宿，共饮美酒，并按照书中的要领行事，“如此三十年，颜色更如二十时”[6]。《素书》，即《抱朴子·遐览》著录的《素女经》。素女是房中秘术的守护者之一。房中之书托素女之名还见于东汉著名诗人张衡描述新婚的优美诗篇《同声歌》，其云：“素女为我师，仪态盈万方”[7]，可见此书作为家庭性生活的指导用书，在东汉已广为流传。《搜神后记》卷五载晋安帝时官人谢端，“少丧父母，无有亲属”，虽贫穷仍“恭谨自守，不履非法”，因而得到天汉中白衣素女帮助的故事。文末云：“今道中素女无是也”，“白衣素女”即道教中所说的素女，其形为螺。螺称得上是中国最古老的“多产”的象征之

---

① 王叔岷：《列仙传校笺》，中华书局2007年版，第38页。
② 宋书功编著：《中国古代房室养生集要》，中国医药科技出版社1991年版，第34页。
③ 邱鹤亭注译：《列仙传今译·神仙传今译》，中国社会科学出版社1996年版，第216—219页。
④ 邱鹤亭注译：《列仙传今译·神仙传今译》，中国社会科学出版社1996年版，第219页。
⑤ 参见［荷］高罗佩《中国古代房内考》，李零、郭晓惠等译，上海人民出版社1990年版，第117—119页。
⑥ 王叔岷：《列仙传校笺》，中华书局2007年版，第156页。
⑦ 逯钦立：《先秦汉魏晋南北朝诗》，中华书局1983年版，第178页。

一，“这样说，也许是因为它形似阴门”[①]。女丸研习、实践素女之书，通过汲取“元阳”补益自身，得以青春永驻，飞升成仙。“这一方面表明两汉时期黄老道房中术的多样性，一方面曲折地反映了神仙方术家男女平等的思想。”[②]

综上所述，儒家有言：“不孝有三，无后为大”，为了嗣后，性行为本身就是合乎情理的。而对性的认识源于《周易》阴阳哲学的道家，将男女的性交看作合乎天道的神圣职责，人类同宇宙一样都存在着孕育化身的法则，掌握阴阳平衡，通过“乐而有节”的房中修炼，随着时间流逝已经衰退的生命力重新得到激发，最终延年益寿、长生不死。汉画中男女通过房中修炼得以拜见西王母、踏至仙境，《列仙传》中许多仙人都精通房中术，是凡人通过此途径成仙的最好例证。以“容成派”为代表的房中之道既能享乐，又能长生，在促进养生术发展的背后，折射出汉人对不死成仙的痴迷与崇拜。

三、功德成仙

“道一生死，迹入灵奇……德合元气，寿同两仪。”[③]拥有大道之德的老子，将道等同于生死，因而寿命可比天地，成为仙班中的一员，受到汉代人的热烈崇拜。《抱朴子·杂应》载：“见老君则年命延长，心如日月，无事不知也。”[④]汉人将“终极关怀”定位在“长生”“升仙”这一层面，超越了对其他一切世俗的追求。接近东汉末年，祭祀老子已与求仙融为一体。

在汉代道教的信仰结构中，拜见老君、得道授书，是升天成仙的重要

① ［荷］高罗佩：《中国古代房内考》，李零、郭晓惠等译，上海人民出版社1990年版，第106页。
② 朱越利：《方仙道和黄老道的房中术》，《宗教学研究》2002年第1期。
③ 王叔岷：《列仙传校笺》，中华书局2007年版，第176页。
④ 张松辉译注：《抱朴子内篇》，中华书局2011年版，第493页。

途径，是朝西王母于“昆仑之阙”的最后一步。《真诰》卷一《运象篇第一》载：“道成，受太上书。”[①] 那么，如何才能“得道”呢？“授书”的具体标准又是什么呢？

《老子》谓世间万事万物皆由“道”而成，“道”虽“惟恍惟惚”，不可名状，确是“有物”“有象”“有精”，是真实存在的。这种存在方式必须作用于物，透过“物”这一媒介，得以显明其自身的功能。“孔德之容，惟道是从。”[②] 这一记载表明，内化于万物之中的“道”，在一切事物中表现出来的属性，即为“德”。《庄子·天地》载：“物得以生谓之德。”[③]《管子·心术上》曰：“德者道之舍，物得以生。”[④]《韩非子·解老》云：“德者，道之功。”[⑤] 杨兴顺说：“‘德’是‘道’的体现。‘道’因‘德’而得以显现于物的世界。此二者同出而无异名”。[⑥]

“道生之，德蓄之，物形之，势成之。是以万物莫不尊道而贵德。”[⑦] 万物因“道”而生，以“德”蓄养，“‘道’是万物由以生成的究竟所以，而‘德’是一物由以生成之所以”[⑧]，二者构成了世界的基础。没有“道”，万物无所从出；没有“德”，万物就没有了自己的本性。物之所以为物，依其有“德”，“‘德’是‘道’在现实中的显现或具体有限之物的本质”[⑨]。无形之“道”倘若没有借“德”而显明自身，那么世界上任何事物都不可能存在。

---

① 《道藏》（第20册），文物出版社、上海书店、天津古籍出版社1988年版，第494页。
② （魏）王弼：《老子注》，载国学整理社编《诸子集成》（第三册），中华书局1954年版，第12页。
③ 王先谦：《庄子集解》，载国学整理社编《诸子集成》（第三册），中华书局1954年版，第73页。
④ 戴望：《管子校正》，载国学整理社编《诸子集成》（第五册），中华书局1954年版，第220页。
⑤ 王先慎：《韩非子集解》，载国学整理社编《诸子集成》（第五册），中华书局1954 年版，第97页。
⑥ 杨兴顺：《中国古代哲学家老子及其学说》，杨超译，科学出版社1957年版，第50页。
⑦ （魏）王弼：《老子注》，载国学整理社编《诸子集成》（第三册），中华书局1954年版，第31页。
⑧ 张岱年：《中国哲学大纲》，商务印书馆2015年版，第79页。
⑨ 杨兴顺：《中国古代哲学家老子及其学说》，杨超译，科学出版社1957年版，第50页。

"道之尊，德之贵，夫莫之命而常自然。"[①]"道"生长万物，万物凭"道"长生和变化，不受天地间任何事物的控制，一切皆为自然所致。人是自然的一部分，他和万物一样，从属于"道"的法则。循"道"而行，便可远离"死地"，"陆行不遇兕虎，入军不被甲兵"[②]，获得显"道"之形——"德"。"含德之厚，比于赤子，精至、和至"[③]，皆因遵循天道自然。

卿希泰、姜生曾指出道家伦理的二元结构，即"天之道"与"人之道"。而在两者之间，还存在一个中介状态，即"为而不争"的"圣人之道"。这个中介地带下临"人之道"，上接"天之道"，是道家为人们留出的思想上的缓冲区域，是一个实践地带。"一个人要达到道家所设定的'天之道'的伦理理想，就必须以'为道日损，损之又损'的超越精神，挣脱由人欲筑成的'人之道'藩篱的局限，在'人之道'的海洋里力行'圣人之道'。"[④]而成就"圣人之道"必定要通过"行德"来实现，这就将"德"落实到了社会生活层面，个体生命通过内心的自我控制外化为修"德"这一实践活动，"根据每个人的行为价值赋予人们相应报偿"[⑤]，凭"德"而"得"。

"德"一词由周人创造而出，指称"弥漫无边而不所不再的神力"[⑥]，"同时将这种神力内化为人的精神品质，用以区分人与人的关系、差别"[⑦]。

---

① （魏）王弼：《老子注》，载国学整理社编《诸子集成》（第三册），中华书局1954年版，第31页。

② （魏）王弼：《老子注》，载国学整理社编《诸子集成》（第三册），中华书局1954年版，第31页。

③ （魏）王弼：《老子注》，载国学整理社编《诸子集成》（第三册），中华书局1954年版，第33—34页。

④ 卿希泰、姜生：《"天之道"与"人之道"——道家伦理的二元结构及对中国伦理的影响》，载陈鼓应主编《道家文化研究》（第十六辑），生活·读书·新知三联书店1999年版，第77页。

⑤ 姜生：《道德与寿老——论道教生命伦理的道德决定论特征》，《学术月刊》1997年第2期。

⑥ 郑开：《德礼之间：前诸子时期的思想史》，生活·读书·新知三联书店2009年版，第44—53页。

⑦ 王怀义：《释"德"：对神人交流条件的分析——以"绝地天通"神话为中心》，《民族艺术》2017年第2期。

由此可见，“得道”“授书”的标准内化为“德”，因“大圣之德”而成为“道”之化身的老子，作为众人的审判官[①]，负责考核其“德行”是否达到授“道书”之标准，从而决定其是否升仙之命运。

边韶《老子铭》载：“自羲农以来（缺）为圣者作师”[②]，可见老子非独为孔子之师也，乃是历史上众多圣贤之辈的老师。在上文图6-13中，为人师表的孔子率颜回、子路等弟子一行21人手捧简册躬身拜谒老子，规模颇大，十分壮观。东汉末《牟子理惑论》卷一载：“道家云：‘尧、舜、周、孔、七十二弟子，皆不死而仙。”[③]此画像石暗示众人皆为圣贤之辈，他们跟随儒家之祖孔子拜见老君，接受“道书”，已然踏上成仙之路。

李泽厚先生指出：“‘德’是由巫的神奇魔力和循行‘巫术礼仪’规范等含义逐渐转化成君王行为、品格的含义，最终才变为个体心性道德的含义。”[④]两汉时期，“德”在伦理方面又进一步世俗化、礼仪化，分化成孝、悌、忠、义、廉、耻等各种类型，涉及人生在世的方方面面。

在武梁祠西壁画像的第一层，列自三代以来圣贤及英雄者，分为伏羲、女娲、祝融、神农、黄帝、颛顼、帝喾、帝尧、帝舜、夏禹、夏桀。除夏桀[⑤]之外，余者或是开创文明之功，或是品行高尚的帝王，皆因“德”“行”并重，而成为仙班中的一员。《抱朴子·对俗》云：“欲求仙者，要当以忠孝、和顺、仁信为本。”[⑥]倘若“德行不修，而但务方术，皆不得

---

① 汉人认为，天上有一种“命籍”，记录着每个人的言行意动。在天人感应思想背景下，这种“命籍”对人有终极决定意义。老子即担任“主籍之神”。参见姜生《汉帝国的遗产：汉鬼考》，科学出版社2016年版，第494—495页。

② （宋）洪适：《隶释　隶续》，中华书局1985年版，第36页。

③ （梁）僧祐：《弘明集》，载大正一切经刊行会《大正新修大藏经》（第52册），新文丰出版有限公司1983年版，第6—7页。

④ 李泽厚：《说巫史传统》，上海译文出版社2012年版，第27—29页。

⑤ 夏桀可能是作为古来帝王中的“勇力”代表而被选入帝王图。参见姜生《汉帝国的遗产：汉鬼考》，科学出版社2016年版，第218—219页。

⑥ 张松辉译注：《抱朴子内篇》，中华书局2011年版，第103页。

长生也”，“积善事未满，虽服仙药，亦无益也”。[①]“德行”的高低是能否得“道”成仙的决定性法则，任何想要“变形”成仙之人都不能逃脱“德”的核验。秦皇汉武一生沉迷求仙，倾尽国家财富与权力，却未能得遂所愿。反观忠臣、孝子、烈女等，因具备“忠、孝、节、义”的大德，在汉代人的价值体系中被列入仙位。同样在武梁祠西壁画像上，第二层刻曾子（曾母）、闵子骞、老莱子（莱子父、莱子母）、丁兰。与这些人物故事有关的题材在其他汉画像中也多有表现。曾母投杼图（图6－29）、闵子骞御车失棰图（图6－30）、老莱子娱亲图（图6－31）、丁兰事木人图（图6－32）等，这些普通的劳苦大众皆因“孝悌之至”而“通于神明”，“光于四海，无所不通”[②]。

从古至今，在中国传统伦理文化中存有以道德楷模现身说法来感染、教化世人从善如流，从而善化天下的文化现象。[③]而在中国传统的伦理文化背景之下成长起来的道教亦是如此，具体延伸到《列仙传》中便是树立典型的积善成德、成仙的形象，成为人们效仿、学习的对象，使人自觉不自觉地按照道德榜样所显示的品行安排自己的生活方式，以便道教更好地宣扬“神仙实有、神仙可成”。《列仙传·木羽》载：

> 木羽者，钜鹿南和平乡人也。母贫贱，主助产，尝探产，妇儿生便开目，视母大笑，其母大怖。夜梦见大冠赤帻者守儿，言此司命君也。当报汝恩，使汝子木羽得仙。母阴信识之。母后生儿，字之为木羽。所探儿生年十五，夜有车马来迎去，遂过母家，呼木羽，木羽为御来，遂俱去。[④]

---

① 张松辉译注：《抱朴子内篇》，中华书局2011年版，第103、104页。

② （清）阮元校刻：《十三经注疏》，中华书局2009年版，第5566页。

③ 参见李刚《略论道教神仙在道德上的形象示范作用》，载《道教神仙信仰研究》，中华道统出版社2000年版，第261页。

④ 王叔岷：《列仙传校笺》，中华书局2007年版，第163页。

图6-29　曾母投杼图
（采自《山东汉画像石汇编》）

图6-30　闵子骞御车失棰图
（采自《山东汉画像石汇编》）

图6-31　老莱子娱亲图
（采自《山东汉画像石汇编》）

图6-32　丁兰事木人图
（采自《山东汉画像石汇编》）

木羽的成仙方式颇为奇特，其母因接生“生而灵异”的司命君，仙人为“报恩”，在木羽年满十五之际，“车马来迎”，携其成仙而去，且其母“至百年乃终”。他的成仙途径虽不完全缘于自己的“造化”，但也是因家人的阴德福泽而踏至仙境。

《老子》云：“（圣人）常善救物，故无弃物。”① 得道之人深谙万物皆由“道”所生，且“道”庇护天下生灵，故需慈爱善待一切生命。《列仙传》中

① （魏）王弼：《老子注》，载国学整理社编《诸子集成》（第三册），中华书局1954年版，第15—16页。

的马师皇是黄帝时为马儿治病的医生，他医术精湛，“知马形生死之，诊治之辄愈”[①]，使得“厩无残马”。一日，一神龙拖着病体下至凡间，面对师皇“垂耳张口”。皇曰：“此龙有病，知我能治”[②]，于是“针其唇下口中，以甘草汤饮之”[③]，龙才得以痊愈。在此之后，经常有病龙从水中出，向师皇显示病体并请求为它们治病。一天早晨，神龙为了报德，“弥鳞衔辔”，背载师皇，振跃于天际之中。又《列仙传·子英》载其“善入水捕鱼，得赤鲤，爱其色好，持归著池中，数以米谷食之”[④]。一年以后，鱼儿“长丈余，生角，有翅翼”，为报子英的恩泽，对其言：“我来迎汝，汝上背，与汝俱升天”，子英得以“驾云螭，起步太极”。马师皇、子英皆因善待大自然中的生灵，“慈爱于物”，积“善”成“德”。“按照老子的说法，人道尚积，讲求‘重积德’，当他的超越达到一定的程度，他的‘德’也就积到了相应的高度，这时宇宙的辩证法将发生作用，出现‘道’之‘动’而致‘反’。”[⑤]最终“德”感于天，有了高尚的结果。马师皇、子英即是获得生灵的回报而得以“游步仙庭”。由此可见，理想的道德行为在神仙的身上体现，凸显了“神成仙寿”的先决条件便是“积善成功”，修道者可以借助神仙的道德标准规范自身，并努力效仿神仙的“善良生活”，争取有朝一日能够成为神仙之国的“选民”。

综上所述，“道”是“有情有性，无为无形”的，老子作为“道”之化身，能够超脱于时间、空间的束缚，在天地间来去自由，受到汉代人的热烈崇拜。得“道”的前提在于有“德”，“德”是“道”的本质属性，“道”因“德”而显明自身。两汉时期，“以儒德尤其是《春秋》大义为核心价值的

① 王叔岷：《列仙传校笺》，中华书局2007年版，第6页。

② 王叔岷：《列仙传校笺》，中华书局2007年版，第6页。

③ 王叔岷：《列仙传校笺》，中华书局2007年版，第6页。

④ 王叔岷：《列仙传校笺》，中华书局2007年版，第134页。

⑤ 卿希泰、姜生：《“天之道”与“人之道”——道家伦理的二元结构及对中国伦理的影响》，载陈鼓应主编《道家文化研究》（第十六辑），生活·读书·新知三联书店1999年版，第77—78页。

人格理想——德力并重，忠孝节义，与战国以来神仙黄老信仰支持下人生意义追求——成仙不死”[①]完美结合，凸显出只要生前努力践行高尚道德，便可“登昆仑，上九天，合大道”的变仙之路。同时，《列仙传》中木羽、马师皇、子英等凡人凭“德”成仙给予了汉人很好的例证。而“人死后向神仙转化的过程中必有‘道德检验’这一环节，以确定死者生前在德行方面具有过人之处，或不存在道德瑕疵，只有通过核验关卡，他（她）才有资格由地下世界上升到神仙世界”[②]。这一“道德检验”环节，类似于《圣经·启示录》中对“末日审判”的描述。基督教认为，在世界终结之前，上帝和耶稣将对世人进行审判。所有信仰上帝、信奉耶稣且行善之徒方可升入天堂，否则将不得救赎。老子和西方的“上帝”一样，担任众人的审判官，负责考核其德行的高低，决定是否能够授其“道书”，继续成仙之途。

小　结

《列仙传》与汉画像中都有汉代神仙信仰的记载，《列仙传》用文字的形式记载了汉代及汉代以前的神仙信仰情况，汉画像石则以图像的形式，向我们描绘了汉代神仙的直观画面。通过文字记载与图像的比较、对照及相互阐释，我们可以真实、立体、直观地感受汉代人的神仙信仰。

今人认为神仙是不存在的，甚至是迷信的。但是汉代人相信生命经过修炼可以化成神仙，神仙是生存在天上或山上的不死的人，有了这个信仰，汉代人克服了死亡的威胁，使生命更有了意义。

汉代人的信仰有不同的层次，无论是身居高位的一代帝王，还是皇亲国戚的贵族及士人，甚至平民百姓都相信神仙的存在，并竭力追求之。这

---

① 姜生:《汉帝国的遗产：汉鬼考》，科学出版社2016年版，第527页。

② 王怀义:《释“德”：对神人交流条件的分析——以“绝地天通”神话为中心》，《民族艺术》2017年第2期。

实际上表现了汉代人极强的生命意识，是汉代人留恋现世美好生活的表现，因此今天仍然有现实意义。汉代的神仙信仰，在汉画像中表现得最充分。汉画像艺术因其雕刻材料的坚固并埋藏于墓室而流传到今天，实在是一件幸事。我们可以通过汉画像中的图像来了解汉民族精神的神话原型构成，而有了《列仙传》的文字参考，使我们面对神秘、隐喻、符号性的汉画像艺术，有了解析其意义的可能性。

《列仙传》中记载的诸多神仙，大都是古代的圣贤及文化名人。他们在民众的信仰中，转化为不死的神仙，这是民众对死去英雄的追忆，对他们生命价值的肯定，彰显了汉民族生生不息的文化传承根底。黄帝、容成、老子都是因其自身的创造性而在民众的信仰中化为了神仙。

（本章作者　申美琳）

后　记

《方花与翼兽——汉画像的奇幻世界》一书是我主持的项目“中国古代神话图像研究”（项目编号：10YJA760084）、“汉画像的神话学研究”（项目编号：2010JDXM041）的成果之一。现在收入《汉学大系》丛书出版。

此项目依托江苏省高等学校重点研究基地——江苏师范大学汉文化研究院为平台组成的课题组完成。对课题组的同仁深表感谢！

现把每章撰稿人罗列如下：

第一章“方花吐艳——汉画像中的方花纹图像”（作者李臣）

第二章“天降芝草——汉画像中的灵芝草图像”（作者史倩茹）

第三章“云化飞鸟——汉画像中的云化鸟图像”（作者高梦晴）

第四章“虹霓当空——汉画像中的虹图像”（作者赵常玉）

第五章“兽之有翼——汉画像中的翼兽图像”（作者薛栋）

第六章“列仙图谱——汉画像与《列仙传》中的神仙形象”（作者申美琳）

朱存明负责选题、纲要、前言、后记、全书统稿和修订。

研究汉画像的著作，我们已经出版了几种，有兴趣的读者可以选择参考。《丑与怪——从史前艺术到汉画像中的怪异研究》（生活·读书·新知三联书店2018年版)；《雕文刻画——汉画像艺术学研究》(生活·读书·新知三联书店2019年版)；《民俗之雅——汉画像中的民俗研究》(生活·读书·新知三联书店2019年版)，正在印刷中的有《神话之魅——汉画像的神话研究》(生活·读书·新知三联书店2020年版)等。

此书的出版要感谢的方面很多。首先感谢国家社科基金规划办，教育部，江苏省政府、省教育厅在立项及经费上的支持；感谢徐州市人民政府、江苏师范大学的经费支持；感谢江苏省重点学科“艺术学理论”学科建设的经费支持。特别要感谢文化艺术出版社的董良敏编辑对本书的大力支持与专业化的意见，没有他的提议及精心策划，此书的出版是不可能的。感谢夫人宫慧玲女士几十年来对我生活方面的照顾，感谢儿子朱浒在学术上的支持。还要感谢我的学生兰芳、李新、吴向裕、张琦瑶、董铮、刘露、徐舒玲、袁永跃、潘晓宇、王雪梅、唐悦等帮助录入、校对，没有众人的帮助，此书的出版是很难完成的。

朱存明

2020年8月20日